Kompetenzmanagement in Organisationen

AF147247

Serienherausgeber

Simone Kauffeld, Institut für Psychologie, Technische Universität Braunschweig, Braunschweig, Deutschland

Inga Truschkat, Inst. f. Soz.- u. Organisationspädagogik, Stiftung Universität Hildesheim, Hildesheim, Deutschland

Ralf Knackstedt, Institut für BW u. Wirtschaftsinformatik, Stiftung Universität Hildesheim, Hildesheim, Deutschland

Mehr Informationen zu dieser Reihe auf http://www.springer.com/series/15234

Daniela Ahrens
Gabriele Molzberger
Hrsg.

Kompetenzentwick-lung in analogen und digitalisierten Arbeitswelten

Gestaltung sozialer, organisationaler und technologischer Innovationen

Mit 21 Abbildungen

 Springer

Herausgeber
Daniela Ahrens
Institut Technik und Bildung
Universität Bremen
Bremen
Deutschland

Gabriele Molzberger
Fakultät für Human- und
Sozialwissenschaften
Bergische Universität Wuppertal
Wuppertal
Deutschland

Kompetenzmanagement in Organisationen
ISBN 978-3-662-54955-1   ISBN 978-3-662-54956-8   (eBook)
https://doi.org/10.1007/978-3-662-54956-8

Die Deutsche Nationalbibliothek verzeichnet diese Publikation in der Deutschen Nationalbibliografie;
detaillierte bibliografische Daten sind im Internet über http://dnb.d-nb.de abrufbar.

Gedruckt auf säurefreiem und chlorfrei gebleichtem Papier

Springer ist Teil von Springer Nature
Die eingetragene Gesellschaft ist Springer-Verlag GmbH DE
Die Anschrift der Gesellschaft ist: Heidelberger Platz 3, 14197 Berlin, Germany

Vorwort der Reihenherausgeber/-innen

Der demografische Wandel führt zu einer Veränderung der Altersstruktur in Deutschland. Die erwerbsfähige Bevölkerung wird abnehmen, die Belegschaften älter und heterogener (z. B. hinsichtlich ihres Qualifizierungshintergrunds und demografischer Merkmale). Eine über die Berufsausbildung hinausgehende, kontinuierliche Weiterentwicklung und Qualifizierung von Beschäftigten wird zur zentralen Aufgabe für Unternehmen, Gesundheitseinrichtungen, öffentliche Institutionen, soziale Dienste, Handwerksbetriebe etc., um ihre Wettbewerbsfähigkeit zu erhalten. Neben dem demografischen Wandeln führen technologische Veränderungen sowie die zunehmende Digitalisierung zu veränderten Aufgabenfeldern.

Diese Herausforderungen stellen sich in besonderer Weise vor dem Hintergrund einer voranschreitenden Wissensökonomie, die sich durch eine forschungsintensive Produktion und wissensintensive Dienstleistungen auszeichnet. Um im Kontext einer solchen Wissensökonomie wettbewerbsfähig zu bleiben, müssen Organisationen unterschiedlichster Branchen innovationsfähig sein. Innovationsfähigkeit bezieht sich dabei vordergründig auf technologische Innovationen. Organisationsmitglieder sind gefordert, ihr Fachwissen ständig aktuell zu halten und zu erweitern, um technologisch innovativ agieren zu können. Innovationsfähigkeit meint aber zunehmend auch, organisationale und soziale Innovationen voranzutreiben, die auf eine Entwicklung neuer sozialer Praktiken der Arbeitsorganisation und der Prozessabläufe gerichtet sind. Lernen kann hier also nicht allein auf kognitiver Ebene verhaftet bleiben. Soziale Innovationen erfordern vielmehr ein ganzheitliches und arbeitsprozessorientiertes Lernen.

Der Band *Kompetenzentwicklung in analogen und digitalisierten Arbeitswelten: Gestaltung sozialer, organisationaler und technologischer Innovationen* geht vor diesem Hintergrund der zentralen Frage nach dem Zusammenhang von technologischen, organisationalen und sozialen Innovationen und einer arbeitsprozessorientierten Kompetenzentwicklung nach. Die einzelnen Beiträge präsentieren Ergebnisse aus dem Förderschwerpunkt des Bundesministeriums für Bildung und Forschung (BMBF) „Betriebliches Kompetenzmanagement im demografischen Wandel". Sie stellen anhand verschiedener Praxisbeispiele neue Instrumente der Kompetenzerfassung und -entwicklung vor und zeigen auf, dass diese Instrumente sowohl Motoren als auch Ausdruck technologischer, organisationaler und sozialer Innovationen sind. Der Band umfasst zudem eine analytische Sicht auf Forschungs- und Gestaltungsperspektiven und einen Ausblick auf zukünftige Herausforderungen in Forschung, Praxis und Politik. Damit leistet der Band einen spezifischen und wissenschaftlich sowie praktisch hoch relevanten Beitrag in der Reihe *Kompetenzmanagement in Organisationen*.

Simone Kauffeld, Inga Truschkat und Ralf Knackstedt
Braunschweig und Hildesheim, im Februar 2017

Vorwort der Bandherausgeberinnen

Der Band *Kompetenzentwicklung in analogen und digitalisierten Arbeitswelten: Gestaltung sozialer, organisationaler und technologischer Innovationen* thematisiert die Gestaltung betrieblicher Kompetenzentwicklung in der Arbeitswelt als Innovationstreiberin. Im Mittelpunkt stehen Arbeiten und Lernen in betriebsförmig organisierten Prozessen und Tätigkeitsfeldern. Im Begriff der betrieblichen Kompetenzentwicklung sind diese beiden menschlichen Grundtätigkeiten – Arbeiten und Lernen – synthetisiert.

Der Band ist aus dem Entwicklungs- und Forschungsprojekten der Fokusgruppen 6 „Neue Formen arbeitsorientierten Lernens" und 7 „Kompetenzentwicklung als Innovationstreiber" im Förderschwerpunkt „Betriebliches Kompetenzmanagement im demografischen Wandel" des Bundesministeriums für Bildung und Forschung (BMBF) im Rahmen des Programms „Arbeiten, Lernen, Kompetenzen entwickeln. Innovationen in einer modernen Arbeitswelt" entstanden.

Die Projekte und die Bandentstehung wurden bis kurz vor der Manuskriptabgabe durch die zuständige Programmleiterin Frau Dr. Aulerich begleitet. Für ihre engagierte und konstruktive Beteiligung an den vorbereitenden fachlichen Diskussionen danken wir herzlich. Zudem entstanden hilfreiche Hinweise zu Einordnungen und notwendigen Abgrenzungen innerhalb des Gesamtprogramms in den Diskussionen mit den Reihenherausgebern/-innen. Der Band ist im Ergebnis ein wichtiger Baustein innerhalb der Gesamtdiskussion um betriebliche Kompetenzentwicklung, die sich in der Reihe neu formiert.

Daniela Ahrens und Gabriele Molzberger
Bremen und Wuppertal, im März 2017

Die Autorinnen und Autoren

Dr. phil. Daniela Ahrens (Hrsg.)

ist tätig an der Universität Bremen. Ihre Arbeitsschwerpunkte liegen in den Bereichen Wandel der Arbeitswelt, Lernen im Arbeitsprozess, mediengestützte Lernprozesse, soziale Ungleichheiten sowie Übergänge Schule/Ausbildung.

Carolin Alexander

(M.A.) ist wissenschaftliche Mitarbeiterin im Projekt iLInno an der Bergischen Universität Wuppertal, Fakultät für Human- und Sozialwissenschaften, Institut für Erziehungswissenschaft, Lehrstuhl für Erziehungswissenschaft mit dem Schwerpunkt Berufs-und Weiterbildung.

Dr. Thomas Ardelt

promovierte in Maschinenbau der Fachrichtung Fertigungstechnik an der Technischen Universität Berlin. Seit 2006 ist er für die Mahr GmbH in Göttingen tätig, zunächst als Produktionsleiter, seit 2011 als Direktor für die Bereiche Produktion und Logistik; in dieser Funktion auch zuständig für öffentliche Projekte im Bereich der Produktion.

Minela Balic

(M.A.) ist wissenschaftliche Mitarbeiterin am Institut für Innovationsforschung e. V. (IAI) an der Ruhr-Universität Bochum. Ihre Arbeitsschwerpunkte liegen in den Bereichen Organisations- und Arbeitsforschung sowie Innovationsmanagement.

Dr. Kerstin Baumgarten

ist Referentin und Projektleiterin bei der Zentralstelle für Berufsbildung im Handel e. V. (zbb) und als solche zuständig für eLearning, Konzeptionierung, Kompetenzmodell sowie Projektsteuerung seitens zbb bei HANDELkompetent!

Sonja Blanco

ist Bildungswissenschaftlerin bei systemkonzept mit Schwerpunkt Organisationsentwicklung, Konzeption von Bildungsangeboten, Aus- und Weiterbildung betrieblicher Akteure zu Prävention, Sicherheit und Gesundheit bei der Arbeit.

Univ.-Prof. Dr.-Ing. Ralph Bruder

ist seit 2006 Universitätsprofessor für Arbeitswissenschaft und Leiter des renommierten Instituts für Arbeitswissenschaft der Technischen Universität Darmstadt. Er war von 2011 bis 2015 Präsident der Gesellschaft für Arbeitswissenschaft. Seit dem 01. Januar 2014 ist er Vizepräsident der Technischen Universität Darmstadt für Studium, Lehre und den wissenschaftlichen Nachwuchs.

Julian Decius

ist Wirtschaftspsychologe (M.Sc.) an der Universität Paderborn. Er absolvierte sein Studium an der Ruhr-Universität Bochum und der Lindenwood University, Missouri (USA). Seine Forschungsschwerpunkte liegen in den Bereichen strategisches Kompetenzmanagement und informelles Lernen in kleinen und mittleren Unternehmen (KMU) sowie die Kompetenzentwicklung bei Leistungssportlern.

Clarissa Eickholt

ist Geschäftsführerin, Diplom-Pädagogin und zuständig für den Bereich e-learning bei systemkonzept in Köln. Sie hat die Projektleitung und -steuerung bei HANDELkompetent! seitens systemkonzept inne.

Prof. Dr. Michael Gessler

ist Professor für berufliche Bildung und berufliche Weiterbildung am Institut Technik und Bildung (ITB), Universität Bremen. Schwerpunkte sind Transfer und Innovation im Bereich nationaler und internationaler (Berufs-)Bildungsforschung sowie Lernen im Arbeitsprozess, Weiterbildung und der Übergang zwischen Schule und Beruf.

Torsten Grantz

ist Diplom-Berufspädagoge, Wirtschaftsingenieur (FH) und wissenschaftlicher Mitarbeiter am Institut Technik und Bildung (ITB) der Universität Bremen. Arbeitsschwerpunkte liegen in den Bereichen berufliche Qualifizierung mit digitalen Medien, Gestaltung von Arbeit und Technik, Lernen in Arbeitsprozessen aus methodischer sowie didaktischer Sicht.

Sandra Güth

ist Wirtschaftspsychologin (M.A.) und wissenschaftliche Mitarbeiterin am Fraunhofer-Institut für System- und Innovationsforschung (ISI) im Geschäfts-feld Industrielle Innovationsstrategien. Ihre Schwerpunkte liegen in den Bereichen betriebliche Kompetenzentwicklung, Auswirkungen von Innova-tionen auf die Mitarbeitenden sowie auf die Innovations- und Wettbewerbs-fähigkeit der Betriebe.

Peter Gust

hat einen Lehrstuhl in Konstruktionslehre im Maschinenbau inne und ist stellvertretender Leiter des Instituts für Produkt-Innovationen der Bergischen Universität Wuppertal. Arbeitsschwerpunkte liegen u. a. im Bereich der Methodenentwicklung zur Innovations- und Produktentwicklung.

Ralf Hannes

ist Diplom-Ingenieur (FH) und geschäftsführender Gesellschafter der phe-nox GmbH, Bochum, und für die Bereiche Entwicklung und Produktion verantwortlich.

Holger Heinze

ist Diplom-Wirtschaftsinformatiker (DH) und Dozent an der Duale Hochschule Baden-Württemberg in Mannheim sowie Gewerkschaftssekretär bei der IG Metall mit Schwerpunkt arbeitsprozessorientierter multimedialer Bildungsan-gebote und Bildungspolitik, insbesondere im Kontext der Digitalisierung.

Christian Hertle

(M.Sc.) ist Maschinenbauingenieur und wissenschaftlicher Mitarbeiter am Institut für Produktionsmanagement, Technologie und Werkzeugmaschinen an der Technischen Universität Darmstadt. Seit 2016 obliegt ihm die Leitung der Forschungsgruppe Center für industrielle Produktivität mit der Prozess-lernfabrik auf dem Campus der TU Darmstadt. Forschungsseitig beschäftigt er sich mit Shopfloor-Management und dessen Möglichkeiten zur Kompetenz-entwicklung in der Produktion.

Dr. Benjamin Höhne

arbeitet als Sozialpsychologe am Fernstudieninstitut der Beuth Hochschule für Technik Berlin mit Fokus auf die Erforschung und Vermittlung von berufs-praktischen Kommunikations- und Konfliktkompetenzen sowie von arbeits-platzorientierten Weiterbildungsmodellen.

Dr. Bernhard Holtkamp

ist Diplom-Informatiker und Abteilungsleiter am Fraunhofer-Institut für Software- und Systemtechnik in Dortmund. Seine Arbeitsschwerpunkte liegen in der Konzeption und Entwicklung von Lösungen zur Digitalisierung von Geschäftsprozessen in Unternehmen durch den Einsatz innovativer Informations- und Kommunikationstechnologie.

Dr. Djerdj Horvat

ist Projektleiter am Fraunhofer ISI. Seine Arbeitsschwerpunkte liegen im Innovationsmanagement, Change-Management sowie Kompetenz- und Wissensmanagement.

Benjamin Jokovic

ist Diplom-Soziologe und wissenschaftlicher Mitarbeiter am Institut für Arbeitswissenschaft der Technischen Universität Darmstadt. Nach dem Studium arbeitete er mehrere Jahre als IT-Berater für Geschäftsprozesse in der Automobilindustrie. Seine Forschungsschwerpunkte umfassen Kompetenzentwicklung, Digitalisierung und betriebliche Lernkultur.

Dr. phil. Bernd Kaßebaum

absolvierte sein Studium der Geschichte und Sozialwissenschaften in Gießen und promovierte zum Thema „Technologiepolitik der IG Metall". Seine Tätigkeiten umfassen Lehraufträge an der Hochschule Mittelhessen und an der Universität Gießen sowie Tätigkeiten in der politischen und gewerkschaftlichen Erwachsenenbildung, Forschungsprojekt zur Zukunft der Arbeit. Seit 1990 ist er hauptamtlicher Gewerkschaftssekretär beim Vorstand der IG Metall, jetzt im Ressort Bildungs- und Qualifizierungspolitik. Seine Arbeitsschwerpunkte liegen in Hochschulpolitik, Schule und Arbeitswelt, Berufsbildungsforschung.

Prof. Dr. Steffen Kinkel

ist Professor für Internationales Wirtschaften und Unternehmensnetzwerke im Fachbereich Wirtschaftsinformatik sowie Gründer und Leiter des Instituts für Lernen und Innovation in Netzwerken (ILIN) an der Hochschule Karlsruhe – Technik und Wirtschaft.

Thomas Kley

ist Diplom-Soziologe und wissenschaftlicher Mitarbeiter am Institut für angewandte Innovationsforschung e. V. (IAI) an der Ruhr-Universität Bochum mit den Arbeitsschwerpunkten Innovations- und Changemanagement sowie Kompetenzentwicklung.

Alexander Knickmeier

absolvierte sein Studium zum M.A. der Wirtschafts- und Sozialwissenschaften an der Ruhr-Universität Bochum und der Universidad Complutense Madrid. Seit 2010 ist er wissenschaftlicher Mitarbeiter am Institut für angewandte Innovationsforschung e. V. (IAI) an der Ruhr-Universität Bochum. Seine Arbeitsschwerpunkte liegen in den Bereichen Kreativitäts- und Innovationsforschung sowie Digitalisierung von Arbeit.

Dr. Iris Koall

ist wissenschaftliche Mitarbeiterin im Projekt iLInno im Zentrum für Weiterbildung der Bergischen Universität Wuppertal. Ihr Schwerpunkt liegt auf Heterogenitätsforschung. Sie ist außerdem tätig als Supervisorin bei der Deutschen Gesellschaft für Supervision und Coaching (DGSv).

Dr. phil. Christina König

ist Diplom-Psychologin mit Promotion im Maschinenbau. Seit 2013 leitet sie die Forschungsgruppe „Arbeitsorganisation und Arbeitsgestaltung" des Instituts für Arbeitswissenschaft. Ihre Forschung beschäftigt sich u. a. mit der menschzentrierten Gestaltung in komplexen Arbeitsumgebungen, Resilience Engineering sowie Arbeit 4.0.

Prof. Dr. Bernd Kriegesmann

ist Professor und Vorstandsvorsitzender des Instituts für angewandte Innovationsforschung e. V. (IAI) an der Ruhr-Universität Bochum und Präsident der Westfälischen Hochschule. Seine Arbeitsschwerpunkte umfassen Innovationsmanagement, Personal- und Organisationsentwicklung.

Stefanie Lauterbach

ist wissenschaftliche Mitarbeiterin der Kliniken Essen-Mitte, selbstständige systemische Personal- und Organisationsentwicklerin (www.lauterbachjunker.de) und Dipl. Feldenkrais® Practitioner. Ihre Arbeitsschwerpunkte liegen in den Bereichen Changemanagement, Kulturwandel, Prozessbegleitungen, Führungs- und Teamentwicklungen.

Katja Lehmann

arbeitete von 2011 bis 2016 als wissenschaftliche Mitarbeiterin am Fachgebiet Wirtschaftsinformatik des Wissenschaftlichen Zentrums für Informationstechnik-Gestaltung (ITeG) der Universität Kassel im Bereich IT-gestützte Aus- und Weiterbildung. Sie war dort u.a. im Forschungsprojekt StaySmart, gefördert vom Bundesministerium für Bildung und Forschung (BMBF), tätig. Ihre Forschungsinteressen erstrecken sich auf das technologiegestützte Lernen, die Lernenden-Integration, die Kompetenzentwicklung sowie die IT-gestützte Lernerfolgsmessung.

Prof. Dr. Jan Marco Leimeister

ist Professor und Leiter des Fachgebiets Wirtschaftsinformatik sowie Direktor am Wissenschaftlichen Zentrum für Informationstechnik-Gestaltung der Universität Kassel. Gleichzeitig ist er Direktor und Lehrstuhlinhaber am Institut für Wirtschaftsinformatik (IWI HSG) der Universität St. Gallen. Seine Forschungsschwerpunkte liegen im Bereich Digital Business, Digital Transformation, Dienstleistungsforschung, Crowdsourcing, digitale Arbeit, Collaboration Engineering und IT-Innovationsmanagement. Seine Forschungsprojekte werden von Unternehmen, der Deutschen Forschungsgemeinschaft (DFG), der Europäischen Union, deutschen Bundes- und Landesministerien sowie diversen Stiftungen gefördert.

Ralph Lichtner

(Dipl. rer. pol. techn.) ist wissenschaftlicher Mitarbeiter am Institut für Lernen und Innovation in Netzwerken (ILIN) der Hochschule Karlsruhe im Bereich Vernetzte Innovation und Produktion und promoviert berufsbegleitend am Lehrstuhl für Innovationsmanagement der Freien Universität Berlin.

Johannes Litz

hat einen M.Sc. in Qualitätsingenieurwesen und ist wissenschaftlicher Mitarbeiter im Projekt iLInno an der Bergischen Universität Wuppertal in der Fakultät Maschinenbau und Sicherheitstechnik und als solcher tätig am Lehrstuhl Konstruktion (Engineering Design) sowie im Fachgebiet Werkstofftechnik.

Dr. Jörg Longmuß

ist Maschinenbau-Ingenieur und Erziehungswissenschaftler, Forscher und Unternehmensberater, Mitgründer und Vorstand von Sustainum – Institut für zukunftsfähiges Wirtschaften Berlin.

Prof. Dr.-Ing. Joachim Metternich

ist seit 2012 Universitätsprofessor für Produktionsmanagement und Intralogistik und Institutsleiter des Instituts für Produktionsmanagement, Technologie und Werkzeugmaschinen (PTW) an der Technischen Universität Darmstadt. Er leitet die Forschungsgruppen Center für industrielle Produktivität und Management industrieller Produktion.

Sarah Migas

(M.Sc.) ist Personalentwicklerin bei der WILO SE in Dortmund. Sie studierte Wirtschaftswissenschaften an der Technischen Universität Dortmund mit den Schwerpunkten Marketing und Human Resources, wo sie auch ihre Masterarbeit zum Thema „Transformationale Führung in Veränderungen" schrieb.

Prof. Dr. phil. Gabriele Molzberger (Hrsg.)

ist seit 2011 Professorin für Erziehungswissenschaft mit dem Schwerpunkt Berufs- und Weiterbildung an der Bergischen Universität Wuppertal in der Fakultät für Human- und Sozialwissenschaften sowie seit 2012 zugleich Wissenschaftliche Direktorin des Zentrums für Weiterbildung an der Bergischen Universität Wuppertal.

Dr.-Ing. Hermann Monstadt

ist geschäftsführender Gesellschafter der phenox GmbH, Bochum, sowie Lehrbeauftragter der Ruhr-Universität Bochum für Werkstoffe der biomedizinischen Technik und für bionische Materialforschung.

Sarah Oeste-Reiß

ist seit 2012 als wissenschaftliche Mitarbeiterin am Fachgebiet Wirtschaftsinformatik des Wissenschaftlichen Zentrums für Informationstechnik-Gestaltung (ITeG) der Universität Kassel tätig, wo sie zum Thema „Leveraging the Potentials of Peer Learning – Conceptual Foundations and Reference Processes for Peer Learning" promovierte. Ihre Forschungsinteressen liegen in den Bereichen Collaboration Engineering, Crowdsourcing, kollaboratives Lernen sowie Softwareentwicklung und -einführung unter Berücksichtigung soziotechnischer Gestaltungsaspekte zur Schaffung von Innovationen digitaler Arbeit und notwendiger Wertschöpfungsstrukturen.

Birgit Ottensmeier

(M.A.) ist wissenschaftliche Mitarbeiterin der Kliniken Essen-Mitte und Gesundheitstherapeutin in eigener Praxis. Ihre Arbeitsschwerpunkte liegen in achtsamkeitsbasierten Interventionen in der Gesundheitsförderung und Prävention und in den Themenfeldern betriebliche Gesundheitsförderung sowie Alter und Gesundheit.

Holger Pracht

ist Diplom-Kaufmann und Leiter QM/RA sowie Qualitätsmanagementbeauftragter der phenox GmbH, Bochum.

Sebastian Riebe

ist Arbeitswissenschaftler/Soziologe bei systemkonzept in Köln. Seine Arbeitsschwerpunkte liegen in der Aus- und Weiterbildung betrieblicher Akteure zu Prävention, Sicherheit, Gesundheit bei der Arbeit, Konzeption von Bildungsangeboten, Durchführung von Forschungsprojekten und Unternehmensberatung. Er hat die stellvertretende Projektleitung bei HANDELkompetent! seitens systemkonzept inne.

Prof. Dr. Niclas Schaper

ist Professor für Arbeits- und Organisationspsychologie an der Universität Paderborn; Promotion an der Universität Kassel, Habilitation an der Universität Heidelberg für das Fach Psychologie. Seine Arbeitsschwerpunkte sind Kompetenzmodellierung und Kompetenzmessung, Ansätze der kompetenzorientierten Lehr-/Lerngestaltung und medienbasiertes Lehren und Lernen.

Brita Schemmann

(M.A.) ist wissenschaftliche Mitarbeiterin am Institut für Lernen und Innovation in Netzwerken (ILIN) der Hochschule Karlsruhe und externe Doktorandin des Instituts für Innovation Studies an der Universität Utrecht in den Niederlanden.

Sofia Schöbel

ist seit November 2014 als wissenschaftliche Mitarbeiterin am Fachgebiet Wirtschaftsinformatik des Wissenschaftlichen Zentrums für Informationstechnik-Gestaltung (ITeG) der Universität Kassel tätig. Am Fachgebiet arbeitet Sofia Schöbel u. a. an dem BMBF-geförderten Projekt StaySmart mit. Ihre Forschungsinteressen liegen im Bereich Gamification, E-Learning sowie kollaborative Gestaltung von Arbeitsprozessen.

Prof. Dr. Matthias Söllner

ist Assistenzprofessor am Institut für Wirtschaftsinformatik (IWI-HSG) der Universität St. Gallen sowie Forschungsgruppenleiter am Fachgebiet Wirtschaftsinformatik des Wissenschaftlichen Zentrums für IT-Gestaltung der Universität Kassel. Seine Forschungsinteressen liegen in der Gestaltung vertrauenswürdiger und genutzter IT-Innovationen in Bereichen wie der universitären und betrieblichen Aus- und Weiterbildung.

Sebastian Steinbuß

ist Diplom-Informatiker am Fraunhofer-Institut für Software- und Systemtechnik in Dortmund. Er beschäftigt sich mit dem Einsatz innovativer Technologien und Methoden in unterschiedlichen Branchen im Rahmen der Digitalisierung.

Martin Templer

ist Sport- und Gesundheitswissenschaftler bei systemkonzept. Seine Arbeitsschwerpunkte liegen in der Konzeption von Bildungsangeboten mit Schwerpunkt im Bereich Gesundheit, Forschungstätigkeiten und Datenauswertung mit SPSS. Bei HANDELkompetent! ist er zuständig für umfassende Literaturrecherchen, die Planung und Entwicklung von Lernmodulen und Lerninhalten zur Förderung der Gesundheitskompetenz.

Prof. Dr. phil. habil. Ralf Tenberg

promovierte und habilitierte in Berufspädagogik an der Technischen Universität München, leitet seit 2009 den Arbeitsbereich Technikdidaktik des humanwissenschaftlichen Fachbereichs an der Technischen Universität Darmstadt. Dort ist er auch seit drei Jahren Studiendekan. Sein Team forscht in durch die Deutsche Forschungsgemeinschaft e.V. (DFG) und BMBF-geförderten Projekten und Modellversuchen des Bundesinstituts für Berufsbildung (BIBB) sowie in industriellen Entwicklungsaufträgen oder in schulischen Feldern sowohl auf Ebene unmittelbaren technischen Lernens als auch auf den darüber liegenden administrativen und organisationalen Ebenen für verschiedene Bundesländer.

Michael Tisch

ist diplomierter Wirtschaftsingenieur mit technischer Fachrichtung Maschinenbau und in leitender Funktion als Oberingenieur am Institut für Produktionsmanagement, Technologie und Werkzeugmaschinen an der Technischen Universität Darmstadt tätig. Sein Schwerpunkt liegt in kompetenzorientierter Lernfabrikgestaltung für die schlanke Produktion.

Alfredo Virgillito

ist Diplom-Sozialwissenschaftler an der Technischen Universität Dortmund. Seine Arbeitsschwerpunkte liegen im Kompetenz- und Wissensmanagement sowie der empirischen Methodik.

Dr. phil. Claudia Weber

promovierte in englischsprachiger Literatur- und Kulturwissenschaft und absolvierte das Erste Staatsexamen des Lehramts für Gymnasien. Seit 2015 ist sie wissenschaftliche Mitarbeiterin des Arbeitsbereichs Technikdidaktik an der Technischen Universität Darmstadt. Ihre Forschungsinteressen betreffen (hochschul-)didaktische Fragestellungen.

Ulrich Weiß

ist Diplom-Pädagoge und wissenschaftlicher Mitarbeiter im Projekt iLInno an der Bergischen Universität Wuppertal, Fakultät für Human- und Sozialwissenschaften, Institut für Erziehungswissenschaft, Lehrstuhl für Erziehungswissenschaft mit dem Schwerpunkt Berufs-und Weiterbildung.

Inhaltsverzeichnis

II   Gestaltung arbeitsprozessorientierten Lernens

5   Mediengestützte Arbeits - und Lernprojekte als Instrument der betrieblichen Kompetenzentwicklung

**IV   Forschungs- und Gestaltungsperspektiven analoger und
         digitalisierter Arbeitswelten**

Förderhinweis

Dieses Forschungs- und Entwicklungsprojekt wurde mit Mitteln des Bundesministeriums für Bildung und Forschung (BMBF) im Programm „Innovationen für die Produktion, Dienstleistung und Arbeit von morgen" gefördert. Die Verantwortung für den Inhalt dieser Veröffentlichung liegt bei den Autoren.

GEFÖRDERT VOM

Bundesministerium
für Bildung
und Forschung

Vorüberlegungen zum Gestaltungspotenzial betrieblicher Kompetenzentwicklung

Daniela Ahrens, Gabriele Molzberger

© Springer-Verlag GmbH Deutschland 2018
D. Ahrens, G. Molzberger (Hrsg.), *Kompetenzentwicklung in analogen und digitalisierten Arbeitswelten*,
Kompetenzmanagement in Organisationen, https://doi.org/10.1007/978-3-662-54956-8_1

Zusammenfassung

Dieser Band thematisiert Kompetenzentwicklung in der Arbeitswelt als Innovationstreiberin. Im Mittelpunkt stehen Arbeiten und Lernen in betriebsförmig organisierten Prozessen und Tätigkeitsfeldern. Dient betriebliche Kompetenzentwicklung der Kompensation von Defiziten in einer individuellen Kompetenzmatrix? Oder ist betriebliche Kompetenzentwicklung eher komplementär zu begreifen zu anderen Orten der Kompetenzaneignung und Instanzen der Weiterbildung? Wird Kompetenzentwicklung als Reparaturbetrieb in defensiver Manier betrieben? Oder kann sie Impulsgeberin für Erneuerungen sein? Die versammelten Beiträge gehen diesen Fragen nach und wählen dabei höchst unterschiedliche Formen der Annäherung.

1.1   Betriebliche Kompetenzentwicklung und Innovation

Im Mittelpunkt dieses Bandes stehen Arbeiten und Lernen in betriebsförmig organisierten Prozessen und Tätigkeitsfeldern. Im Begriff der betrieblichen Kompetenzentwicklung sind diese beiden menschlichen Grundtätigkeiten – Arbeiten und Lernen – synthetisiert. Arbeitstätigkeiten sind das Ergebnis von gesellschaftlicher Arbeitsteilung. Lernen hatte für Arbeit als Erschließung von Natur immer schon eine wichtige Bedeutung. Nur weil der Mensch arbeitend auch gelernt hat, konnte er seine Arbeitsweisen verfeinern und an andere weitergeben. Wie wir inner- und intergenerational Lernen und gesellschaftlich Arbeit teilen und organisieren, ist immer zugleich Antrieb und Ergebnis von gesellschaftlichem Wandel. Die Gestaltung dieses Wandels hängt entscheidend davon ab, was wir über diese Zusammenhänge wissen und welche Handlungskonsequenzen wir daraus ziehen.

Arbeiten, Lernen und Kompetenzentwicklung sind kontingente und historisch variable Begriffe, die sich wissenschaftlich weder einzeln noch in ihrem Zusammenhang letztgültig bestimmen lassen. Das Theorem betrieblicher Kompetenzentwicklung ist wissenschaftsgeschichtlich ein vergleichsweise junges Konzept, dessen anthropologisch-ethische und gesellschaftlich-geschichtliche Dimensionen sich beginnen herauszuschälen. Anders formuliert: Jede Kompetenztheorie operiert explizit oder implizit mit einem spezifischen Subjektbegriff und einem damit verbundenen Gesellschaftsbild. Geht man davon aus, dass moderne Gesellschaft und betriebsförmige Arbeitsorganisation in einem Verhältnis rekursiver Konstitution so zueinanderstehen, „dass die Organisationen eben jene gesellschaftlichen Strukturen und Institutionen, denen sie unterliegen, ihrerseits produzieren und reproduzieren" (Ortmann et al., 1997, S. 19), dann wird der Betrieb als Organisation zu einem gesellschaftlich bestimmten und bestimmbaren Ort (Braczyk, 1997). Folglich ist der Betrieb als kompetenzförderlicher Ort gestaltbar.

Ein wichtiges Anliegen des Bandes ist es deshalb zu zeigen, wie betriebliche Kompetenzentwicklung angemessen erfasst werden kann und welche Implikationen mit der Gestaltung verbunden sind. In Zeitdiagnosen zur Krise und Zukunft der „Arbeitsgesellschaft" oder der „Wissensgesellschaft" hat betriebliche Kompetenzentwicklung mehrfache Umdeutungen erfahren. Mit dem Aufkommen neuer Arbeits- und Produktionskonzepte seit den 1980er-Jahren ist Arbeit lernhaltiger und die betriebliche Arbeitsorganisation ein wichtiger Faktor menschlicher Kompetenzentwicklung geworden. Da der Zusammenhang zwischen technologischen Entwicklungen, betrieblicher Arbeitsorganisation und individueller Kompetenzentwicklung dynamisch ist, ist es wichtig nach den Wechselbeziehungen der Lernhaltigkeit von Erwerbsarbeit und zunehmender Digitalisierung der Arbeitsprozesse und -organisation zu fragen.

Die Forschung der vergangenen drei Jahrzehnte hat gezeigt, dass aus Innovationen der Arbeitswelt neben neuen Chancen stets zugleich neue Risiken erwachsen. Auch die aktuelle Debatte um die Digitalisierung löst im Hinblick auf Arbeitsmarkt, Beschäftigung und Kompetenzentwicklung Effekte auf sehr verschiedenen Ebenen aus. Laute Warnungen vor dem Ende der Arbeit und wirkmächtige bildliche Darstellungen menschenleerer Arbeitsorte beherrschen den öffentlichen Diskurs. Diese werden nach und nach durch differenzierte Sichtweisen und wissenschaftlichen Analysen abgelöst, die von einer Veränderung von Arbeit und von einem durch Digitalisierung ausgelösten Strukturwandel ausgehen, der derzeit nicht eindeutig prognostizierbar ist. Einige Untersuchungen gehen von hohen Automatisierungspotenzialen im Produktions- und Dienstleistungssektor aus. Andere sehen große Substituierungspotenziale von Arbeitsplätzen Geringqualifizierter. Mehr oder wenig einig sind sonst dissonante Stimmen, nach denen Flexibilität und Anpassungskraft durch berufliche Qualifizierung und Weiterbildung auch in Zukunft für die Sicherung von Beschäftigung wichtig bleiben werden.

Der im Titel des Bandes angeführte Innovationsbegriff ist weit gefasst. Die Auffächerung in soziale, technologische und organisationale Innovation folgt dem inzwischen etablierten Innovationsverständnis, welches die Nachhaltigkeit und Vieldimensionalität von Erneuerungsprozessen berücksichtigt. Wir stellen als Bandherausgeberinnen bewusst den Innovationsimperativ der vergangenen beiden Jahrzehnte in Abrede und rekurrieren stattdessen auf den rekursiven Zusammenhang von Innovation und Tradition, von Vergangenheit und Zukunft. Auch erschien es uns in der Konzeption des Bandes wichtig, die vielfältigen Implikationen von Innovationen, die vorhergesehenen oder geplanten, aber auch die unvorhergesehenen und nicht geplanten oder (un)beabsichtigten „Nebenwirkungen" in die Betrachtung mit aufzunehmen.

Es gibt bis heute keine allgemeingültige Theorie betrieblicher Kompetenzentwicklung. Wohl aber gibt es verschiedene theoretische Grundlegungen und Ansätze, mit denen in der Forschung und Wissenschaft versucht wird, das Gegenstandsfeld zu beschreiben und zu objektivieren. So wie es keine allgemeine Theorie betrieblicher Kompetenzentwicklung gibt, so gibt es auch nicht die eine akademische Disziplin, die für sich allein beanspruchen könnte, betriebliche Kompetenzentwicklung mit ihren inhaltlichen Ausprägungen und ihrer sozialen Konstitution in lebens- und arbeitsweltlicher Perspektive konsistent und umfassend zu bündeln und zu erfassen. Die theoretische Erschließung erfolgt multidisziplinär, d. h. durch die Berufs- und Weiterbildungswissenschaft, Industriesoziologie, Arbeitswissenschaft, Psychologie, Ingenieurwissenschaft, Betriebswirtschaftslehre, Geschichtswissenschaft und weitere Fachgebiete, die aus Platzgründen nicht alle hier genannt werden können. Alle in diesem Band versammelten Beiträge folgen nicht nur einer multidisziplinären Ausrichtung, sondern auch der doppelten Adressierung von spezifischen praktischen Entwicklungsaufgaben einerseits und generalisierender Erkenntnis andererseits. Alle Forschungs- und Entwicklungsprojekte vereinigen in je unterschiedlicher Weise praktisch-konzeptionelle, empirische sowie theoriegeleitete Forschungsarbeit. Die Beiträge stehen im Kontext aktueller arbeitsmarkt-, sozial- und bildungspolitischer Zielsetzungen sowie unter dem Anspruch der Ergebnisverstetigung und nachhaltigen Implementation in die betriebliche Praxis.

1.2 Aufbau des Bandes

In den Beiträgen im ersten Teil des Bandes werden Zwischenergebnisse aus den theoriegeleiteten und empirischen Erprobungen beschrieben. Ihre besondere Stärke liegt in den skizzierten Beispielen aus der betrieblichen Praxis. Der erste Teil wird eingeleitet mit dem Beitrag „Gestaltung strategischen Kompetenzmanagements" durch eine Zusammenschau zum Innovationsbegriff von Horvat und Gust, die den „State of the Art" dieser Diskussion aus betriebswirtschaftlicher und ingenieurwissenschaftlicher Sicht bilanzieren (▶ Kap. 2). In dem ersten Beitrag aus den Entwicklungs- und Forschungsprojekten werden von Kinkel, Schemmann, Lichtner und Migas „Engpasskompetenzen für die Innovationsfähigkeit von Wertschöpfungschampions – Herausforderungen und Lösungsszenarien" dargelegt und Lösungen entwickelt (▶ Kap. 3). Komplementär betrachten Güth, Decius, Horvat, Schaper und Virgillito in ihrem Beitrag „Strategisches Kompetenzmanagement von Produktionsbeschäftigen in nicht-forschungsintensiven KMU" die Kompetenzentwicklungsbedarfe von Produktionsbeschäftigten (▶ Kap. 4).

Die Beiträge des zweiten Teiles beschäftigen sich mit der Gestaltung arbeitsprozessorientierten Lernens. Nicht nur Arbeitsprozesse, sondern auch die Gestaltung von Lernprozessen wird zunehmend durch digitale Hilfsmittel unterstützt. Im Beitrag „Mediengestützte Arbeits - und Lernprojekte als Instrument der betrieblichen Kompetenzentwicklung" von Longmuß, Grantz und Höhne wird das Konzept des agilen Lernens zur Umsetzung arbeitsorientierter Kompetenzentwicklung diskutiert (▶ Kap. 5). Produktionsnah und arbeitsprozessorientiert wird in dem Beitrag „Betriebliche Kompetenzentwicklungsansätze zur Weiterentwicklung fachlich-methodischer und sozial-kommunikativer Kompetenzen in produktionsnahen Bereichen" ein innovatives Konzept von Metternich, Hertle, Tisch, Jokovic, König, Bruder, Weber, Tenberg und Ardelt entwickelt (▶ Kap. 6). Die Bedeutung elektronischer Lernplattformen für Qualifizierungskonzepte diskutieren Leimeister, Schöbel, Lehmann, Oeste-Reiß und Söllner in ihrem Beitrag „We is smarter than I – Der StaySmart-Ansatz zum kollaborativen Kompetenzaufbau, -erhalt und -austausch" am Beispiel von Freelancern in der Energiebranche (▶ Kap. 7). Für diese Beschäftigtengruppe ist die zeitliche und räumliche Mobilität in der Kompetenzentwicklung besonders wichtig.

Im dritten Teil rücken die spezifischen Bedingungen von kleinen und mittleren Unternehmen (KMU) in den Fokus. Ressourcenorientiertes Arbeiten ohne Verschwendung ist für schnell wachsende KMU der Medizintechnikindustrie eine wichtige Voraussetzung für Produktinnovationen. Dies ist die zentrale These des Beitrags „Herausforderungen für Kompetenzentwicklung in schnell wachsenden innovativen kleinen und mittleren Unternehmen" von Kriegesmann, Kley, Knickmeier, Balic, Ottensmeier, Lauterbach, Monstadt, Hannes und Pracht (▶ Kap. 8). In dem Beitrag „Heterogene Lernkonstellationen als Ausgangspunkt betrieblicher Kompetenzentwicklung" diskutieren Alexander, Koall, Litz und Weiß anhand von Fallbeispielen aus der Metallbranche Gestaltungskonzepte arbeitsprozessintegrierter Kompetenzentwicklung (▶ Kap. 9). Die Bedingungen zur Kompetenzentwicklung in KMU des Handels stehen in dem Beitrag „Technische Innovationen als Mittel zum arbeitsintegrierten Lernen in kleinen und mittleren Unternehmen des Einzelhandels" von Holtkamp, Riebe, Baumgarten, Blanco, Steinbuß, Eickholt und Templer im Mittelpunkt (▶ Kap. 10).

Bis zu diesem Teil des Bandes stehen die jeweiligen Fallspezifiken aus verschiedenen Branchen und Betriebsgrößenklassen im Zentrum der Betrachtung.

Diesen folgen im vierten Teil übergreifende Betrachtungen. So rekonstruieren Ahrens und Gessler die junge Geschichte betrieblicher Kompetenzentwicklung seit der zweiten Hälfte des 20. Jahrhunderts (▶ Kap. 11). Der Aufsatz systematisiert den Diskurs und zeichnet die Entwicklungsetappen als Dreischritt nach. Beginnend mit der „Humanisierung der Arbeitswelt" in den 1970er-Jahren entwickelten sich zwei weitere Leitmotive der Diskussion um Arbeit und Lernen, seit etwa 1990 die Kompetenzorientierung und ab dem 21. Jahrhundert die Digitalisierung. Betriebliche Kompetenzentwicklung ist auch Gestaltungsaufgabe der Sozialpartner. Kaßebaum und Heinze diskutieren die „Kompetenzentwicklung als Gestaltungsaufgabe für eine ‚erweiterte moderne Beruflichkeit'" und fragen, inwiefern Kompetenzentwicklung mit dem in Deutschland dominanten Modell berufsförmig organisierter Arbeitsteilung vereinbar ist (▶ Kap. 12). Molzberger schließlich wirft die Frage auf, inwiefern die betriebliche Kompetenzentwicklung sich komplementär zu beruflicher Weiterbildung verhält (▶ Kap. 13).

Abschließend stellet ein Autorenkollektiv der Fokusgruppen 6 und 7 neben die Innovation einen zweiten gesellschaftlichen „Topbegriff": die Zukunft (▶ Kap. 14). Perspektiven- und akteursgeleitete Schlussfolgerungen sowie Desiderate aus den Verbundprojekten liefern Impulse für die Forschung, die betriebliche Praxis und die Politik.

Mit dem vorgelegten Reihenband möchten wir einen Beitrag zur Diskussion zu den Grenzen und Möglichkeiten betrieblicher Kompetenzentwicklung in analogen und digitalisierten Arbeitsprozessen leisten und zugleich innovative Impulse für deren zukunftsorientierte Gestaltung setzen.

Fazit

Mit dem Band „Betriebliche Kompetenzentwicklung in analogen und digitalisierten Arbeitswelten" werden wichtige Fragen zu den aktuellen sozialen, technologischen und organisationalen Dimensionen von Kompetenzentwicklung reformuliert und präzisiert. Die Formen der Annäherung fallen höchst unterschiedlich aus und bilden damit selbst eine Grundlage für Innovationen im Feld der betrieblichen Kompetenzentwicklung.

Weiterführende Literatur und Links
- Fokusgruppe 6 „Neue Formen arbeitsorientierten Lernens": http://147.172.96.40/content/fokusgruppe-6-neue-formen-arbeitsprozessorientierten-lernens
- Fokusgruppe 7 „Kompetenzentwicklung als Innovationstreiber": http://147.172.96.40/content/fokusgruppe-7-kompetenzentwicklung-als-innovationstreiber

Literatur

Braczyk, J. (1997). Organisation in industriesoziologischer Perspektive. In: G. Ortmann, J. Sydow, & K. Türk (Hrsg.), *Theorien der Organisation: die Rückkehr der Gesellschaft* (S. 530–575). Opladen: Westdeutscher Verlag.
Ortmann, G., Sydow, J., Türk, K. (1997). Organisation, Strukturation, Gesellschaft. Die Rückkehr der Gesellschaft in die Organisationstheorie. In: G. Ortmann, J. Sydow, & K. Türk (Hrsg.), *Theorien der Organisation: die Rückkehr der Gesellschaft* (S. 15–34). Opladen: Westdeutscher Verlag.

Gestaltungsansätze für soziale, organisationale und technologische Innovationen

Innovationen aus der Perspektive von Betriebswirtschaftslehre und Ingenieurswissenschaft

Djerdj Horvat, Peter Gust

© Springer-Verlag GmbH Deutschland 2018
D. Ahrens, G. Molzberger (Hrsg.), *Kompetenzentwicklung in analogen und digitalisierten Arbeitswelten*,
Kompetenzmanagement in Organisationen, https://doi.org/10.1007/978-3-662-54956-8_2

Zusammenfassung

Die Begriffe Innovation und Innovationsfähigkeit sind oft mit hohen definitorischen Problemen behaftet. Daher werden zu Beginn des Beitrags einheitliche Definitionen eingeführt. Im Folgenden werden vier betriebliche Handlungsfelder in Form einer Vier-Felder-Matrix mit den Bestandteilen Produktinnovationen, technische Prozessinnovationen, Dienstleistungs- sowie organisatorische Innovationen vorgestellt. Ergänzend zu den Handlungsfeldern werden neun Gestaltungsfelder des betrieblichen Innovationsmanagements beschrieben. Abschließend wird die Forderung definiert, dass Unternehmen zur Sicherung der wirtschaftlichen Erfolgsposition ein ganzheitliches und nachhaltiges Innovationsmanagement installieren müssen.

2.1   Einleitung: zum Begriff Innovation und Innovationsfähigkeit

Innovationsfähigkeit gilt in heutiger Zeit eines schnellen technologischen Wandels und dynamischen Wettbewerbsumfelds als eine der wichtigsten Faktoren der Leistungsfähigkeit bzw. des Erfolges eines Unternehmens (Hauschildt et al., 2016). Innovation wird allerdings in der Alltagssprache, als modischer Begriff, oft sehr unscharf und schlagwortartig für unterschiedlichste Sachverhalte gebraucht. Sogar im wissenschaftlichen Bereich ist der Begriff aufgrund der Vielzahl möglicher Bedeutungsinhalte mit großen definitorischen Problemen behaftet und wird dadurch oft „diffus und unpräzise" verwendet (Adler u. Burr, 2014). Um Missverständnissen in weiteren Ausführungen vorzubeugen, ist es zunächst nötig, diesen Begriff präzise zu erläutern.

Der Begriff **Innovation** in seiner etymologischen Herkunft beschreibt etwas Neues bzw. eine Neuerung, eine Neuheit oder etwas Neuartiges (Disselkamp, 2012). Dabei werden Innovationen häufig falsch mit Erfindungen, also **Inventionen**, gleichgesetzt. Jedoch muss nach Schumpeter (1931) strikt zwischen diesen beiden Begriffen getrennt werden, da Inventionen an sich noch keinen wirtschaftlichen Bezug aufweisen: Erst durch die erfolgreiche wirtschaftliche Verwertung und Einführung des „Neuen" in den Markt bzw. das operative Alltagsgeschäft wird eine Invention zur Innovation. Ein zentrales Merkmal von Innovationen ist somit die ökonomische Verwertbarkeit durch Umsetzung des zugrunde liegenden Wissens. Das eigentliche Ziel von Innovationen beschreibt Schumpeter (1961) folglich als „Durchsetzung neuer Kombinationen" von Produktionsmitteln. Innovation ist somit die zielgerichtete Entwicklung und Umsetzung von neuen werteschaffenden Problemlösungen, die darauf abzielen, institutionelle und unternehmerische Ziele auf eine neuartige Weise zu erreichen.

2.2   Betriebliche Handlungsfelder von Innovationen

Um die inhaltliche Dimension bzw. das Objekt oder mögliche Ziele von Innovationen systematisch und vollständig beschreiben zu können, ist ein Analyseraster anzulegen, das einerseits zwischen den für Kunden sichtbaren Leistungsangeboten und internen Prozessabläufen bzw. der Produkt- und Prozessebene von Innovationen sowie andererseits zwischen materiellen und immateriellen Innovationszielen unterscheidet. Stellt man diese Dimensionen einander gegenüber, ergibt sich eine **Vier-Felder-Matrix** mit den Bestandteilen Produktinnovation, technische Prozessinnovation, Dienstleistungs- sowie organisatorische Innovation (◻ Abb. 2.1).

In der Konsequenz sind neben der oftmals ausschließlich betrachteten Produktentwicklung die Entwicklung neuer Dienstleistungen (als Haupt- oder Nebenleistung zum Produktangebot) und die Verbesserung der Prozesse zur Einbringung des Leistungsangebotes eines Unternehmens

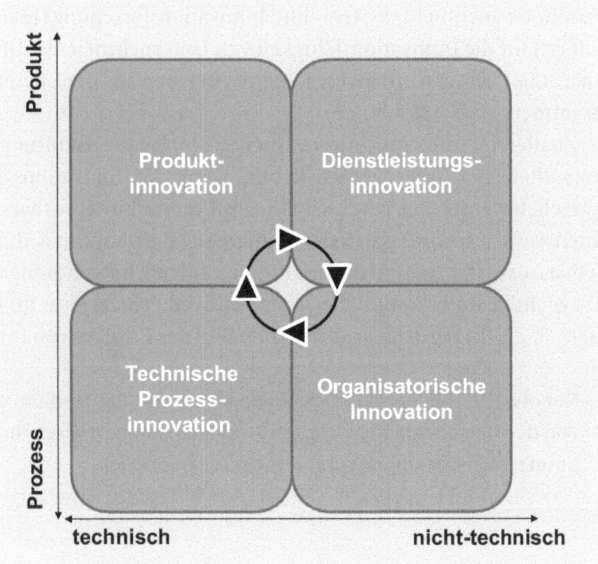

☐ Abb. 2.1 Betriebliche Handlungsfelder von Innovationen (in Anlehnung an Dreher et al., 2006)

durch organisatorische oder technische Maßnahmen gleichrangig als mögliche Ziele von Innovationen zu betrachten.

Zwischen den verschiedenen **innerbetrieblichen Innovationsfeldern** existieren Interdependenzen. Das heißt, Innovationsaktivitäten in einem Feld rufen oftmals notwendige Neuerungen in anderen Bereichen hervor, was auf den Grundgedanken der Interaktion verschiedener betrieblicher Innovationsfelder verweist (Dreher et al., 2006). Diese können sich dabei gegenseitig verstärken oder widersprechen. Bei einem Widerspruch verfolgt das Unternehmen keine konsequente strategische Ausrichtung seiner Aktivitäten. Verstärken sich die Aktivitäten hingegen, wird auch die Wettbewerbsposition gestärkt. Bei besonders intensiver Verflechtung ist außerdem das Kopieren der Innovationsaktivitäten durch Wettbewerber erschwert.

Unter Berücksichtigung dieser Interdependenzen ist Innovation kein einmaliges, punktuelles Ereignis, sondern muss vielmehr als generische Unternehmensaktivität bzw. „core business process" betrachtet werden. Demnach werden **erfolgreiche Innovationsstrategien** dadurch geprägt, dass viele verschiedene technische und nicht-technische Aktivitäten auf die strategischen Unternehmensziele ausgerichtet werden und sich untereinander bedingen. Dadurch entsteht ein Geflecht an Innovationsaktivitäten bzw. verschiedenen Innovationskombinationen, die als unterschiedliche Innovationspfade die Spezifität eines Unternehmens am Markt und dessen Wettbewerbsposition ausmachen. Dabei muss es sich nicht unbedingt um eine Marktinnovation handeln. Eine Innovation kann ebenso nur für das innovierende Unternehmen erstmalig sein und muss nicht notwendigerweise eine Neuheit aus Sicht des Marktes darstellen (OECD, 2005).

2.3 Gestaltungsfelder des betrieblichen Innovationsmanagements

Zur Realisierung der jeweiligen Innovationsziele sind für Unternehmen sowohl interne als auch externe Faktoren bzw. Treiber und Hemmnisse sowie deren Wechselwirkungen zu berücksichtigen. Das Fraunhofer-Institut für Arbeitswirtschaft und Organisation (Fraunhofer IAO) und

Fraunhofer-Institut für System- und Innovationsforschung (Fraunhofer ISI) haben dazu Erfolgs-faktoren für die Innovationsfähigkeit von Unternehmen identifiziert (Dreher et al., 2006; Spath et al., 2006). Diese wurden, ergänzt um Angaben aus der Literatur, zu neun Gestaltungsfeldern zusammengefasst (◘ Abb. 2.2).

Zuallererst muss im Unternehmen die **Innovationskultur** gepflegt werden. Sie umfasst die Bestandteile der Unternehmenskultur, die für die Innovationsaktivitäten als besonders wichtig angesehen werden. Sie beschreibt die im Unternehmen vorhandenen Werte, Normen und Ver-haltensweisen sowie das daraus resultierende Betriebsklima, die entweder fördernde oder hem-mende Auswirkungen auf die Innovationsaktivität haben können (Spath et al., 2006). Eine beson-ders wichtige Rolle kommt dabei der positiven Fehlerkultur im Unternehmen zu. In Kerka et al. (2007, S. 273ff.) wird das ernüchternde Bild des Erfolges von Innovationen beschrieben:

》 Nur etwa 13 % aller Neuproduktideen erreichen das Stadium der Markteinführung und von den neu am Markt lancierten Produkten können wiederum nur rund 50 % die in sie gesetzten Erwartungen zumindest in Teilen erfüllen.

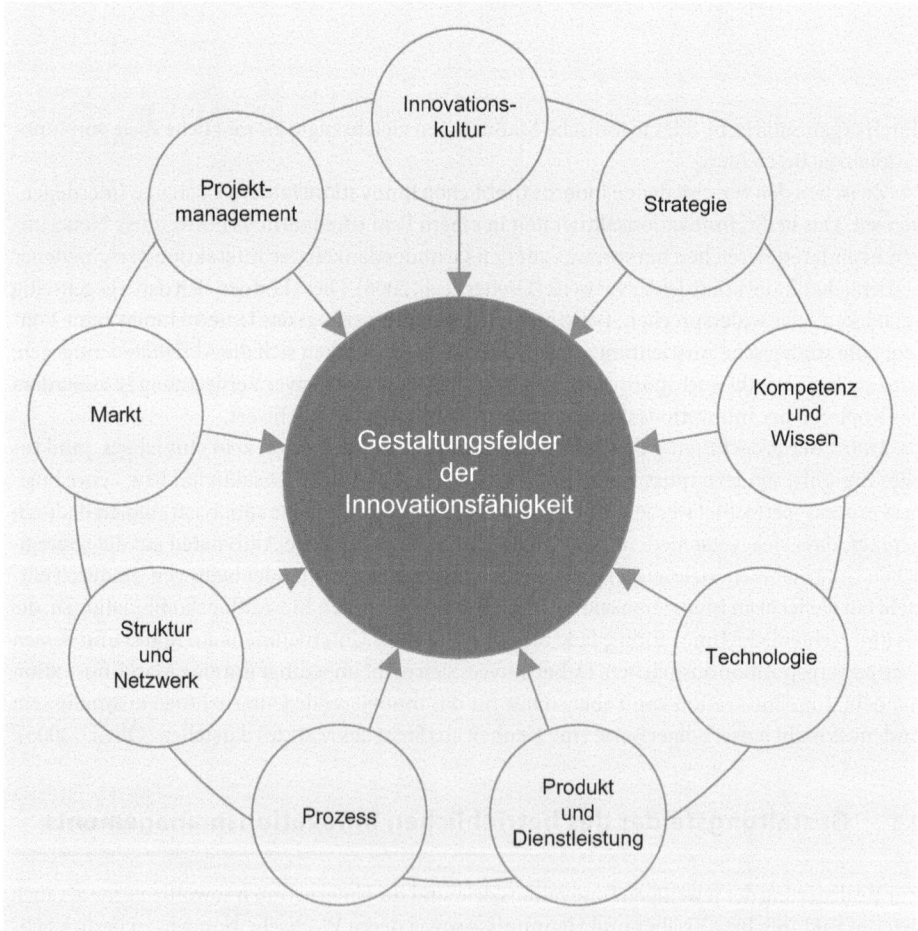

◘ **Abb. 2.2**   Gestaltungsfelder des Innovationsprozesses (in Anlehnung an Spath et al., 2006)

Daher müssen Unternehmen und die beteiligten Mitarbeiter mit Misserfolgen umgehen können.

In den Unternehmen müssen weiterhin die notwendigen **Ressourcen** vorhanden sein (Barney, 1991), die in Innovationsprozessen eingesetzt werden. Dabei spielen sowohl materielle Ressourcen wie Technologie und Geld als auch immaterielle wie Kompetenz und Wissen eine Rolle. Da diese intern meistens nicht direkt vorhanden sind, müssen die Unternehmen sie neu aufbauen oder extern durch Kooperation bzw. Akquisition (Struktur und Netzwerk) entwickeln. Infolgedessen sind ihre organisationalen (dynamischen) Fähigkeiten sowohl für die interne Bereitstellung dieser Ressourcen als auch für ihre Akquisition von externen Partnern, z. B. Kunden/-innen und Lieferbetrieben, Forschungseinrichtungen, Verbänden und anderen gesellschaftlichen Akteuren/-innen, entscheidend für ihre Innovationsfähigkeit und dadurch für ihren Erfolg (Horvat, 2015). Außerdem müssen die innovativen Unternehmen in der Lage sein, die neu aufgenommenen Ressourcen für Innovationen effektiv umsetzen zu können. Eine entscheidende Rolle spielt dabei ihre Absorptionsfähigkeit (Cohen u. Levinthal, 1990). Bereits Teece et al. (1997) sowie Eisenhardt und Martin (2000) fassen solche organisationalen Fähigkeiten mit „Dynamic Capabilities" zusammen, durch die die Routinen und Kompetenzen mit Lernmöglichkeiten und Feedbackverfahren gekoppelt werden.

Übergeordnet muss die Innovationsarbeit in einem **Innovationsprozess** strukturiert und von Methoden des **Projektmanagements** begleitet werden. Dabei ist es wesentlich, eine Strategie für die Entwicklung neuer Produkte und Dienstleistungen mit der Zielrichtung auf neue und bestehende Märkte zu haben (Kirner et al., 2007). Durch die Verankerung in der Strategie kann ein gemeinsames Verständnis von Innovationen im Unternehmen erzeugt und dadurch die Wettbewerbsfähigkeit des Unternehmens gesteigert werden. Im Gegensatz dazu bzw. wenn Innovationen in der Unternehmensstrategie nicht ausreichend berücksichtigt werden, sinkt die Wahrscheinlichkeit für die Durchführung von innovationsfördernden Aktivitäten, was die Wettbewerbsfähigkeit und damit den Unternehmenserfolg gefährden kann.

Ein Innovationsprozess ist ein unsicherer und komplexer Prozess, der Einfluss auf die zukünftige Ausrichtung eines Unternehmens hat (Gerybadze, 2004). Innovationsentscheidungen sind mehrstufig und binden finanzielle, materielle und personelle Ressourcen über einen vergleichsweise langen Zeitraum. Auch aus diesem Grund sollten Innovationsprozesse sorgfältig geplant und strukturiert werden (Kuhlmeier, 2016; Vahs u. Brem, 2015). Die Voraussetzung für ihre Umsetzung sind die im Unternehmen bereits vorhandenen Prozesse. Sie müssen geeignet sein, flexibel auf Änderungen reagieren zu können, einwandfreie Abläufe an Prozessschnittstellen zu gewährleisten und als Grundlage der Prozesssteuerung die Transparenz sicherzustellen. Hierzu gehören z. B. Prozesse des Projektmanagements, des strategischen Kompetenzmanagements und der Arbeitsgestaltung, Kooperationen mit Externen etc.

> **Fazit**
> **Zum ganzheitlichen Innovationsmanagement**
> Betrachtet man alle vier Handlungs- und neun Gestaltungsfelder des betrieblichen Innovationsmanagements wird deutlich, dass die Reduzierung auf die Einführung von Innovationsprozessen für Unternehmen zu kurz gefasst ist. Vielmehr muss ein ganzheitliches und nachhaltiges Innovationsmanagement installiert werden. Die Implementierung eines Innovationsmanagements in einem Unternehmen erfolgt in nahezu allen Bereichen und ist aufwendig (Kuhlmeier, 2016). Das Innovationsmanagement sichert

die wirtschaftliche Erfolgsposition und forciert den Aufbau, die Pflege sowie die Weiterentwicklung der Innovationsfähigkeit eines Unternehmens (Mieke u. Nagel, 2015).

Auch wenn die Einführung eines Innovationsmanagements für die Entwicklung der Unternehmen wesentlich ist, muss mit Innovationen sorgsam umgegangen werden. Ist der Anteil an Neuem besonders hoch und hebt sich der Zeithorizont deutlich von den üblichen Entwicklungszyklen eines Unternehmens ab, spricht man von radikalen Innovationen (Meyer, 2016). Da Veränderungsprozesse für die Beschäftigten vielfach zunächst als Irritationen bisheriger Routinen und Abläufe wahrgenommen werden, kommen viele Arbeiten zu dem Schluss, dass sich ein hoher Innovationsgrad wie bei radikalen Innovationen eher negativ auf den finanziellen Erfolg eines Produktes auswirkt (Graner, 2015). Daher sollte auch der Innovationsgrad bewertet und vor allem die kontinuierliche und schrittweise Weiterentwicklung von bestehenden Produkten, Herstellungsprozessen, organisatorischen Prozessen und/oder Dienstleistungsangeboten verfolgt werden.

Ergänzend zu einer intraorganisationalen Perspektive muss in einem ganzheitlichen Innovationsmanagement das Umfeld des Unternehmens, oft als Innovationsumfeld oder Innovationssystem bezeichnet, ebenso als eine kritische Komponente des Innovationserfolges betrachtet werden. Aus diesem Grund wird das Innovationsverhalten eines Unternehmens bzw. die Umsetzung und Durchsetzung der Neuerung neben den oben dargelegten intraorganisationalen Bedingungen stets unter Beachtung der wirtschaftlichen und gesellschaftlichen Rahmenbedingungen erfolgen sowie durch deren Veränderungen geprägt (Tidd u. Bessant, 2009).

Literatur

Adler, H., & Burr, W. (2014). *Innovation. Theorien, Konzepte und Methoden der Innovationsforschung.* Stuttgart: Kohlhammer.

Barney, J. (1991). Firm resources and sustained competitive advantage. *Journal of Management* 17(1),99–120.

Cohen, W. M., & Levinthal, D. A. (1990). Absorptive capacity: A new perspective on learning and innovation. *Administrative Science Quarterly* 35(1),128–152.

Disselkamp, M. (2012). *Innovationsmanagement. Instrumente und Methoden zur Umsetzung im Unternehmen* (2. Aufl.). Wiesbaden: Springer Gabler.

Dreher, C., Eggers, T., Kinkel, S., & Maloca, S. (2006). Gesamtwirtschaftlicher Innovationswettbewerb und betriebliche Innovationsfähigkeit. In H.-J. Bullinger (Hrsg.), *Fokus Innovation, Kräfte bündeln; Prozesse beschleunigen* (S. 1–28). München, Wien: Carl Hanser.

Eisenhardt, K. M., & Martin, J. A. (2000). Dynamic capabilities: what are they? *Strategic Management Journal* 21(10-11), 1105–1121.

Gerybadze, A. (2004). *Technologie- und Innovationsmanagement. Strategie, Organisation und Implementierung.* München: Vahlen.

Graner, M. (2015). *Methodeneinsatz in der Produktentwicklung. Bessere Produkte, schnellere Entwicklung, höhere Gewinnmargen.* Wiesbaden: Springer Fachmedien.

Hauschildt, J., Salomo, S., Schultz, C., & Kock, A. (2016). *Innovationsmanagement.* München: Vahlen.

Horvat, D. (2015). *Absorptive Capacity in auswärtigen Niederlassungen multinationaler Unternehmen. Eine vergleichende Analyse der Wissensabsorptionsprozesse zweier Unternehmen aus der Antriebstechnik.* Hamburg: Dr. Kovac Verlag.

Kerka, F., Kriegesmann, B., Schwering, M. G., & Happich, J. (2007). „Big Ideas" erkennen und Flops vermeiden. In B. Kriegesmann, & F. Kerka (Hrsg.), *Innovationskulturen für den Aufbruch zu Neuem* (S. 273–320). Berlin, Heidelberg: Springer.

Kirner, E. Maloca, S., Rogowski, T., Slama, A., Som, O., Spitzley, A., & Wagner, K. (2007). *Kritische Erfolgsfaktoren zur Steigerung der Innovationsfähigkeit. Empirische Studie bei produzierenden KMU*. 2. Aufl. Stuttgart: Fraunhofer IRB Verlag.

Kuhlmeier, M. (2016). Effizienter Einsatz von Methoden in der Produktentwicklung von kleinen und mittleren Unternehmen (KMU), Masterthesis am Lehrstuhl Konstruktion. Wuppertal: Bergischen Universität Wuppertal.

Meyer, J.-U. (2016). *Radikale Innovation: Das Handbuch für Marktrevolutionäre* (2. Aufl.). Göttingen: BusinessVillage.

Mieke, C., & Nagel, M. (2015). *Methoden zum Innovationsmanagement: Innovation konkret*. Konstanz, München: UVK-Verlagsgesellschaft.

Organisation for Economic Co-operation and Development (OECD). (2005). *Oslo Manual: Guidelines for collecting and interpreting innovation data*. 3rd ed. Paris: OECD Publishing.

Schumpeter, J. A. (1931). *Theorie der wirtschaftlichen Entwicklung: eine Untersuchung über Unternehmensgewinn, Kapital, Kredit, Zins und den Konjunkturzyklus*. Leipzig: Duncker & Humblot.

Schumpeter, J. A. (1961). *Konjunkturzyklen*. Göttingen: Vandenhoeck & Ruprecht.

Spath, D., Aslanidis, S., Rogowski, T., Ardilio, A., Wagner, K., Bannert, M., & Paukert, M. (2006). Die Innovationsfähigkeit des Unternehmens gezielt steigern. In H.-J. Bullinger (Hrsg.), *Fokus Innovation, Kräfte bündeln, Prozesse beschleunigen* (S. 41–109). München, Wien: Carl Hanser Verlag.

Teece, D.J., Pisano, G., & Shuen, A. (1997). Dynamic capabilities and strategic management. *Strategic Management Journal* 18(7),509–533.

Tidd, J., & Bessant, J. (2009). *Managing innovation. Integrating technological, market and organisational change*. Chichester: John Wiley & Sons.

Vahs, D., & Brem, A. (2015). *Innovationsmanagement. Von der Idee zur erfolgreichen Vermarktung* (5. Aufl.). Stuttgart: Schäffer-Poeschel.

Engpasskompetenzen für die Innovationsfähigkeit von Wertschöpfungschampions – Herausforderungen und Lösungsszenarien

Steffen Kinkel, Brita Schemmann, Ralph Lichtner, Sarah Migas

© Springer-Verlag GmbH Deutschland 2018
D. Ahrens, G. Molzberger (Hrsg.), *Kompetenzentwicklung in analogen und digitalisierten Arbeitswelten*, Kompetenzmanagement in Organisationen, https://doi.org/10.1007/978-3-662-54956-8_3

Zusammenfassung

Eine wichtige Säule der deutschen Wirtschaft sind Unternehmen, die vergleichsweise viel Wertschöpfung im eigenen Unternehmen leisten und wenig Outsourcing betreiben und damit dazu beitragen, qualifizierte Arbeitsplätze in Deutschland zu sichern. Ein zentraler Faktor für den Erfolg dieser Wertschöpfungschampions ist ihre ausgeprägte Innovationsfähigkeit, die jedoch zunehmend in Gefahr gerät, da sie oft stark auf den Kompetenzen einzelner Beschäftigter basiert. Neue Methoden sind gefragt, um innovationsrelevante Engpasskompetenzen in den Unternehmen zu erkennen und entsprechende Kompetenzen bei den Beschäftigten zu entwickeln.

Dieser Beitrag erläutert die Bedeutung von Netzwerk-, Überblicks-, kreativer Problemlöse- und Integrationskompetenz für die Innovationsfähigkeit und erklärt, unter welchen Umständen diese vier Kompetenzbündel zu Engpasskompetenzen im Unternehmen werden können. Ein Praxisbeispiel zeigt auf, wie Engpasskompetenzen im Unternehmen erkannt und mit welchen auf soziotechnischen Lösungen basierenden Methoden diesen begegnet werden kann. Im Fokus stehen hierbei vor allem soziotechnische Lösungen, die zur Vernetzung von Kompetenzträgern/-innen und zum Teilen von innovationsrelevantem Wissen beitragen.

3.1   Wertschöpfungschampions: innovativ, produktiv und dennoch gefährdet?

Ein wichtiger Faktor für die wirtschaftliche Leistungsfähigkeit und ein Garant für attraktive und stabile Beschäftigung in Deutschland sind Unternehmen, die viel Wertschöpfung im eigenen Haus leisten und wenig Outsourcing betreiben. Sie verfolgen eine Strategie, die sich auch mit Blick auf die Produktivität und die Gewinne durchaus lohnt (Kinkel et al., 2015b). Wichtige Merkmale dieser Wertschöpfungschampions sind ein hoher inländischer Wertschöpfungsanteil und Vorleistungsbezug sowie eine hohe Exportquote. Oft zählen diese meist mittelständischen Produzenten technischer Produkte zu den ungefähr 1.300 „Hidden Champions" in Deutschland (Simon, 2012).

Diese Unternehmen zeichnet auch ihre Innovationsstärke aus (Frietsch et al., 2015). Um im internationalen Innovationswettbewerb bestehen zu können, müssen Wertschöpfungschampions ein breiteres Set von Kompetenzen beherrschen als weniger integrierte Betriebe. Aktuelle Herausforderungen im Innovationszusammenhang stellen vor allem die Digitalisierung und Vernetzung von Arbeits- und Produktionsprozessen (z. B. Industrie 4.0), die Entwicklung digitaler Geschäftsmodelle und eine für Wertschöpfungschampions typische Spezialisierung auf einzigartige Produkte für eine klar umrissene Marktnische dar.

Das Wissen und die Kompetenzen erfahrener und gut vernetzter Beschäftigter sind für den Innovationserfolg von zentraler Bedeutung (Freeman, 1991). Deshalb ist es problematisch, dass nicht einmal jedes siebte Unternehmen personelle Redundanzen in diesem Bereich aufweist oder über Strukturen und Prozesse verfügt, um seine Innovationsfähigkeit auch weitgehend unabhängig von den Kompetenzen Einzelner sicherzustellen (Armbruster et al., 2005). Auch aufgrund des demografischen Wandels stellt dies eine zunehmende Gefahr dar. Die Gestaltung betrieblicher Kompetenzentwicklung kann somit als wichtige Bedingung und auch als Treiber für die Innovationsfähigkeit und damit die Zukunft der Wertschöpfungschampions gesehen werden. Den sich daraus ergebenden Herausforderungen und Fragestellungen widmet sich das Verbundprojekt ChampNet (Kinkel et al., 2015a). Das Prjekt wird mit Mitteln des BMBF im Programm

„Innovationen für die Produktion, Dienstleistung und Arbeit von morgen" (Förderkennzeichen: 02L12A280 ff.) gefördert und vom Projektträger Karlsruhe (PTKA) betreut.

Dieser Beitrag geht folgenden Fragestellungen nach:

- Unter welchen Bedingungen kann eine Kompetenz zu einer Engpasskompetenz werden?
- Gibt es bestimmte bei den Beschäftigten verankerte Kompetenzen, die besonders wichtig für die Innovationsfähigkeit deutscher Wertschöpfungschampions sind?
- Welche Herausforderungen und Lösungsansätze ergeben sich daraus für die Kompetenzentwicklung in den Unternehmen?

3.2 Engpasskompetenzen und deren Ausmaß erkennen

Die Definition von Kompetenz ist nicht einfach und die Abgrenzung gegenüber Wissen oder Fertigkeiten ist oft nicht eindeutig. Bezug nehmend auf verschiedene in den letzten Jahren entstandene Kompetenzdefinitionen (Kinkel et al., 2016) soll Kompetenz in diesem Beitrag als die individuelle dispositionelle Fähigkeit und die Bereitschaft verstanden werden, situationsadäquat und bei neuartigen, unstrukturierten bzw. komplexen Situationen und Aufgaben erfolgreich und selbstorganisiert zu handeln und Lösungsmuster für zukünftige Situationen zu entwickeln. Kompetenz basiert dabei auf der Aktivierung, der Kombination und dem Einsatz persönlicher und entwickelbarer Ressourcen (z. B. Wissen, Netzwerke, kognitive und praktische Fähigkeiten) sowie auf sozialen Aspekten und Verhaltenskomponenten und nicht auf Persönlichkeitseigenschaften. Wissen oder kognitive und praktische Fähigkeiten sind zwar wichtig für die Entwicklung von Kompetenzen, aber nicht mit Letzteren gleichzusetzen. Auch sind Kompetenzen keine (unveränderbaren) Persönlichkeitseigenschaften, sondern Fähigkeiten, die entwickelt werden können und müssen.

Die in einem Unternehmen vorhandenen Kompetenzen können aus unterschiedlichen Gründen zu Engpasskompetenzen werden. Zunächst muss das Unternehmen klären, welche der bei den Beschäftigten vorhandenen Kompetenzen von Bedeutung für seine Wettbewerbsfähigkeit sind oder sein werden. Bei Wertschöpfungschampions sind dies beispielsweise Kompetenzen, die für die Innovationsfähigkeit wichtig sind. Solche Kompetenzen können zu Engpasskompetenzen werden, wenn die Kompetenz

a. nur bei sehr wenigen oder sogar nur einem/einer Beschäftigten vorhanden ist, und/oder
b. vorrangig bei Beschäftigten vorhanden ist, die in Kürze oder absehbarer Zeit das Unternehmen verlassen werden, und/oder
c. aufgrund eines aktuellen oder zu erwartenden Fachkräftemangels (zukünftig) schwer ersetzbar ist, und/oder
d. nur schwer externalisierbar ist und deren Entwicklung deshalb einen langwierigen Prozess umfasst.

Sobald einer der genannten Faktoren (a–d) zutrifft und die Kompetenz gleichzeitig für das Unternehmen (auch zukünftig) von zentraler Bedeutung ist, handelt es sich folglich um eine Engpasskompetenz. Die Anzahl der zutreffenden Faktoren bestimmt das Ausmaß des jeweiligen Engpasses, d. h., wie kritisch der Engpass für das Unternehmen ist. Mögliche zukünftige Engpässe müssen individuell und regelmäßig für das Unternehmen ermittelt und entsprechende Kompetenzen vorausschauend bei den Beschäftigten entwickelt werden. Dennoch lassen sich auch unternehmensübergreifend einige Kompetenzen ausmachen, die bei den Wertschöpfungschampions oft Engpasskompetenzen darstellen.

3.3   Innovationsrelevante Kompetenzen

Wichtig für die Erfolge der Wertschöpfungschampions ist ihre Innovationsfähigkeit (Frietsch et al., 2015). Diese beruht stark auf der Fähigkeit, basierend auf dem Wissen, den Erfahrungen und den individuellen dispositionellen Fähigkeiten – sprich den Kompetenzen – ihrer Beschäftigten, neues Wissen zu schaffen (Smith et al., 2005). Dennoch ist der Teil der Innovationsforschung, der sich mit den personenbasierten innovationsrelevanten Kompetenzen befasst, recht überschaubar. Nützliche Erkenntnisse bezüglich dieser Kompetenzen finden sich bisher vor allem in der Literatur zu „Organizational Behaviour", u. a. individuelles „Champion Behaviour" (Howell et al., 2005), zu „Innovative Work Behaviour" (De Jong u. Den Hartog, 2010) oder zu Promotoren im Innovationsprozess (Hauschildt u. Gemünden, 2013). Sie zeigen auf, dass es Beschäftigte gibt, die aufgrund ihrer Arbeitsweise, Erfahrung oder Fähigkeiten einen größeren Beitrag zu Innovationen leisten als andere. Innovationsrelevante Kompetenzen fußen dabei oft auf einer „[…] simultanen Aktivierung unterschiedlicher Kompetenzbündel […]" (Heidling et al., 2015, S. 432).

Die folgenden im Rahmen von ChampNet erarbeiteten Kompetenzbündel wurden mittels einer Literaturrecherche, dem begleitenden wissenschaftlichen Diskurs und auf dem Input der am Verbundprojekt beteiligten Unternehmen entwickelt.

■   Die Bedeutung von Vernetzung

Von zentraler Bedeutung für (technische) Innovationen ist das auf Erfahrung beruhende implizite und deshalb nur selten übertragbare Wissen (Senker, 1995). Die Vernetzung und die direkte Interaktion mit den jeweiligen Wissens- und Kompetenzträgern/-innen innerhalb und außerhalb des Unternehmens sind deshalb oft der einzige Weg, wenn es um die Lösung innovationsrelevanter Herausforderungen geht, und häufig Grundlage für die Entwicklung radikaler Produktinnovationen (Mascitelli, 2000).

Nicht nur eine Vernetzung innerhalb des Unternehmens ist wichtig für innovative Arbeit und somit für Innovationen, sondern auch der Kontakt und eine Vernetzung mit Kunden/-innen, Zulieferbetrieben oder Forschungseinrichtungen (De Jong u. Den Hartog, 2010; Lettl, 2007). So sind beispielsweise die Netzwerkkompetenzen von Beschäftigten aus dem Marketing oder den Forschungs- und Entwicklungsabteilungen, die im direkten Austausch mit (potenziellen) Kunden/-innen stehen, von wesentlicher Bedeutung für die Qualität der Zusammenarbeit zwischen Kunden/-innen und Unternehmen. Diese wiederum ist eine wichtige Grundlage für die Entwicklung radikaler Innovationen (Lettl, 2007).

Auch die Promotorenforschung weist für Prozess- und Beziehungspromotoren die Netzwerkfähigkeit als wichtige Kompetenz aus (Schültz, 2014), da die Umsetzung von Innovationen immer auch mit der zielgerichteten Information und Überzeugung von unterschiedlichsten Personengruppen einhergeht. Ferner ist es meist auch notwendig, im Innovationsprozess Personen mit unterschiedlichen Kompetenzen zusammenzubringen. Beides bedarf der Fähigkeit, entsprechende Netzwerke aufzubauen und zu nutzen (Schültz, 2014).

Netzwerkkompetenz wird deshalb als ein Kompetenzbündel verstanden, strukturell vernetzt und unter Nutzung persönlicher, sozialer und organisatorischer, interner und externer Netzwerke zu denken, zu lernen und zu handeln, um innovationsrelevante Vorteile bzw. Ziele zu erreichen.

■   Die Bedeutung von kreativer Problemlösung

Auch die Bedeutung von Kreativität und Problemlösung ist ein zentrales Thema in der Innovationsforschung. Wichtig für „Innovative Work Behaviour" sind beispielsweise die Suche nach neuen Chancen und die Generierung neuer Ideen und Lösungen sowie deren Entwicklung, Umsetzung und Kommerzialisierung (Dörner, 2012). Zum „Innovative Work Behaviour" zählen beispielsweise neue und alternative Denkweisen, die Suche nach Verbesserungsmöglichkeiten oder die Nutzung neuer Methoden (Dörner, 2012).

Innovationen – zumindest radikale – gehen mit der Lösung komplexer, schlecht strukturierter Probleme einher, die sich nicht eindeutig oder anhand etablierter Lösungswege lösen lassen. Hier sind deshalb Kreativität und eine kreative Problemlösekompetenz gefordert (North et al., 2005). Diese basieren auf der Fähigkeit, divergierend und assoziierend zu denken, indem beim Lösen von Problemen die Denk- oder Blickrichtung gewechselt und so bisher getrennte Ideen, Erklärungsmuster oder Prozesse zu neuartigen Lösungen verbunden werden (North et al., 2005).

Kreativität ist die Fähigkeit, neue und zugleich nützliche Ideen zu produzieren. Sie begründet sich laut Amabile (1996) auf den folgenden drei Faktoren: zum einen der Erfahrung als individuellem kognitiven Wissensspeicher, der genutzt werden kann, um Probleme zu lösen, zum anderen der Fähigkeit, durch das Einnehmen neuer Perspektiven oder die Nutzung von Kreativtechniken kreativ zu denken, und schließlich der intrinsischen Motivation, Probleme lösen zu wollen.

Beschäftigte, die einen divergierenden Denkstil bevorzugen, sind intrinsisch motiviert, Probleme kreativ zu lösen, und nutzen dafür meistens Stimuli und Wissen aus unterschiedlichen Bereichen (Brophy, 1998).

Kreative Problemlösekompetenz wird deshalb als Kompetenz verstanden, Probleme erkennen und definieren zu können und neuartige Lösungen mithilfe von (technischem) Wissen, Motivation, systemischem Problemverständnis und kreativen Fähigkeiten entwickeln zu können.

- **Die Bedeutung von Überblick**

Bereits die Ausführungen zur Vernetzung und kreativen Problemlösung zeigen, dass es für Innovationen nicht ausreicht, in einem Denkmuster oder einem Wissensbereich zu verharren.

„Innovative Work Behaviour" berücksichtigt deshalb auch, wie oft die Beschäftigten sich mit Themen auseinandersetzen, die nicht Teil ihrer täglichen Arbeit sind, oder sich mit anderen bzw. neuen Arbeitsmethoden oder -techniken befassen (De Jong u. Den Hartog, 2010). Dabei geht es vor allem auch um die Fähigkeit, den Wert von neuen Informationen oder neuem Wissen zu erkennen und einschätzen zu können. Wie gut dies gelingen kann, liegt nicht zuletzt an der Absorptionskapazität der jeweiligen Beschäftigten. Diese wird wiederum u. a. durch die bereits vorhandenen Erfahrungen und das vorhandene Wissen der Beschäftigten bestimmt (Ridder et al., 2005).

Im Laufe eines Berufslebens bilden Beschäftigte oft wichtiges Erfahrungswissen aus. Dieser „subjektivierende Arbeitsspeicher" (Heidling et al., 2015) ist nie komplett und wird fortlaufend durch neues Wissen, Ereignisse und Erfahrungen ergänzt und modifiziert. Gleichzeitig ist er von zentraler Bedeutung, um neues oder unterschiedliches Wissen oder Ideen zu überblicken und bezüglich des jeweiligen Verwendungszwecks bewerten zu können.

Überblickskompetenz wird deshalb als Kompetenz verstanden, unterschiedliche Ideen, (Fach-)Wissen, Erfahrungen, Prozesse und die dafür zentralen Personen (Wissens- und Erfahrungsträger) zu überschauen und hinsichtlich ihrer Innovationspotenziale einschätzen zu können.

- **Die Königsklasse: Die Bedeutung von Integration**

Der Wissensfluss und -transfer über unternehmensinterne und -externe Grenzen hinweg stellt einen grundlegenden Beitrag für die Innovationsfähigkeit eines Unternehmens dar (Aalbers u. Dolfsma, 2015). Die neue Kombination bestehenden Wissens ist ebenso wichtig für Innovationen

(Schumpeter, 1993) wie Wissen, das interne Grenzen überwindet oder von außerhalb ins Unternehmen kommt (Tsai, 2001; Whelan et al., 2011). Dies legt nahe, dass Beschäftigte, die zu einer solchen grenzüberschreitenden Kombination und Integration von Wissen und Personen beitragen, eine zentrale Rolle für die Innovationsfähigkeit spielen.

Diese „Innovatoren" denken nicht nur technologie- und gleichzeitig marktorientiert, sondern sind auch in der Lage, unterschiedliche technische Bereiche zu überschauen und neue Markttrends zu erkennen (Sim et al., 2007). Beides zusammen verleiht ihnen die Fähigkeit, Ideen für neue erfolgreiche Produkte zu entwickeln. Im nachfolgenden Entwicklungs- und Implementierungsprozess sind diese Beschäftigten außerdem in der Lage, mit anderen zusammenzuarbeiten, um technische Möglichkeiten und Kundenbedürfnisse bestmöglich in einer Lösung zu integrieren. Die hierfür notwendige Fähigkeit, unterschiedlichste Personen im Unternehmen zielgerichtet überzeugen und einbinden zu können, findet sich sowohl im „Innovative Work Behaviour" (De Jong u. Den Hartog, 2010) als auch im „Champion Behaviour" (Howell et al., 2005). Auch die Promotorenforschung betont die Notwendigkeit von Integrations- und Beziehungsarbeit, die innovationshinderliche Barrieren abbaut und die richtigen Wissens- und Kompetenzträger/-innen zusammenbringt (Gemünden u. Walter, 2013; Schültz, 2014).

Die hierfür benötigte Integrationskompetenz stellt so etwas wie die Königsklasse der Innovationskompetenzen dar, schließt sie doch in vielen Facetten die Fähigkeiten der zuvor dargestellten drei Kompetenzbündeln mit ein.

Integrationskompetenz wird deshalb als ein Kompetenzbündel verstanden, konstruktiv unterschiedliche Ideen, (Fach-)Wissen und Erfahrungen von Personen zur Erreichung eines (innovationsrelevanten) Ziels zu vereinen, um daraus Neuartiges zu schaffen. Dies umfasst die Fähigkeit zur Integration von sowohl internen als auch externen Ideen und Wissen entlang des gesamten Innovationsprozesses.

3.4   Determinierende Teilkompetenzen der Engpasskompetenzen

Heyse und Erpenbeck (2007) schlüsseln die von ihnen definierten vier Grundkompetenzen (personale Kompetenz, sozial-kommunikative Kompetenz, Fach- und Methodenkompetenz sowie Aktivitäts- und Handlungskompetenz) in insgesamt 64 Teilkompetenzen auf, die jeweils präzise definiert sind. Um eine Operationalisierung der vier im Rahmen von ChampNet beschriebenen Kompetenzbündel zu ermöglichen, wurden jedem Kompetenzbündel die Teilkompetenzen zugewiesen, die das jeweilige Kompetenzbündel maßgeblich determinieren. Den Prozess dieser Zuweisung beschreiben Kinkel et al. (2016); das Ergebnis der Zuweisung ist in ◘ Abb. 3.1 dargestellt.

Wie schon in der vorangegangenen theoretischen Betrachtung der vier Kompetenzbündel zeigt sich auch bei diesem Vorgehen die teilweise Verbindung der vier Bündel. So basieren beispielsweise die Überblickskompetenz und die kreative Problemlösekompetenz u. a. auf fünf Teilkompetenzen, die für beide Bündel bestimmend sind. Auch die herausgehobene Bedeutung der Integrationskompetenz wird deutlich, basiert sie doch stark auf Teilkompetenzen, die jeweils auch für einzelne oder mehrere der anderen drei Kompetenzbündel determinierend sind. Darüber hinaus wird die Integrationskompetenz maßgeblich von drei weiteren Teilkompetenzen (Lernbereitschaft, Impulsgeben und Integrationsfähigkeit) bestimmt, die nur für dieses Kompetenzbündel determinierend sind. Diese hier bereits festzustellende Verbindung der vier herausgearbeiteten Kompetenzbündel zeigte sich folgerichtig auch bei der in ▶ Abschn. 3.5.2 dargestellten Identifikation von Engpasskompetenzen in einer unternehmensspezifischen Ausprägung.

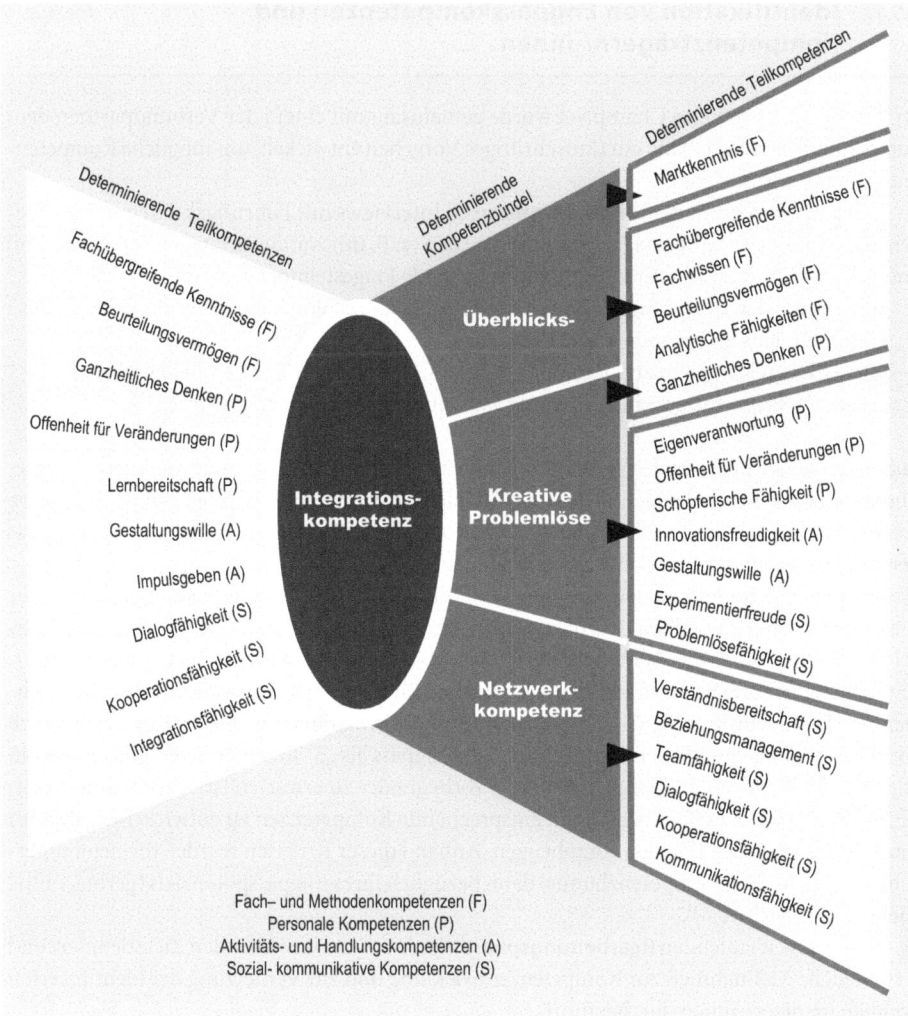

Abb. 3.1 Karlsruher Kompetenzfächer für innovationsrelevante Kompetenzbündel

3.5 Praxisbezogener Ansatz zur Identifikation von Engpasskompetenzen und der darauf basierenden Kompetenzentwicklung

Für die deutschen Wertschöpfungschampions ergeben sich aus den dargestellten Erkenntnissen folgende Herausforderungen:

- Identifikation und Beschreibung der für die Innovationsfähigkeit wichtigen unternehmensspezifischen Kompetenzen und des möglichen Engpasspotenzials
- Identifikation der entsprechenden Kompetenzträger/-innen
- Vernetzung dieser Kompetenzträger/-innen mit anderen bzw. zukünftigen Kompetenzträgern/-innen, um mögliche wichtige Kompetenzen breit im Unternehmen zu verankern und bei weiteren Beschäftigten zu entwickeln.

3.5.1   Identifikation von Engpasskompetenzen und Kompetenzträgern/-innen

Im Rahmen des Projektes ChampNet wurde gemeinsam mit einem der Verbundpartner, dem Pumpenhersteller WILO SE, ein fünfschrittiges Vorgehen entwickelt, um mögliche Kompetenzengpässe zu vermeiden.

Zunächst wurden in der **Erhebungsphase** 20 Interviews mit Führungskräften in verschiedenen am Innovationsprozess beteiligten Bereichen (z. B. Innovation, Strategie, Forschung und Entwicklung, Produktion, Personal) geführt. Leitende Fragestellungen waren:

- „Welche bei den Beschäftigten verankerten Kompetenzen erachten Sie für die Zukunft des Unternehmens als besonders wichtig?"
- „Bei welchen Kompetenzträgern oder -trägerinnen in Ihrem Team/Umfeld würde es ernsthafte Probleme geben, wenn diese das Unternehmen verlassen würden?"

Auf dieser Basis wurden in der **Verdichtungsphase** insgesamt neun wichtige unternehmensspezifische Kompetenzbündel identifiziert und beispielhaft Ausprägungen dieser Bündel erarbeitet. Vertiefende Gespräche mit einigen möglichen Kompetenzträgern/-innen ergaben ein besseres Verständnis von deren Fähigkeiten, Werdegang und Motivation.

Da nicht alle identifizierten Kompetenzbündel gleichermaßen Engpasskompetenzen für das Unternehmen darstellten, wurden in einer **Gewichtungsphase** die neun Kompetenzbündel bezüglich ihres Engpasspotenzials evaluiert. Dabei wurde zunächst geprüft, ob das jeweilige Kompetenzbündel von strategischer Bedeutung für die Innovationsfähigkeit des Unternehmens ist. Dann wurde anhand der vier in ▶ Abschn. 3.2 genannten Engpassfaktoren geprüft, ob und wie stark (auf einer Skala von „1" für keinen Engpass bis „5" für einen starken Engpass) ein Engpass für das jeweilige Kompetenzbündel vorliegt oder zu erwarten ist. Auch wurde ermittelt, welche Ansätze es bereits gibt, um entsprechende Kompetenzen zu entwickeln und somit einem ggf. drohenden Engpass vorzubeugen. Anhand dieser Kriterien wurden die neun unternehmensspezifischen Kompetenzbündel dann bezüglich ihres Engpasspotenzials (gering, mittel oder stark) gewichtet.

In der derzeit laufenden **Bearbeitungsphase** werden die zu erreichenden Ziele definiert und verschiedene Maßnahmen zur Kompetenzentwicklung und zur Vernetzung der identifizierten Kompetenzträger/-innen durchgeführt.

Die anschließende **Bewertungsphase** wird daraufhin den Erfolg dieser Maßnahmen beurteilen, damit diese ggf. angepasst und weiterentwickelt werden können. Diese Erkenntnisse fließen wieder in den nächsten Analyse- und Bearbeitungszyklus ein.

3.5.2   Engpasskompetenzen in ihren unternehmensspezifischen Ausprägungen

Im Rahmen des im ▶ Abschn. 3.5.1 dargestellten Prozesses wurden in der Verdichtungs- und Gewichtungsphase vom Unternehmen insgesamt neun für die Innovationsfähigkeit wichtige, unternehmensspezifische Kompetenzbündel identifiziert und das dazugehörige Engpasspotenzial ermittelt. Die im Folgenden kursiv dargestellten Textpassagen stellen den Wortlaut der firmeneigenen Definition der jeweiligen Kompetenzen dar.

Die WILO-spezifische Ausprägung von Netzwerkkompetenz greift viele der in ◘ Abb. 3.1 dargestellten determinierenden Teilkompetenzen von Netzwerkkompetenz (insbesondere Beziehungsmanagement, Verständnisbereitschaft, Dialog-, Kooperations- und Kommunikationsfähigkeit) auf, indem sie nicht nur die Fähigkeit, „*relevante Netzwerke aufzubauen und auf diese zugreifen zu können*", sondern auch die Fähigkeit, „*interkulturell zu kommunizieren und zu handeln*" betont. Auch die unternehmensspezifische Form der Überblickskompetenz, beschrieben als „*unternehmensrelevantes Erfahrungswissen gepaart mit der Fähigkeit, die notwendigen Kompetenzen entlang der gesamten Prozesskette überblicken und somit bestehende und zukünftige Prozesse verstehen, strukturieren und gestalten zu können*", weist starke Bezüge zu der zuvor dargestellten Definition von Überblickskompetenz und den damit verbundenen determinierenden Teilkompetenzen (insbesondere fachübergreifende Kenntnisse, Beurteilungsvermögen, ganzheitliches Denken) auf. Sie betont jedoch auch die für dieses Unternehmen besondere Bedeutung von Fertigungs- und Geschäftsprozessen, die aus den 20 Interviews hervorgegangen war. Auch die von WILO identifizierte strategische und unternehmerische Kompetenz greift mit der Fähigkeit, „*auch im Tagesgeschäft querzudenken, in die Zukunft und über den Tellerrand zu schauen*", ein wichtiges Merkmal der Überblickskompetenz auf.

Die vom Unternehmen als wichtig ausgemachte (analytische) Problemerkennungs- und Lösungskompetenz, die sich in der Fähigkeit zeigt, „*(technische) Probleme und Problemzusammenhänge zu erkennen und zu analysieren, sowie nachhaltige und, innovative Lösungen entwickeln und umsetzen zu können*", deckt sich mit der zuvor dargestellten kreativen Problemlösekompetenz und deren determinierenden Teilkompetenzen (insbesondere Problemlösefähigkeit, Innovationsfreudigkeit, Offenheit für Veränderung, analytische Fähigkeiten, Fachwissen und fachübergreifende Kenntnisse). Zusätzlich zu der (analytischen) Problemerkennungs- und Lösungskompetenz identifizierte WILO weitere Kompetenzbündel, die Grundlagen für kreative Problemlösekompetenz sind. Dies ist zum einen die Pionierkompetenz, die als Fähigkeit, „*kreativ zu sein, neue Wege und Potenziale zu erkennen und entdecken zu wollen sowie neue Ideen, Produkte und Geschäftsmodelle zur Lösung neuer Probleme entwickeln zu können*" verstanden wird. Hier kommen vor allem vier weitere Teilkompetenzen, die die kreative Problemlösekompetenz ausmachen, zum Tragen: Experimentierfreude, Gestaltungswille, schöpferische Fähigkeit und Eigenverantwortung. Da sowohl die kreative Problemlösekompetenz, aber auch die Überblickskompetenz u. a. auf Fachwissen beruhen, wurden außerdem zwei Arten von Fachkompetenzen identifiziert, die hierfür besonders zu beachten sind. Neben der „traditionellen" technischen Fachkompetenz, die als die Fähigkeit, „*technisches Fachwissen in den für die Produkte und die Prozesse des Unternehmens relevanten Bereichen auch in neuen Situationen adäquat und lösungsorientiert anwenden zu können*" verstanden werden soll, ist dies aktuell auch eine Digitalisierungsfachkompetenz, d. h. die Fähigkeit, „*digitales/IT-bezogenes Fachwissen bezüglich zukünftiger Geschäftsmodelle, Produkte und Prozesse innovativ und lösungsorientiert einsetzen zu können*".

Da – wie in ▶ Abschn. 3.3 und ▶ Abschn. 3.4 dargestellt – die Abgrenzung innovationsrelevanter Kompetenzbündel nicht trennscharf ist, erkannte auch WILO wichtige Kompetenzen, die auf den Fähigkeiten mehrerer Bündel basieren. So greifen die (Personal-)Entwicklungs- und Veränderungskompetenzen mit der Fähigkeit, „*Veränderungsbedarf zu erkennen und, Veränderungen gestalten zu können und zu wollen*" zum einen wichtige Fähigkeiten der Integrationskompetenz sowie vier diese determinierende Teilkompetenzen auf: Impulsgeben, Offenheit für Veränderung, Gestaltungswille und Lernbereitschaft. Zum anderen basieren sie mit der Fähigkeit, „*Innovationskompetenz und Veränderungsbereitschaft bei den Beschäftigten zu suchen und zu wecken*" auch auf Netzwerkkompetenz. Dabei betont das Unternehmen allerdings den auch allen Innovationen zugrunde liegenden allgemeinen Veränderungskontext. Auch die von WILO erkannte Kunden-, Markt- und Produktmanagementkompetenz verbindet durch die Fähigkeit, „*die Bedürfnisse bestehender und zukünftiger Kunden sowie den aktuellen und zukünftigen Produkteinsatz und -bedarf in verschiedenen Märkten zu kennen und zu verstehen*" Überblickskompetenz mit Integrationskompetenz, die sich hier in der Fähigkeit zeigt *„nicht nur in Produkten, sondern in Lösungen vor allem in den für das Unternehmen zukunftsweisenden Bereichen zu denken, diese zu entwickeln und zu verkaufen".* Dies zeigt sich auch in den damit verbundenen determinierenden Teilkompetenzen, die sowohl Marktkenntnis und Beurteilungsvermögen als auch Gestaltungswille und Integrationsfähigkeit ausweisen. Unternehmensspezifisch liegt bei beiden jedoch zusätzlich eine Betonung des Zukunftsbezuges vor, was die strategische Bedeutung der Kompetenzen unterstreicht.

Die so vom Unternehmen identifizierten Kompetenzbündel stützen die aus der Literatur hergeleiteten Erkenntnisse und zeigen einerseits starke Bezüge zu den in ▶ Abschn. 3.3 dargestellten Kompetenzbündeln und deren determinierenden Teilkompetenzen; andererseits weisen sie aber auch unternehmensspezifische Ausprägungen auf. Ebenfalls auffällig ist die schon in ▶ Abschn. 3.4 angesprochene Verbindung einiger Kompetenzen, die auf den Fähigkeiten unterschiedlicher Kompetenzbündel beruhen.

Fallstudien wie diese werfen selbstverständlich immer die Frage auf, ob und inwieweit die hier erlangten Erkenntnisse verallgemeinerbar sind. Eine umfassende, empirische Bestandsaufnahme bei 200 deutschen Wertschöpfungschampions soll deshalb zeigen, welche kritischen Kompetenzengpässe bei den Unternehmen vorliegen und welche Ansätze zur Vernetzung von Kompetenzträgern/-innen und deren Wissen genutzt werden.

3.6   Ausblick: Innovative Lösungsansätze zur vernetzten Kompetenzentwicklung

Wie in den ▶ Abschn. 3.3 und ▶ Abschn. 3.5.2 dargestellt, basieren die herausgearbeiteten Engpasskompetenzen zu einem großen Teil auf Fähigkeiten, denen ein besonderes Erfahrungswissen zugrunde liegt. Da es sich hierbei um meist implizites Wissen handelt, stellt die Entwicklung solcher Kompetenzen eine besondere Herausforderung dar. Ein möglicher Lösungsansatz ist hier eine vernetzte Kompetenzentwicklung, die auf einer Vernetzung von Kompetenzträgern/-innen untereinander oder mit solchen Beschäftigten, die bestimmt Kompetenzen entwickeln sollen, fußt.

Es gibt verschiedene Ansätze, wie eine solche Vernetzung mit dem Ziel der Kompetenzentwicklung gestaltet werden kann. Neben vorwiegend face-to-face-basierten Varianten wie Lernpartnerschaften (Tandems) oder Lerngruppen, die meist auf eine synchrone 1:1-Kommunikation ausgelegt sind, bietet auch die asynchrone 1:n-Kommunikation interessante Möglichkeiten. Hierbei spielt vor allem die Vernetzung durch digitale, soziale Medienumgebungen, sogenannte „Enterprise Social Networks" (ESN), eine immer wichtigere Rolle.

Da ESN grundsätzlich nutzungsoffen sind, lassen sie sich für eine Vielzahl von Nutzungsszenarien einsetzen, die durch die jeweiligen Anwender/-innen bestimmt werden. Generell unterstützen ESN jedoch Nutzungspraktiken im Rahmen von Kommunikation, Kooperation, Koordination und Kombination (Williams, 2011). Durch verschiedene Anwendungszusammenhänge wie „Communities of Practice", „Frage-den-Kollegen" oder „Experten-Finder" können unternehmensstrategisch wichtiges Wissen und relevante Fähigkeiten dauerhaft auf möglichst vielen Schultern verteilt, fest im Unternehmen verankert und über Fachbereiche und Hierarchieebenen hinweg zugänglich gemacht werden. Die systematische Analyse der Nutzungsaktivitäten in ESN ermöglicht außerdem, informale Kommunikationsstrukturen sichtbar zu machen und somit Kompetenzlücken aufzuzeigen, die Verbreitung von Ideen im Unternehmen nachzuvollziehen oder bisher unbekannte Wissens- oder Kompetenzträger/-innen zu identifizieren (Behrendt et al., 2014).

Anders als bei Wikis oder Wissensdatenbanken steht bei den ESN nicht die Bereitstellung (Externalisierung) von explizitem Wissen, sondern der (Erfahrungs-)Austausch mit Wissens- bzw. Kompetenzträgern/-innen (Sozialisierung) im Vordergrund. Diese ermöglicht auch den Zugang zu dem für Innovationen so wichtigen impliziten (Erfahrungs-)Wissen. Die Einführung eines ESN kann durch Top-down- oder Bottom-up-Ansätze erfolgen und durch Maßnahmen wie entweder individuelles Erkunden durch die Beschäftigten (Exploration) oder koordinierte Schulungen (Promotion) gefördert werden (Richter u. Behrendt, 2015). Für die erfolgreiche Einführung wird die Nutzung konkreter Anwendungsfälle empfohlen.

Grundlage für den Erfolg von ESN sind jedoch immer Beschäftigte, die ihr Wissen und ihre Erfahrungen mit anderen teilen (wollen). Dafür ist es notwendig, die motivationalen Barrieren für die Nutzung solcher Systeme zu (er)kennen, motivationale Aspekte beim Design zu berücksichtigen und den persönlichen Mehrwert für die Beschäftigten aufzuzeigen (Ardichvili et al., 2003; Kunzmann et al., 2009). Zugleich ist es wichtig, mögliche Zweifel („Was darf ich posten?") und Ängste („Was passiert, wenn ich etwas Falsches schreibe?") frühzeitig aufzugreifen und diesen beispielsweise durch klare Nutzungsrichtlinien und die Darstellung des Nutzens eines Beitrags zu begegnen.

Fazit

Kritische Kompetenzengpässe erkennen und mit digitaler Vernetzung begegnen

Die Kompetenzen von Beschäftigten sind eine wichtige Grundlage für die Innovations- fähigkeit von Wertschöpfungschampions. Zu den für diese Unternehmen besonders innovationsrelevanten Kompetenzen zählt die Integrationskompetenz, die sich weiter in die ebenfalls wichtigen Netzwerk-, Überblicks- und kreativen Problemlösekompetenzen auffächert. Diese können unter bestimmten Bedingungen zu Engpasskompetenzen werden und dadurch den Unternehmenserfolg gefährden. Ein strukturierter, fortlaufender Prozess hilft, mögliche Engpässe frühzeitig zu erkennen und durch eine Vernetzung von Kompetenzträgern/-innen sowie durch geeignete Maßnahmen zur Kompetenzentwicklung der Entstehung von Engpässen vorzubeugen.

„Enterprise Social Networks" ermöglichen innovative Formen des Wissenstransfers und der Vernetzung von Kompetenzträgern/-innen durch asynchrone 1:n-Kommunikation. Erfolgsfaktoren für die Einführung sind ein sichtbares Engagement des Managements, die Darstellung des persönlichen Mehrwerts für die Beschäftigten, die Nutzung konkreter Anwendungsfälle und eine Kombination aus individuellem Erkunden und koordinierten Schulungen.

Weiterführende Literatur und Links
- Arbeitsgemeinschaft Betriebliche Weiterbildungsforschung e.V. (Hrsg.). (2005). *Kompetenzentwicklung 2005. Kompetente Menschen – Voraussetzung für Innovationen.* Münster: Waxmann.
- Kinkel, S., Lichtner, R., & Schemmann, B. (2016). Kritische Kompetenzbündel für die Innovationsfähigkeit von Wertschöpfungschampions. In Gesellschaft für Arbeitswissenschaften e. V. (Hrsg.), *Arbeit in komplexen Systemen – Digital, vernetzt, human? Bericht 62. Kongress der Gesellschaft für Arbeitswissenschaft, RWTH Aachen.* Dortmund: GfA-Press.
- Langhoff, T., Bornewasser, M., Heidling, E., Kriegesmann, B., & Falkenstein, M. (Hrsg.). (2015). *Innovationskompetenz im demografischen Wandel. Konzepte und Lösungen für die unternehmerische Praxis.* Wiesbaden: Springer Fachmedien.
- Richter, A. (Hrsg.). (2014). *Vernetzte Organisation.* München: De Gruyter Oldenbourg.
- Kompetenzatlas basierend auf Heyse & Erpenbeck (2007): http://kompetenzatlas.fh-wien.ac.at/
- 10 Trends for Workplace Learning: http://www.c4lpt.co.uk/blog/2015/10/02/10-trends

Literatur

Aalbers, H. L., & Dolfsma, W. (2015). Bridging firm-internal boundaries for innovation: Directed communication orientation and brokering roles. *Journal of Engineering and Technology Management 36*, 97–115.

Amabile, T. M. (1996). Creativity and Innovation in Organizations. *Harvard Business School Background Note 9-396-239*, 1–15.

Ardichvili, A., Page, V., & Wentling, T. (2003). Motivation and barriers to participation in virtual knowledge-sharing communities of practice. *Journal of Knowledge Management 71*, 64–77.

Armbruster, H., Kinkel, S., Kirner, E., & Wengel, J. (2005). *Innovationskompetenz auf wenigen Schultern: Wie abhängig sind Betriebe vom Wissen und den Fähigkeiten einzelner Mitarbeiter?* Karlsruhe: Fraunhofer ISI.

Behrendt, S., Richter, A., & Riemer, K. (2014). Conceptualisation of Digital Traces for the Identification of Informal Networks in Enterprise Social Networks. In *Proceedings 25th Australasian Conference on Information Systems, 8–10th December, Auckland, New Zealand*. Auckland: AIS.

Brophy, D. R. (1998). Understanding, Measuring, and Enhancing Individual Creative Problem-Solving Efforts. *Creativity Research Journal 112*, 123–150.

De Jong, J., & Den Hartog, D. (2010). Measuring innovative work behaviour. *Creativity and Innovation Management 191*, 23–36.

Dörner, N. (2012). Innovative work behavior: The roles of employee expectations and effects on job performance, Dissertation Nr. 4007. St. Gallen: Universität St. Gallen.

Freeman, C. (1991). Networks of innovators: A synthesis of research issues. *Research Policy 205*, 499–514.

Frietsch, R., Rammer, C., Schubert, T., Som, O., Beise-Zee, M., & Spielkamp, A. (2015). Fokus KMU: Große Vielfalt bei den Kleinen. Die Rolle von kleinen und mittelständischen Unternehmen im Innovationssystem. In acatech – Deutsche Akademie der Technikwissenschaften e. V., Bundesverband der Deutschen Industrie e. V. (Hrsg.), Innovationsindikator 2015. http://www.innovationsindikator.de/fileadmin/2015/PDF/Innovationsindikator_2015_Web.pdf. Zugegriffen: 17. März 2017.

Gemünden, H. G., & Walter, A. (2013). Beziehungspromotoren-Schlüsselpersonen für zwischenbetriebliche Innovationsprozesse. In J. Hauschildt, & H. G. Gemünden (Hrsg.), *Promotoren – Champions der Innovation* (2. Aufl., S. 111–132). Wiesbaden: Springer Fachmedien.

Hauschildt, J., & Gemünden, H. G. (2013). *Promotoren – Champions der Innovation* (2. Aufl.). Wiesbaden: Springer Fachmedien.

Heidling, E., Kahlenberg, V., Ludwig, B., & Neumer, J. (2015). Ältere Beschäftigte als Innovationsexperten. In T. Langhoff, M. Bornewasser, E. Heidling, B. Kriegesmann, & M. Falkenstein (Hrsg.), *Innovationskompetenz im demografischen Wandel. Konzepte und Lösungen für die unternehmerische Praxis* (S. 165–198). Wiesbaden: Springer Fachmedien.

Heyse, V., & Erpenbeck, J. (2007). *Kompetenzmanagement. Methoden, Vorgehen, KODE® und KODE®X im Praxistest.* Münster: Waxmann.

Howell, J. M., Shea, C. M., & Higgins, C. A. (2005). Champions of product innovations: defining, developing, and validating a measure of champion behavior. *Journal of Business Venturing 205*, 641–661.

Kinkel, S., Lichtner, R., Schemmann, B., Schmidt, A. P., Behrendt, S., Koch, M., Kunzmann, C., Richter, A. (2015a). Kompetenzvernetzung für Wertschöpfungschampions. In A. Schmidt, M. Burmester, & A. Weisbecker (Hrsg.), *Mensch und Computer 2015 – Workshopband* (S. 145–150). Stuttgart: De Gruyter Oldenbourg.

Kinkel, S., Rieder, B., Horvat, D., & Jäger, A. (2015b). *Wertschöpfung lohnt. Vorteile und Notwendigkeit lokaler Wertschöpfungsketten.* Karlsruhe: Institut für Lernen und Innovation in Netzwerken, Hochschule Karlsruhe, Fraunhofer-Institut für System- und Innovationsforschung ISI.

Kinkel, S., Lichtner, R., & Schemmann, B. (2016). Kritische Kompetenzbündel für die Innovationsfähigkeit von Wertschöpfungschampions. In Gesellschaft für Arbeitswissenschaften e. V. (Hrsg.), *62. GfA-Frühjahrskongress: Arbeit in komplexen Systemen. Digital, vernetzt, human?!* (Abschnitt C.4.3). Dortmund: GfA Press.

Kunzmann, C., Schmidt, A., Braun, V., Czech, D., Fletschinger, B., Kohler, S., & Lüber, V. (2009). Integrating motivational aspects into the design of informal learning support in organizations. In (S. 259–267), September 2–4, 2009, Graz, Austria.

Lettl, C. (2007). User involvement competence for radical innovation. *Journal of Engineering and Technology Management 241–2*, 53–75.

Mascitelli, R. (2000). From Experience: Harnessing Tacit Knowledge to Achieve Breakthrough Innovation. *Journal of Product Innovation Management 173*, 179–193.

North, K., Friedrich, P., & Brahtz, M. (2005). Innovationskompetenz – Bestandsaufnahme, Modell, Ebenen. In Arbeitsgemeinschaft Betriebliche Weiterbildungsforschung e. V. (Hrsg), *Kompetenzentwicklung 2005. Kompetente Menschen – Voraussetzung für Innovationen* (S. 69–122). Münster: Waxmann.

Richter, A., & Behrendt, S. (2015). Wissensmanagement mit Communityplattformen. In G. Schuh (Hrsg.), *Zukunft gestalten: soziale Technologien in Organisationen in Zeiten des demografischen Wandels. Wissen, Innovation, Demografie* (S. 176–180). Aachen: FIR.

Ridder, H. G., Bruns, H.-J., & Hoon, C. (2005). Innovation, Innovationsbereitschaft und Innovationskompetenz: Entwicklungslinien, Forschungsfelder und ein Prozessmodell. In Arbeitsgemeinschaft Betriebliche Weiterbildungsforschung e. V. (Hrsg.), *Kompetenzentwicklung 2005. Kompetente Menschen – Voraussetzungen für Innovationen* (S. 13–68). Münster: Waxmann.

Schültz, B. (2014). Innovationsförderung durch Promotorenentwicklung. In B. Schültz, P. Strothmann, C.T. Schmitt, & L. Laux (Hrsg.), *Innovationsorientierte Personalentwicklung. Konzepte, Methoden und Fallbeispiele für die Praxis* (S. 13–27). Wiesbaden: Springer Gabler.

Schumpeter, J. A. (1993). *Theorie der wirtschaftlichen Entwicklung: eine Untersuchung über Unternehmergewinn, Kapital, Kredit, Zins und den Konjunkturzyklus* (8. Aufl.). Berlin: Duncker & Humblot.

Senker, J. (1995). Tacit knowledge and models of innovation. *Industrial and Corporate Change* 42, 425–447.

Sim, E. W., Griffin, A., Price, R. L., & Vojak, B. A. (2007). Exploring differences between inventors, champions, implementers and innovators in creating and developing new products in large, mature firms. *Creativity and Innovation Management* 164, 422–436.

Simon, H. (2012). *Hidden Champions – Aufbruch nach Globalia. Die Erfolgsstrategien unbekannter Weltmarktführer.* Frankfurt am Main: Campus.

Smith, K. G., Collins, C. J., & Clark, K. D. (2005). Existing knowledge, knowledge creation capability, and the rate of new product introduction in high-technology firms. *Academy of Management Journal* 482, 346–357.

Tsai, W. (2001). Knowledge transfer in intraorganizational networks: Effects of network position and absorptive capacity on business unit innovation and performance. *Academy of Management Journal* 445, 996–1004.

Whelan, E., Parise, S., De Valk, J., & Aalbers, R. (2011). Creating employee networks that deliver open innovation. *MIT Sloan Management Review* 531, 37–44.

Williams, S. P. (2011). Das 8C-Modell für kollaborative Technologien. In P. Schubert, & M. Koch (Hrsg.), *Wettbewerbsfaktor Business Software. Prozesse erfolgreich mit Software optimieren: Berichte aus der Praxis* (S. 11–21). München: Carl Hanser.

Strategisches Kompetenzmanagement von Produktionsbeschäftigen – Innovations- und Wachstumsimpulse in nicht-forschungsintensiven kleinen und mittleren Unternehmen

Sandra Güth, Julian Decius, Djerdj Horvat, Niclas Schaper, Alfredo Virgillito

© Springer-Verlag GmbH Deutschland 2018
D. Ahrens, G. Molzberger (Hrsg.), *Kompetenzentwicklung in analogen und digitalisierten Arbeitswelten*, Kompetenzmanagement in Organisationen, https://doi.org/10.1007/978-3-662-54956-8_4

Zusammenfassung

Dieser Beitrag unterstreicht die Bedeutsamkeit des strategischen Kompetenzmanagements in nicht-forschungsintensiven kleinen und mittleren Unternehmen (KMU). Aufgrund ihrer geringen Forschungs- und Entwicklungsaktivitäten werden diese Betriebe in der allgemeinen Innovationsdebatte leicht übersehen. Nichtsdestotrotz sind sie innovativ und wettbewerbsfähig. Das Rückgrat dieser KMU stellen häufig die an- und ungelernten Produktionsbeschäftigten mit ihrem Anwendungs- und Erfahrungswissen dar. Mithilfe eines strategischen Kompetenzmanagements können die Kompetenzen der Produktionsbeschäftigten nachhaltig gefördert und Potenziale der Innovationsfähigkeit gezielt gesteigert werden. Mit besonderem Fokus auf nicht-forschungsintensive KMU geht dieser Text der institutionalisierten Verbreitung und den Herausforderungen eines strategischen Kompetenzmanagements nach. Darüber hinaus wird ein speziell für diese KMU entwickeltes Kompetenzmanagementinstrument – die Kompetenzmanagementtabelle – vorgestellt.

4.1 Einleitung: Innovationsfähigkeit in nicht-forschungsintensiven KMU

Die Produktion in nicht-forschungsintensiven KMU ist durch einen hohen Anteil manueller Einfacharbeit sowie deren Zusammenspiel mit qualifizierter Facharbeit geprägt. Um ihre Wettbewerbs- und Innovationsfähigkeit zu erhalten, müssen die KMU innovative Lösungen im Bereich neuer Produktionsverfahren und -technologien sowie angepasste Organisationsstrukturen realisieren. Insbesondere auf diese Bereiche sind Auswirkungen der derzeit viel diskutierten neuen Qualität der Digitalisierung in der Wirtschaft, bekannt unter dem Schlagwort Industrie 4.0, zu erwarten.

Industrie 4.0 ist als eine Zukunftsvision vor allem in der Produktion zu verstehen, in der sich Menschen, Maschinen und Prozesse auf Basis des Internets miteinander vernetzen und so (auch unternehmensübergreifend) Wertschöpfungsnetzwerke entstehen. Auch wenn bisher kein einheitliches Meinungsbild zu konkreten Auswirkungen auf die Arbeitswelt existiert und sich wissenschaftliche Studien dazu noch am Anfang befinden, werden durch Industrie 4.0 für die Betriebe mehrheitlich große Innovations- und Wachstumsimpulse erwartet. Neben der Erschließung neuer Geschäftsmodelle und grundlegenden Produktivitätsfortschritten werden in der Optimierung der Flexibilitäts- und Wandlungsfähigkeit bis hin zu Ressourceneinsparungen erste zentrale Potenziale gesehen (BMAS, 2016; Kagermann et al., 2013; Spath, 2013).

Ob ein Betrieb fähig ist, die (neuen) technischen Möglichkeiten optimal auszuschöpfen, ist nicht zuletzt von seinen Produktionsbeschäftigten abhängig. Zusätzlich beruht in nicht-forschungsintensiven KMU die Entwicklung neuer Produktionsverfahren und -technologien größtenteils auf dem Anwendungs- und Erfahrungswissen der Beschäftigten in der Produktion, die nicht selten an- oder ungelernt sind oder einer ausbildungsberufsfremden Arbeit nachgehen.

Unter Berücksichtigung einer zunehmenden Digitalisierung in der Produktion, der fortschreitenden Wissensintensivierung sowie des mit dem demografischen Wandel einhergehenden Fachkräftemangels ist entscheidend, dass die nicht-forschungsintensiven KMU die Potenziale ihrer Beschäftigten durch angepasste Konzepte des strategischen Kompetenzmanagements entsprechend ihrer Unternehmensstrategie nutzen. Damit können nicht nur wichtiges Anwendungs- und Erfahrungswissen im Betrieb gehalten, sondern auch neue und für die Innovationsfähigkeit relevante Kompetenzen strategisch aufgebaut und weiterentwickelt werden. Die dadurch entstehenden betriebsspezifischen Kompetenzen sind von der Konkurrenz gar nicht oder nur schwer durch hohe finanzielle und zeitliche Investitionen nachzuahmen und können daher wichtige Wettbewerbsvorteile darstellen.

Das Verbundprojekt StraKosphere (Strategisches Kompetenzmanagement in nicht-forschungsintensiven kleinen und mittleren Unternehmen des Verarbeitenden Gewerbes) erarbeitet vor dem skizzierten Hintergrund einen Ansatz zum strategischen Kompetenzmanagement für die spezifischen Bedarfe nicht-forschungsintensiver KMU. An dem BMBF-Vorhaben StraKosphere sind drei wissenschaftliche Partner, vier Unternehmen sowie vier Umsetzungspartner beteiligt (weitere Informationen unter http://www.strakosphere.de/).

Nach der Erläuterung der zentralen Begrifflichkeiten „nicht-forschungsintensive KMU" und „strategisches Kompetenzmanagement" folgt eine Betrachtung zur Verbreitung des strategischen Kompetenzmanagements in nicht-forschungsintensiven KMU. Daran knüpfen die Ergebnisse zu empirisch erhobenen Herausforderungen bei der Umsetzung eines strategischen Kompetenzmanagements an. Der Beitrag endet mit der Darstellung des Entwicklungsprozesses sowie des Aufbaus eines Instruments zur Unterstützung des strategischen Kompetenzmanagements in KMU, der sogenannten Kompetenzmanagementtabelle.

4.2   Relevanz nicht-forschungsintensiver KMU

Forschung und Entwicklung gelten heute unbestritten als wichtige Motoren für die Innovations- und Wettbewerbsfähigkeit von Unternehmen und damit für das Wirtschafts- und Beschäftigungswachstum der Volkswirtschaft insgesamt (u. a. Brown u. Eisenhardt, 1995; Freeman u. Soete, 1997; Saviotti u. Nooteboom, 2000). Es ist daher nicht verwunderlich, dass sich die Wissenschaft und wirtschaftspolitische Programme mehrheitlich auf forschungsintensive Unternehmen und Branchen sowie tendenziell stärker auf hoch qualifizierte Beschäftigte zur Förderung von Forschung- und Entwicklungsaktivitäten konzentrieren (Wydra u. Nusser, 2015). Im Unterschied dazu werden nicht-forschungsintensive KMU der standardisierten Industrieproduktion in der öffentlichen Wahrnehmung selten als innovativ oder für die industrielle Wertschöpfung und Beschäftigung sonderlich bedeutsam angesehen. Zu den nicht-forschungsintensiven Betrieben zählen Unternehmen, die durchschnittlich weniger als 2,5 % ihres Umsatzes für Forschung und Entwicklung pro Jahr ausgeben (Legler u. Frietsch, 2007). Diese Unternehmen tragen jedoch mehr als 40 % der Wertschöpfung und rund 50 % der Gesamtbeschäftigung in der deutschen Industrie (Som, 2012).

Neben den betrieblichen Herausforderungen eines steigenden Wettbewerbsdrucks, u. a. infolge der Globalisierung, kürzerer Produktionslebenszyklen und der Ressourcenverknappung, drängen sich aufgrund des eingangs erwähnten Fortschritts der digitalen Vernetzung und drahtlosen Kommunikation von Produktionsmaschinen und -anlagen Fragen auf, wie es Betriebe mit geringer Forschung- und Entwicklungstätigkeit schaffen, innovativ und wettbewerbsfähig zu sein, und wie sie dies zukünftig erhalten sowie fördern können.

Forschung und Entwicklung sind jedoch nicht als einzige mögliche Quelle zur Steigerung der Innovations- und Wettbewerbsfähigkeit von Unternehmen anzusehen (Som et al., 2010; Rammer et al., 2011). Wie bereits von Schumpeter (1939, 2008) postuliert, wird in diesem Beitrag von einem breiten Innovationsverständnis auf betrieblicher Ebene ausgegangen, das bei genauer Betrachtung über formelle Aktivitäten in der Forschung und Entwicklung hinausgeht (Santarelli u. Sterlacchini, 1990). Insbesondere die nicht-technischen Innovationsformen in den Bereichen Organisation, Produktionsprozesse, produktbegleitende Dienstleistungen, Kooperation und

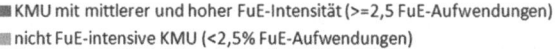

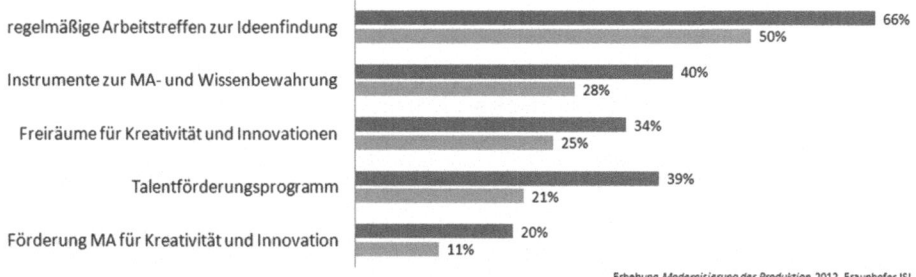

Erhebung *Modernisierung der Produktion* 2012, Fraunhofer ISI

☐ **Abb. 4.1** Einsatz von Konzepten des Personalmanagements in nicht-forschungsintensiven KMU. Daten aus der Erhebung *Modernisierung der Produktion* 2012 des Fraunhofer ISI. *FuE* Forschung und Entwicklung

Netzwerke oder Vertriebswege entspringen nicht primär den Forschungs- und Entwicklungsabteilungen von Unternehmen.

Nicht-forschungsintensive KMU richten ihre Innovationsstrategie weniger auf die Produktseite, sondern mehr auf nicht-technische Innovationen, wie die Optimierung von technischen und organisatorischen Prozessinnovationen (Heidenreich, 2009). Am Markt positionieren sich diese KMU folglich eher durch prozessbezogene Leistungsmerkmale wie eine herausragende Qualität, Flexibilität, Liefertreue oder Effizienz, für die die Kompetenzen der Produktionsbeschäftigten ein zentraler Wettbewerbsvorteil sind.

Diese nicht-technischen Innovationen sind entscheidend abhängig von den vorhandenen personellen Ressourcen innerhalb der Betriebe. Analysen von Betriebsdaten der Erhebung *Modernisierung der Produktion* 2012 des Fraunhofer ISI deuten darauf hin, dass in vielen nicht-forschungsintensiven KMU sowohl der Einsatz von Instrumenten der Personalentwicklung als auch institutionalisierte Strukturen für Innovationsprozesse schwächer als bei forschungstreibenden Betrieben ausgeprägt sind (☐ Abb. 4.1). Während beispielsweise jedes dritte forschungstreibende KMU Talentförderprogramme anbietet, erfolgt dies nur bei jedem fünften nicht-forschungsintensiven KMU.

Des Weiteren zeigen die Ergebnisse der Erhebung, dass in den nicht-forschungsintensiven Betrieben wesentlich weniger hoch qualifizierte Beschäftigte als in den forschungstreibenden Betrieben arbeiten, dafür aber deutlich mehr An- und Ungelernte. Der Anteil An-/Ungelernter und Hochschulabsolventinnen und Hochschulabsolventen beträgt in nicht-forschungsintensiven Betrieben 28 % respektive 8 %, denen 20 % und 17 % in forschungstreibenden Betrieben gegenüberstehen. Bei den übrigen Qualifikationsgruppen sind die Differenzen vernachlässigbar.

Ungeachtet oder trotz des relativ niedrigen Qualifikationsniveaus und des weniger verbreiteten Personalmanagements zeigen sich die nicht-forschungsintensiven KMU verglichen mit den forschungsintensiven KMU in der Studie als ebenso leistungsfähig. Sowohl bei der Termintreue als auch bei der Nachbearbeitung von Produkten sind beide gleichauf. Ungeachtet der Intensität der Forschung und Entwicklung liegen zudem kaum Unterschiede bei den Werten der durchschnittlichen Wertschöpfungstiefe und der Gesamtfaktorproduktivität vor. Nicht-forschungsintensiven KMU gelingt es demnach, ihre Produktionsprozesse ebenso effizient zu gestalten wie forschungstreibende Betriebe.

Durch die intensivere Nutzung des Anwendungs- und Erfahrungswissens sowie der Fähigkeiten und Fertigkeiten einerseits und durch die Weiterentwicklung der Kompetenzen der

Produktionsbeschäftigten andererseits lassen sich das Rationalisierungspotenzial und die Wettbewerbsvorteile gezielter ausschöpfen. Eine bedeutende Rolle spielt hierbei das strategische Kompetenzmanagement.

4.3   Bedeutung eines strategischen Kompetenzmanagements

Ziel von Kompetenzmanagement ist es, Anforderungen an die Beschäftigten in Form von Kompetenzbedarfen zu beschreiben sowie die Mitarbeiterkompetenzen regelmäßig und aussagekräftig zu messen, um sie zielgerecht einzusetzen und zu fördern. Die Entwicklung von Kompetenzen stellt dabei den Aspekt der Befähigung in den Vordergrund, während klassische Weiterbildungen und Wissensmanagementansätze im Unterschied dazu eher auf die Vermittlung von (Fach-)Wissen abzielen. Bei der Kompetenzentwicklung geht es somit darum, die Beschäftigten zu befähigen, Wissen, Können und Erfahrungen sowohl im unmittelbaren Arbeitskontext, aber auch darüber hinaus situationsgerecht anzuwenden, mit anderen – auch über Bereichsgrenzen hinweg – zusammenzuarbeiten sowie Lösungen für Problemstellungen zu erarbeiten.

Zudem sollte der Blick bei der Kompetenzerfassung auch auf außerbetriebliche Kompetenzen der Mitarbeiterinnen und Mitarbeiter gerichtet werden, die durch freiwillige Tätigkeiten wie das Engagement als Fußballtrainer/-in oder gemeinnützige Arbeiten in der Freizeit entwickelt wurden, um deren Potenzial ggf. auch für den betrieblichen Anwendungskontext zu erschließen. Zur Umsetzung eines Kompetenzmanagements sind daher die Unternehmen zunächst gefordert, regelmäßig ihre relevanten betrieblichen Kompetenzanforderungen und -bedarfe zu beschreiben und zu prüfen, inwieweit die Beschäftigten über diese verfügen. Um gezielt Kompetenzen aller, insbesondere auch an- und ungelernter Produktionsbeschäftigter, erschließen und fördern zu können, ist außerdem das Kompetenzmanagement an den strategischen Unternehmenszielen auszurichten, und es sind unterschiedliche Ebenen im Unternehmen zu adressieren. Zum einen bedeutet dies, dass passende organisatorische Rahmenbedingungen für ein strategisches Kompetenzmanagement geschaffen und Angebote zur Weiterentwicklung vorhandener Kompetenzbestände entsprechend zukünftiger strategischer Unternehmensziele bereitgestellt und umgesetzt werden, zum anderen müssen die Beschäftigten befähigt werden, ihr Prozesswissen und ihre Kompetenzen strukturiert analysieren, dokumentieren, austauschen und entwickeln zu können.

Strategisches Kompetenzmanagement ist einem Top-down-Ansatz verpflichtet, d. h., die organisationalen und personalen Kompetenzentwicklungsbedarfe werden zunächst aus den Entwicklungstrends im Unternehmensumfeld, den strategischen Unternehmenszielen und den erforderlichen Anpassungen und Veränderungen der Unternehmensstrukturen und Geschäftsprozesse abgeleitet. Erst in weiteren Schritten werden die konkreten Tätigkeitsanforderungen berücksichtigt, die sich sowohl aus aktuellen Aufgaben und Verantwortungsbereichen der Beschäftigten, aber auch aus den prognostizierten Veränderungen der Arbeitsabläufe und Aufgabenzuschnitte ergeben. Die Methoden des Kompetenzmanagements sollten dabei einerseits passfähig zu bestehenden betrieblichen Abläufen, Schnittstellen und Prozessen der Personalführung sein, und andererseits gilt es, das Kompetenzmanagement in Prozesse der Unternehmensentwicklung und strategischen Steuerung einzubetten.

Die geringe Verbreitung von Instrumenten zur Personalentwicklung und Innovationsförderung bei nicht-forschungsintensiven KMU lässt vermuten, dass strategisches Kompetenzmanagement bisher bei diesem Unternehmenstyp kaum vorhanden ist. Wie verbreitet das strategische Kompetenzmanagement in nicht-forschungsintensiven KMU des deutschen verarbeitenden Gewerbes tatsächlich ist, zeigt der nächste ▸ Abschn. 4.4 auf.

4.4 Verbreitung und Anwendung des strategischen Kompetenzmanagements in nicht-forschungsintensiven KMU

Für die Untersuchung des strategischen Kompetenzmanagements wurden in die Erhebung *Modernisierung der Produktion* 2015 des Fraunhofer ISI folgende drei Fragen aufgenommen:
1. Werden Anforderungsprofile für einzelne Aufgabenbereiche erstellt?
2. Werden die bestehenden Kompetenzen der Beschäftigten systematisch erfasst?
3. Gibt es für einzelne Aufgabenbereiche spezifische Programme zur Kompetenzentwicklung?

Strategisches Kompetenzmanagement liegt vor, sofern in den Betrieben alle drei erfragten Aktivitäten stattfinden. Die erste Aktivität stellt die Übertragung der Unternehmensziele bzw. Umweltveränderungen in Verhaltens- und Kompetenzanforderungen an die Beschäftigten dar. Mit der zweiten Frage wird nach der Erfassung der Mitarbeiterkompetenzen gefragt. Hierfür existieren in der betrieblichen Praxis verschiedene Vorgehensweisen und Instrumente, die von Selbsteinschätzung über Vorgesetzten-/Expertenbewertung bis hin zu Mitarbeitergesprächen reichen. Werden die erfassten Kompetenzen den zuvor erstellten Anforderungsprofilen gegenübergestellt, lassen sich Entwicklungsbedarfe und Potenziale bei den Beschäftigten für die entsprechenden Aufgabenbereiche identifizieren und spezifische Entwicklungsmaßnahmen ableiten. Dieser Schritt wurde mit der dritten Frage erfasst.

In der Erhebungsrunde 2015 nahmen insgesamt 1.282 Betriebe teil, die das gesamte deutsche verarbeitende Gewerbe repräsentativ abdecken. Hiervon zählen wiederum 749 Betriebe zu den nicht-forschungsintensiven KMU und 290 zu den forschungstreibenden bzw. -intensiven KMU.

Von den Betrieben der Erhebungsrunde 2015 gaben 22 % der nicht-forschungsintensiven und 15 % der forschungstreibenden KMU an, keine der Aktivitäten zu praktizieren (◨ Abb. 4.2). Nicht-forschungsintensive KMU setzen kaum strategisches Kompetenzmanagement, gleichwohl aber verbreitet eine oder zwei Teilaktivitäten, ein. Während nicht einmal jedes vierte nicht-forschungsintensive KMU strategisches Kompetenzmanagement betreibt, ist es bei den forschungsintensiven mehr als jedes dritte KMU.

Bei den nicht-forschungsintensiven Betrieben fehlen vor allem spezifische Programme zur Kompetenzentwicklung für einzelne Aufgabenbereiche. So gaben nur 42 % dieser Betriebe an, dass sie entsprechende Programme durchführen, dem 59 % der forschungsintensiven KMU, die dies bejahen, gegenüberstehen. Bei der Erstellung von Anforderungsprofilen und der Kompetenzerfassung sind zwar die forschungsintensiven KMU tendenziell aktiver, der geringe Unterschied ist jedoch vernachlässigbar.

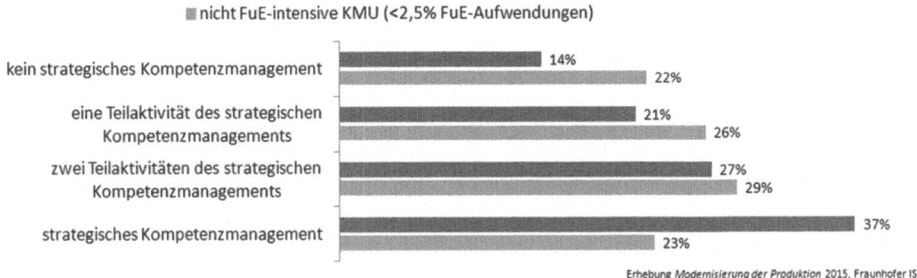

Erhebung *Modernisierung der Produktion* 2015, Fraunhofer ISI

◨ **Abb. 4.2** Verbreitung strategisches Kompetenzmanagement in nicht- forschungsintensiven KMU. Daten aus der Erhebung *Modernisierung der Produktion* 2015 des Fraunhofer ISI. *FuE* Forschung und Entwicklung

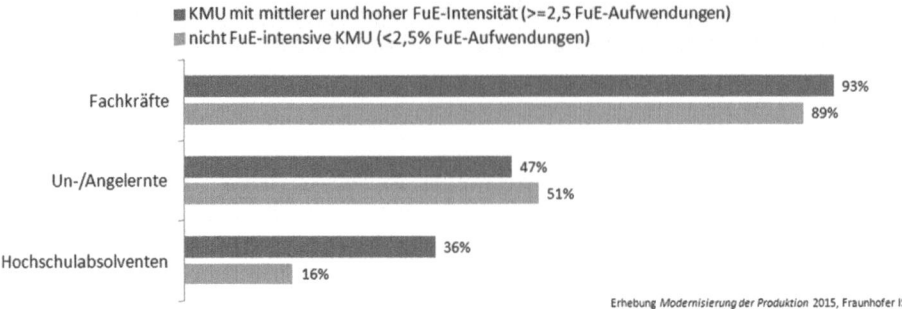

■ KMU mit mittlerer und hoher FuE-Intensität (>=2,5 FuE-Aufwendungen)
■ nicht FuE-intensive KMU (<2,5% FuE-Aufwendungen)

Erhebung *Modernisierung der Produktion* 2015, Fraunhofer ISI

◘ **Abb. 4.3** Zielgruppen der Aktivitäten des strategischen Kompetenzmanagements. Daten aus der Erhebung *Modernisierung der Produktion* 2015 des Fraunhofer ISI. *FuE* Forschung und Entwicklung

Hinsichtlich der betrieblichen Zielgruppen des strategischen Kompetenzmanagements zeigen die Ergebnisse unabhängig von der Forschungsintensität der Betriebe, dass primär Fachkräfte, gefolgt von An-/Ungelernten und Hochschulabsolventinnen und Hochschulabsolventen adressiert werden (◘ Abb. 4.3). Vergleicht man die zwei Gruppen, so wird für nicht-forschungsintensive KMU eine tendenziell breitere Anwendung des strategischen Kompetenzmanagements für an- und ungelernte Produktionsbeschäftigte deutlich. Vor dem Hintergrund des wesentlich höheren Anteils an- und ungelernter Mitarbeiterinnen und Mitarbeiter war allerdings ein deutlich größerer Unterschied zu erwarten. Dies bestätigt, dass das Potenzial dieser Personengruppe noch besser erkannt oder ausgeschöpft werden muss.

Sowohl für die Fachkräfte als auch für die Hochschulabsolventinnen und Hochschulabsolventen gaben hingegen mehr forschungstreibende Betriebe an, entsprechende Aktivitäten des Kompetenzmanagements bei sich anzuwenden.

Die dargestellten Ergebnisse der Befragung des Fraunhofer ISI verdeutlichen eine geringere Verbreitung des strategischen Kompetenzmanagements in nicht-forschungsintensiven KMU und zeigen Potenzial auf, entsprechende Ansätze und Instrumente für die genannten Zielgruppen zu entwickeln. Um die Betriebe stärker bei der Konzeption und Umsetzung von Maßnahmen des Kompetenzmanagements zu unterstützen und die Entwicklungsmöglichkeiten von An- und Ungelernten besser zu nutzen, stellt sich die Frage nach den Anforderungen und Problemen bei der Implementierung und Durchführung eines strategischen Kompetenzmanagements (► Abschn. 4.5).

4.5   Herausforderungen eines strategischen Kompetenzmanagements in nicht-forschungsintensiven KMU

Als Datengrundlage für die Untersuchung, weshalb strategisches Kompetenzmanagement in nicht-forschungsintensiven KMU fehlt bzw. unzureichend ausgebaut ist, dienen 39 leitfadengestützte Experteninterviews mit Führungskräften, Personalverantwortlichen und Beschäftigten. Neben den vier Partnerunternehmen des Verbundvorhabens StraKosphere fanden die Interviews in sechs sogenannten Best-Practice-Unternehmen statt. Letztgenannte Betriebe zeichnen sich insbesondere dadurch aus, dass ein strategisches Kompetenzmanagement dort bereits implementiert ist. Um vielfältige und umfassendere Erkenntnisse für die Unterstützung von KMU bei den Herausforderungen eines strategischen Kompetenzmanagements zu gewinnen, umfasste die Unternehmensauswahl Betriebe aus verschiedenen Größenklassen. So wurden neben den

Betrieben mit weniger als 250 Beschäftigten auch Betriebe mit bis zu 499 Beschäftigten sowie des größeren Mittelstands (500 bis 999 Beschäftigte) befragt. Insbesondere die größeren KMU haben bereits in der Vergangenheit konkrete Maßnahmen und Initiativen in einzelnen Bereichen zum strategischen Kompetenzmanagement realisiert sowie verschiedene Wachstumsphasen erlebt, in denen sie mit unterschiedlichen Herausforderungen bei der Kompetenzentwicklung konfrontiert waren und diese zu bewältigen hatten.

Wie bei qualitativen Studien durchaus üblich, handelt es sich hierbei weniger um statistisch belastbares Material, sondern vielmehr um Tiefenanalysen, deren Erkenntnisinteresse darin liegt, Probleme und deren verursachende Mechanismen zu verstehen und darauf aufbauend Lösungsmöglichkeiten zu entwickeln.

Die eruierten Barrieren werden nachfolgend in drei Kategorien dargestellt:
1. Unternehmensleitung und Personalabteilung
2. Merkmale der Beschäftigten
3. Betriebsklima und Fluktuation

Daran anschließend werden erste Lösungsansätze dargelegt.

4.5.1 Unternehmensleitung und Personalabteilung

Die beiden größten Hemmnisse für den Aufbau und Erhalt eines strategischen Kompetenzmanagementsystems sind zum einen das Tagesgeschäft, zum anderen zu klein bemessene Personalabteilungen, wenn diese überhaupt organisational verankert sind.

Gerade in KMU fallen Personalangelegenheiten häufig in den Aufgabenbereich der Unternehmensleitungen, welche jedoch sehr stark in das Tagesgeschäft involviert sind. Aufgrund der Dringlichkeit tagesaktueller Anforderungen werden vielfach strategische Entscheidungen – auch abseits des Kompetenzmanagements – vertagt. Zudem fehlt häufig die Einsicht, dass der Kompetenzförderung eine hohe Bedeutung zukommt. Insbesondere bei den an- und ungelernten Produktionsbeschäftigten werden Ausgaben für Kompetenzentwicklung meist ausschließlich als monetäre Kosten und weniger als Investitionen für die bessere Bewältigung aktueller oder zukünftiger Prozessanforderungen angesehen (Mesaros et al., 2009).

Existieren hingegen Personalabteilungen, findet häufig eine Überforderung des Personals in zweifacher Hinsicht statt: Einerseits sind diese bei der Umsetzung eines strategischen Kompetenzmanagementsystems auf Impulse von der Unternehmensleitung angewiesen, andererseits lässt das breite Aufgabenspektrum der Verantwortlichen kaum einen systematischen Umgang mit Fragen der Personalentwicklung sowie feste Strukturen und Tagesabläufe zu:

„So eine wirkliche Philosophie haben wir eigentlich gar nicht. Wenn ich ganz ehrlich bin, läuft der Personalentwicklungsprozess so nebenher. Mein Hauptgeschäft ist das Recruiting und die Personalbetreuung während der Beschäftigungszeit bei uns." (Personalleiterin, Metallindustrie, ca. 250 Beschäftigte)

Eine Ursache hierfür ist nicht selten ein schnelles Unternehmenswachstum – man wird sozusagen das Opfer des eigenen Erfolges. Infolge des Wachstums treten neue Probleme in der Organisation auf, wenn sich innerhalb kurzer Zeit die Anzahl der Beschäftigten stark erhöht. Der Betrieb wird nahezu automatisch dazu gedrängt, vorhandene Ressourcen in das Tagesgeschäft zu investieren. Dabei bleibt kaum Zeit, sich parallel dazu in Instrumente zur Kompetenzentwicklung und -messung einzuarbeiten oder passende Lösungsansätze, die bereits existieren, zu identifizieren, auszuwählen und zu erproben. Des Weiteren können vielfach die Organisationsstrukturen nicht schnell genug flächendeckend mit dem Unternehmenswachstum entwickelt werden, sodass die Personalreferentinnen und Personalreferenten in eine Art „Feuerwehrmodus" geraten:

> „Mehr so: Neue Prozesse, neue Projekte, neue Anforderungen – das wird geschult. Das Systematische, das Unterlegte, Untersetzte, das ist auf der Strecke eingeschlafen. Das wollten wir damals mit dem TPM [Anm.: Total Productive Maintenance] erschlagen (...) Das ist dann eingeschlafen, wir hatten nicht die Kraft dazu. Das klingt jetzt fast wie eine Kapitulation, aber wenn sie Umsatz fast verdoppeln, Mitarbeiteranzahl – wir haben in einem Jahr 90 Mann eingestellt – (...) Es bleibt irgendetwas auf der Strecke." (Personalleiterin, chemische Industrie 1, ca. 285 Beschäftigte)

4.5.2 Merkmale der Beschäftigten

Wie bereits erwähnt, verbleiben als Folge des starken und schnellen Wachstums viele Personalführungsaufgaben in der Personalabteilung oder werden an diese übertragen. Den Schichtführerinnen und Schichtführern, Teamleiterinnen und Teamleitern und ähnlichen Positionen wird beispielsweise nicht immer zugetraut, Mitarbeitergespräche zu führen oder Mitarbeiterpotenziale zu identifizieren und zu fördern. Wenn jedoch eine Personalabteilung, die nicht selten nur aus zwei oder maximal drei Personen besteht, jährlich hunderte Mitarbeitergespräche führt, bleiben kaum Ressourcen für eine strategisch ausgerichtete Personalarbeit. Daher gilt es vordringlich, die Führungskräfte in der Produktion für entsprechende Führungsaufgaben weiterzuentwickeln, insbesondere vor dem Hintergrund, dass sie meist wegen ihres technischen Know-hows eingestellt wurden und eher selten Kenntnisse in der Führung von Mitarbeitenden mitbringen:

> „Das Allerschlimmste ist eben, in ein Unternehmen reinzukommen als junger Ingenieur und weil du Ingenieur bist, bist du jetzt Führungskraft. Hier ist dein Büroschlüssel, du bist das jetzt und das sind die 30 Leute, die du führen sollst. Das funktioniert nicht." (Personalleiterin, chemische Industrie 2, ca. 140 Beschäftigte)

Vor allem bei intern weiterentwickelten Facharbeiterinnen und Facharbeitern, die auf Teamleiter- oder Schichtführerpositionen befördert wurden, wird die Entwicklung der Führungskompetenz oftmals vernachlässigt, sodass diese Personen Aufgaben der gezielten Mitarbeiterförderung nur unzureichend umsetzen können.

Der hohe Anteil an- und ungelernter Produktionsbeschäftigter stellt die Betriebe vor weitere wesentliche Herausforderungen. Wie die Befragungsergebnisse des Fraunhofer ISI in ▶ Abschn. 4.4 zeigen, adressieren nicht-forschungsintensive Betriebe bei Aktivitäten einer strategischen Kompetenzentwicklung An- und Ungelernte am wenigsten. Hinzu kommt, dass diese Gruppe auch weniger an externen Weiterbildungsmaßnahmen teilnimmt (Beicht et al., 2006; Siebert, 2006). Dies wird allerdings nicht nur durch eine mangelnde Berücksichtigung solcher Personen bei der Weiterbildungsplanung vonseiten des Betriebes verursacht. Vielmehr tragen auch die eher negativen Erinnerungen und Assoziationen der Beschäftigten an Prüfungssituationen oder das Versagen bzw. schlechte Abschneiden bei Lernanforderungen dazu bei. So sind Prüfungsängste und Weiterbildungsscheu bei dieser Beschäftigungsgruppe häufig anzutreffen. Ein weiteres Hindernis stellen die häufig vorkommenden Lese- und Schreibschwierigkeiten dar. Ebenfalls weitverbreitet in dieser Gruppe sind Sprach- und Verständigungsschwierigkeiten als Folge des oftmals hohen Anteils an Beschäftigten mit unterschiedlichen Migrationshintergründen, deren Muttersprachen oder Herkunftssprachen vielfältig und meist nicht Deutsch sind. Vor dem Hintergrund der skizzierten Probleme sind betriebsinterne und praxiszentrierte Weiterbildungen vielfach der bessere Weg, neue Kompetenzen zu entwickeln(vgl. Ehmann, 2004):

> „War natürlich das ganze Programm dabei von den Leuten, was ich auch gar nicht wusste, da geht man ja auch sehr blauäugig dran; es gab viele Leute in dem Betrieb, die konnten nicht lesen und schreiben. Und die haben sich dann mit Händen und Füßen gegen diese Ausbildung gewehrt und ich habe mich immer gefragt: ‚Warum? Der ist doch gar nicht so doof, das ist doch ein toller Typ. Was hat der denn?' Und weil er nicht sagen will: ‚Ich kann nicht lesen und schreiben. Ich kann ja gar nicht gucken, was die da an der Tafel schreiben.', da kommt man ja erst mal gar nicht drauf und dann haben mir das die anderen Kollegen mehr oder weniger erzählt." (Personalleiterin, chemische Industrie 1, ca. 285 Beschäftigte)

4.5.3   Betriebsklima und Fluktuation

Die bereits erwähnten Schwierigkeiten bei der Implementierung und Durchführung eines strategischen Kompetenzmanagements infolge fehlender oder unzureichend entwickelter Strukturen, Prozesse und Fähigkeiten der Personalarbeit können sich zudem negativ auf das allgemeine Betriebsklima auswirken und die Unternehmensbindung der Beschäftigten beeinflussen.

Insbesondere bei nicht-forschungsintensiven KMU, die sich nicht zuletzt auch bei an- und ungelernten Beschäftigten gegen größere und zahlungskräftigere Unternehmen auf dem Arbeitsmarkt behaupten müssen, stellen das Betriebsklima und die Zufriedenheit wichtige Kriterien dar, Mitarbeiterinnen und Mitarbeiter zu halten und zu motivieren. Vor allem, wenn solche impliziten Anreize fehlen, zeigte sich in den befragten Betrieben, dass die Beschäftigten schnell den Arbeitsplatz wechseln, selbst wenn sie nur ein marginal besseres Entgelt erhalten. Dies hat eine zunehmende Fluktuation im Betrieb zur Folge, wodurch die Arbeitsbelastung der Personalverantwortlichen oder Personalabteilung weiter steigt, indem neue Beschäftigte ausgewählt und eingearbeitet werden müssen. Hierdurch wird nicht nur eine systematische und adäquate Entwicklung der betrieblichen Kompetenzstrukturen erschwert; die entstehende Überforderung auch bei den Beschäftigten kann die Frustration in der Belegschaft weiter erhöhen und das Betriebsklima zusätzlich verschlechtern. Solche, sich gegenseitig bedingenden Faktoren können zu einer negativen Abwärtsspirale führen.

Die Ausrichtung eines Kompetenzmanagements an den Bedarfen der Beschäftigten und den strategischen Unternehmenszielen kann eine Möglichkeit sein, den beschriebenen Teufelskreis zu „entschleunigen" oder wieder in eine positive Entwicklung zu wenden. Zum einen ist dabei von Vorteil, wenn ein Betriebsrat im Unternehmen existiert, der an einer konstruktiven Mitarbeit interessiert ist (Co-Management, z. B. Kotthoff, 1994). Zum anderen ist vor allem in nicht-forschungsintensiven Betrieben die Unternehmensleitung gefragt, mittels einer transparenten und auch für die Beschäftigten nachvollziehbaren Unternehmensvision bzw. -strategie die beabsichtigte/n Zukunftsentwicklung und -ziele aufzuzeigen. Reine Lippenbekenntnisse werden hier nicht ausreichen und recht schnell von der Belegschaft als solche enttarnt.

> „Sie können die tollsten Organisationskonzepte entwickeln – wenn die Führungskräfte das nicht vorbildlich vorleben und auch nicht dahinterstehen, dann können sie machen, was sie wollen. Es wird nichts funktionieren. Dieses Thema Führung ist bei allem, was sie machen, entscheidend." (Personalleiter, Textilindustrie, ca. 680 Beschäftigte)

Die Rahmenbedingungen für Kompetenzentwicklung in nicht-forschungsintensiven KMU sind als wenig förderlich und in vieler Hinsicht problematisch zu bezeichnen. Um den Prozess dennoch effektiver zu unterstützen, besteht der Bedarf nach einem leicht handhabbaren und vom Betrieb selbst einfach zu aktualisierenden Instrument zur Kompetenzbedarfsermittlung und -entwicklung. Um strategische Konzepte nicht nur zu entwickeln, sondern möglichst in eine dauerhafte Struktur zu überführen, bedarf es entsprechender Instrumente für die betriebliche Personalarbeit bzw. Personalentwicklung. Hierzu zählt beispielsweise die Kompetenzmanagementtabelle, mit deren Hilfe ein Überblick über vorhandene und noch ungenutzte Wissensbestände in verschiedenen Kompetenzfeldern sowie deren Verteilung im Unternehmen geschaffen wird. Im nachfolgenden ▶ Abschn. 4.6 wird dieses speziell für die Bedarfe von KMU entwickelte Instrument skizziert, welches über die einfache Erfassung von durchgeführten Weiterbildungskursen und der Erfassung vorhandener Abschlüsse und Qualifikationen hinausgeht.

4.6   Entwicklung eines Kompetenzmanagementinstruments für nicht-forschungsintensive KMU

Damit nicht-forschungsintensive KMU trotz der genannten Herausforderungen ein strategisches Kompetenzmanagement für die Zielgruppe der an- und ungelernten Produktionsbeschäftigten betreiben können, benötigen sie angepasste und betriebs- bzw. alltagstaugliche Instrumente. Im Projekt StraKosphere wurde dazu die sogenannte Kompetenzmanagementtabelle (KMT), aufbauend auf den strategischen Ausrichtungen und Bedarfen der Betriebe, entwickelt. Im Folgenden wird der Entwicklungsprozess dieser KMT vorgestellt. Ausgangspunkt der Instrumentenentwicklung waren mehrere, aufeinander aufbauende Workshops mit den vier beteiligten Verbundunternehmen. Teilnehmer der Workshops waren jeweils Vertreter/-innen der Geschäftsführung, der Produktionsleitung und des Personalmanagements.

4.6.1   Ausgangslage: Analyse der strategischen Unternehmensziele

In zwei einleitenden Workshops wurden zunächst die Trends und Herausforderungen des jeweiligen Betriebes identifiziert und analysiert. Auf der Grundlage dieser Analysen wurden Ziele für die mittel- und langfristige Unternehmensausrichtung (im Sinne einer Unternehmensstrategie) abgeleitet, um die zu entwickelnden Kompetenzen nachhaltig zu verankern. Verbesserte Lieferzeiten, weltweite Vermarktung oder Prozessinnovationen sind Beispiele für strategische Herausforderungen der Betriebe in der nahen und mittelfristigen Zukunft.

Aus diesen strategischen Zielen wurden anschließend die Entwicklungsbedarfe für einzelne betriebliche Funktionsfelder abgeleitet. Beispielsweise wurde in einem der Betriebe das Ziel „flexibel einsetzbare Mitarbeiterinnen und Mitarbeiter" betrachtet. Für jeden Bereich (z. B. Montage, Maschinenführung, Kommissionierung etc.) wurden zudem die Kompetenzen bzw. Sollkategorien festgehalten, die zur Erreichung dieses Ziels wichtig sind, z. B. vertiefte Maschinen- und Produktkenntnisse, Qualitätsbewusstsein und Verantwortungsbereitschaft für Qualität und Sicherheit oder gute Deutschkenntnisse. Die Analyse bewegte sich dabei ausschließlich auf der Formulierung von Kompetenzbedarfen zur Erreichung zukünftiger Ziele, d. h., welche Ziele die Beschäftigten aktuell erfüllen, blieb bei diesem Schritt noch unberücksichtigt.

4.6.2 Zielsetzungen für das Instrument

Bevor Themen der inhaltlichen und methodischen Ausgestaltung des Instruments angesprochen wurden, galt es zunächst, die Zielsetzungen und die zu erfüllenden Kriterien des zu entwickelnden Kompetenzmanagementinstruments mit den betrieblichen Vertretern zu erarbeiten. Die involvierten Betriebe legten der KMT-Entwicklung folgende Ziele zugrunde:

- Kompetenz- und Bedarfsermittlung: Dies wurde als das primäre Ziel genannt. Das Instrument soll zum einen aufzeigen, welche Kompetenzen die Beschäftigten aktuell besitzen. Zum anderen soll die Diskrepanz zum gewünschten Anforderungsprofil deutlich werden, sodass der Schulungs- und Kompetenzentwicklungsbedarf sichtbar wird.
- Grundlage für die Einarbeitung neuer Mitarbeiterinnen und Mitarbeiter: Da in der Produktion ein hoher Anteil an An- und Ungelernte vorkommt, ist eine schnelle und standardisierte Einarbeitung umso wichtiger. Das Instrument soll daher die für die jeweilige Einarbeitung in die Tätigkeit erforderlichen Kompetenzen strukturiert darstellen. So sollen die für die Einarbeitung verantwortlichen Personen unterstützt werden, indem sie sehen, welche Kompetenzen in welchem Maße und welcher Anwendungshäufigkeit für die Arbeitsaufgabe wichtig sind.
- Grundlage für Mitarbeiter- bzw. Entwicklungsgespräche: Für einen ganzheitlich ausgerichteten Personalentwicklungsprozess soll das Instrument die Basis zur transparenten und nachvollziehbaren Bestandsaufnahme der Kompetenzen liefern, sodass in den Mitarbeitergesprächen gezielt über Stärken und Schulungsbedarfe der Beschäftigten gesprochen werden kann.

Weitere nachgeordnete Ziele sind außerdem die Anwendung zu Zwecken der Einsatz-, Urlaubs- und Vertretungsplanung sowie generell ein verbesserter Umgang mit vermehrter Fluktuation, der Internationalisierung der Geschäftsprozesse sowie dem Strukturwandel.

Unter Berücksichtigung dieser Zielstellungen ergeben sich für das Instrument folgende Kriterien in Bezug auf Handhabbarkeit und Einbettung in betriebliche Strukturen:

- Handhabbarkeit/vertretbarer Pflegeaufwand: Am wichtigsten ist den Betrieben, dass das Instrument alle relevanten Zielbereiche abdeckt, dabei aber nicht zu komplex werden darf. Gerade der in ▶ Abschn. 4.5 beschriebene komplexe Arbeitsalltag und die geringen personellen Ressourcen für die Personalentwicklung geben den Rahmen für ein handhabbares und leicht zu pflegendes Instrument vor.
- Verständlichkeit des Instruments für die Zielgruppe: Da das Instrument nicht nur von der Geschäftsführung, sondern auch von mittleren Führungskräften wie Schichtleiterinnen und Schichtleitern eingesetzt wird, ist darauf zu achten, dass es für diese Zielgruppe ebenso verständlich aufgebaut ist und mittels konkreter Handlungshinweise genutzt werden kann.
- Implementierung als datenbankgestütztes System bzw. Anschlussfähigkeit an bestehende Dokumentationen und Systeme: Nur bei einer Passung an die bereits in den Betrieben verwendeten Systeme wird sichergestellt, dass das Instrument alltagstauglich ist und im Betrieb nachhaltig zum Einsatz kommt. Eine datenbankgestützte Umsetzung erfordert zwar einmalig einen höheren Aufwand, bietet jedoch langfristig eine höhere Benutzerfreundlichkeit und geringere Einstiegshürden für neue Anwender.

4.6.3   Erarbeitung der relevanten Kompetenzbedarfe (Sollkategorien)

Für eine systematische und differenziertere Erfassung der aktuell an einem Arbeitsplatz erforderlichen Kompetenzen im Sinne von weiteren Sollkategorien kam ein etabliertes methodisches Werkzeug zum Einsatz: der Leitfaden zur qualitativen Personalplanung bei technisch-organisatorischen Innovationen (LPI) von Sonntag et al. (1999), der aus Analyse-Items zur systematischen Bestimmung von Arbeitsaufgaben sowie fachlichen und fachübergreifenden Arbeits- bzw. Kompetenzanforderungen besteht.

Führungskräfte – insbesondere der Produktionsleitung – bearbeiteten eine entsprechende Itemliste des LPI für ausgewählte Tätigkeiten (z. B. Montagearbeitsplätze), um für die jeweiligen betrieblichen Kontexte relevante Aufgaben- und Anforderungsmerkmale zu bestimmen und daraus Sollkategorien für die Beschreibung von relevanten Kompetenzen bzw. Kompetenzfacetten für produktionsbezogene Tätigkeiten abzuleiten. Auf dieser Grundlage wurde eine auf die betrieblichen Verhältnisse und Bedarfe zugeschnittene KMT konzipiert. Die KMT erfüllt die oben genannten Zielsetzungen, insbesondere mit Fokus auf eine Kompetenz- und Bedarfsermittlung bei den an- und ungelernten Produktionsbeschäftigten. Ein Ausschnitt aus einer solchen KMT ist in ◘ Abb. 4.4 dargestellt, deren Aufbau nachfolgend genauer erläutert wird.

4.6.4   Aufbau der Kompetenzbereiche in der Kompetenzmanagementtabelle

Die Erfassung von tätigkeitsrelevanten Kompetenzen (sowohl in der Soll- als auch Ist-Ausprägung) bezieht sich bei der KMT auf vier grundlegende Kompetenzbereiche:

- Fachliche Kompetenz umfasst dabei alle Fähigkeiten und Fertigkeiten, die direkt mit Arbeitshandlungen verbunden sind, z. B. Montieren, Kontrollieren und Störungssuche.
- Interpersonelle Kompetenz beinhaltet angemessenes Verhalten im zwischenmenschlichen Umgang, z. B. Informationen weiterzugeben, sich mit anderen abzustimmen und sich kooperativ zu verhalten.
- Methodische Kompetenz schließt alle Sinnes- und Denkleistungen ein, z. B. Planen, Entscheiden, Informationswahrnehmung und -verarbeitung.
- Kenntnisbezogene Kompetenz umfasst das kognitive Wissen und alle aus dem Gedächtnis abrufbare Informationen, z. B. Maschinenkenntnisse, Produktkenntnisse und Sicherheitskenntnisse.

Optional besteht die Möglichkeit einer Erweiterung um sprachliche Kompetenzen sowie eine Erfassung von außerberuflichen Kompetenzen und deren Bezüge bzw. Verknüpfungen mit relevanten beruflichen Kompetenzen, beispielsweise durch die Beschäftigung von Personen mit Hobbys und Ehrenämtern.

Die Kompetenzbereiche lassen sich wiederum in einzelne Teilkompetenzen untergliedern, welche die Führungskräfte jeweils betriebsspezifisch bestimmt und festgelegt haben. In ◘ Abb. 4.4 sind beispielhaft ausgewählte Teilkompetenzen für jeden Kompetenzbereich dargestellt.

Kompetenzmanagementtabelle für eine Montagetätigkeit

		Person1	Person2	Person3
% Erfüllung des Sollwerts:	Fachlich	61,9	71,4	100,0
% Erfüllung des Sollwerts:	Interpersonell	87,5	75,0	100,0
% Erfüllung des Sollwerts:	Methodisch	60,0	60,0	60,0
% Erfüllung des Sollwerts:	Kenntnisbezogen	66,7	100,0	100,0
% Erfüllung des Sollwerts:	Sprachlich	100,0	50,0	50,0

Kompetenz	Tätigkeitsbeherrschung und Kenntnisse	Häufigkeit	Sollwert Kenntnisse	Person 1	Person 2	Person 3
Fachlich	**Arbeitsplatz vorbereiten** (z. B. individuell anpassen & mit Montage- und Verpackungsmaterial bestücken, Werkzeug auswählen, Bildschirminhalte aufrufen)	3	2	2	3	2
Fachlich	**Montage** (z. B. Montagematerial und zu montierende Komponenten entnehmen, Montageanleitung aufrufen, Montage durchführen)	3	3	2	1	3
Fachlich	**Qualitätskontrolle** (z. B. Sichtkontrollen, Messgeräteinsatz, Funktionsprüfungen, Referenzen abgleichen, Stückliste prüfen)	2	3	2	3	3
Interpersonell	**Kooperationsverhalten** (z. B. Abstimmung in der Arbeitsgruppe, eigenverantwortliche und gleichberechtigte Arbeitsaufteilung)	1	2	1	2	3
Interpersonell	**Kommunikationsverhalten** (z. B. Weitergabe von Informationen, gemeinsames Problemlösen, Kommunikation mit dem Vorgesetzten)	2	3	3	2	1
Methodisch	**Informationsaufnahme** (z. B. Vergleichen, Übernehmen von Handlungsanweisungen, Klassifizieren)	2	3	2	1	1
Methodisch	**Entscheidungsleistungen** (z. B. einfache Entscheidungen zu Ausführungsalternativen, Entscheidungen über die Arbeitsreihenfolge)	2	2	1	3	2
Kenntnisbezogen	**Maschinen- und Anlagenkenntnisse** (z. B. Handhabung von Werkzeugen, Einrichten, Umrüsten)	2	2	2	1	1
Kenntnisbezogen	**Verfahrenskenntnisse** (z. B. Arbeitsabläufe im gesamten Betrieb)	2	2	1	2	3
Sprachlich	**Produktion: "Schreiben"** (z. B. kurze Mitteilungen verfassen)	1	2	2	1	1

Übereinstimmung mit dem Sollwert
Unterschreitung des Sollwerts
Übertreffen des Sollwerts (Überqualifikation)

Einstufungsschlüssel für Soll- und Istwerte:
0 Hierzu sind keine Kenntnisse / keine Beherrschung erforderlich
1 Hierzu sind Grundkenntnisse / eine grundlegende Beherrschung erforderlich
2 Hierzu sind vertiefte Kenntnisse / eine sichere Beherrschung in Standardsituationen erforderlich
3 Hierzu sind sehr detaillierte Kenntnisse / eine sichere Beherrschung auch in Ausnahme- und problemhaltigen Situationen erforderlich

Einstufungsschlüssel für die Häufigkeit der Aufgabe:
0 Teilaufgabe kommt in der Arbeit nicht vor
1 Teilaufgabe kommt nur in Ausnahmefällen vor
2 Teilaufgabe gehört zum festen Aufgabenbestand, kommt aber nur in unregelmäßigen Abständen vor
3 Täglich zu verrichtende bzw. regelmäßig vorkommende Teilaufgabe

Abb. 4.4 Kompetenzmanagementtabelle, beispielhafter Ausschnitt für eine Montagetätigkeit

4.6.5   Einschätzung von Soll- und Ist-Ausprägungen der Kompetenzelemente mithilfe von Einstufungsschlüsseln

Zunächst müssen für eine Tätigkeit die Kompetenzanforderungen mithilfe der KMT Kategorien bestimmt werden. Hierzu wird in einem ersten Schritt jedes Kompetenzelement bzw. jede Teil-kompetenz hinsichtlich des erforderlichen Sollwerts von 0 bis 3 eingestuft. Zur Festlegung und Beschreibung der Ausprägung des Sollwerts steht ein Einstufungsschlüssel zur Verfügung, der von „keine Kenntnisse erforderlich" bis zu „sehr detaillierte Kenntnisse auch in Ausnahme- und problematischen Situationen erforderlich" reicht (vgl. ◨ Abb. 4.4).

Außerdem wird eingeschätzt, wie häufig jedes Kompetenzelement bzw. jede Teilkompetenz bei der Arbeit zum Einsatz kommt. Der Einstufungsschlüssel für die Häufigkeit reicht von „Tei-laufgabe kommt in der Arbeit nicht vor" bis „Täglich zu verrichtende bzw. regelmäßig vorkom-mende Teilaufgabe".

In einem weiteren Schritt wird für jeden Beschäftigten, der die Tätigkeit ausübt, ein Istwert bestimmt, der angibt, ob die/der Beschäftigte die Anforderung und damit den Sollwert erfüllt, unterschreitet oder überschreitet. Dies wird in der KMT zudem farblich gekennzeichnet. Die Einschätzung des Istwerts bezüglich der Kompetenzelemente bzw. Teilkompetenzen erfolgt mit dem gleichen Einstufungsschlüssel wie beim Sollwert (s. o.).

4.6.6   Auswertung und Nutzung der KMT

Bei der Auswertung der KMT kann der Fokus auf zwei Ebenen gelegt werden:

— Die einzelne Teilkompetenz steht im Fokus: Dies erfolgt bei einer horizontalen Betrachtung jeder Kompetenzzeile. Hier kann der KMT-Anwendende direkt vergleichen, wie die Kompetenz bei den einzelnen Beschäftigten ausgeprägt ist und ob hier aus gesamtbetrieblicher Sicht ein Defizit besteht. Dies ist insbesondere notwendig, wenn durch altersbedingte personelle Wechsel, Kompetenzträger/-innen aus dem Unternehmen ausscheiden und damit eine bisher ausreichend vorhandene Teilkompetenz bei den verbleibenden Beschäftigten nicht mehr zur Verfügung steht.

— Die/der einzelne Beschäftigte steht im Fokus: Dies ist bei der vertikalen Auswertung der Kompetenzeinstufungen der Fall, bei der die Einstufungen zu allen Teilkompetenzen eines Beschäftigten untereinander ablesbar sind. Durch die farbliche Markierung fallen Unterschreitungen des Sollwerts sofort auf, sodass Schulungsbedarfe bei den jeweiligen Beschäftigten schnell erkannt werden können.

Neben dieser detaillierten Auswertungsvariante wird außerdem ein über alle Teilkompetenzen zusammengefasster Wert auf der Ebene des übergeordneten Kompetenzbereichs angegeben. Dieser Wert kennzeichnet die prozentuale Erfüllung des gewichteten Sollwerts bei den fachlichen, interpersonellen, methodischen und kenntnisbezogenen Kompetenzen einzelner Beschäftigter oder der Gruppe von Beschäftigten, die die Tätigkeit(en) ausüben. Bei der Kompetenzbedarfs-bestimmung wird außerdem eine Gewichtung einzelner Kompetenzelemente vorgenommen, die durch eine Verrechnung der Sollwerte der Teilkompetenzen mit der jeweiligen Häufigkeit der Teilkompetenz in der Arbeitsaufgabe erfolgt. Hintergrund ist, dass täglich stattfindende Aufgaben gegenüber selteneren Aufgaben eine größere Bedeutung haben und sich dies auch in der KMT widerspiegelt. Jedes dieser vier Fallbeispiele kann durch die KMT abgebildet werden:

— Aufgabe in der Produktion mit geringer Häufigkeit, aber einer hohen vorausgesetzten Kenntnistiefe, wäre z. B. der Umgang mit Notsituationen (Brandfall etc.).

- Umgekehrt ist die Maschinenbedienung eine häufig vorkommende Aufgabe, die als Routinetätigkeit eine lediglich geringe Kenntnistiefe benötigt.
- Wenig anspruchsvolle und zugleich seltene Tätigkeiten wären das Ausfüllen von Dokumenten und das Führen von Listen.
- Die von einem Instandhaltenden ausgeführten Wartungs- und Reparaturarbeiten sind für diesen jedoch eine tägliche Aufgabe, die zudem ein hohes Kenntnisniveau voraussetzt.

Durch die Darstellung der prozentualen Sollwerterfüllung lässt sich horizontal ablesen, welcher Beschäftigten in jedem der Kompetenzbereiche den Anforderungen am besten gerecht wird. Bei vertikaler Lesart kann der Anwendende erkennen, bei welchen Kompetenzen der einzelne Beschäftigte Stärken oder Schwächen aufweist. Zur genauen Diagnose, wo diese liegen, empfiehlt sich anschließend der Blick in die detaillierten Teilkompetenzen.

4.6.7 Implikationen für die Betriebspraxis

Zur Bestimmung und Festlegung der Sollwerte für die vier Kompetenzbereiche der KMT ist es empfehlenswert, wenn diese gemeinsam von Produktions- und Personalverantwortlichen diskutiert, festgelegt und in gewissen Intervallen evaluiert und ggf. angepasst werden. Einschätzungen der Istwerte der Beschäftigten werden in der KMT dann durch Führungskräfte in der Produktion vorgenommen. Diese sollten zuvor in den Umgang mit der KMT eingewiesen werden, um Fehlbewertungen zu vermeiden und die Arbeit mit dem Instrument im Betriebsalltag zu erleichtern. Die Pflege der KMT erfolgt in den für den jeweiligen Betrieb angepassten Intervallen, in denen

Fazit
Strategisches Kompetenzmanagement in nicht-forschungsintensiven KMU
Die in ▶ Abschn. 4.1 dargestellten Befragungsergebnisse zeigen, dass institutionalisierte Strukturen eines strategischen Kompetenzmanagements in nicht-forschungsintensiven KMU bisher eher gering verbreitet sind. Es werden zwar einzelne Teilelemente der Bedarfsermittlung umgesetzt, jedoch mangelt es häufig an der systematischen Konzeption spezifischer Programme zur Kompetenzentwicklung in einzelnen Aufgabenbereichen. Da die strategische Personal- und Kompetenzentwicklung häufig in den Verantwortungsbereich der Geschäftsführung oder (oftmals zu klein bemessener) Personalabteilungen fällt, führt sie unter dem Druck des operativen Tagesgeschäfts zudem eher ein Nischendasein. Das Fehlen einer systematischen Vorgehensweise sowie mangelnde Professionalisierung der Kompetenzentwicklung behindern die Identifizierung und Ausschöpfung innovationsrelevanter Kompetenzen und Fähigkeiten bei den verschiedenen Mitarbeitergruppen zusätzlich. Daher ist es unabdingbar, dass die Kompetenzentwicklung der Beschäftigten und ein damit verbundenes Instrumentarium zum strategischen Kompetenzmanagement in Prozesse der Unternehmensplanung und -entwicklung integriert und entsprechend im Alltag umgesetzt wird. Dazu bedarf es nicht nur der Implementierung entsprechender Analyseinstrumente; insbesondere die Führungskräfte müssen ferner die Bedeutung des strategischen Kompetenzmanagements erkennen und in der Lage sein, ein entsprechendes Kompetenzmanagement für ihre Beschäftigten umzusetzen. Vor diesem Hintergrund gilt es daher, systematisch Strukturen zu schaffen

und Verantwortliche zu befähigen, um nicht nur ein effektives Kompetenzmanagement aufzubauen, sondern auch um dessen Wirksamkeit optimal zu entfalten und Erträge bzw. Wettbewerbsvorteile (z. B. hinsichtlich Qualität, Kunden- oder Mitarbeiterzufriedenheit, Fehlerquote, Kostensenkung, Umsatzsteigerung oder Zeitersparnis) nachhaltig zu realisieren.

Besonders vor dem Hintergrund des relativ hohen Anteils an- und ungelernter Produktionsbeschäftigter besteht des Weiteren erhebliches Potenzial in den Betrieben, die Kompetenzentwicklungsmöglichkeiten sowie das Anwendungs- und Erfahrungswissen dieser Beschäftigungsgruppe gezielter zu fördern. Nicht selten würden einfache Unterstützungsmaßnahmen ausreichen, um beispielsweise den Beschäftigten die deutsche Sprache sowie Lese- und Schreibfähigkeiten zu vermitteln und ihnen damit Zugänge zu effektiveren Lernaktivitäten zu ermöglichen. Einerseits erleichtert dies die Weitergabe neuer Anforderungen und Tätigkeiten, andererseits können die Betroffenen selbst Probleme oder Verbesserungsvorschläge zu ihrer Arbeit an Kollegen/-innen oder Vorgesetzte weitergeben. Unter Berücksichtigung dieser Besonderheiten in nicht-forschungsintensiven KMU bietet die vorgestellte KMT ein an die Betriebspraxis angepasstes Instrument, das den Kompetenzentwicklungsbedarf – besonders der an- und ungelernten Beschäftigten – im Betrieb erfasst. Es ist leicht handhabbar und kann bei Bedarf vom Unternehmen selbstständig ergänzt und weiterentwickelt werden. Grundlage der Erfassung sind die Arbeitsaufgaben und -anforderungen, aus denen die Sollkompetenzen für die jeweiligen Tätigkeiten abgeleitet werden können und anhand derer eine Bewertung der vorhandenen Kompetenzen bei den Beschäftigten erfolgt. Durch einen Soll-Ist-Abgleich wird der Kompetenzentwicklungsbedarf schnell sichtbar. Das Instrument kann bei Bedarf außerdem um vorliegende Module zu sprachlichen und außerberuflichen Kompetenzen erweitert werden. So wird den unterschiedlichen Anforderungen der KMU mit diversen Branchen-, Regionen- und Beschäftigtenmerkmalen optimal Rechnung getragen.

eine Neueinschätzung aller Beschäftigten oder eines festgelegten Teils der Beschäftigten für sinnvoll oder notwendig gehalten wird (z. B. einmal jährlich).

Auf Basis der beschriebenen Einschätzungen können in einem weiteren Schritt Maßnahmen zum (strategischen) Kompetenzmanagement abgeleitet werden. So ist eine direkte Verknüpfung der festgestellten Diskrepanzen zwischen Soll- und Istwert mit Schulungsmaßnahmen für die Beschäftigten möglich. Als Anlass für die Kompetenzerfassung und eine darauf aufbauende Weiterbildungs- und Entwicklungsplanung können regelmäßig stattfindende Mitarbeiter- und Entwicklungsgespräche genutzt werden, bei denen gemeinsam mit dem Beschäftigten Stärken und Schwächen besprochen und konkrete Pläne zur Kompetenzentwicklung verabredet werden.

Weiterführende Literatur und Links

- Abel, J., Decius, J., Güth, S., & Schaper, N. (2016). Kompetenzentwicklung bei Un- und Angelernten in nicht-forschungsintensiven KMU – Status quo und Zukunft einer strategischen Notwendigkeit. *Betriebspraxis & Arbeitsforschung* 228, 41–50.
- Kaufhold, M (2006). *Kompetenz und Kompetenzerfassung: Analyse und Beurteilung von Verfahren der Kompetenzerfassung.* Berlin, Heidelberg: Springer.
- Sauter, W., & Staudt, F.-P. (2016). *Strategisches Kompetenzmanagement 20: Potenziale nutzen - Performance steigern.* Wiesbaden: Springer Gabler.
- Som, O., & Kirner, E. (2015). *Low-tech Innovation: Competitiveness of the German Manufacturing Sector.* Cham: Springer International Publishing.
- Wienzek, T. (2014). *Boundary Spanner und Promotoren in Innovationskooperationen nichtforschungsintensiver KMU.* Mering: Rainer Hampp.

Literatur

Beicht, U., Krekel, E.-M., & Walden, G. (2006). Teilnahme versus Nicht-Teilnahme an beruflicher Weiterbildung: Was kostet und wem nützt sie? In Bundesinstitut für Berufsbildung (BIBB) (Hrsg.), *Kosten, Nutzen, Finanzierung beruflicher Weiterbildung* (S. 195–217). Bonn: BIBB.

Brown, S. L., & Eisenhardt, K.M (1995). Product Development: Past Research, Present Findings, and Future Directions. *Academy of Management Review* 20(2),343–378.

Bundesministerium für Arbeit und Soziales (BMAS). (2016). *Forschungsbericht 463. Foresight-Studie „Digitale Arbeitswelt".* Berlin: Bundesministerium für Arbeit und Soziales.

Ehmann, C. (2004). Weiterbildung für Personen ohne Schul- und Berufsabschluss. Bericht über eine Studie für die OECD. *Report* 27, 31–39.

Freeman, C., & Soete, L. (1997). *The economics of industrial innovation.* Cambridge: Routledge.

Heidenreich, M. (2009). Innovation patterns and location of European low- and medium-technology industries. *Research Policy* 38, 483–494.

Kagermann, H., Wahlster, W., & Helbig, J. (2013). *Umsetzungsempfehlungen für das Zukunftsprojekt Industrie 4.0. Abschlussbericht des Arbeitskreises Industrie 4.0.* Frankfurt am Main: acatech – Deutsche Akademie der Technikwissenschaften e. V.

Kotthoff, H. (1994). *Betriebsräte und Bürgerstatus. Wandel und Kontinuität betrieblicher Mitbestimmung.* München, Mering: Hampp.

Legler, H., & Frietsch, R. (2007). Neuabgrenzung der Wissenswirtschaft – forschungsintensive Industrien und wissensintensive Dienstleistungen. In BMBF (Hrsg.), *Studien zum deutschen Innovationssystem, Nr. 22-2007.* Berlin: BMBF.

Mesaros, L., Vanselow, A., & Weinkopf, C. (2009). *Fachkräftemangel in KMU – Ausmaß, Ursachen und Gegenstrategien. WISO Diskurs.* Bonn: Friedrich-Ebert-Stiftung.

Rammer, C., Köhler, C., Murmann, M., Pesau, A., Schwiebacher, F., & Kinkel, S. (2011). Innovation ohne Forschung und Entwicklung. Eine Untersuchung zu Unternehmen, die ohne eigene FuE-Tätigkeit neue Produkte und Prozesse einführen. In Expertenkommission Forschung und Innovation (EFI) (Hrsg.), *Studien zum deutschen Innovationssystem, Nr. 15-2011.* Berlin: EFI.

Santarelli, E., & Sterlacchini, A. (1990). Innovation, formal vs. informal R&D, and firm size: some evidence from Italian manufacturing firms. *Small Business Economics* 2, 223–228.

Saviotti, P. P., & Nooteboom, B. (2000). *Technology and knowledge: from the firm to innovation systems.* Cheltenham: Edward Elgar Pub.

Schumpeter, J. A. (1939). *Business cycles: A theoretical, historical and statistical analysis of the capitalist process.* New York, London: McGraw-Hill Book Company.

Schumpeter, J. A. (2008). *Konjunkturzyklen. German reprint of "the original edition of" Business Cycles. A Theoretical, Historical, and Statistical Analysis of the Capitalist Process« from 1939.* Göttingen: Vandenhoeck & Ruprecht.

Siebert, H. (2006). *Lernmotivation und Bildungsbeteiligung: Studientexte für Erwachsenenbildung.* Bielefeld: W. Bertelsmann.

Som, O. (2012). *Innovation Patterns of non-R&D – performing firms in the German manufacturing industry.* Wiesbaden: VS-Verlag.

Som, O., Kinkel, S., Kirner, E., Buschak, D., Frietsch, R., & Jäger, A. (2010). *Zukunftspotenziale und Strategien von nicht-forschungsintensiven Industrien in Deutschland – Auswirkungen auf Wettbewerbsfähigkeit und Beschäftigung. Innovationsreport Nr. 140.* Berlin: Büro für Technikfolgen-Abschätzung beim Deutschen Bundestag, Karlsruher Institut für Technologie.

Sonntag, K., Schaper, N., & Benz, D. (1999). Leitfaden zur qualitativen Personalplanung bei technisch-organisatorischen Innovationen (LPI). In H. Dunckel (Hrsg.), *Handbuch psychologischer Arbeitsanalyseverfahren* (S. 285–317). Zürich: vdf.

Spath, D. (Hrsg.) (2013). *Studie Produktionsarbeit der Zukunft – Industrie 4.0.* Stuttgart: Fraunhofer Verlag.

Wydra, S., & Nusser, M. (2015). Economic relevance and the future potential of non-R&D-intensive industries. In O. Som, & E. Kirner (Hrsg.), *Low-tech innovation: Competitiveness of the German manufacturing sector* (S. 33–49). Berlin, Heidelberg: Springer.

Gestaltung arbeitspro-zessorientierten Lernens

Mediengestützte Arbeits - und Lernprojekte als Instrument der betrieblichen Kompetenzentwicklung

Jörg Longmuß, Torsten Grantz, Benjamin Höhne

© Springer-Verlag GmbH Deutschland 2018
D. Ahrens, G. Molzberger (Hrsg.), *Kompetenzentwicklung in analogen und digitalisierten Arbeitswelten*,
Kompetenzmanagement in Organisationen, https://doi.org/10.1007/978-3-662-54956-8_5

Zusammenfassung

Durch die Veränderung der Arbeitsrealität im Rahmen der voranschreitenden Automatisierung, Digitalisierung und Vernetzung von Arbeitsprozessen werden klassische Formen der berufsbegleitenden Kompetenzentwicklung weder dem Bedarf der Unternehmen noch der Mitarbeiter/-innen gerecht. Vor diesem Hintergrund wurden im Rahmen des Verbundprojektes „Brofessio – Berufliche Professionalität im produzierenden Gewerbe" neue Wege der arbeitsplatzorientierten Kompetenzentwicklung erprobt und evaluiert. Im folgenden Beitrag wird zunächst das methodische Vorgehen der Arbeitsprozessanalyse als geeignetes Mittel zur Ermittlung von Kompetenzbedarfen vorgestellt. In der Folge wird das Konzept des „Agilen Lernens" zur Umsetzung von arbeitsplatzintegrierten Kompetenzentwicklung neu eingeführt und anhand von zwei Fallstudien erläutert, konkretisiert und evaluiert.

5.1 Einleitung: Arbeits- und Lernprojekte für eine arbeitsplatzintegrierte Kompetenzentwicklung

Zur Stärkung von Innovationsfähigkeit sind neue Konzepte, Strategien und Modelle für ein unternehmensbezogenes und berufsbegleitendes Kompetenzmanagement erforderlich, mit denen eine nachhaltige und bedarfsgerechte Qualifizierung für die Anforderungen von morgen sichergestellt werden kann (BMBF, 2012). In diesem Rahmen arbeitet das Verbundprojekt „Brofessio – Berufliche Professionalität im produzierenden Gewerbe" daran, die Aufstiegs- und Beschäftigungsmöglichkeiten von Fachkräften zu verbessern und die Lücke zwischen beruflich qualifizierten Technikern/-innen und akademisch ausgebildeten Ingenieuren/-innen zu verringern. Forschungspartner sind das Institut für Technik und Bildung (ITB) der Universität Bremen, das Fernstudieninstitut (FSI) der Beuth-Hochschule Berlin, Sustainum – Institut für zukunftsfähiges Wirtschaften Berlin und die Industriegewerkschaft Metall, die mit den Umsetzungspartnern Bayer Pharma AG Berlin und Hella Fahrzeugkomponenten GmbH (Bremen) sowie mit verschiedenen Kooperationspartnern zusammenarbeiten.

Als Instrument der Kompetenzentwicklung kommen komplexe mediengestützte Arbeits- und Lernprojekte (Medi-ALP) zum Einsatz, deren Bewältigung vielschichtige organisationale Problemstellungen mit Planungs-, Steuerungs-, Kontroll- und Entwicklungsaspekten umfasst und die auf Basis konkreter betrieblicher Anforderungen entwickelt, erprobt und evaluiert werden. Die definierenden Merkmale von Medi-ALP sind:

— Arbeitsprozessintegration: Einbettung in betriebliche, ganzheitliche Arbeitsprozesse
— Komplexe Problemstellungen: basierend auf realen, betrieblichen Problemstellungen mit exemplarischem Charakter
— Selbstgesteuertes Lernen: die Eröffnung neuer Lernräume, die selbstgesteuertes und selbstbestimmtes Lernen ermöglichen und erfordern
— Reflexivität: Initiation von Wahrnehmungs- und Denkprozessen, die auch die arbeitsstrukturellen, fachlich-technischen und soziokulturellen Rahmenbedingungen vor Ort mit einbeziehen

Die Umsetzung der Medi-ALP erfolgt vor dem Hintergrund der Annahme, dass Lernen zustande kommt, „wenn das Subjekt in seinem normalen Handlungsvollzug auf Hindernisse oder Widerstände gestoßen ist" (Holzkamp, 2004, S. 29) und wenn es gelingt, die Handlungsproblematiken in eine „Lernproblematik" zu übersetzen. Erst diese „Diskrepanzerfahrung" initiiert Lernprozesse.

Dieser Annahme folgend wurde ein Lernverständnis angenommen, welches sowohl auf den Grundlagen des forschenden Lernens („inquiry-based learning/problem-based learning"; Hepworth u. Walton, 2009) aufseiten der Lernenden als auch einer bedarfsorientierten, reflexiven Perspektive des Tutors beruht, die sich aus einem expansiven Lernverständnis speist (Engeström u. Sannino, 2010). Die grundlegende Haltung des forschenden Lernens liegt darin, den Lernenden selbst die Aufgabe zu geben, essenzielle Informationen zu konstruieren, anstatt ihnen diese vorzugeben (Bruner, 1961; Papert, 1980; Steffe u. Gale, 1995). Dieser Ansatz erlaubt vor allem eine arbeitsplatznahe und problemorientierte Lernweise, die es den Lernenden ermöglicht, ihre eigenen Lernerfahrungen anhand von realen, arbeitsplatzrelevanten Problemstellungen selbst zu erarbeiten. Aus einer kognitionspsychologischen Sicht lassen sich allerdings Einwände gegen eine rein problembasierte Lernkonstruktion vorbringen (Kirschner et al., 2006). So ist das problembasierte Lernen mit hohen Anforderungen an das Arbeitsgedächtnis verbunden, geht allerdings nicht mit einem Transfer der Informationen (und damit Lernerfahrungen) in das Langzeitgedächtnis einher (Sweller et al., 1982). Es bedarf daher einer reflexiven, tutoriellen Anleitung, die es den Lernenden ermöglicht, ihre problembasierten Fortschritte in abstrahierter Form in langfristige kognitive Strukturen zu übertragen: „The goal is to give learners specific guidance about how to cognitively manipulate information in ways that are consistent with a learning goal, and store the result in long-term memory" (Kirschner et al., 2006, S. 77). Angesprochen ist damit das expansive Element des Lernens in dem Sinne, dass durch die Lernprozesse die Umwelt des Lernenden kontingent gesetzt wird. Konkret bedeutet dies, dass sich durch die Lernprozesse nicht nur die individuellen Handlungsoptionen und das individuelle Verständnis des zu erlernenden Gegenstands oder der zu lernenden Tätigkeit erweitern, sondern auch kollektive Lernerfahrungen ermöglicht werden. Engeström und Sannino (2010) formulieren dieses expansive Lernverständnis wie folgt: „In expansive learning, learners learn something that is not yet there. In other words, the learners construct a new object and concept for their collective activity, and implement this new object and concept in practice".

Auf dieser Grundlage wurde ein agiles Lernkonzept für die berufsbegleitende Kompetenzentwicklung erarbeitet, das sich auf der prozessualen Ebene die Erfahrungen des agilen Projektmanagements zunutze macht (Komus et al., 2014). Für das berufsbegleitende Lernen im digitalen Wandel wurden die Elemente des agilen Projektmanagements so weiterentwickelt, dass sie ein Lernen im Arbeitskontext ermöglichen. So muss die Qualifikation der Mitarbeiter/-innen mit der Umorganisation der Produktion in Prozessketten schritthalten. Dafür müssen Problem- bzw. Zielbeschreibungen kleinschrittig und flexibel formuliert werden können. Dieses von uns als „Agiles Lernen" bezeichnete Lernkonzept nutzt daher die Strukturannahmen der **Scrum-Methode** (Dräther et al., 2013), die als agiles Arbeits- und Ablauforganisationsmodell verstanden werden kann. Der Lernprozess ist demnach von iterativen Schleifen geprägt, die im Spannungsfeld von Entwicklung und Erprobung sowie Gewissheit und Unbestimmtheit stattfinden (eine vertiefende Darstellung des Modells findet sich in ▶ Abschn. 5.3).

Dieses Konzept wurde in zwei Varianten ausgearbeitet und praktisch erprobt:
1. Als gezielte Interventionen über jeweils wenige Stunden, in denen vorher analysierte und durch Befragungen abgesicherte punktuelle Kompetenzbedarfe interaktiv bearbeitet werden
2. Als umfangreiches Kompetenzentwicklungsprogramm, in dem die Teilnehmer/-innen ihre Kompetenzen über einen längeren Zeitraum systematisch entwickeln

Diese Varianten sind Endpunkte eines Kontinuums möglicher Anwendungsformen, die auf spezifische Unternehmenssituationen und Kompetenzbedarfe verschiedener Gruppen von Beschäftigten angepasst werden können.

Merkmale der Implementation waren:

- Präzisierung der Zielgruppe und Erfassung ihres spezifischen Kenntnisstandes in den Anforderungsfeldern
- Klärung von Umfang und Struktur der Implementation des Lernkonzeptes im Unternehmen (z. B. Stundenbudget, Freistellungen, Unterstützung durch Vorgesetzte, Präsentationen im Unternehmen)
- Prüfung der medientechnischen Voraussetzungen (u. a. Zugang der Mitarbeiter/-innen zum Internet; vorhandene Software und Kenntnisstand und Erfahrungen im Umgang damit; Möglichkeiten, Lernplattformen extern oder intern aufzubauen und zu nutzen)
- Identifikation konkreter Probleme aus dem Arbeitsprozess, die zum Gegenstand der jeweiligen Lerneinheiten werden sollten und mit Beteiligten wie Vorgesetzten abgestimmt sind

Anhand dieser Merkmale können Lernaufgaben abgegrenzt sowie Lernmaterial zusammen- und bereitgestellt werden.

5.2   Arbeitsprozessanalysen als Einsatzbedingung für Medi-ALP

5.2.1   Erschließung von Kompetenzen in der Arbeit

Durch eine stetig steigende Komplexität der Arbeit in den Unternehmen und einen raschen technologischen Wandel stößt der Ansatz, innerhalb einer Aus- oder Weiterbildung bestimmte Fähigkeiten einmal zu erlernen und dann ein Berufsleben lang einsetzen zu können, an seine Grenzen. Der Wandel der Facharbeit hat somit Konsequenzen für die berufliche Aus- und Weiterbildung und auf die zu erlernenden Kompetenzen. Entsprechend wird in der Berufspädagogik für den Lernprozess der Fokus nicht mehr allein auf analytische und in formalen Lernsituationen zu vermittelnde Qualifikationen und Verhaltensweisen gelegt, die sich auf die Bewältigung konkreter beruflicher Arbeitssituationen mithilfe von Fähigkeiten, Fertigkeiten und Kenntnissen (Gröner u. Fuchs-Brüninghoff, 2004) beziehen, sondern es wird primär die Kompetenzentwicklung in den Mittelpunkt der beruflichen Qualifizierung gestellt. Und dies – gefordert durch die Politik – sowohl an den Lernorten der dualen Berufsausbildung und der Weiterbildung als auch in der Wissenschaft. Als zentrales Element der Kompetenzentwicklung gilt das problemlösungsorientierte Lernen am Arbeitsplatz (Grantz et al., 2009). Folglich kann es nicht mehr ausreichen, Fertigkeiten als Grundlage für ein Aus- oder Weiterbildungsprogramm zusammen mit Vertretern der Unternehmen oder anderen Akteuren/-innen der Aus- und Weiterbildung in Bildungsbedarfanalysen oder in Workshops und fernab der eigentlichen Prozesse zu entwerfen. Um bei den Lernenden eine Kompetenzentwicklung nachhaltig zu initiieren, sollten die technologischen Entwicklungen und Implikationen für die Facharbeit in ihrer Komplexität inhaltliches Kernelement des Lernens sein. Eine Möglichkeit dies umzusetzen, ist die Durchführung von Arbeitsprozessanalysen. Sie ermöglichen die Entschlüsselung des in der praktischen Berufstätigkeit inkorporierten Wissens und Könnens und die Ermittlung von Erkenntnissen über die Gestaltung der Mensch-Maschine-Interaktion sowie anderer Arbeitssysteme (vgl. Spöttl, 2000, S. 207ff.).

Arbeitsprozessanalysen haben damit zum Ziel, die für die Durchführung von Arbeitsaufgaben notwendigen Kompetenzen, das Arbeitsprozesswissen und dessen Entstehung unmittelbar aus den Arbeitsprozessen zu erschließen. Von Interesse sind dabei die betrieblichen Abläufe, die Arbeitsaufgaben der Fachkräfte und die Art der Bewältigung der Arbeitsprozesse durch die

Mitarbeiter/-innen (Grantz et al., 2009). Dabei ist „ein Arbeitsprozess […] ein vollständiger Arbeitsablauf zur Erfüllung eines betrieblichen Arbeitsauftrages und hat immer ein Arbeitsergebnis zum Ziel" (Pangalos u. Knutzen, 2000, S. 110). Für die industrielle Arbeit muss der Begriff des Arbeitsauftrages dabei so weit gefasst werden, dass er auch in einem Tätigkeitsprofil beschriebene Aufgaben wie beispielsweise den Betrieb einer Anlage umfasst, ohne dass eine Fachkraft dafür einen dezidierten Auftrag eines Vorgesetzten bzw. einer Vorgesetzten erhält. Durch das kompetente Handeln der Fachkräfte im Arbeitsprozess und deren situative Interaktion können Handlungen beobachtet und der Inhalt der Facharbeit erschlossen werden (vgl. u. a. Becker u. Spöttl, 2006; Spöttl, 2000, S. 207ff.). Dazu werden im Rahmen von Arbeitsprozessanalysen im Wesentlichen drei Methoden eingesetzt: die Arbeitsbeobachtung (Becker, 2005b), das Expertengespräch bzw. das handlungsorientierte Fachinterview mit Mitarbeitern/-innen, Führungskräften, Betriebsräten und betrieblichen Experten/-innen (Becker, 2005a) sowie das situationsbezogene Interview, also die direkte Befragung in realen Arbeitssituationen mit dem Ziel der Analyse der Arbeitsabläufe eines Arbeitsgebietes (Spöttl, 2000). Ziel der Arbeitsprozessanalysen sind die Identifizierung von lernförderlichen Inhalten und Schwerpunkten für die Kompetenzentwicklung. Im Fokus stehen dabei die betrieblichen Abläufe, die Arbeitsaufgaben und ihre Organisationsstrukturen sowie die Bewältigung von Herausforderungen bei Planabweichungen. Diese Arbeitsprozessanalysen dienen der Erschließung des in der Arbeit inkorporierten Wissens und Könnens und liefern Erkenntnisse zur Könnerschaft und Expertise von Fachkräften (Becker u. Spöttl, 2008, S. 173).

Diese Kompetenzen sind dann die Grundlage für die betriebliche Kompetenzentwicklung, „um didaktische Konzepte und Lehr-/Lernsituationen entwickeln zu können, welche die Entwicklung der arbeitsprozessbezogenen Kompetenzen" unterstützen (Becker u. Spöttl, 2008, S. 110).

5.2.2 Analyse der Arbeitsprozesse von Fachkräften im industriellen Sektor

Die Arbeitsprozessanalysen wurden im Verbundprojekt in zwei Unternehmen aus dem produzierenden Gewerbe umgesetzt und konzentrierten sich im Wesentlichen auf die Bereiche Instandhaltung und Produktion. Dazu wurden besonders die Qualifikationsstufe der Maschineneinrichter/-innen als qualifizierte Fachkräfte und die Ebene der Meister/-innen bzw. Techniker/-innen mit Verantwortung für Gruppen mit bis zu 14 Mitarbeiterinnen und Mitarbeitern adressiert. Bei Fachkräften im hier verstandenen Sinne handelt es sich um Personen, die eine Ausbildung in einem staatlich anerkannten Beruf erfolgreich abgeschlossen haben und in dem Berufsbild entsprechenden Arbeitsprozessen eingesetzt werden.

Neben der Teilnahme am Arbeitsprozess durch Beobachtung der Fachkräfte, wurden auch vertiefende Fragen durch die Beobachtenden gestellt. Durch diese offenen Befragungen von Einzelpersonen im Arbeitsprozess wurde dabei u. a. herausgearbeitet, welche Herausforderungen die Betroffenen besonders bewegen und welche Erklärungen oder Meinungen sie dazu haben (Bortz u. Döring, 2006).

Die so erschlossenen Inhalte der Facharbeit liegen zunächst als Verlaufsprotokolle vor und erlauben die Auswertung nach wiederkehrenden Aufgaben innerhalb der Arbeitsprozesse. Diese Arbeitsprozesse können identifiziert werden, indem sie sich in mehrfachen Arbeitsprozessanalysen, durch Kategorisierung, als zentrale Aufgaben für die verschiedenen Berufsgruppen herauskristallisiert haben (vgl. Grantz et al., 2009). Das Kategoriensystem für die Identifizierung der Kernarbeitsprozesse wird induktiv aus den Arbeitsprozessanalysen und den Interviews im Arbeitsprozess gewonnen (vgl. Bortz u. Döring, 2006, S. 330).

Als Ergebnis der Arbeitsprozessanalysen konnten für die Ebene der Einrichter/-innen folgende Kernarbeitsprozesse identifiziert werden:
- Umrüsten der Anlage und Anlegen der Produktionsaufträge
- Betrieb der Anlage
- Durchführen von Wartungsarbeiten an der Anlage
- Beheben von Störungen an der Anlage

Folgende Kernarbeitsprozesse sind das Ergebnis der Arbeitsprozessanalysen im Bereich der Meister/-innen und Techniker/-innen:
- Koordination von Prozessen mit internen Auftraggebern/-innen
- Planung, Vergabe, Koordination und Kontrolle interner und externer Aufträge
- Führung von Mitarbeitern/-innen mit und ohne direkte Personalverantwortung
- Gestaltung von Veränderungsprozessen
- Planung und Umsetzung von Projekten mit Methoden des Projektmanagements

5.2.3   Verdichtung und Auswertung der Arbeitsprozessanalysen

Generell ist in den untersuchten Unternehmen eine zunehmende Automatisierung der Produktionsprozesse feststellbar, die sich in zwei Tendenzen niederschlägt:
1. Neben einer Vielzahl an Routinestörungen im Arbeitsprozess, die durch die Fachkräfte auf der Basis ihres Erfahrungswissens unmittelbar behoben werden können, treten häufiger Fehlerverkettungen auf, die durch die Fachkräfte mitunter nicht ohne Weiteres auf eine Ursache zurückzuführen sind. Grund hierfür sind u. a. die Verkettung einzelner Anlagen zu Systemen und die damit immanente Vernetzung von Prozessen.
2. Auf der anderen Seite führt die Zunahme der Automatisierung auch zu sichereren Prozessen und verhindert damit teilweise das Lernen an der Anlage im Arbeitsprozess, weil Herausforderungen als Lernanlässe weniger häufig auftreten. Bei den untersuchten Unternehmen führt diese Tendenz zu immer komplexeren verketteten Systemen und in der Folge zu mehr Spezialisierungen auf der Ebene der Fachkräfte und der betreuenden Ingenieure/-innen für besondere Technologien wie Roboter- oder Lasertechnik bzw. 2D-/3D-Bildverarbeitungssysteme.

Insgesamt kann festgehalten werden, dass durch die Automatisierung und die damit einhergehende Standardisierung neue Anforderungen an Routinearbeiten im Sinne der operativen Zuverlässigkeit entstehen, durch die der Grad der Automatisierung und der Bedarf an hoch qualifizierten Mitarbeitern/-innen für Implementierungs-, Bedienungs- und Instandhaltungsprozesse steigt. Weiter kann festgehalten werden, dass die benötigten Kompetenzen der beruflich qualifizierten Fachkräfte auf der Ebene der Produktion und insbesondere der Instandhaltung breiter werden. Zukünftig werden Aufgaben wie Steuern, Koordinieren oder Managen zu den immer noch benötigten Grundkompetenzen hinzukommen, und die Arbeitsverdichtung und Kennzahlenorientierung in den Produktionsprozessen nimmt stetig zu, was gerade ältere Fachkräfte vor Herausforderungen stellt. Darüber hinaus wird als eine wichtige Kompetenz ausgemacht, dass Mitarbeiter/-innen verschiedener Ebenen selbstständig und unternehmerisch ihre Prozesse und Arbeitsinhalte mitgestalten können. So werden mittlerweile mitunter Entscheidungen, die vormals auf einer höheren Ebene getroffen wurden, durch Fachkräfte vor allem auf der Ebene der Meister/-innen und Techniker/-innen entschieden.

Insgesamt zeigt sich, dass Mitarbeiter/-innen der Ebene der Fachkräfte bzw. der Meister/-innen und Techniker/-innen in hoch technisierten Arbeitsbereichen mit Unwägbarkeiten und komplexen Herausforderungen konfrontiert werden, für deren Bewältigung gleichermaßen Theorie- und Handlungswissen notwendig sind. Während jedoch das Erfahrungslernen beruflich qualifizierter Fachkräfte vielfach auf den jeweiligen konkreten Arbeitsbereich beschränkt bleibt und theoretische Vertiefungen oftmals den betrieblichen Anwendungskontext vernachlässigen, zeigen die Arbeitsprozessanalysen, dass Kompetenzen zum Agieren in vernetzten und verketteten Strukturen sowohl auf der Ebene der Fachkräfte wie auch auf der Ebene der Meister/-innen und Techniker/-innen für den Erhalt einer nachhaltigen Beschäftigungsfähigkeit notwendig sind.

5.3 Das Konzept „Agiles Lernen" und seine mediale Unterstützung

5.3.1 Anforderungen an arbeitsintegrierte Kompetenzentwicklung

Das Konzept „Agiles Lernen" wurde im Verlauf des Brofessio-Projektes auf der Grundlage von Analysen verschiedener Methoden entwickelt (Fragebögen und halbstrukturierte Interviews mit unterschiedlichen Zielgruppen sowie Arbeitsprozessanalysen), um den veränderten Anforderungen einer arbeitsintegrierten Qualifizierung zu begegnen. So stellen beispielsweise die engen Taktungen der Arbeit in Produktionssystemen eine Herausforderung dar, und die Arbeitsorganisation in Schichten legt eine Virtualisierung der lernbezogenen Kommunikation nahe. Zusammenfassend haben sich folgende Anforderungen an das didaktische Konzept als zentral für eine berufsbegleitende Kompetenzentwicklung herauskristallisiert:

- **Hohe Skalierbarkeit**, um Qualifizierungsmaßnahmen in sehr unterschiedlichem Umfang möglich zu machen (von wenigen bis zu mehreren Hundert Stunden)
- **Inhaltliche Anpassungsfähigkeit**, um neue Fachthemen möglichst schnell aufnehmen zu können und nicht auf einen feststehenden Kanon an Themen festgelegt zu sein
- **Strukturelle Anschlussfähigkeit** des Konzeptes an bereits etablierte Prozessmodelle, Organisationsstrukturen und vorhandene Software-Infrastruktur, um eine möglichst hohe Akzeptanz und Umsetzungsbreite zu erreichen

Die Lernform folgt damit der Arbeitsform nach und ist durch folgende Grundsätze gekennzeichnet:

- Erschließung eigener, arbeitsplatznaher Lernziele mit einem Wechsel von Lern- und Arbeitsphasen
- Kombination aus Selbstorganisation und sozialem Lernen in adaptiven Teams, die sich auf der Grundlage von ähnlichen Kompetenzzielen zusammenfinden
- Inkrementelle Etappen des Medienkompetenzerwerbs unter Nutzung vorhandener medientechnischer Infrastruktur und bedarfs- und zielgruppenorientierter Ergänzungen

5.3.2 Rollen und Strukturen im Agilen Lernen

Die agile Methode stammt aus der Software-Entwicklung und wurde dort mit großem Erfolg für ein erfolgreicheres Projektmanagement mit zufriedeneren und produktiveren Mitarbeitern eingesetzt. Eine der bekanntesten agilen Methoden ist Scrum (Dräther et al., 2013), das auch in der physischen Produktentwicklung zum Einsatz kommt (Komus et al., 2014; Kullmann et al., 2014).

Die **Scrum-Methode** kann als Arbeits- und Ablauforganisationsmodell verstanden werden und kennt drei Rollen:

- **Product Owner (Auftraggeber/-in):** verantwortlich für Produktvision, die Leistungsmerkmale des Produktes und den Return-on-Investment
- **Scrum Master (Tutor/-in):** verantwortlich für die Unterstützung des Teams durch kurze, klärende Besprechungen, das Beseitigen von Hindernissen und das Erstellen von Metriken
- **Team:** verantwortlich für die selbstorganisierte Entwicklung des Produktes, der Meilensteine und der Arbeitsschritte

In der klassischen Scrum-Methode werden die Arbeitsaufgaben in Pakete/Items zerlegt (festgehalten im „Product Backlog"), die während eines sogenannten Sprints bearbeitet werden. Während des Sprints arbeitet das Team eigenständig und ohne Veränderungen der Aufgabenstellung durch den Product Owner.

Da sich das Produkt „Kompetenzerwerb" als Ziel des Prozesses in einigen wichtigen Punkten von dem Ziel, eine Software zu entwickeln, unterscheidet, ist es jedoch nötig, die Rollen und deren Aufgabe zu verändern und zu erweitern. Bei diesem Anpassungsprozess ist es erstrebenswert, möglichst viele positive Eigenschaften der Scrum-Methode zu erhalten und gleichzeitig eine möglichst gute Passung für das Produkt „Kompetenzerwerb" zu generieren. Der Anpassungsprozess ergab eine Veränderung der Rollen und deren Aufgaben im Prozess des agilen Lernens. Wir unterscheiden weiterhin zwischen drei Rollen, die jedoch einen zum Teil anderen Zuschnitt und andere Schwerpunkte erhalten. Die Darstellung der Aufgaben und Interaktionen in ◨ Abb. 5.1 ist eine Blaupause und muss zielgruppen- sowie unternehmensspezifisch angepasst werden.

Modul

Das Modul wird inhaltlich und im Umfang durch den Auftraggeber bestimmt und ist Ergebnis der vorangegangenen Klärungen (vgl. ▶ Abschn. 5.2.2) mit den betroffenen Beschäftigten, den Vorgesetzten und fachlichen Experten/-innen sowie der Human-Resource-Abteilung und ggf. dem Betriebsrat. Aus den definierten Kompetenzbedarfen werden Lerninhalte abgeleitet, die bearbeitet werden können. Der Auftraggeber muss in der Folge entscheiden, welches Modul (prototypisch) bearbeitet werden soll. Gegenüber dem Team und dem Tutor bzw. der Tutorin bündelt und repräsentiert der/die Auftraggeber/-in die Anforderungen der Unternehmensleitung.

Im folgenden Lernprozess finden in regelmäßigen Abständen Reviews des Lernfortschritts durch den/die Auftraggeber/-in statt. In dieser Phase kann seine/ihre Rolle neu vergeben werden, um eine Entlastung des Managements und eine größere operationale Nähe zur Lernaufgabe herzustellen, d. h., sie kann vom Management auf direkte Vorgesetzte oder Fachexperten/-innen übergehen.

Mediengestützte Arbeits- und Lernprojekte

Die mediengestützten Arbeits- und Lernprojekte (Medi-ALP) sind eine Teilmenge des Moduls und werden von einem Team bearbeitet. Das Team definiert innerhalb der von dem/der Auftraggeber/-in gesetzten Grenzen den Lernbedarf selbst, wobei es Unterstützung durch Tutoren/-innen bekommen muss. Dazu müssen sich die Teammitglieder

- klar darüber werden, was genau sie zur Bewältigung aktueller oder zukünftiger Aufgaben brauchen,
- fragen, was genau sie noch nicht können,
- vergewissern, was sie schon können (Reflexion der eigenen Kompetenz), persönlich und im Team, d. h. von welchem ihrer Teammitglieder sie ggf. noch lernen können.

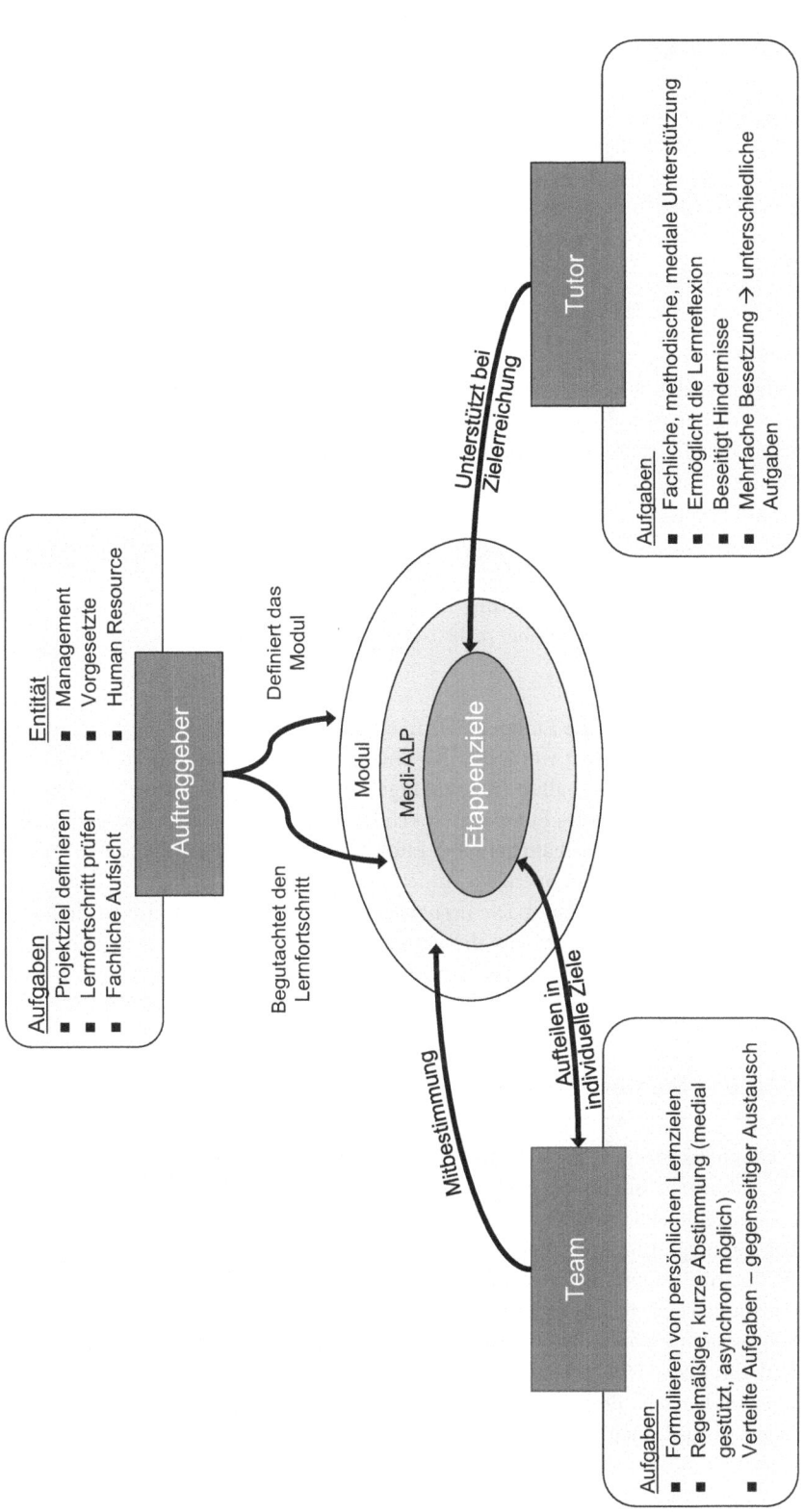

Abb. 5.1 Die Rollen im Konzept des Agilen Lernens im Kontext einer arbeitsintegrierten Lernumgebung

Nach der Wahl eines Medi-ALP werden mithilfe des Tutors bzw. der Tutorin die Arbeitsschritte und nötigen Ressourcen (fachlich, methodisch, medial, organisatorisch) zur Bearbeitung der Lernaufgabe identifiziert. Seine/ihre Aufgabe besteht darin, dafür Sorge zu tragen, dass die nötigen Ressourcen bereitstehen. Die daraus entstehende Vielfältigkeit der Anforderungen in agilen Lernumgebungen bedarf daher eines Tutors/einer Tutorin mit breiter Expertise in verschiedenen Bereichen (didaktisch, fachlich, organisatorisch). Da diese Expertisevielfalt kaum durch eine Person zu erreichen ist, kann es sinnvoll sein, diese Rolle mehrfach zu besetzen.

Etappenziele

Die Etappenziele bilden die persönlichen Kompetenzziele des Teams und werden je nach Fokus von jedem Teammitglied individuell formuliert oder für das gesamte Team festgelegt und bearbeitet (Beispiel: „Ich möchte eine Störung innerhalb von 5 Minuten multimedial dokumentieren und verschlagworten können"). Die Formulierung eines Etappenziels folgt dabei Prinzipien aus der Motivationsforschung und Zielsetzungstheorie (Heckhausen u. Gollwitzer, 1987; Locke u. Latham, 1990) und sollte daher folgenden Anforderungen genügen:
- Klare, kurze und prägnante Formulierung
- Mittlere Schwierigkeit (fordernd, aber realistisch erreichbar)
- Überprüfbares Ergebnis

Weiterhin ist es wichtig, dass die Etappenziele in einem eindeutigen, vorher bestimmten Zeitraum (Sprintetappe) erreicht werden sollen und es die Möglichkeit gibt, während der Zielverfolgung Feedback zu erhalten (regelmäßige Abstimmung mit Tutor/-in). Da die zweckmäßige Formulierung eines Etappenziels keine triviale Aufgabe ist, muss der Tutor/die Tutorin in dieser Phase das Team als Moderator und Experte für Lernprozesse unterstützen. Die Formulierung der Etappenziele findet in einem initialen Treffen des Teams vor Beginn der nächsten Lernetappe statt. Die Lernziele der Teammitglieder werden öffentlich gemacht und sichtbar dokumentiert, um die Verantwortungsübernahme zur eigenen Zielerreichung sowohl intern zu stärken als auch eine externe Verantwortung gegenüber dem eigenen Team herzustellen.

5.3.3   Hybrides Medienkonzept

Das hybride Medienkonzept liegt während des gesamten Prozesses als weitere Ebene hinter dem agilen Lernkonzept, um sowohl eine möglichst bedarfsorientierte und vielfältige Gestaltung der Lernumgebungen und Lernmethoden zu ermöglichen als auch eine kontinuierliche und nachhaltige Integration der Kompetenzentwicklung in die bestehenden Arbeitsabläufe zu erreichen. Kennzeichnend für hybride Lernarrangements ist die Integration verschiedener Lernorte, -methoden und -technologien in ein Lernkonzept. Dies wird unterstützt „durch eine didaktisch abgestimmte Kombination von Medien, medialen Lernangeboten und Methoden" (Locke u. Latham, 1990, S. 58). Weiterhin bietet eine derartige Vorgehensweise das Potenzial, zukünftige technologische Entwicklungen (z. B. „gestenbasiertes Computing" und „Internet der Dinge") in das Lernarrangement einzubeziehen und für die Kompetenzentwicklung nutzbar zu machen.

5.4 Exemplarische Umsetzung

Das Konzept des Agilen Lernens wurde in zwei Unternehmen eingesetzt. Zunächst geschah dies als „Prototyp" bei MAN Diesel & Turbo SE Berlin, wo grundlegende Elemente des Konzeptes wie das Einfinden in die Rollen, Formen der Bereitstellung von unmittelbar auf die Praxis bezogenem Wissen und eine Gestaltung von Reflexionsphasen exemplarisch erprobt wurden. Darauf aufbauend wurde bei der Bayer Pharma AG Berlin ein deutlich umfangreicheres „Pilotprojekt" gestartet. Im Vordergrund standen dabei die Gestaltung von Lernräumen angesichts des Zeit- und Handlungsdrucks in realen Projekten, eine dazu passende Medienlandschaft und die Einbeziehung unternehmensinterner Unterlagen und Prozesse in verallgemeinerbare Strategien und Vorgehensweisen.

Mit dem „Prototyp" wurden in einer Abteilung begrenzte, spezifische Kompetenzlücken herausgearbeitet und fokussiert bearbeitet. Auf Grundlage der damit erzielten Erfahrungen wurde das „Pilotprojekt" initiiert, in dem die Teilnehmenden über mehrere Monate in verschiedenen Phasen Aufgaben aus ihrem Arbeitsbereich – gestützt auf unternehmensinterne Verfahren, Vorgaben und Plattformen – bearbeiteten. Die Lernaufgaben wurden dabei in beiden Fällen von den Teilnehmenden im Wechsel in Teamarbeit, in Lern-Tandems und in Einzelarbeit bearbeitet, Zwischenergebnisse mit den Tutoren/-innen besprochen und Erfahrungen nach jedem Zyklus reflektiert.

5.4.1 Prototyp: Fokussiertes Arbeiten an eng gefassten Aufgaben

Unternehmensbereich

Die Abteilung Spare Parts Management des Kooperationspartners MAN Diesel & Turbo SE in Berlin umfasst mit dem Teamleiter insgesamt zehn Personen mit unterschiedlichen Qualifikationsniveaus: zwei Ingenieure, drei Mitarbeiter/-innen mit einer Techniker- oder vergleichbaren Qualifikation und fünf Sachbearbeiterinnen. Insgesamt ist es ein eher junges Team, die Ingenieure und zwei der Techniker/-innen sind jünger als 40 Jahre. Einige der Sachbearbeiterinnen sind deutlich älter, die Spanne reicht von Mitte 30 bis ca. Anfang 60 Jahren.

Die Abteilung hatte kurz vor Beginn der Zusammenarbeit mit Brofessio die Gesamtverantwortung für die Kundenanforderungen in ihrem Bereich übertragen bekommen. Durch die damit einhergehende Erweiterung der Aufgaben sahen sich die Mitarbeiter/-innen der Abteilung mit einer erhöhten Komplexität und gestiegenen fachlichen Anforderungen konfrontiert. Es stellte sich die Frage, welche Kompetenzen dadurch zusätzlich erforderlich waren und wie sie erworben werden konnten. Externe Weiterbildungsangebote werden von den betreffenden Mitarbeitern/-innen nicht gerne in Anspruch genommen, weil sie fachlich und organisatorisch als nicht passend genug erlebt werden. Deshalb schien ein arbeitsplatzorientierter Ansatz geraten.

Anforderungen an eine Kompetenzentwicklung

Zur Klärung des Bedarfs wurden umfangreiche, zum Teil iterative Gespräche mit der Personalleiterin, dem Abteilungsleiter, dem Teamleiter und den Mitarbeitern/-innen in der Abteilung geführt, außerdem in einem verkürzten Verfahren eine geraffte Arbeitsprozessanalyse durchgeführt. Diese offenbarte einen großen Bedarf, die Tätigkeiten besser zu überblicken und eine zumindest grundlegende Orientierung in den angrenzenden Fachgebieten zu haben, um mit der neuen Komplexität besser umgehen zu können und handlungsfähiger zu werden. Das Ergebnis einer Kompetenzentwicklung sollte sein, die neuen, umfangreicheren Aufgaben vollständiger als bisher (bzw. mit weniger Nachfragen im Einzelnen) bearbeiten zu können.

Als vordringliche Themen zur Orientierung in der Arbeit konnten vier Bereiche herausgearbeitet werden, von denen zwei im Rahmen des Projektes bearbeitet werden sollten: Werkstofftechnik und Tabellenkalkulation. Zu diesen Themen wären Lernprojekte in fast unbegrenztem Umfang denkbar. Es ging aber jeweils nur um einen fokussierten Einblick in spezielle Themengebiete, die direkt auf die Arbeit bezogen sind. Beispielsweise war mit „Werkstofftechnik" keine umfassende Darstellung dieses Gebietes gemeint. Vielmehr war es in der täglichen Arbeit wichtig, ob und wann Stahlsorten austauschbar und wie alte und neue Werkstoffbezeichnungen aufgebaut sind. Für beide Themen war deshalb ein Umfang von jeweils ca. drei Stunden gewünscht. Es blieb abzuwarten, ob dies ausreichen würde.

Interessanterweise waren in diesem Fall – entgegen dem landläufigen Bild – die Älteren nicht zugleich die Erfahreneren: Sie hatten in der Regel die weniger umfangreiche formale Ausbildung und auch weniger Übung darin, sich Wissen selbstständig anzueignen. Dies stand in direktem Verhältnis zu ihrem beschränkteren Aufgabenumfang. So formulierten die Mitarbeiter/-innen der Abteilung sowie die Führung weitgehend einhellig, dass die älteren Mitarbeiter/-innen Mühe hätten, mit dem Tempo der jüngeren mithalten zu können, und dass sie auch für das Erlernen neuer Arbeitsschritte und Techniken länger bräuchten. Die interne Kommunikation und die gegenseitige Unterstützung wurden dagegen von allen Seiten als gut angesehen. Es gab bereits ein eingespieltes System, untereinander Wissen und Erkenntnisse mitzuteilen. Grundlegend neues Wissen von außen oder die Behebung allgemeiner Unsicherheiten/Unklarheiten hatten darin allerdings kaum Platz.

Umsetzung des Lernkonzeptes

Um die Medi-ALP zielgenau vorbereiten zu können, führte das Brofessio-Team Gespräche mit allen Mitarbeitern/-innen zu Fragestellungen aus der alltäglichen Arbeit durch, sammelte beispielhafte Probleme aus dem Arbeitsalltag und ließ sich deren spezifische Herausforderungen benennen. So konnten, anders als in allgemeinen Fortbildungsveranstaltungen, Schwierigkeiten und Anforderungen an die Aufgabenbearbeitung bereichsspezifisch beschrieben werden. Darauf aufbauend wurde der Kenntnisstand aller Mitglieder der Abteilung im jeweiligen Themengebiet in einer Online-Befragung sehr präzise erfasst.

Beide Medi-ALP liefen nach dem Muster in ◲ Tab. 5.1 ab.

In den abschließenden Diskussionen wurden die Workshops sehr positiv bewertet. Bemerkenswert war, dass gerade die unerfahrenen Teilnehmer/-innen, wenn sie danach gefragt wurden, was sie aus dem Workshop in ihren Arbeitsalltag übernehmen würden, vor allem die komplexeren Funktionen und Techniken nannten, welche ihnen in der Bearbeitung die meiste Frustration bereitet hatten. Dabei zeigte sich, dass die Neigung und die Übung, Informationen mithilfe von Rechnern zu beschaffen, mit zunehmendem Alter der Mitarbeiter/-innen deutlich abnahmen. Auf eine spezielle digitale Lernplattform wurde wegen des geringen Umfangs der Lerneinheiten, zeitlich wie inhaltlich, verzichtet.

Erfahrungen und Ergebnisse des Prototyps

Das interaktive Format mit kollegialem Austausch wurde von den Teilnehmern/-innen zunächst nicht ohne Weiteres angenommen. Wiederholt wurde von einigen bemängelt, dass sie sich eher eine klassischere Schulung vorgestellt hätten und nicht verstünden, warum nicht einfach

◻ Tab. 5.1 Ablauf des Prototyps der Medi-ALP

Schritt	Inhalte der Medi-ALP
I	Die Ergebnisse der Befragung werden präsentiert und mit der Gruppe diskutiert. Eine wichtige Erkenntnis für die Lerngruppe ist dabei, dass Lösungswissen für die genannten Probleme bereits teilweise innerhalb der Gruppe vorhanden ist, also bereits Austausch zwischen Kollegen/-innen zur Klärung führen kann.
II	Von einem Fachexperten für das Themengebiet kommt ein punktueller Input mit Informationen zu den benannten spezifischen Herausforderungen, um Fachwissen aufzubauen.
III	Es werden kurze Aufgaben aus dem Themengebiet gestellt, zusammen mit einer Anleitung zum Selbstlernen. Insbesondere werden dabei Suchstrategien vorgeschlagen, wie die Kenntnisse in diesem Bereich selbstständig erweitert werden können.
IV	Um die Heterogenität der Gruppe in Bezug auf die Vorerfahrungen und Expertise möglichst nutzbar zu machen, werden Lernpaare gebildet, die sich aus jeweils einem/einer erfahreneren und einem/einer eher unerfahrenen Teilnehmer/-in zusammensetzten. Dem/der erfahrenen Teilnehmer/-in wird eine beratende Rolle zugewiesen, wohingegen der/die unerfahrene Teilnehmer/-in die unmittelbare Arbeit an der Aufgabe und die Lösungssuche übernimmt.
V	Nach dem Abschluss der ersten Praxisbeispiele werden die verschiedenen Lösungswege gesammelt und verglichen. In einer gemeinsamen Reflexion werden neue Erkenntnisse und erfolgreiche Strategien herausgearbeitet.
VI	In der nächsten Phase werden komplexere Probleme bearbeitet, bei denen es gerade für die unerfahrenen Teilnehmer/-innen schwierig ist, selbstständig Lösungswege zu generieren – auch unter Anleitung können sie oft bestimmte Zusammenhänge nur unter großem Aufwand nachvollziehen.
VII	Zum Abschluss der Workshops werden schließlich verschiedene kleinere Probleme aufgegriffen, die sich im Verlauf des Workshops ergeben haben, und offene Fragen bearbeitet.

vorgetragen wurde. Gut funktioniert hat hingegen das Arbeiten in alters- wie erfahrungsgemischten Tandems. Die Rollenverteilung mit einem Berater/einer Beraterin und einem/einer Ausführenden (der weniger geübte von beiden) hat für alle Teilnehmer/-innen eine angeregte Lernatmosphäre geschaffen.

Die weniger erfahrenen Teilnehmer/-innen waren hier, wie oben erwähnt, durchgehend auch die älteren. Dies schafft auch ein Modell für altersgemischtes Lernen: In den Befragungen von Mitarbeitern/-innen zu Beginn von Brofessio haben die Befragten über alle Altersgruppen hinweg geantwortet, dass sie ein altersgemischtes Lernen gegenüber dem Lernen in altershomogenen Gruppen bevorzugen würden. In der hier durchgeführten Form bekamen die älteren Teilnehmer/-innen Unterstützung von ihren jüngeren Kollegen/-innen, die ihrerseits durch die Mentorenaufgabe ihr eigenes Wissen vertiefen und festigen konnten. Sehr positiv hat sich hier die große Unterstützungsbereitschaft im Team ausgewirkt.

Das zum Teil hohe Komplexitätsniveau der Praxisbeispiele, welche vor allem von den erfahreneren Teilnehmer/-innen der Gruppe eingebracht wurden, stellte eine besondere Herausforderung dar. Die unerfahreneren Teilnehmer/-innen konnten mögliche Lösungswege nur unter enger Anleitung generieren und brachen ihre Bemühungen zum Teil ganz ab. In zukünftigen Modulen der Kompetenzentwicklung wird diese beschränkte Frustrationstoleranz – die eher bisherigen Lernerfahrungen geschuldet sein wird als dem Lebensalter – bei einem Teil der Zielgruppe zu berücksichtigen sein, beispielsweise durch eine stärkere Trennung der Teilnehmer/-innen nach Kompetenzniveaus. Bei einigen Teilnehmer/-innen wurde durch diese kurzen Veranstaltungen hingegen so viel Interesse an den Themen geweckt, dass sie ihre Kenntnisse durch weitergehende Veranstaltungen, die allerdings nicht mehr im Brofessio-Rahmen angeboten werden konnten, noch vertiefen wollten.

5.4.2   Pilotprojekt: Umfangreiche Kompetenzentwicklung durch die Bearbeitung von Projekten aus dem eigenen Arbeitsbereich

Voraussetzungen

Die Pilotgruppe der Bayer Pharma AG Berlin war sowohl in Bezug auf die fachlichen Hintergründe der Teilnehmer, als auch in Bezug auf deren demografische Zusammensetzung sehr heterogen. Während der Analysephase kristallisierten sich dadurch neben sehr spezifischen Fachthemen vor allem die sogenannten Querschnittsthemen als relevant heraus (▶ Abschn. 5.2.2), der größte Bedarf bestand an einem Modul zum Thema „Projektmanagement". In einem Sondierungstreffen zur Ausgestaltung mit den Auftraggebern bei Bayer (Leiter Engineering und Projektkoordinator) wurde festgehalten, dass folgende Punkte noch Berücksichtigung finden mussten:

- Es sollten auf Wunsch der Auftraggeber die Themen „Vernetztes Denken", Requirements Engineering, Stakeholderanalyse und das Denken in Regelschleifen in das Lernprojekt integriert werden.
- Als Zeitbudget wurden für die Bearbeitung 200 Stunden je Teilnehmer vereinbart, die über einen größeren Zeitraum (ca. sechs Monate) erbracht werden sollten. Dadurch wurden Medi-ALP mit einem Zeitaufwand von wöchentlich sechs Stunden im Team und einigen Stunden in Einzelarbeit realisierbar. Dies war ein ausreichend großer Lernraum für die Teilnehmenden.
- Das Modul sollte in zwei Medi-ALP aufgeteilt werden, eines komplett in Teamarbeit zu „Grundlagen des Projektmanagements" und eines als eine „angeleitete Anwendungsphase im eigenen Arbeitskontext".

Die Mitglieder der Pilotgruppe wurden vom Auftraggeber vorgeschlagen, Auswahlkriterien waren Motivation, berufliche Perspektive und ausreichende Möglichkeiten zur Freistellung von der Arbeit. Die Teilnehmer waren

- ein Industriemechaniker und Industriemeister Metall, aktuell Meister ohne Disziplinargewalt an einer Fertigungsanlage,
- ein Nachrichtengerätemechaniker/Funkelektroniker und Techniker, bislang Projektmitarbeiter ohne Leitungsfunktion,
- ein gelernter Installateur, derzeit vor allem mit den pharmazeutischen Gasen für die Produktion betraut; leitet bereits kleinere bis mittlere Projekte bis ca. 250.000 Euro,
- ein Kraftwerksmeister, der schon größere Projekte in der Energieversorgung durchgeführt hat und bereits regelmäßig im Projektkontext arbeitete.

Zur medialen Unterstützung des Lernprojektes im laufenden Arbeitskontext wurde ebenfalls ein zweistufiges Verfahren beschlossen. So wurde zunächst auf eine angepasste Variante der Lernplattform Moodle des Fernstudieninstituts der Beuth Hochschule zurückgegriffen, jedoch bereits vor Beginn des Lernprojektes vereinbart, dass nach einer ersten Evaluation der Bedarfe eine Umstellung auf unternehmensinterne Software und Plattformen erfolgen soll.

Um den Teilnehmern die Möglichkeit zu geben, sich ausreichend auf das Lernprojekt zu konzentrieren, wurden durch die Unterstützung der Fachvorgesetzten und des Auftraggebers ein Projektraum bereitgestellt sowie die Freistellung der Teilnehmer für einen Tag pro Woche für das Lernprojekt erwirkt.

Lernprojekte zweier Medi-ALP

- **Erstes Medi-ALP: „Grundlagen"**

Das erste Medi-ALP dient der Schaffung von Grundlagen sowohl auf der Ebene der Kommunikationskultur und Gruppeninteraktion als auch in Bezug auf die Lernmethode und das inhaltliche Thema Projektmanagement. Inhaltlich wurde vom Auftraggeber eine Projektstudie in Auftrag gegeben, bei der die Errichtung einer Windkraftanlage zur Erzeugung erneuerbarer Energie für die „Betankung" von E-Bikes am Standort geprüft werden sollte. Neben der technischen Auslegung mussten die rechtlichen Rahmenbedingungen, die Sicherheitsanforderungen und das Projektumfeld geprüft und berücksichtigt werden. Begleitend zur Aufgabenstellung wurden Tools des Projektmanagements (Projektdefinition, Projektstrukturplan, Zeit- und Kostenplanung) eingeführt und eingesetzt. Neben den technischen Gesichtspunkten und gesetzlichen Rahmenbedingungen stellte das Projektmanagement einen wesentlichen Aspekt der Gruppenaufgabe dar.

- **Zweites Medi-ALP: „Arbeitsplatzspezifische Umsetzung"**

Inhalt des arbeitsplatzspezifischen Medi-ALP ist die Umsetzung der gelernten Grundlagen in realen Projekten aus dem eigenen Arbeitskontext. Die Umsetzung bezieht sich hierbei jedoch nicht ausschließlich auf die erlernten Methoden des Projektmanagements, sondern beinhaltet auch die Nutzung des aufgebauten Netzwerks an Ansprechpartnern innerhalb des Unternehmens und die Reflexion der eigenen Projektfortschritte im Resonanzraum des Lernteams („Community of Practice"; Lippert, 2013). Als Ergebnis liegen neben dem Kompetenzgewinn fachlich erfolgreich bearbeitete Projekte vor.

Jeder Teilnehmer hatte ein eigenes Projekt aus seinem Bereich gewählt, für das ein dringender Bedarf bestand. Es handelte sich um die

- Auswahl und Installation einer neuen, hochpräzisen Füllstandsmessung für Präparatfläschchen,
- Planung und Umsetzung einer Verlagerung des zentralen Datenraumes des gesamten Geländes in verschiedene Gebäude, verbunden mit einem Upgrade der Infrastruktur,
- Erstellung eines Konzeptes und Ermittlung von notwendigen Maßnahmen und Kosten für eine Umstellung der Logistik in Reinräumen von Holz- auf Aluminiumpaletten,
- Stilllegung eines Heizkessels im internen Kraftwerk, einschließlich Konservierung und Abmeldung bei den Behörden.

Alle diese Projekte kamen aus der Projektplanung der Abteilung und wären in jedem Fall realisiert worden – ohne Medi-ALP jedoch von erfahrenen Projektingenieuren/-innen. Entsprechend wichtig war es für die Teilnehmer, bei Meilensteinterminen belastbare Ergebnisse präsentieren zu können. Die Fachexpertise kam aus den jeweiligen Bereichen. Zu Projektmanagement wurden die Elemente aus den „Grundlagen" auf das neue Projekt angewandt, als weitere kam vor allem das Planen und Nutzen von Meilensteinen hinzu.

Die Umsetzung der Medi-ALP

Zu Beginn des Lernprojektes waren die Teilnehmer durch die vielfältigen Anforderungen des Lernprojektes an den Grenzen ihrer Belastungsfähigkeit. Im Nachhinein beschrieben die Teilnehmer diese Phase als „Zustand maximaler Verwirrung". Konkret ließ sich dieser Zustand auf das komplexe Zusammenspiel aus fachlichen, persönlichen und organisatorischen Anforderungen zurückführen. Die wichtigsten Einflussfaktoren waren dabei:

- Erschwerte Abstimmung und Rollenfindung im Team durch rotierende Urlaubszeiten und durch einen Nachzügler im Team
- Überforderung durch die Fülle an Lernmaterialien, Aufgaben, Zielen und fachlichen Anforderungen
- Fehlende Orientierung an der vorgegebenen Struktur des Lernprojektes und der Etappenziele, wodurch Überforderung entstand (Zitat: „Wir sind erst mal losgerannt und haben versucht, alle Probleme gleichzeitig zu lösen")

Durch die enge Taktung des Austausches zwischen den Tutoren und den Teilnehmern konnte jedoch diese initiale Phase der maximalen Verwirrung aufgefangen werden, wodurch es der Pilotgruppe trotz der Vielfalt an Anforderungen gelang, einen produktiven Austausch aufzubauen. Konkret spiegelte sich dies nicht nur in der guten Koordination von Arbeitsaufgaben und einer zielführenden Kommunikationsstruktur im Team wider, sondern vor allem in der effektiven Rollenverteilung innerhalb des Lernteams, die sich an den unterschiedlichen Schwerpunkten und Kompetenzen der Teammitglieder orientierte.

Das Team konnte sich untereinander auf einer fachlichen Basis gut koordinieren und die gemeinsame Zusammenarbeit gestalten. Gleichzeitig waren die Vertrauensbasis und die persönliche Ebene der Zusammenarbeit zwischen den Teammitgliedern sehr unterschiedlich. Erst gegen Ende der ersten Phase gelang es dem Team, einen funktionierenden Austausch auch mit dem „Nachzügler" zu etablieren. Als besonders positiv für die Arbeit des Teams stellte sich heraus, dass sich ein Teammitglied zum Moderator/Teamleiter entwickelte und das Team durch seine Erfahrungen mit berufsbegleitenden Qualifizierungen an das selbstorganisierte Lernen und Arbeiten heranführen konnte.

Die Zusammenarbeit mit den Tutoren war anfangs von starken Hemmungen geprägt. So trauten sich die Teilnehmer häufig nicht, Hilfe einzufordern oder die Tutoren zu hinterfragen, wenn deren Einschätzungen von Arbeitsrealitäten nicht zutreffend waren. Neben einem hierarchischen Lehrer-Schüler-Verständnis war für die Teilnehmer vor allem die Umstellung auf ein selbstorganisiertes Lernen eine Herausforderung, da bisher „die Musik immer von vorne" (Teilnehmerzitat) kam. Durch die regelmäßigen Reflexionsphasen war später jedoch ein offenerer Austausch möglich, und die Teilnehmer gingen zunehmend dazu über, Unterstützung aktiv einzufordern. Insgesamt haben sich die Reflexionen nicht nur im Umfang, sondern auch in ihrer Tiefe über den Zeitraum des Teamprojektes stark verändert. Während sie anfangs nur eng begrenzt auf fachlicher Ebene stattfanden, wurden zunehmend auch soziale, didaktische und persönliche Themen angesprochen.

Erfahrungen und Ergebnisse aus dem Pilotprojekt

Die Erfahrungen mit den Medi-ALP im Pilotprojekt sind vielversprechend, zeigen aber auch deutlich auf, an welchen Punkten das Agile Lernen im Arbeitsprozess an seine Grenzen stößt. Einen Kernpunkt stellen die persönlichen Etappenziele dar, die jedoch gerade in einer Phase, in der die Teilnehmer noch nicht ausreichend orientiert im Themenfeld waren, nur unzureichend von ihnen selbst aufgestellt werden konnten. Im ersten Medi-ALP wurden diese deshalb nur mittelbar durch die Interviews mit den Teilnehmern bestimmt, jedoch von den Tutoren formuliert.

Um die Lernfortschritte möglichst explizit zu reflektieren, wurde auf eine regelmäßige und breite Reflexion der Lernetappen Wert gelegt. Während dieser Reflexionsphasen gelang es den

Teilnehmern jedoch anfangs nur schwer, sich von ihrer fachlichen Ebene zu lösen und auch ihre persönlichen Herausforderungen oder die Zusammenarbeit mit dem Team und den Tutoren zu hinterfragen.

In Bezug auf die mediale Unterstützung des Lernprojektes zeigte sich über den Verlauf des ersten Medi-ALP, an welchen Funktionen noch Verbesserungsbedarf bestand. Vor allem durch die enge Rückkopplung mit den Teilnehmern konnten viele konkrete Anforderungen herausgearbeitet werden. So war ihnen vor allem eine nahtlose Übergabe von Arbeitsdokumenten zwischen Lern- und Unternehmenskontext, deren Bearbeitung auf unterschiedlichen Geräte sowie die Möglichkeit eines direkten und möglichst niedrigschwelligen Kommunikationskanals wichtig. Für das zweite Medi-ALP wurden daher firmeninterne Plattformen und Software ausgewählt, die diese Anforderungen erfüllen können.

Auf der organisatorischen Ebene stellten sich der wöchentliche Projekttag und der Projektraum als ausgesprochen wichtig für die Gruppe heraus und wurde dankbar angenommen. Allerdings wurde die Abstimmung und Koordination durch die konkurrierenden Urlaubszeiten und Arbeitsbelastungsspitzen erschwert. In diesen Bereich ist daher eine bessere Abstimmung im Vorfeld des Medi-ALP notwendig, um eine effektivere Teamarbeit zu ermöglichen.

Vom Auftraggeber wurde zum Ende des ersten Medi-ALP positiv hervorgehoben, dass sehr viele Aspekte zusammengetragen und Zeit über die Anforderungen hinaus investiert wurde. Kritisch angemerkt wurde, dass die internen Ressourcen nicht intensiv genug genutzt wurden (Schnittstellenkommunikation) und noch zu stark in technischen Domänen gedacht wurde, weniger strukturell und unternehmenspolitisch. Für das zweite Medi-ALP wurden alle arbeitsplatzspezifischen Projekte vom Auftraggeber und von den Fachvorgesetzten aller Teilnehmer als fachlich einwandfrei bewertet. Außerdem wurde als sehr positiv gesehen, dass die Teilnehmer deutlich an Kompetenzen gewonnen hätten, sowohl im Projektmanagement und den innerbetrieblichen Begleitprozessen als auch im persönlichen Auftreten, etwa in Präsentationen. Gegenwärtig wird geprüft, wie dieses Lernkonzept bei Bayer in die deutschlandweite Projektmanagementausbildung integriert werden kann.

5.5 Schlussfolgerungen aus der Konzeptumsetzung

5.5.1 Erfahrungen mit dem Konzept des Agilen Lernens

Das Konzept des Agilen Lernens hat sich als ein konstruktiver Ansatz gezeigt, wie Mitarbeiter/-innen komplexe Problemstellungen aus der Praxis arbeitsprozessorientiert und selbstgesteuert bearbeiten können und damit ihre Kompetenzen gezielt weiterentwickeln. In beiden Anwendungsfällen wurden sie in die Lage versetzt, unmittelbar anwendbares Fachwissen aufzubauen und ihre aktuelle bzw. zukünftige Tätigkeit besser auszuüben. Gleichzeitig lernten sie Möglichkeiten und Strategien kennen, ihre Kenntnisse und Fähigkeiten weiter auszubauen – jeweils im Verhältnis zu dem Rahmen, in dem die Kompetenzentwicklung in ihren Unternehmen durchgeführt wurde. Die Aufgaben waren dabei nicht grundsätzlich neu, lagen aber im Niveau deutlich über dem, was die Lernenden sonst bewältigen mussten. Sie mussten ihre Unsicherheit, diese Aufgaben selbstständig in Angriff zu nehmen, erst überwinden, was ihnen umso schwerer fiel, je weniger Erfahrung sie mit selbstständiger Lösungsfindung hatten. Neu war für sie, nicht mehr nur gesichertes Wissen zur Verfügung gestellt zu bekommen, sondern sich angesichts einer offenen Fragestellung selbstständig neue Kenntnisse und Fähigkeiten aneignen und eigene Lösungswege finden zu müssen. Indem es gelang, die Lernenden ein Stück weiter auf diesen Weg zu führen, war – wenn auch personen- und bereichsabhängig in sehr unterschiedlichem Maße – ein Schritt getan, die Lücke zwischen beruflich qualifizierten und akademisch ausgebildeten Mitarbeitern/-innen zu verringern.

Die bereits bei der Modellbildung getroffene Annahme, dass die Tutorenrolle mit mehr als einer Person besetzt sein sollte, hat sich in den Anwendungsfällen bestätigt. In beiden Varianten hatten die Personen, die fachlichen Input geben sollten, Mühe, sich eher als Unterstützung zum Selbstlernen zu verstehen, statt ausschließlich zu dozieren – dies umso mehr, als eine Dozentenrolle auch oft den ursprünglichen Erwartungen der Lernenden entsprach. Eine Schulung für diese Personen könnte das Problem sicherlich verringern, allerdings besteht hier auch die Gefahr einer Rollenüberlastung: Es ist ein Balanceakt, voranzuschreiten und Wissen zu präsentieren (und am Ende ggf. die fachliche Korrektheit der Ergebnisse zu prüfen) und gleichzeitig den Lernenden auf ihrem Weg zu folgen und sie zu unterstützen. Deshalb wird auch in Zukunft zu erwarten sein, dass hier eine Rollentrennung hilfreich ist.

5.5.2   Schaffung von Lernräumen

Lernen und insbesondere selbstgesteuertes Lernen braucht Spielräume, um ausprobieren, Fehler machen, Umwege zum Ziel nehmen zu können etc. Je direkter eine Aufgabe jedoch aus der unmittelbaren Praxis kommt, desto größer ist auch der Druck, möglichst zielstrebig zu einer direkt nutzbaren Lösung zu kommen. Dies erschwert, lernende Praktiker aus einer kurzfristig lösungsorientierten Haltung herauszuholen und ihnen stattdessen nahezubringen, zunächst das Problem vollständig zu erfassen und Lösungsalternativen zu prüfen – insbesondere, weil diese Haltung für ihre bisherigen Tätigkeiten kennzeichnend und zielführend war. Im Agilen Lernen jedoch sollen sie Kenntnisse und Methoden nicht nur für den jeweiligen Spezialfall, sondern in einer gewissen Breite auch darüber hinaus erwerben. Nur so werden sie in der Lage sein, in Zukunft weitere Aufgaben zu lösen, die von der Lernaufgabe abweichen.

Der Lernraum wird insbesondere eng, wenn das zu bearbeitende Praxisproblem einem hohen Zeitdruck unterliegt, wie es bei einigen Teilnehmern in dem Pilotprojekt der Fall war. Die Lernenden setzen sich dann zum Teil selbst unter Druck, jeden Lernschritt zu vermeiden, der möglicherweise nicht direkt zu dem geforderten Ergebnis beiträgt. Hindernisse auf Lernwegen werden jedoch immer vorhanden sein und benötigen Zeit und innere Ruhe für ihre Überwindung. Zentral für eine arbeitsplatzintegrierte Weiterentwicklung von Mitarbeitern/-innen ist deshalb, Lernräume zu schaffen, abzugrenzen, zu erhalten und diese im Zweifelsfall auch gegenüber den Vorgesetzten der Lernenden in Schutz zu nehmen. Nur so kann das langfristige Ziel einer umfassenden Kompetenzentwicklung nicht für einen kurzfristigen operativen Nutzen aus dem Blick geraten.

Bei MAN war dies möglich, weil im Prototypen nur recht überschaubare Zeiträume beansprucht wurden, und bei Bayer hatten sich die Vorgesetzten verständigt, den Lernenden über die Projektlaufzeit hinweg einen gemeinsamen Tag in der Woche freizuhalten. Eine derartige Vereinbarung wird bei zukünftigen Maßnahmen wieder auszuhandeln sein.

5.5.3   Reflexion als Schlüsselelement für Lernaufgaben aus der Praxis

Die Auftraggeber/-innen einer Lernaufgabe aus der Praxis sind häufig zunächst an einer fachlich einwandfreien Lösung interessiert, für die der Entstehungsprozess zweitrangig ist. Dem stehen die im Hintergrund laufenden Lern- und Arbeitsprozesse gegenüber, die für eine Lösung auf einem neuen Niveau erforderlich sind, und denen die Aufmerksamkeit der Lehrenden gelten muss. Um die Lernenden in diesem Spannungsfeld zu unterstützen, sollte den Auftraggebern/-innen vermittelt werden, ihren Blick auch auf das Vorgehen und den Prozess zur Lösungsfindung zu richten. Dazu muss letztlich der Zweck der Lernaufgabe deutlich gemacht werden: Nicht das Erledigen eines Projektes (was oft jemand anderes mit weniger Schwierigkeiten geschafft hätte) steht im Vordergrund, sondern das **Erwerben der Kompetenz, dieses Projekt erledigen zu können**.

Im Agilen Lernen können die Lernenden ihre Lernziele erst beschreiben, wenn sie diese kennen. Deshalb ist das praktische Problem der Ausgangspunkt („diese Klasse von Problemen will ich in Zukunft lösen können"). Dann muss deutlich werden, dass dies mit den bisherigen Methoden und Kenntnissen nicht zu lösen ist (wobei für diese Erkenntnis in der Regel auch Umwege in Kauf zu nehmen sind), und erst anschließend gibt es Grund und Notwendigkeit, Wissen zu erwerben sowie die Werkzeuge kennenzulernen und zu nutzen, die für eine Bearbeitung des Problems bereitstehen. Um diese auch in anderen Kontexten nutzen zu können, müssen sie reflektiert und verallgemeinert werden.

In diesem Fall muss also die Theorie der Praxis folgen – gleichzeitig muss die Theorie helfen, die Praxis zu gewährleisten. Ziel der Reflexion ist, die realen Wege bei der Problembearbeitung auf den strukturellen Begriff zu bringen. Die Erfahrung zeigt dabei, dass lernende Praktiker/-innen in der Regel sehr gut darin sind, Praxisprobleme zu lösen, aber kaum Erfahrung darin haben, ihre Arbeitsprozesse auch zu reflektieren. Darin brauchen sie Unterstützung, die u. a. in einem Kontextwechsel oder einer Unterbrechung der praktischen Arbeit bestehen kann. In der Pilotgruppe hat es sich als hilfreich erwiesen, ein „Logbuch" einzuführen, in dem Arbeitsschritte, Erfolge, offene Fragen und Erkenntnisse notiert werden sollten.

Fazit
Agiles Lernen als konstruktiver Ansatz betrieblicher Kompetenzentwicklung
Das Konzept „Agiles Lernen" wurde im Verlauf des Brofessio-Projektes entwickelt und in zwei Unternehmen eingesetzt. Dabei hat es sich als ein konstruktiver Ansatz gezeigt, wie Mitarbeiter/-innen komplexe Problemstellungen aus der Praxis arbeitsprozessorientiert und selbstgesteuert bearbeiten können und damit ihre Kompetenzen gezielt weiterentwickeln. Indem es gelang, die Lernenden ein Stück weiter auf diesen Weg zu führen, war ein Schritt getan, die Lücke zwischen beruflich qualifizierten und akademisch ausgebildeten Mitarbeitern/-innen zu verringern.
Lernen und insbesondere selbstgesteuertes Lernen braucht Spielräume, um ausprobieren und Umwege zum Ziel nehmen zu können. Um die Lernenden in diesem Spannungsfeld zu unterstützen, sollte den Auftraggebern/-innen vermittelt werden, ihren Blick zwar auch auf das fachliche Ergebnis, ebenso aber auf das Vorgehen und den Prozess zur Lösungsfindung zu richten.

Weiterführende Literatur und Links
- Grantz, T., & Richter, T. (2014). Herausforderungen für das Lernen in kollaborativen Diagnoseprozessen im Kfz-Service. In M. Becker, M. Fischer, G. Spöttl (Hrsg.), *Arbeitsbezogene Forschung – Kompetenzentwicklung und Gestaltung des Lernens*. Frankfurt am Main: Peter Lang.
- Becker, M., & Spöttl, G. (2008). *Berufswissenschaftliche Forschung. Ein Arbeitsbuch für Studium und Praxis*. Frankfurt am Main: Peter Lang.
- Longmuß, J., Höhne, B., Bräutigam, S., Oberländer, A., & Schindler, F. (2016). Agile Learning – Bridging the Gap between Industry and University. *Proceedings of the 44th SEFI Conference*. Tampere.
- Verbundprojekt „Brofessio – Berufliche Professionalität im produzierenden Gewerbe": http://www.brofessio. uni-bremen.de/

Literatur

Becker, M. (2005a). Beobachtungsverfahren. In F. Rauner (Hrsg.), *Handbuch Berufsbildungsforschung* (S. 628–633). Bielefeld: W. Bertelsmann.

Becker, M. (2005b). Handlungsorientierte Fachinterviews. In F. Rauner (Hrsg.), *Handbuch Berufsbildungsforschung* (S. 601–606). Bielefeld: W. Bertelsmann.

Becker, M., & Spöttl, G. (2006). Berufswissenschaftliche Forschung und deren empirische Relevanz für die Curriculumentwicklung. http://www.bwpat.de/ausgabe11/becker_spoettl_bwpat11.pdf. Zugegriffen: 18. März 2017.

Becker, M., & Spöttl, G. (2008). *Berufswissenschaftliche Forschung. Ein Arbeitsbuch für Studium und Praxis.* Frankfurt am Main: Peter Lang.

Bortz, J., & Döring, N. (2006). *Forschungsmethoden und Evaluation für Human- und Sozialwissenschaftler* (4. Aufl.). Berlin, Heidelberg: Springer.

Bruner, J. S. (1961). The act of discovery. *Harvard Educational Review* 31, 21–32.

Bundesministerium für Bildung und Forschung (BMBF). (2012). *Bekanntmachung von Richtlinien zur Förderung von Forschung und Entwicklung auf dem Gebiet des „Betrieblichen Kompetenzmanagements im demografischen Wandel".* Bonn: BMBF.

Dräther, R., Koschek, H., & Sahling, C. (2013). *Scrum kurz & gut.* Köln: O'Reilly Germany.

Engeström, Y., & Sannino, A. (2010). Studies of Expansive Learning: Foundations, findings and future challenges. *Educational Research Review* 5(1), 1–24.

Grantz, T., Schulte, S., & Spöttl, G. (2009). Lernen im Arbeitsprozess oder: Wie werden Kernarbeitsprozesse (berufspädagogisch legitimiert) didaktisch aufbereitet? http://www.bwpat.de/ausgabe17/grantz_etal_bwpat17.pdf. Zugegriffen: 18. März 2017.

Grönder, H., & Fuchs-Brüninghoff, E. (2004). *Lexikon der Berufsausbildung.* München: DTV-Beck.

Heckhausen, H., & Gollwitzer, P. M. (1987). Thought contents and cognitive functioning in motivational versus volitional states of mind. *Motivation and Emotion* 11(2), 101–120.

Hepworth, M., & Walton, G. (2009). *Teaching information literacy for inquiry-based learning.* Oxford: Chandos.

Holzkamp, H. (2004). Wider den Lehr-Lern-Kurzschluss. Interview zum Thema ‚Lernen'. In P. Faulstich, & J. Ludwig (Hrsg.), *Expansives Lernen* (S. 29–38). Baltmannsweiler: Schneider Hohengehren.

Kirschner, P. A., Sweller, J., & Clark, R. E. (2006). Why minimal guidance during instruction does not work: An analysis of the failure of constructivist, discovery, problem-based, experiential, and inquiry-based teaching. *Educational Psychologist* 41(2), 75–86.

Komus, A., Kuberg, M., Atinc, C., Franner, L., Friedrich, F., Lang, T., & Pabst, J. (2014). *Status quo agile 2014: Verbreitung und Nutzen agiler Methoden.* Koblenz: BPM Labor der Hochschule Koblenz.

Kullmann, G., Longmuß, J., Bullinger, A., & Spanner-Ulmer, B. (Hrsg.) (2014). *Agiles Projektmanagement in der Praxis der Produktentwicklung.* Chemnitz: aw&I Wissenschaft und Praxis.

Locke, E. A., & Latham, G. P. (1990). Work motivation: The high performance cycle. In U. Kleinbeck, H.-H. Quast, H. Thierry, & H. Häcker (eds.), *Work Motivation* (pp. 3–25). Hillsdale, NJ: Erlbaum.

Pangalos, J., & Knutzen, S. (2000). Möglichkeiten und Grenzen der Orientierung am Arbeitsprozess für die Berufliche Bildung. In J.-P. Pahl, F. Rauner, & G. Spöttl (Hrsg.), *Berufliches Arbeitsprozesswissen. Ein Forschungsgegenstand der Berufsfeldwissenschaften* (S. 105–116). Baden-Baden: Nomos.

Spöttl, G. (2000). Der Arbeitsprozess als Untersuchungsgegenstand berufswissenschaftlicher Qualifikationsforschung. In: In J.-P. Pahl, F. Rauner, & G. Spöttl (Hrsg.), *Berufliches Arbeitsprozesswissen. Ein Forschungsgegenstand der Berufsfeldwissenschaften* (S. 205–221). Baden-Baden: Nomos, S. 205-221.

Papert, S. (1980). *Mindstorms: Children, computers, and powerful ideas.* New York, NY, USA: Basic Books, Inc.

Steffe, L. P., & Gale, J. (Hrsg.). (1995). *Constructivism in education.* Hillsdale, NJ: Erlbaum.

Sweller, J., Mawer, R. F., & Howe, W. (1982). Consequences of History-Cued and Means-End Strategies in Problem Solving. *The American Journal of Psychology* 95(3), 455–483.

Betriebliche Kompetenzentwicklungsansätze zur Weiterentwicklung fachlich-methodischer und sozial-kommunikativer Kompetenzen in produktionsnahen Bereichen

Joachim Metternich, Christian Hertle, Michael Tisch, Benjamin Jokovic, Christina König, Ralph Bruder, Claudia Weber, Ralf Tenberg, Thomas Ardelt

© Springer-Verlag GmbH Deutschland 2018
D. Ahrens, G. Molzberger (Hrsg.), *Kompetenzentwicklung in analogen und digitalisierten Arbeitswelten*,
Kompetenzmanagement in Organisationen, https://doi.org/10.1007/978-3-662-54956-8_6

Zusammenfassung

Lernprozesse von Beschäftigten in der Produktion enden nicht mehr mit der Erstausbildung, sondern müssen über das gesamte Berufsleben hinweg weitergeführt werden. Dabei gewinnen Methoden-, Sozial- und Lernkompetenzen zunehmend an Bedeutung. Der vorliegende Beitrag widmet sich der Frage, wie Kompetenzentwicklung in Unternehmen demografiesensibel gestaltet werden kann. Dazu wurden ausgewählte überfachliche und situationsbezogene Kompetenzen von Beschäftigten und Führungskräften verschiedenen Alters in der Produktion erhoben. Die situationsbezogenen Kompetenzen beziehen sich dabei auf das aus der schlanken Produktion bekannte Shopfloor Management (SFM). Auf dieser Basis wurde ein Kompetenzentwicklungskonzept entworfen, das einer Kombination aus arbeitsorientierten und -integrierten Ansätzen folgt. Mit Fokus auf den arbeitsorientierten Ansätzen zeigt der Beitrag auf, wie betriebliche Kompetenzentwicklungsansätze zur Weiterbildung fachlich-methodischer und sozial-kommunikativer Kompetenzen in produktionsnahen Bereichen am Beispiel des SFM ausgestaltet werden können.

6.1   Einleitung: Herausforderung Lernen während des gesamten Erwerbslebens

Das produzierende Gewerbe ist mit knapp 26 % der Bruttowertschöpfung eine der wesentlichen Stützen der deutschen Wirtschaft und sichert über 7,8 Millionen Arbeitsplätze (Statistisches Bundesamt, 2014). Die Herausforderungen an das lebenslange Lernen in diesem Bereich sind in den letzten Jahren insbesondere durch eine alternde Gesellschaft, eine sinkende Verweildauer von Mitarbeitern/-innen innerhalb einer Funktion oder eines Unternehmens sowie eine stärkere internationale Ausrichtung von Unternehmen stark gestiegen. Hinzu kommen immer kürzere Produktlebenszyklen in der Produktion, eine zunehmende Komplexität von Produktionssystemen und eine wachsende Anzahl möglicher Entscheidungsvariablen hinsichtlich produktionstechnischer Möglichkeiten (Abele u. Reinhart, 2011). Mitarbeiter/-innen müssen sich stärker als bisher kontinuierlich weiterbilden, um fachlich und methodisch auf dem aktuellen Stand der Technik zu bleiben, die vielfältigen Möglichkeiten einzuordnen und zu bewerten sowie zukünftige Entwicklungen mitzugestalten. Der Lernprozess endet damit nicht mit der Erstausbildung, sondern muss über das gesamte Erwerbsleben hinweg berufsbegleitend geführt und immer stärker auch von Mitarbeitenden selbst verantwortet werden. Methoden-, Sozial- und Lernkompetenzen gewinnen zunehmend an Bedeutung, während Fachwissen schnell veralten kann. Die Identifikation von Innovationen und Trends, selbstgesteuertes Lernen produktionstechnischer Zusammenhänge sowie die Befähigung zur Anpassung an technische Veränderungen und die nachhaltige Implementierung neuer Erkenntnisse in allen Tätigkeits- und Führungsebenen und Alters- bzw. Erfahrungssegmenten bilden die Grundlage für den zukünftigen Erfolg in ausführenden und leitenden Funktionen der Produktion und der produktionsnahen Bereiche.

Der vorliegende Beitrag zeigt auf, welche Ideen in dem Projekt „ZielKom" zur Adressierung dieser Herausforderungen entwickelt und bereits erprobt wurden. ZielKom ist ein Verbundvorhaben zum Thema „Zielgerichtete, altersstrukturgerechte Vermittlung arbeitsplatzbezogener Kompetenzen durch Lernfabriken", an dem zugleich universitäre und industrielle Partner mitwirken. Neben dem Institut für Produktionsmanagement, Technologie und Werkzeugmaschinen (PTW), dem Institut für Arbeitswissenschaft (IAD) und den Arbeitsbereich Technikdidaktik (TD) der Technischen Universität Darmstadt wird das Projekt von drei mittelständischen Betrieben des Produktionsgewerbes unterstützt. Bei den Unternehmen handelt es sich um die DAW SE aus Ober-Ramstadt, die Mahr GmbH aus Göttingen und die Franz Kessler GmbH aus Bad Buchau. Zusätzlich unterstützt das Projekt das Berufsfortbildungswerk, welches die Projektbearbeitung von der Technologieberatungsstelle des Deutschen Gewerkschaftsbundes (DGB) Hessen-Thüringen e. V. übernommen hat.

Ein Teil des Projektes, auf den dieser Beitrag näher eingeht, widmet sich der Frage, wie Kompetenzentwicklung in den beteiligten Unternehmen demografiesensibel gestaltet werden kann. Dazu wurden ausgewählte Kompetenzen von Mitarbeitern/-innen und Führungskräften verschiedenen Alters in der Produktion erhoben. Auf dieser Basis wurde daraufhin ein Kompetenzentwicklungskonzept entworfen, das einer Kombination aus arbeitsorientierten und -integrierten Ansätzen folgt, wobei der Fokus in diesem Beitrag auf den arbeitsorientierten Ansätzen liegt. Das Konzept wurde in den Pilotbereichen der beteiligten Unternehmen erprobt und soll im Rahmen des Projektes ausgewertet werden.

Der Beitrag legt dar, welche arbeitsorientierten Kompetenzentwicklungsansätze zur Weiterentwicklung fachlich-methodischer und sozial-kommunikativer Kompetenzen im produktionsnahen Bereich im Rahmen von ZielKom entwickelt und pilotartig durchgeführt wurden. Zu diesem Zweck wird in ▶ Abschn. 6.2 auf das dem Projekt ZielKom zugrunde liegende Verständnis von Kompetenz sowie von arbeitsorientiertem Lernen verwiesen. In ▶ Abschn. 6.3 werden die Methoden und Resultate der Erhebungen der ausgewählten Kompetenzen vorgestellt. ▶ Abschn. 6.6 widmet sich dem Kompetenzentwicklungskonzept und geht exemplarisch auf einige Bestandteile des Konzeptes ein.

Zum besseren Verständnis und im Sinne der Praxistauglichkeit soll beispielhaft auf eines der beteiligten Unternehmen – die Firma Mahr – näher eingegangen werden. Dadurch wird aus Unternehmensperspektive ersichtlich, wie sich die Durchführung der Erhebungen und der Weiterbildungsmaßnahmen in den Pilotbereichen gestaltet hat.

Beispiel

Die Mahr-Gruppe ist ein Familienunternehmen auf dem Gebiet der dimensionellen Fertigungsmesstechnik. Das Leistungsspektrum ist charakterisiert durch eine breite Palette von Messgeräten und -maschinen höchster Präzision und Zuverlässigkeit, genauer Feinmechanik sowie innovativer Elektronik und Software. Auch Präzisionszahnradpumpen zur Polymerherstellung, Dosiersysteme und hochgenaue Kugelführungen gehören zum Programm.

Die Geschäftsprozesse sind geprägt durch sehr lange Produktlebenszyklen mit langen Wiederbeschaffungszeiten von Spezialkomponenten, durch kleine Jahresmengen und stark schwankende Bedarfe im Markt. Der Produktionsbereich am Standort Göttingen steht vor einer großen demografischen Veränderung, da in den nächsten zehn Jahren ca. die Hälfte der Belegschaft inklusive der Führungskräfte das Rentenalter erreichen wird. Diese Veränderungen müssen mit einem Strukturwandel einhergehen, bei dem sich das Werk auf seine Kernkompetenzen in Montage, Inbetriebnahme und Anwendung von komplexen Messmaschinen konzentriert und dabei die Standardisierung und Verschlankung von Prozessen vorantreibt. Dazu gehören die Digitalisierung der Auftragsabwicklung ebenso wie die elektronische Erfassung und Auswertung von Qualitätsdaten oder die weitgehend papierfreie Fertigung.

6.2 Aktueller Stand der Forschung zu Kompetenzen und arbeitsorientiertem Lernen

Kompetenzen beschreiben die Disposition, in reflektierter Weise selbstorganisiert zu handeln (Erpenbeck u. von Rosenstiel, 2007; Klieme u. Leutner, 2006; Weinert, 2001). Der Fachbegriff hat seinen Ursprung sowohl in sprachlichen (Chomsky, 1962) als auch psychologischen (Gaitzsch

u. Ziegler, 2010) Ansätzen. Erpenbeck und von Rosenstiel (2007) definieren ein einheitliches Konzept mit vier Kompetenzklassen:

- Persönliche Kompetenzen
- Fachliche und methodische Kompetenzen
- Soziale und kommunikative Kompetenzen
- Handlungs- und umsetzungsorientierte Kompetenzen

Persönliche Kompetenzen formen die Grundlage für die drei weiteren Kompetenzkategorien. Aspekte wie Basismotivation und Lernfähigkeit entscheiden, wie wir fachlich-methodische oder sozial-kommunikative Kompetenzen wahrnehmen und entwickeln und wie wir uns in Anwendungssituationen verhalten. Die situationsspezifischen Kompetenzen ermöglichen die Nutzung dieser beiden Kompetenzen (Erpenbeck u. von Rosenstiel, 2007). Fachlich-methodische Kompetenzen sind komplexe Ansätze für selbstorganisiertes, professionelles Problemlösen unter Nutzung vorhandenen Wissens (Tenberg, 2011).

Hier wird zwischen verschiedenen Arten des Wissens unterschieden (Renkl, 1994): Professionelles Wissen ist erforderlich für arbeitsbezogene Handlungen auf der Operationsebene; konzeptionelles Wissen beinhaltet kognitive Referenzen des respektiven professionellen Wissens auf der reflektierten Ebene. Während professionelles Wissen bestimmt wird durch eine Breite an Kapazitäten eines/einer Produktionstechnikers/-in, ist konzeptionelles Wissen durch seine Qualität bestimmt (Tenberg, 2011), d. h., ob oder in welchem Maße Produktionstechniker/-innen fähig sind, eine heuristische Problemlösung durchzuführen, neue Informationen in existierendes Wissen zu verankern und kreative Wege unter ungewöhnlichen Umständen zu finden. Zur Weiterentwicklung individueller Kompetenzen eignen sich sowohl arbeitsintegrierte als auch arbeitsorientierte Methoden.

Beim arbeitsorientierten Lernen befindet sich der Lernort in der Umgebung des Arbeitsplatzes, in betrieblichen Bildungsstätten oder überbetrieblichen Bildungsstätten. Dazu gehören ebenfalls externe Seminare. Die vermittelten Lerninhalte sind berufs-, jedoch nicht arbeitsplatzbezogen. Die Lerninhalte sind beim arbeitsorientierten Lernen auf die Arbeitsanforderungen bezogen und können in betrieblichen Lerngruppen bearbeitet werden. Der Lernzuwachs wird anhand von konstruierten Lernaufgaben auf der Basis von vorangegangenen Analysen der Arbeitstätigkeit durch pädagogische Interventionen herbeigeführt. Zeitlich findet der Lernvorgang während der Arbeitszeit, allerdings ohne Bezug zum Arbeitsprozess, oder außerhalb der Arbeitszeiten statt (Sonntag, 1998).

6.3   Ausgangslage nach umfassender Kompetenzerfassung

Bei der im Projekt ausgewählten Zielgruppe zur Erprobung verschiedener Kompetenzentwicklungsansätze handelt es sich um Mitarbeiter/-innen verschiedener Hierarchiestufen und mit unterschiedlichen Rollen sowie Qualifikationen, die am sog. Shopfloor Management (SFM) beteiligt sind.

SFM (also das Führen am Ort der Wertschöpfung) bezieht die Mitarbeiter/-innen in den kontinuierlichen Verbesserungs- und Anpassungsprozess der Wertschöpfungsprozesse ein. Ziel des SFM ist eine schnelle und effektive Reaktion auf Fehler und Probleme. Der Leitsatz „Empowering people for continous improvement" der von Suzaki (1993) proklamierten Managementkonzeption rückt den Mitarbeitenden in den Mittelpunkt des Produktionsmanagements. Mitarbeiter/-innen werden dazu ermächtigt, selbstständig und im Austausch mit Kollegen/-innen unterschiedlicher Hierarchiestufen und Unternehmensbereiche eine Anpassung der Geschäftsprozesse voranzutreiben.

Durch diese Befähigung erlangen Beschäftigte mehr Verantwortung und einen größeren Einfluss auf die Unternehmensentwicklung (Gaitzsch u. Ziegler, 2010). Bisher wenig genutzt wird das SFM, um Veränderungsprozesse sowie die Entwicklung der Mitarbeiterkompetenzen parallel voranzutreiben. Das SFM ist im Projekt ZielKom auf zweifache Weise von Bedeutung:

1. Als Gegenstand arbeitsorientierter Weiterbildung, um Mitarbeiter/-innen bzw. die ganze Organisation dazu zu befähigen, Wertschöpfungsprozesse kontinuierlich zu verbessern
2. Als Kommunikations- und Führungsplattform, die eine zielgerichtete, arbeitsintegrierte Kompetenzentwicklung der Mitarbeiter/-innen ermöglicht

Im Rahmen dieses Artikels ist SFM insbesondere Gegenstand von arbeitsorientierten Weiterbildungsmaßnahmen. Im Folgenden können aus dem vorliegenden Verständnis des SFM unterschiedliche Rollenbeschreibungen abgeleitet werden. Beschäftigte können demnach im SFM-System folgende Rollen einnehmen:

- Produktionsmitarbeiter/-innen: Produktionsmitarbeiter/-innen arbeiten im Produktionsprozess. Sie sind die Experten für den Arbeitsprozess.
- Teamleiter/-in: Die Teamleiter/-innen sind Mitglieder des Teams und in der Regel fachliche Vorgesetzte der Produktionsmitarbeiter/-innen. Die Teamleiter/-innen repräsentieren die Teamidentität in der Organisation.
- Führungskräfte: Die Rollenbeschreibung Führungskraft im Zusammenhang mit SFM gilt ab der Hierarchieebene des direkten Vorgesetzten der Teamleiter/-innen bis zur Hierarchieebene von Werk- bzw. Produktionsleitern/-innen.
- Unterstützende Funktionen: Unterstützende Funktionen arbeiten nicht direkt im Produktionsprozess, sie führen jedoch Tätigkeiten durch, die für die Durchführung der wertschöpfenden Arbeitsprozesse notwendig sind. Als Beispiele können hierfür Beschäftigte der Intralogistik, Instandhaltung oder Qualitätssicherung genannt werden.
- SFM-Experten: Die SFM-Experten unterstützen bei der Einführung des SFM. Sie wirken bei der Gestaltung der Instrumente innerhalb des SFM-Systems mit.

Aus zu Projektbeginn durchgeführten Erhebungen in Form von Workshops, die mit der Szenarienmethode durchgeführt wurden (Jokovic et al., 2016), ging hervor, welche fachlichen und sozialen Kompetenzen für das SFM als relevant erachtet werden und wie Mitarbeiter/-innen verschiedener Rollen die Ausprägung dieser Kompetenzen einschätzen. So wurde ersichtlich, dass der Schwerpunkt der darauffolgenden Erhebungen auf ausgewählten Fachkompetenzen (Kompetenzen im Rahmen des SFM) und ausgewählten Sozialkompetenzen (soziale Orientierung, Offensivität, Selbststeuerung, Reflexibilität) liegen sollte. Im Sinne größtmöglicher Demografiesensibilität wurden außerdem Altersstereotype erhoben, um zu erkennen, welche Einstellungen gegenüber älteren Mitarbeitern/-innen in den Pilotgruppen vorherrschen.

Beispiel

Die Pilotgruppe setzte sich aus folgenden Mitarbeitergruppen zusammen: zwei autonomen Arbeitsgruppen aus der direkten Wertschöpfung sowie einer Gruppe aus der Produktionsplanung. Die Arbeitsgruppe „Montage Formtester" besteht aus elf Facharbeitern/-innen mit einem Durchschnittsalter von über 54 Jahren, die in Solitärmontage komplexe Maschinen aufbauen, in Betrieb nehmen und interne Abnahmen durchführen sowie externe Abnahmen mit Kunden/-innen vorbereiten und begleiten. Die Arbeitsinhalte der einzelnen Arbeitsschritte dauern zum Teil mehrere Wochen und sind hochkomplex. Die Mitarbeitenden zeichnen sich durch eine hohe Selbstständigkeit, ausgesprochenes Expertenwissen und hohe Eigenverantwortlichkeit, aber auch durch fehlende Redundanz in der Qualifikationsmatrix aus.

Die Arbeitsgruppe „Rundschleifen" besteht aus sieben Facharbeitern/-innen mit einem Durchschnittsalter von über 52 Jahren. Auch hier besteht bei Einzelpersonen ein hohes Expertenwissen in speziellen Anwendungen. Die Arbeitsinhalte sind deutlich kürzer als in der Montage, und die Abteilung arbeitet im Zweischichtbetrieb mit Mehrmaschinenbedienung.

Die Produktionsplanung besteht aus elf Mitarbeitern/-innen aus den Qualifikationsstufen Ingenieur/Techniker/Meister sowie einem Industriekaufmann. Damit ist die Produktionsplanung eine Arbeitsgruppe mit einem sehr heterogenen Qualifikationsprofil. Das Durchschnittsalter liegt bei etwas über 46 Jahren. Die Hauptaufgabe dieser Gruppe besteht in der Betreuung der Arbeitsabläufe aller Produkte und Produktionsbereiche und stellt damit eine echte Querschnittsaufgabe dar.

Exemplarisch soll nun auf die Erhebung von situationsbezogenen SFM-Kompetenzen (▶ Abschn. 6.4) sowie von Altersstereotypen und Sozialkompetenzen (▶ Abschn. 6.5) eingegangen werden.

6.4   Situationsbezogene SFM-Kompetenzen – Erhebungsergebnisse

Der Ansatz zur qualitativen Erhebung zu situationsbezogenen SFM-Kompetenzen wurde mit einem mehrstufigen Erhebungsinstrument erhoben, das innerhalb des Projektes ZielKom entwickelt wurde. Im ersten Schritt wurden Anforderungen an das Erhebungsinstrument formuliert. Anschließend wurden Rollenbeschreibungen der Akteure/-innen im SFM erstellt. Innerhalb der durchgeführten Erhebungen wurden die SFM-Besprechung untersucht. Somit sind insbesondere die Rollen der Produktionsmitarbeiter/-innen und der Teamleiter/-innen relevant. Die Produktionsmitarbeiter/-innen nehmen an den SFM-Besprechungen teil und bringen ihr Wissen aus dem Produktionsprozess aktiv in die Besprechungen ein. Die Teamleiter/-innen sind die Moderatoren in den SFM-Besprechungen und bereiten diese Besprechungen vor und nach. Darüber hinaus sind sie für Problemlöse- und Verbesserungsprozesse in ihrem Einflussbereich verantwortlich, indem sie Probleme und Abweichungen erkennen, ggf. antizipieren und darauf reagieren.

Zur Erhebung der SFM-Kompetenzen muss in einer ersten Phase bestimmt werden, welche Akteure welche Kompetenzen benötigen, um so einen Zielzustand festlegen zu können. Kompetenzen können nicht direkt gemessen werden, aber die indirekte Erhebung über zuordenbare Handlungen und zugehörige Wissenselemente ermöglicht einen Rückschluss auf das Vorhandensein der Kompetenzen. Die durch Kompetenzen hervorgerufenen Handlungen und das zugehörige Wissen werden in einer Kompetenztransformation – einer systematischen Ableitung von Handlungen und Wissenselementen aus den zugehörigen Kompetenzen – zusammengefasst. Hierbei wurden zu jeder SFM-Kompetenz entsprechende Handlungen und Wissenselemente definiert. Diese Kompetenzen wurden in die Module Kennzahlen, Beteiligung oder Führung, Problemlösung und kontinuierlicher Verbesserungsprozess unterteilt.

Für die Rolle der Produktionsmitarbeitenden wurden sechs, für die Teamleitung elf Kompetenzen den Kompetenzmodulen zugeordnet. Die Kompetenzen wurden dabei von Experten unter Berücksichtigung des aktuellen Stands der Forschung erstellt (siehe dazu Tisch et al., 2013). Diesen Kompetenzen wurden in einer SFM-Besprechung beobachtbare Handlungen zugeordnet. Für die Rolle der Teamleitung wurden 40 Handlungen und für die der Produktionsmitarbeitenden 16 Handlungen beschrieben. Anschließend wurden den Kompetenzen noch Wissenselemente zugeordnet, die in Sach-, Prozess- und Begründungswissen unterteilt wurden. Für die Produktionsmitarbeitenden wurden 30, für die Teamleitung 59 Wissenselemente erstellt.

Im ersten Schritt der Erhebung wurden in den drei Partnerunternehmen SFM-Besprechungen beobachtet (n = 15). Im zweiten Schritt wurden Interviews mit den beteiligten Mitarbeitenden durchgeführt (n = 23), um einen Zugang zur Wissensebene zu erhalten. Die Beobachtungen wurden mit zwei Audiorekordern und drei Beobachtern dokumentiert. Es wurde jeweils ein offener Beobachtungsbogen für die Produktionsmitarbeitenden und die Teamleitung verwendet. Zusätzlich erfasste ein standardisierter Beobachtungsbogen die Rahmenbedingungen während der SFM-Besprechungen. Hierzu wurden die Anzahl der Teilnehmenden, die hierarchische Verteilung und das Arbeitsklima, aber auch Themen wie Performance Management, Kompetenzentwicklung und visuelles Management des SFM-Boards dokumentiert (❏ Abb. 6.1).

In einer zweiten Phase wurden Einzelinterviews mit den Produktionsmitarbeitern/-innen und Teamleitern/-innen aus den vorher beobachteten SFM-Besprechungen geführt. Hierbei wurden Interviewleitfäden herangezogen, um die Interviews zu standardisieren. Es lagen zwei unterschiedliche Interviewleitfäden für Produktionsmitarbeitende und Teamleitung vor. Diese enthielten standardisierte Fragen, mit denen das Wissen zum Thema SFM ermittelt werden konnte. Die Fragen deckten alle vier Module ab. Für die Produktionsmitarbeiter/-innen waren 13 Fragen, für die Teamleiter/-innen 17 Fragen vorgesehen. Die Interviewform erlaubte ein offenes Gespräch zwischen Interviewer/-in und Befragten. Nach Zustimmung durch die Befragten werden die Interviews mit einem Audiorekorder aufgezeichnet (❏ Abb. 6.2).

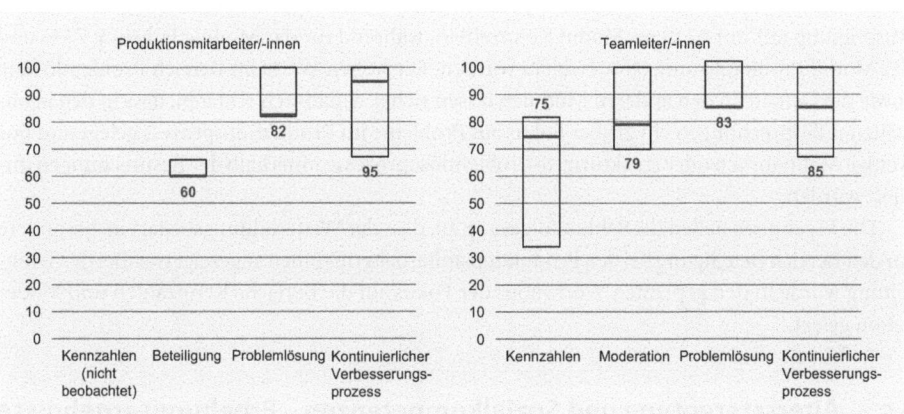

❏ **Abb. 6.1**   Ergebnisse der Beobachtungen der SFM-Besprechungen

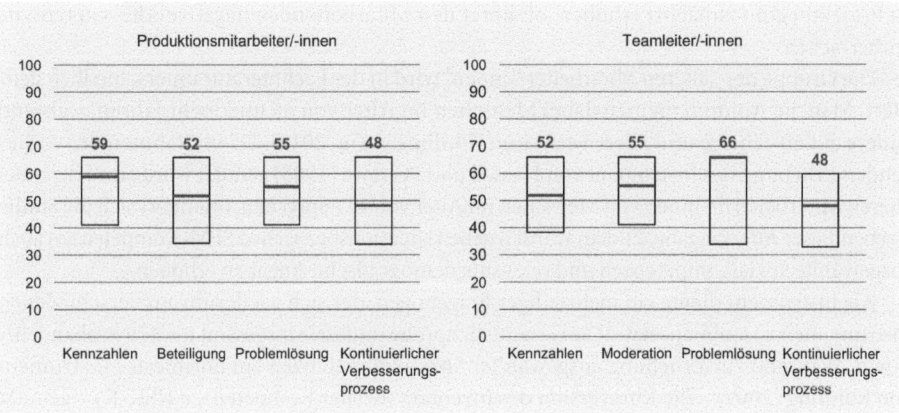

❏ **Abb. 6.2**   Ergebnisse des Wissenstests für Produktionsmitarbeiter/-innen und Teamleiter/-innen

Die erhobenen Daten wurden nach der qualitativen Inhaltsanalyse nach Mayring (2015) ausgewertet. Hierbei wurden Textstellen, z. B. beobachtete Handlungen, Äußerungen oder Interviewantworten, systematisch unter festgelegten Kriterien eingeschätzt und Kategorien zugewiesen. Grundlage bildete ein auf der Kompetenztransformation aufbauender Indikatorkatalog, der für die SFM-Handlungen und Wissenselemente unterschiedliche Ausprägungen beinhaltet. Über vier Kategorien wurden verschiedene Ausprägungen der Handlungen und der Wissenselemente abgebildet. Kategorie 4 stellt dabei die positive Ausprägung der Handlung oder des Wissenselements dar, die die Grundlage für ein erfolgreiches SFM bilden. Die anderen drei Kategorien sind Abschwächungen von Kategorie 4. Jede beobachtete Handlung oder erfragtes Wissenselement wurde einer Kategorie zugewiesen. Je höher der Wert ausfällt, desto positiver ist die Ausprägung der Handlung H_i oder des Wissenswerts W_i. Der errechnete Kompetenzwert K_i ergibt sich schließlich über die Bildung des geometrischen Mittels (◘ Abb. 6.3):

$$K_i = \sqrt{H_i * W_i}$$

Aus den Ergebnissen der Erhebung ergab sich, dass die Gruppe der Produktionsmitarbeiter/-innen im Modul Problemlösung den höchsten Wert von 77 % und im Modul Beteiligung nur einen Wert von 53 % erreichten. Für die Gruppe Teamleiter/-innen ergab sich ebenfalls eine defizitäre Ausprägung mit nur 62 % im Modul Kennzahlen, während für das Module Führung 73 % und das Modul Problemlösung 68 % erreicht wurden. Die hohen Werte im Bereich Problemlösung sowie die Defizite in den anderen Modulen lassen sich u. a. dadurch erklären, dass in den beobachteten Besprechungen ein großer Fokus auf Probleme im Produktionsprozess gelegt und nur wenige Maßnahmen oder strukturierte Problemlöseprozesse innerhalb der Besprechungen initiiert wurden.

Die Ergebnisse ließen die Schlussfolgerung zu, dass der Weiterbildungsbedarf insbesondere für den Bereich Beteiligung bei den Produktionsmitarbeitern/-innen angezeigt war. Bei der Teamleitung wurde in den geplanten Workshops der Fokus auf die Bereiche Kennzahlen und Moderation gelegt.

6.5 Altersstereotype und Sozialkompetenzen – Erhebungsergebnisse

Um ein demografiesensibles Kompetenzentwicklungskonzept erarbeiten zu können, wurde zu Projektbeginn zunächst erhoben, ob unter den Mitarbeitenden negative Altersstereotype vorherrschen.

Die Gruppe der „älteren Mitarbeiter/-innen“ wird in der Fachliteratur unterschiedlich definiert. Manche Autoren meinen dabei Menschen im Alter von 45 und mehr Jahren, während andere auf 60-Jährige und ältere verweisen (Phillips u. Siu, 2012). Da im Rahmen der vorliegenden Erhebung das Instrument von Hassell und Perrewe (1995) genutzt wurde und diese bei älteren Mitarbeitern/-innen von Menschen im Alter von 45+ sprechen, orientiert sich die Studie an ebendieser Altersangabe. Zudem wurden neben situationsbezogenen SFM-Kompetenzen auch ausgewählte Sozialkompetenzen und relevante demografische Angaben erhoben.

Als Instrument diente ein mehrteiliger Fragebogen, der sich wiederum aus verschiedenen Instrumenten zusammensetzte. Die Gesamtstichprobe umfasste insgesamt n = 479 Probanden/-innen. Während zur Erhebung ausgewählter Sozialkompetenzen ein normiertes Instrument von Kanning (2009) – die Kurzversion des Inventars sozialer Kompetenzen (ISK-K) – genutzt wurde, wurden die Altersstereotype der Mitarbeiter/-innen mithilfe des ins Deutsche übersetzten Fragebogens „Beliefs about Older Workers“ von Hassell und Perrewe (1995) erhoben. Dieser

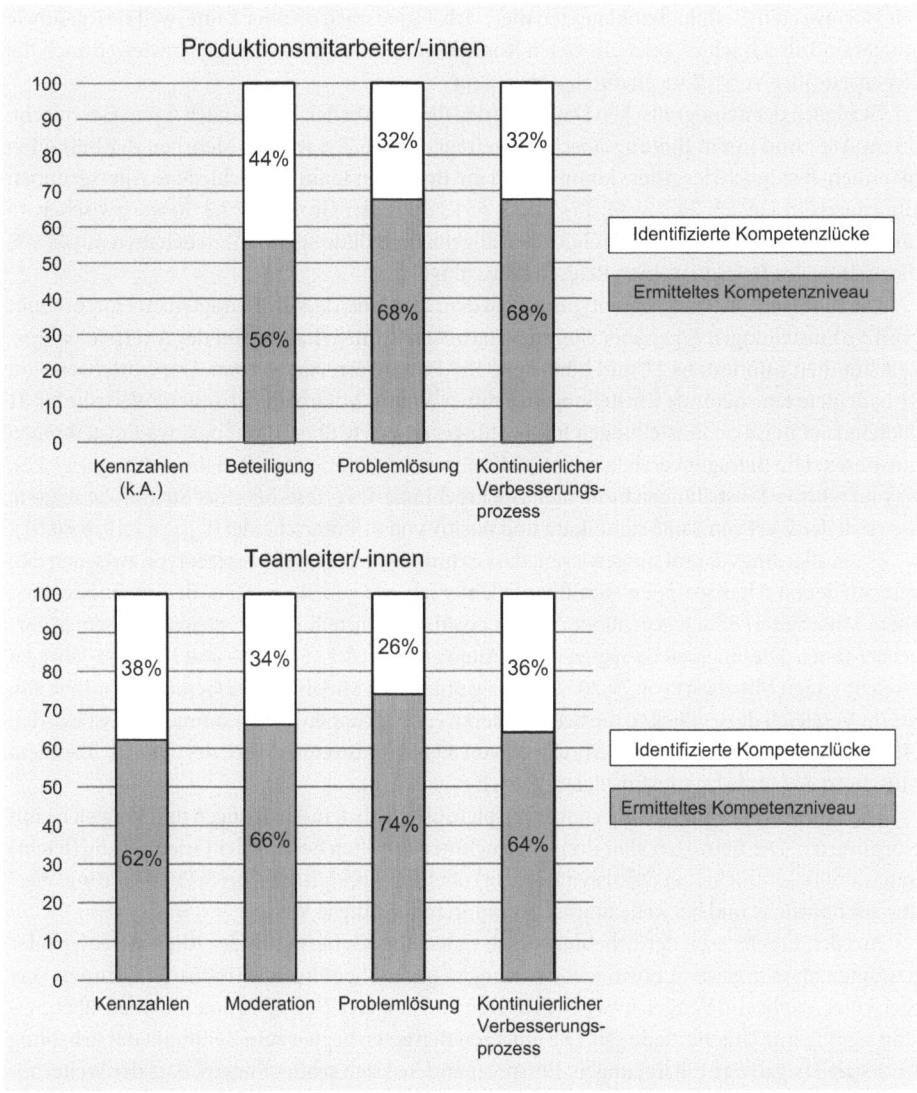

Abb. 6.3 Kompetenzniveaus und -lücken von Produktionsmitarbeitern/-innen und Teamleitern/-innen

Fragebogen bestand aus 27 Items und unterschied zwischen älteren (45+ Jahre) und jüngeren (<45 Jahre) Mitarbeitern/-innen. Beispielitems lauteten: „Ältere MitarbeiterInnen beschweren sich häufiger bei der Arbeit" oder „Ältere Mitarbeiter/-innen haben weniger Arbeitsunfälle".

Bei den Sozialkompetenzen lag der Fokus auf sozialer Orientierung, Offensivität, Selbststeuerung und Reflexibilität. Sozial orientierte Menschen sind anderen gegenüber positiv eingestellt, können sich gut in sie hineinversetzen und ihre Perspektive einnehmen. Offensivität meint, dass Menschen aktiv auf andere zugehen können und sich erfolgreich für ihre eigenen Interessen einsetzen. Selbststeuerung besagt, dass Menschen sich selbst als eine wichtige Ursache für Ereignisse in der eigenen Umwelt betrachten, ausgeglichen sind und auch in belastenden Situationen kontrolliert handeln. Reflexive Menschen setzen sich mit sich selbst und ihren Interaktionspartnern/-innen aktiv auseinander (Kanning, 2009). Die Auswertung ergab sich aus dem Vergleich mit Normwerten. Beispielitems lauteten hier: „Ich ärgere mich oft über Leute, weil sie irgendwie anders sind als ich selbst" oder „In vielen Konfliktsituationen ist es mir egal, inwieweit auch die Gegenseite ihre Vorstellungen durchsetzen kann".

Bezüglich der demografischen Daten wurden die Mitarbeiter/-innen nach ihrem Geschlecht, ihrem Alter und ihrem Bildungsabschluss gefragt. Mit 86,7 % war die Mehrheit der Befragten männlich. Bezüglich des Alters konnten sich die Befragten in fünf verschiedene Altersgruppen einordnen (15–24; 25–34; 35–44; 45–54; 55–65+ Jahre), der Großteil (32,3 %) war zwischen 45 und 54 Jahren alt. Hinsichtlich des höchsten allgemeinen Bildungsabschlusses hatten mit 48,9 % die meisten der Befragten einen Realschulabschluss.

Die Erhebung der Altersstereotype kam zu dem Ergebnis, dass die Befragten im Durchschnitt positive Einstellungen gegenüber älteren Mitarbeitern/-innen haben. Auf der Altersstereotyps-kala konnten mindestens 27 und höchstens 135 Punkte erreicht werden. Der Mittelwert von 81 bedeutete eine neutrale Einstellung gegenüber älteren Mitarbeitern/-innen. Werte unter 81 deuteten auf negative Einstellungen hin, wohingegen Werte über 81 auf positive Einstellungen hinwiesen. Die Befragten erzielten einen Mittelwert von 84,85 (Standardabweichung = 11,72), was auf positive Einstellungen hindeutet. Die Ergebnisse des t-Tests bei einer Stichprobe zeigten, dass sich der Wert von 84,85 signifikant und positiv von 81 unterscheidet ($t_{(478)} = 7,19, p < 0,01$).

Es sei allerdings darauf hingewiesen, dass es hinsichtlich der Altersstereotype zwischen den verschiedenen Altersgruppen signifikante Unterschiede gab. So zeigten die Ergebnisse, dass ältere Mitarbeiter/-innen gegenüber Älteren positivere Einstellungen hegten als jüngere Mitarbeiter/-innen. Die jüngeren Befragten in den Altersgruppen der 15- bis 24- und 25-bis 34-Jährigen erreichte einen Mittelwert von 79,7032. Dies lag unter dem Mittelwert der Gesamtstichprobe von 81. Im Vergleich dazu erzielten die beiden älteren Altersgruppen, die zusammengefasst wurden (45–54 und 55–65+ Jahre), einen Mittelwert von 89,8613, also einen Wert, der deutlich über dem Mittelwert der Skala lag (ausführlich in Pittich et al., 2016).

Die Erhebung der Sozialkompetenzen erfolgte über Selbsteinschätzungen und Vergleiche mit Normwerten. Die Befragten aller drei Unternehmen erzielten bei sozialer Orientierung (leicht) unterdurchschnittliche, bei Offensivität (leicht) überdurchschnittliche, bei Selbststeuerung überdurchschnittliche und bei Reflexibilität unterdurchschnittliche Werte.

Aus den Ergebnissen der Erhebung ergab sich demnach bezüglich der Altersstereotype der Befragten, dass insgesamt positive Einstellungen gegenüber älteren Mitarbeitern/-innen vorherrschten, es aber im Vergleich zwischen älteren und jüngeren Befragten unternehmensübergreifend signifikante Unterschiede gab. Die jüngeren Befragten hegten zum Zeitpunkt der Erhebung tendenziell negativere Einstellungen. Entsprechend ließ sich schlussfolgern, dass der Weiterbildungsbedarf insbesondere bei den jüngeren Unternehmensmitarbeitern/-innen angezeigt ist. Die Erhebung der Sozialkompetenzen machte ersichtlich, dass es unter den Befragten altersgruppenübergreifend Weiterbildungsbedarf in Bezug auf soziale Orientierung und Reflexibilität gibt.

6.6   Integriertes Workshop-Konzept des ZielKom-Projektes

Um die Entwicklung der ausgewählten fachlich-methodischen und der sozial-kommunikativen Kompetenzen zu adressieren, wurde in enger Kooperation aller Projektpartner ein Gesamtkonzept erarbeitet. Dieses unterscheidet zwischen einem arbeitsorientierten und einem arbeitsintegrierten Ansatz.

Der **arbeitsorientierte Ansatz** setzt sich aus fünf Workshop-Konzepten (A–D) und unternehmensspezifischen Lernfabrikkonzepten (E) zusammen, die die Vermittlung relevanter fachlich-methodischer und sozialer Kompetenzen sowie die Sensibilisierung für das Thema

Altersstereotype intendieren. Die jeweiligen Workshops setzen dabei unterschiedliche Schwerpunkte hinsichtlich des Inhalts und der Zielgruppe:

A. Workshop zu fachlichen-methodischen Kompetenzen der Produktionsmitarbeiter/-innen im Rahmen des SFM
B. Workshop zum Thema Altersstereotype und zu sozialen Kompetenzen mit Produktionsmitarbeiter/-innen
C. Workshop für Teamleiter/-innen im Rahmen des SFM (Fokus auf Moderation)
D. Workshop für Experten/-innen zur Gestaltung von SFM-Systemen
E. Unternehmensspezifische Lernfabriken zur Kompetenzentwicklung für die schlanke Produktion

Die Workshops sind aufeinander abgestimmt, ergänzen sich gegenseitig und berücksichtigen den Aspekt der Demografiesensibilität. Alle Workshops wurden bereits mindestens einmal durchgeführt. In der Pilotphase wurden zum Zeitpunkt der Veröffentlichung insgesamt sechs Veranstaltungen angeboten und ausgewertet.

Im Rahmen des arbeitsorientierten Ansatzes werden, ergänzend zum arbeitsintegrierten Ansatz, Konzepte entwickelt, die in die Arbeitsprozesse integriertes Lernen ermöglichen. Die Kompetenzentwicklung kann auf diese Weise in die täglichen Arbeitsabläufe aufgenommen werden. Die Integration der Kompetenzentwicklung in die tägliche Arbeit soll dabei insbesondere auf Basis der Führungs- und Kommunikationsplattform SFM stattfinden, u. a. sollen in diesem Zusammenhang Ansätze ähnlich der Qualitätszirkel variiert werden, wobei real auftretende Problemstellungen als Lernanlässe zur zielorientierten Kompetenzentwicklung genutzt werden sollen. Die entwickelten Ideen zum **arbeitsintegrierten Lernen** sind nicht Teil des vorliegenden Artikels.

Exemplarisch werden in den folgenden Absätzen die arbeitsorientierten Einzelkonzepte B (▶ Abschn. 6.6.1) und D (▶ Abschn. 6.6.2) vorgestellt werden.

6.6.1 Adressierung von Sozialkompetenzen und Altersstereotypen

Die Ergebnisse der Erhebungen verdeutlichen, dass insbesondere bei jüngeren Beschäftigten ein Weiterbildungsbedarf in Bezug auf negative Altersstereotype zu verzeichnen war und die Mitarbeiter/-innen altersübergreifend einen Weiterbildungsbedarf bezüglich der Sozialkompetenzen soziale Orientierung und Reflexibilität aufwiesen (▶ Abschn. 6.5). Entsprechend dieser Resultate erfolgte die Schwerpunktsetzung bei der Konzeption der geplanten Weiterbildung.

Das Konzept zum Workshop „EinSCHÄTZUNG älterer Mitarbeiter/-innen" bestand aus vier Teilen: dem Workshop an sich, einem anschließenden Gruppengespräch, einer „post-training intervention" sowie abschließenden Einzelinterviews (❑ Tab. 6.1). Der Workshop erstreckte sich über einen Tag und intendierte, die Teilnehmenden

- für das Thema Altersstereotype zu sensibilisieren,
- ihnen die Möglichkeit zu geben, die eigenen Altersstereotype, die eigene Alterswahrnehmung und die eigene Betroffenheit zu reflektieren,
- einschlägiges Wissen zum Themenkomplex zu vermitteln und
- die Teilnehmenden Handlungsoptionen zum Umgang mit Altersstereotypen und möglicher Altersdiskriminierung diskutieren und erproben zu lassen.

Zudem sollte der im Rahmen von ZielKom ermittelte, empirisch belegte Zusammenhang zwischen Einstellungen gegenüber älteren Mitarbeitern/-innen und sozialer Orientierung erläutert werden, um gemeinsam zu erarbeiten, wie das eigene sozial orientierte Verhalten die Interaktion

▣ Tab. 6.1 Bestandteile der Weiterbildungsmaßname „EinSCHÄTZUNG älterer Mitarbeiter/-innen"

	Teil 1	Teil 2	Teil 3	Teil 4
Format	Workshop	Gruppengespräch	Übungsaufgaben („post-training intervention")	Individuelle Interviews
Zeitpunkt/ Umfang/Dauer	Tag 1/eintägig (7 Stunden)	Tag 2/45 Minuten	Über zwei Monate: im 14-tägigen Rhythmus Bearbeitung eines Aufgabenblatts (Bearbeitungsdauer: ca. 5 Minuten)	Im Anschluss an die Phase der Übungsaufgaben: pro Person ein 15-minütiges Interview
Format	Workshop	Gruppengespräch	Übungsaufgaben („post-training intervention")	Individuelle Interviews

am Arbeitsplatz im Hinblick auf mögliche Altersvorurteile positiv beeinflussen kann. Das anschließende 45-minütige Gruppengespräch am Folgetag erfüllte den Zweck einer ersten Wirkungserhebung. Im Rahmen der „post-training intervention" erhielten die Teilnehmenden über einen Zeitraum von zwei Monaten im 14-tägigen Rhythmus kleine Aufgabenblätter mit Fragen zu den behandelten Inhalten des Workshops-. Dadurch sollte gewährleistet werden, dass das neu Erlernte auch nach dem Workshop nicht sofort in Vergessenheit geriet, sondern die Teilnehmenden immer wieder dazu aufgefordert wurden, sich über die Inhalte Gedanken zu machen. Im Anschluss an diese Maßnahme fanden im Rahmen der zweiten Wirkungserhebung 15-minütige Einzelinterviews mit allen Teilnehmenden statt, um das Workshop-Konzept nach der Pilotphase – wenn nötig – zu modifizieren.

Der Ablauf des Workshops berücksichtigte einen stetigen Wechsel von Übungsphasen und theoretischem Input. Durchweg wurden die Teilnehmenden dazu ermuntert, Beziehungen zwischen den angesprochenen Themen und ihrem Arbeitsalltag herzustellen. So wurde mit den Teilnehmenden beispielsweise eine Übung zu ihrer eigenen Alterswahrnehmung durchgeführt. Im Anschluss wurden ihnen die Hintergründe der Übung erläutert, da es sich um eine repräsentative Studie handelte, deren Ergebnisse mit allen Teilnehmergruppen reproduziert werden konnten. Daraufhin sammelten die Teilnehmenden beispielhafte Situationen aus dem Arbeitsalltag, die in Zusammenhang mit der Übung und deren Resultaten standen. Auch eine Selbsterhebung war Bestandteil der Weiterbildungsveranstaltung. Mithilfe eines Fragebogens und einer Anleitung zu dessen Auswertung erhoben die Teilnehmenden die Ausprägung ihrer Sozialkompetenz „soziale Orientierung". Die Zusammenhänge zwischen sozialer Orientierung und Einstellungen gegenüber älteren Mitarbeitern/-innen wurden theoretisch kurz erläutert und gemeinsam mit den Teilnehmenden diskutiert. Daraus resultierten Vorschläge für sozial orientiertes Verhalten in beispielhaften kritischen Situationen am Arbeitsplatz, die im Zusammenhang mit dem Merkmal Alter stehen.

In den Erhebungen im Zusammenhang mit den fachlich-methodischen Kompetenzen wurde der kompetenz- und organisationsbezogene Status quo des SFM in den Pilotbereichen der beteiligten Unternehmen erhoben (▶ Abschn. 6.3). Weiterbildungsbedarfe ergeben sich über den Abgleich dieser Erhebungen mit den vorab von SFM-Experten/-innen definierten Rollenbeschreibungen und Sollkompetenzen für die unterschiedlichen Beteiligten im SFM-System.

6.6.2 SFM-Schulung auf allen Hierarchieebenen

Auf Basis der Rollenbeschreibungen sowie des Soll-Ist-Kompetenzabgleichs wurden Weiterbildungsveranstaltungen für Produktionsmitarbeiter/-innen, Teamleiter/-innen sowie SFM-Experten/-innen konzipiert. Im Folgenden wird insbesondere die kompetenzorientierte Entwicklung des Lernmoduls für SFM-Experten/-innen beschrieben, da dieses Modul viele der Lernziele der sonstigen Rollen beinhaltet und auch darüber hinausgeht. Als typische Tätigkeiten von SFM-Experten/-innen werden dabei im Rahmen des SFM folgende Aktivitäten gesehen:

a. Unterstützt bei der bereichs- und unternehmensspezifischen Gestaltung und Einführung des SFM-Systems

b. Steht Teamleitern/-innen und Führungskräften in der SFM-Einführungsphase unterstützend zur Seite

c. Schult die im SFM-System handelnden Personen

d. Unterstützt die Veränderungsprozesse bei der Einführung des SFM

Das Lernmodul hat insbesondere zum Ziel, die entsprechende Zielgruppe in den Unternehmen zu befähigen, SFM-Systeme maßgeschneidert für die spezifischen Rahmenbedingungen in den Unternehmen gestalten zu können (Aktivität a, diese ist auch notwendige Voraussetzung für die Aktivitäten b–d). Die spezifische Befähigung in den Bereichen b–d ist nicht Gegenstand des Trainings. Grundlage für die Entwicklung der zweitägigen Lernfabrikveranstaltung (weitere Informationen zum Lernfabrikkonzept bei Abele et al., 2015) ist die sogenannte Kompetenztransformation, welche die vorab identifizierten, notwendigen Kompetenzen über eine Zuordnung situationsspezifischer Handlungen sowie notwendiger Wissenselemente operationalisiert (für eine ausführlichere Beschreibung der Kompetenztransformation siehe auch Tisch et al., 2013, 2016). In einem nächsten Schritt findet auf dieser Basis eine Sequenzierung der Lernsituationen statt, welche ein lernfabriktypisches Alternieren zwischen Systematisierungsphasen auf der einen sowie Erschließungs- und Erprobungsphasen auf der anderen Seite vorsieht (Tenberg, 2011; Tisch et al., 2016). Der Workshop besteht aus folgenden sechs Sequenzen:

- Beschreibungsmodell SFM
- Kennzahlen im SFM
- Problemlösung im SFM
- Führung im SFM
- Auditierung von SFM-Systemen,
- Kompetenzentwicklung sowie proaktive Verbesserung im SFM

Zur Evaluierung der Lernwirkungen wurde auf gestufte, wissensbasierte Prä- und Posttests zurückgegriffen, die sowohl offene und geschlossene als auch subjektive und objektive Fragestellungen nutzen.

Fazit

Integriertes Workshop-Konzept zum Aufbau von Fach-, Methoden- und Sozialkompetenzen

Dieser Beitrag beschreibt das im ZielKom-Projekt entwickelte, integrierte Workshop-Konzept. Dabei wurden Schulungen zum Fachthema SFM ergänzt durch arbeitsorientierte Weiterbildung zu Sozialkompetenzen und Altersstereotypen, um sowohl die fachlich-methodischen als auch die sozial-kommunikativen Kompetenzen demografieorientiert zu adressieren. Die bei den betrieblichen Kooperationspartnern umgesetzten Konzepte sind derzeit in der Auswertung. In einem nächsten Schritt folgen Gespräche mit den betrieblichen Kooperationspartnern/-innen zum Thema Einbindung der Schulungsmodule in ein ganzheitliches Kompetenzmanagement. Ziel des Projektes ist die Verstetigung der Kompetenzentwicklungskonzepte bei den betrieblichen Kooperationspartnern/-innen, die letztendlich befähigt werden sollen, die entwickelten Schulungsmodule selbst anbieten zu können.

Die Firma Mahr plant, in Zukunft unter dem Dach einer eigenen Lernfabrik kompetenzbezogene Module selbst zu schulen. Die entwickelten Inhalte zu den Themen Demografiesensibilität und SFM können dabei Mahr-spezifisch angepasst und in den Bereichen Produktion und Logistik ausgerollt werden. Diese Lernfabrik soll auch den Aufbau eines Mahr-Produktionssystems unterstützen und später auf andere Standorte im In- und Ausland ausgeweitet werden.

Weiterführende Literatur und Links

- Hertle, C., Tisch, M., Kläs, H., Metternich, J., & Abele, E. (2016). Recording shop floor management competencies – a guideline for a systematic competency gap analysis. *Procedia CIRP 57*, 625–630.
- Hertle, C., Tisch, M., Metternich, J., & Abele, E. (2017). Das Darmstädter Shopfloor Management Modell. *Zeitschrift für Wirtschaftlichen Fabrikbetrieb: ZWF*. (zur Veröffentlichung angenommen)
- Jokovic, B., Nischwitz, D., Hertle, C., König, C. (2017). Entwicklung und Implementierung von arbeitsintegrierten Kompetenzentwicklungsmaßnahmen in produzierenden Unternehmen. Vortrag auf dem 63. Kongress der Gesellschaft für Arbeitswissenschaft, 15.–17. Februar 2017, Zürich.

Literatur

Abele, E., & Reinhart, G. (2011). *Zukunft der Produktion: Herausforderungen, Forschungsfelder, Chancen*. München: Carl Hanser.

Abele, E., Metternich, J., Tisch, M., Chryssolouris, G., Sihn, W., ElMaraghy, H., Hummel, V., & Ranz, F. (2015). Learning factories for research, education, and training. *Procedia CIRP 32*, 1–6.

Chomsky, N. (1962). *Explanatory models in linguistics*. Stanford, CA: Stanford University Press.

Erpenbeck, J., & von Rosenstiel, L. (Hrsg.) (2007). *Handbuch Kompetenzmessung* (2. Aufl.). Stuttgart: Schäffer-Poeschel.

Gaitzsch, T., & Ziegler, V. (2010). Shop Floor Empowerment – KVP-Implementierung in Schichtteams. In: A. Moscho, & A. Richter (Hrsg.), *Inhouse-Consulting in Deutschland* (S. 169–190). Wiesbaden: Gabler.

Hassell, B. L., & Perrewe, P. L. (1995). An examination of beliefs about older workers: Do stereotypes still exist? *Journal of Organizational Behavior 16*, 457–468.

Jokovic, B., Bürkel, P., & König, C. (2016). Erfassung und Diskussion alterssensibler Kompetenzen mittels produktionsbezogener Szenarien. *Beitrag zum 62. Frühjahrskongress der Gesellschaft für Arbeitswissenschaft*. Aachen: Gesellschaft für Arbeitswissenschaft (GfA).

Kanning, U. P. (2009). *Diagnostik sozialer Kompetenzen* (2. Aufl.). Göttingen: Hogrefe.

Klieme E., & Leutner, D. (2006). Kompetenzmodelle zur Erfassung individueller Lernergebnisse und zur Bilanzierung von Bildungsprozessen. *Zeitschrift für Pädagogik 52*, 876–903.

Mayring, P. (2015). *Qualitative Inhaltsanalyse* (12. Aufl.). Weinheim: Beltz.

Phillips, D. R., & Siu, O. I. (2012). Global aging and aging workers. In: W. C. Borman, & J. W. Hedge (eds.), *The Oxford handbook of work and aging* (pp. 11–32). Oxford: Oxford University Press.

Pittich, D., Weber, C., & Stojanovic, R. (2016). Betriebliches Kompetenzmanagement im Kontext des demografischen Wandels – Konzept und erste Befunde. *Journal of Technical Education (JOTED) 4*(1),45–63.

Renkl, A. (1994). *Träges Wissen [Inert Knowledge]. Research Report*. München: LMU München.

Sonntag, K., Stegmaier, R., & Jungmann, A. (1998). Implementation arbeitsbezogener Lernumgebungen. Konzepte und Umsetzungserfahrungen. *Unterrichtswissenschaft* 26(4),327–347.

Statistisches Bundesamt (2014). *Bruttoinlandsprodukt, Bruttowertschöpfung in den Ländern der Bundesrepublik Deutschland 1991 bis 2013. Arbeitskreis "Volkswirtschaftliche Gesamtrechnungen der Länder" im Auftrag der Statistischen Ämter der 16 Bundesländer, des Statistischen Bundesamtes und des Bürgeramtes, Statistik und Wahlen.* Frankfurt am Main: Statistisches Bundesamt.

Suzaki, K. (1993). *The new shop floor management.* New York: Free Press.

Tenberg, R. (2011). *Vermittlung fachlicher und überfachlicher Kompetenzen in technischen Berufen. Theorie und Praxis der Technikdidaktik.* Stuttgart: Steiner.

Tisch, M., Hertle, C., Cachay, J., Abele, E., Metternich, J., & Tenberg, R. (2013). A Systematic Approach on Developing Action-oriented, Competency-based Learning Factories. *Procedia CIRP* 7(0),580–585.

Tisch, M., Hertle, C., Abele, E., Metternich, J., & Tenberg, R. (2016). Learning factory design: a competency-oriented approach integrating three design levels. *International Journal of Computer Integrated Manufacturing* 29, 1355–1375.

Weinert, F. E. (2001). *Leistungsmessungen in Schulen.* Weinheim, Basel: Beltz.

StaySmart-Ansatz zum kollaborativen Kompetenzaufbau, -erhalt und -austausch

Jan Marco Leimeister, Sofia Schöbel, Katja Lehmann, Sarah Oeste-Reiß, Matthias Söllner

© Springer-Verlag GmbH Deutschland 2018
D. Ahrens, G. Molzberger (Hrsg.), *Kompetenzentwicklung in analogen und digitalisierten Arbeitswelten*,
Kompetenzmanagement in Organisationen, https://doi.org/10.1007/978-3-662-54956-8_7

Zusammenfassung
Die Energiebranche steht vor Herausforderungen, die sich aus dem demografischen Wandel einhergehend mit der Digitalisierung ergeben. Das Angebot an qualifizierten Fachkräften nimmt aufgrund des demografischen Wandels in Zukunft immer weiter ab, die zu erledigenden Aufgaben bleiben jedoch gleich oder ihre Anzahl steigt an und muss dann von weniger Mitarbeitern/-innen getragen werden. Damit einher geht das Erfahrungswissen von langjährigen Mitarbeitern/-innen verloren, die aus der Erwerbstätigkeit ausscheiden. Infolgedessen steigt die Anforderung an Mitarbeiter/-innen, sich selbstständig und kontinuierlich weiterzubilden. Zudem gewinnt die Digitalisierung immer mehr an Bedeutung und verlangt von Energieberatern/-innen verstärkt IT-Kompetenzen.
Diese Herausforderungen machen es notwendig, innovative Dienstleistungen für den Weiterbildungsmarkt anzubieten, mit denen Energieberater/-innen ihre Fach- und IT-Kompetenzen fortlaufend im Arbeitsalltag aufbauen und weiterentwickeln können. Das Verbundprojekt StaySmart, das gefördert wird vom BMBF unter Projektträgerschaft des Projektträgers Karlsruhe (PTKA), entwickelt ein Qualifizierungskonzept, mit dem die Kompetenzen von Energieberatern/-innen individuell geschult werden können. Der Beitrag beschreibt das StaySmart-Konzept, welches aus einer Workshop-Serie und einem Lernsystem besteht.

7.1   Einleitung: zur Rolle von Kompetenzen in der Energieberatung

Zahlreiche Branchen werden heutzutage vom demografischen Wandel und der zunehmenden Digitalisierung maßgeblich geprägt (Pfeiffer u. Kaiser, 2009). In Bezug auf den demografischen Wandel ist erkennbar, dass laut aktueller Prognosen im Jahr 2050 nur noch 29,6 Millionen Beschäftige in Deutschland leben werden (Textor, 2016). Besonders die Energiebranche ist von den Folgen des demografischen Wandels gekennzeichnet, denn bereits heute sind 45 % der Belegschaft von Energieversorgungs- und Beratungsunternehmen über 50 Jahre alt, Tendenz steigend (Textor, 2016). Ein Drittel der Arbeitskräfte gehen im Jahr 2025 in Rente (Textor, 2016). Einhergehend mit der zunehmenden Digitalisierung werden Energieversorgungsunternehmen vermehrt vor die Herausforderung gestellt, das Wissen ihrer erfahrenen und langjährigen Fachkräfte im Unternehmen zu sichern, um dieses an die unerfahrenen, neuen Mitarbeitenden im Unternehmen weitergeben zu können (Wegge et al., 2008). Der demografische Wandel, die zunehmende Digitalisierung sowie der strukturelle Wandel der Gesellschaft hin zu einer wissensbasierten Gesellschaft fordern die Notwendigkeit zur Anpassung von Lehr-Lern-Konzepten bzw. zur Erstellung innovativer Lernsysteme (Pfeiffer u. Kaiser, 2009). Besonders die Fachkompetenz hat hierbei eine wesentliche Bedeutung, da die Energiebranche von einem starken dynamischen Wissensumfeld geprägt ist, welches von Energieberatern/-innen eine hohe, stets aktuelle Fachkompetenz abverlangt (Wegge et al., 2008). Einhergehend mit der erhöhten IT-Kompetenz müssen Konzepte und Anwendungen erstellt werden, welche die Kompetenzen von Energieberatern aufbauen, austauschen und bewahren, um so das lebenslange Lernen und die Qualifizierung der Fachkräfte zu unterstützen sowie im Unternehmen ein nachhaltiges Wissensmanagement zu betreiben. Dies ist notwendig, um trotz des demografischen Wandels die Arbeitsfähigkeit zu sichern und in Unternehmen das innovations- und wettbewerbsrelevante Wissen verfügbar zu halten (Wegge et al., 2008). Eine Möglichkeit, den genannten Herausforderungen zu begegnen sowie Fachkräfte in der Energieberatung mit einem individuellen Kompetenzmanagement im Arbeitsprozess zu unterstützen, ist die Erprobung und Entwicklung von innovativen Lernsystemen.

Der vorliegende Beitrag beschreibt die theoriegestützte Entwicklung des Aufbaus, des Austausches und der Erhaltung von Kompetenzen mithilfe des sogenannten StaySmart-Qualifizierungskonzeptes, um arbeitsrelevante Fach- und IT-Kompetenzen von Fachkräften der Energieberatung systematisch zu entwickeln. Das StaySmart-Qualifizierungskonzept untergliedert sich in eine Workshop-Serie und ein StaySmart-Lernsystem. Die durch eine Workshop-Serie eruierten Lerninhalte befähigen Fachkräfte in der Energieberatung dazu, sich spezifische Fach- und IT-Kompetenzen innerhalb des StaySmart-Lernsystems selbst zu erarbeiten, mit anderen Energieberatern Wissen auszutauschen und dieses zu dokumentieren. Dabei ist eine im Arbeitsalltag integrierte Kompetenzmessung notwendig, um die Energieberater in ihrem Lernprozess zu begleiten und sie durch Feedback zu unterstützen (Erpenbeck u. von Rosenstiel, 2007). Im Arbeitsprozess ablaufende Tätigkeiten beruhen dabei in hohem Maße auf Erfahrungswissen. Daher adressiert der vorliegende Beitrag folgende Forschungsfrage: Wie können Kompetenzen von Energieberatern/-innen erhalten, bewahrt und ausgetauscht werden, um Wissen in Unternehmen zu bewahren und ein lebenslanges Lernen zu fördern?

Um sicherzustellen, dass das StaySmart-Qualifizierungskonzept die relevanten theoretischen Konzepte berücksichtigt, wird ein Theory-Driven-Design-Ansatz nach Briggs (2005) verfolgt. Der Ansatz dient dazu, Kollaborationssysteme auf Basis von wissenschaftlichen Theorien zu gestalten. Auf Basis von theoriegeleiteten vorherigen Überlegungen ist es möglich, neuartige und besonders leistungsfähige Gestaltungsmöglichkeiten für Informationssysteme zu entwickeln (Briggs, 2005).

Nach Einführung der Problemstellung und Motivation dieses Beitrags stützt sich der ▶ Abschn. 7.2 auf die theoretischen Grundlagen und die daraus folgenden Anforderungen an das StaySmart-Qualifizierungskonzept. ▶ Abschn. 7.3 stellt die Umsetzung der theoriebasierten abgeleiteten Kompetenzanforderungen vor. Darauf aufbauend wird erläutert, wie die vorab identifizierten Anforderungen und Kompetenzkonzepte innerhalb des StaySmart-Lernsystems implementiert werden. Da sich das StaySmart-Qualifizierungskonzept noch in der Implementierungsphase befindet (▶ Abschn. 7.4), schließt der Beitrag mit einem Fazit und Erläuterungen zur geplanten Evaluation ab. Weiterhin wird ein Einblick gegeben, wie das Konzept in Zukunft noch weiterentwickelt und etabliert werden kann, um es unterschiedlichen Betrieben aus der Energiebranche zugänglich zu machen.

7.2 Ableitung von theoretischen Anforderungen für das StaySmart-Qualifizierungskonzept

Für die Entwicklung des StaySmart-Qualifizierungskonzeptes wird das theoriegestützte Vorgehen nach Briggs (2005) gewählt. Daher werden im Folgenden die theoretischen Grundlagen erläutert, aus denen Anforderungen für das StaySmart-Qualifizierungskonzept abgeleitet werden.

7.2.1 Die Rolle und Bedeutung von Kompetenzen

Der Kompetenzbegriff umfasst fachlich-methodische, personale, sozial-kommunikative sowie aktivitäts- und umsetzungsorientierte Kompetenzen (Erpenbeck u. von Rosenstiel, 2007). Im Zuge des lebenslangen Lernens, vor dem Hintergrund des demografischen Wandels, sind präventive Maßnahmen notwendig, die mit die Arbeitsplatz und der Arbeitsumgebung harmonieren. Die zentrale Fragestellung bei der Feststellung individueller Kompetenzen beschäftigt sich damit, wozu Lernende als Ergebnis eines Lernprozesses in der Lage sind (Stratmann et al., 2009). Dies macht die Definition von Lernzielen zu Beginn eines Lernprozesses erforderlich, die das notwendige Wissen und die Kompetenzen ausdrücken, über die der Lernende am Ende eines Lernprozesses verfügt.

Der Aufbau, Erhalt und Austausch arbeitsrelevanter Fach- und IT-Kompetenzen direkt im Arbeitsalltag erfordern eine geeignetes Instrument zur Kompetenzmessung. Es gibt das **summative Assessment**, bei dem die Kompetenzmessung nur am Ende eines Lernprozesses erfolgt (beispielsweise nach einer Qualifizierungsmaßnahme durch eine Prüfung; Erpenbeck u. von Rosenstiel, 2007); Lernende erhalten dann ein Feedback zu ihrem Leistungsstand, können jedoch in ihrem Lernprozess keine Steuerung mehr vornehmen, da dieser abgeschlossen ist. Durch das **formative Assessment** erhalten Lernende in den Lernprozess integrierte Tests sowie Selbstein-schätzungsmöglichkeiten und Feedback zu ihrem bisher erreichten Leistungsstand. Das forma-tive Assessment begleitet Lernende somit durch den Lernprozess, liefert kontinuierlich Feed-back und fördert dadurch die Motivation und selbstgesteuertes Lernen (Vermunt, 1998). Das formative Assessment ist daher zur Begleitung des Lernprozesses dem summativen vorzuziehen.

Um Kompetenzen ganzheitlich zu adressieren, ist darüber hinaus eine Orientierung anhand der **kognitiven Lernzielebenen**, entwickelt von Bloom (1956) und angepasst von Anderson et al. (2001), sinnvoll. Unterschieden werden sechs kognitive Lernzielebenen (Erinnern, Verstehen, Anwenden, Analysieren, Beurteilen, Gestalten), die aufeinander aufbauen, sodass ein steigender Komplexitäts-grad erreicht wird. Je höher die kognitive Lernzielebene ist, umso höher fällt die kognitive Denklei-stung des Lernenden aus, die zur Lösung von Aufgaben und der Wiedergabe bzw. Anwendung von Wissen gefordert ist. Im Bereich der höheren Lernzielebenen erfolgt die Bearbeitung individuell.

Weiterhin besteht die Möglichkeit des **Kompetenzaustausches** und der Interaktion mit anderen Fachkräften der Energieberatung. Eine große Herausforderung besteht darin, über alle sechs kognitiven Lernzielebenen hinweg passende Messinstrumente festzulegen, um den Lerner-folg einschätzen und individuell Feedback geben zu können. Bisher beschränkt sich die Feststel-lung des Lernerfolges mit den Möglichkeiten der IT-Unterstützung zumeist auf standardisierte Wissensabfragen und Selbsteinschätzungsskalen (Kerres, 2001). Damit wird der Lernerfolg auf den niedrigen Lernzielebenen (Erinnern, Verstehen, Anwenden; Anderson et al., 2001) festge-stellt, welche auf deklarativem Wissen beruhen (Fischer et al., 2000). Das Messen des Lerner-folges auf hohen Lernzielebenen (Analysieren, Beurteilen, Gestalten) erfordert komplexe Mes-sinstrumente, die dadurch charakterisiert sind, dass Lernende die Lösung selbst verfassen (z. B. umfangreiche Freitextaufgaben, Verfassen von Stellungnahmen, Essays). Eine Überprüfung ist sehr zeitintensiv und ressourcenaufwendig und eine IT-gestützte Anwendung zur Integration in ein Lernsystem und zur individuellen Nutzung im Arbeitsprozess bislang kaum möglich.

7.2.2   Sicherung von informellen und formellen Wissensbeständen

Die Erschließung von Wissen und dessen Verfügbarmachen in Unternehmen stellt einen essen-ziellen Wettbewerbsfaktor und eine grundlegende Bedingung für lebenslanges Lernen dar. Der Begriff Wissen umfasst die Gesamtheit von Kenntnissen und Fähigkeiten, die Individuen zur Lösung von Problemen einsetzen (Probst et al., 2006), sowie theoretische Erkenntnisse, prak-tische Alltagsregeln und Handlungsweisen. Personengebundenes Wissen wird von Individuen konstruiert und repräsentiert deren Erwartungen über Ursache-Wirkungs-Zusammenhänge (Probst et al., 2006). Auf diese Weise entsteht eine organisationale Wissensbasis, welche sich aus individuellen und kollektiven Wissensbeständen zusammensetzt und Unternehmen Hilfestel-lung bei der Lösung von Aufgaben bietet. Organisationale Lernprozesse entstehen, indem sich die organisationale Wissensbasis verändert, ein kollektiver Bezugsrahmen geschaffen und die organisationale Problemlösungs- und Handlungskompetenz erhöht wird (Probst et al., 2006).

Insofern gewinnt **informelles Lernen** zunehmend an Bedeutung (Faust u. Holm, 2001). Informelles Lernen findet, anders als das formelle Lernen, weder in einer Bildungsinstitution statt noch schließt es mit einem Abschlusszertifikat ab (Probst et al., 2006). Vielmehr weist es eine geringe Strukturierung auf und ist selten explizit dokumentiert. Dieses Wissen ist häufig nur unstrukturiert in den Köpfen von Individuen verfügbar und wird auf unbewusste Art und Weise weitergegeben. Die informell, im Unternehmen oder außerhalb davon, erworbenen Kompetenzen spielen eine entscheidende Rolle für die individuelle Anpassung an die sich ständig veränderbaren kognitiven Anforderungen der Arbeitswelt. Für Unternehmen ist es eine notwendige Bedingung, dieses Wissen verfügbar zu halten (Faust u. Holm, 2001). Das Verfügbarmachen und die damit verbundene Kodifizierung informellen Wissens stellen für Unternehmen daher eine Herausforderung dar.

Eine wichtige Komponente ist das selbstgesteuerte Lernen sowie der Austausch mit anderen Lernenden. Der Besuch von Weiterbildungen in regelmäßigen Zeitintervallen allein reicht nicht aus, um sich fortwährend weiterzubilden, Wissen anzueignen und Kompetenzen aufzubauen. Bei dem **selbstgesteuerten Lernen** regulieren Lernende ihre Lernaktivitäten selbst und überwachen ihren Lernprozess. Um Lernende in ihrer Aktivität zu unterstützen, ist es eine notwendige Bedingung, dass Möglichkeiten zur Wissensüberprüfung existieren, die Lernende selbst durchführen können und über die sie direkt im Anschluss eine automatische Auswertung erhalten (Faust u. Holm, 2001). Zusätzlich wirkt dieses fördernd für die Motivation der Lernenden, wenn sie Feedback erhalten und somit ihren Lernfortschritt selbst einschätzen können (Probst et al., 2006).

Daneben stellt der **Austausch mit anderen Lernenden** eine wichtige Komponente für den Kompetenzaufbau dar und bietet Möglichkeiten der Explikation und Reflexion von Wissen. Ansätze des Peer-Lernens adressieren das Lernen von und mit anderen Lernenden (Topping, 2005). Durch die Interaktion mit anderen Lernenden werden kognitive Prozesse angestoßen, Denkanstöße gegeben sowie die individuelle Reflexions-, Kooperations- und Kommunikationsfähigkeit gefördert (Oeste-Reiß et al., 2016).

Um eine Kodifikation informellen Wissens zu stimulieren, ist daher eine Strukturierung der Interaktionsprozesse der Lernenden notwendig.

7.2.3   Gamification zur Erhöhung der Lernmotivation

Lernende zu einer langfristigen Nutzung von Informationssystemen zu motivieren, gibt es zahlreiche Maßnahmen. Ein bewährtes Konzept zur Steigerung der Motivation von Lernenden ist der Gamification-Ansatz, mit dem Individuen nachweislich dazu motiviert werden, ein Informationssystem aktiver zu nutzen (Deterding et al., 2011). Dazu können Spielelemente, sogenannte **Gamification-Elemente**, genutzt werden. In Bezug auf Systeme, die im Bereich des Lernens und der Weiterbildung zum Einsatz kommen, können Gamification-Elemente durch die gesteigerte Motivation zu einem erhöhten Lernerfolg beitragen (Passos et al., 2011). Gamification kann wie folgt definiert werden:

>> Gamification ist die Verwendung von Spiel-Design-Elementen im nicht-unterhaltungs-basierten Kontext, mit dem Ziel, Motivation zu erzeugen und das menschliche Verhalten zu beeinflussen. (Deterding et al., 2011, S. 2256)

Insgesamt gibt es zahlreiche, unterschiedliche Elemente, die innerhalb eines Systems eingesetzt werden können (Thiebes et al., 2014). Eine Möglichkeit, die Elemente für ein System festzulegen und anzupassen, ist die Berücksichtigung der Selbstbestimmungstheorie (Ryan et al., 1990; Ryan u. Deci, 2000; Williams u. Deci, 1996). Demnach bezieht sich die Selbstbestimmungstheorie auf die intrinsische und extrinsische Motivation von Individuen. Die intrinsische Motivation ist die natürliche Bereitschaft, Herausforderung zu suchen und die eigenen Kompetenzen zu beweisen. Geschieht eine Aktivität jedoch, um einen Vorteil zu erhalten, z. B. in Form einer Prämie, die sich direkt auf eine Aufgabe bezieht, spricht man von extrinsischer Motivation (Ryan et al., 1990; Ryan u. Deci, 2000; Williams u. Deci, 1996). Durch die Selbstbestimmungstheorie werden drei menschliche Grundbedürfnisse angesprochen: Kompetenz, Autonomie und Verbundenheit. Werden alle drei Bedürfnisse adressiert, so sind Individuen zufrieden (Ryan et al., 1990).

Weiterhin könnten die Konstrukte der Selbstbestimmungstheorie in Zusammenhang mit Gamification-Elementen Individuen motivieren und somit zu einer erhöhten Systemnutzung und einem Lernerfolg beitragen (Ryan u. Deci, 2000). In Bezug auf die Ausgestaltung eines Lernsystems sollten Gamification-Elemente so ausgewählt und gestaltet werden, dass diese alle drei Konstrukte der Selbstbestimmungstheorie abbilden (Bouvier et al., 2014; Giesbrecht et al., 2014; Ke et al., 2012; Lee et al., 2015; Lichtenstein et al., 2015).

7.2.4   Anforderungen für Kompetenzaufbau, -erhalt, und -austausch

Aus den vorherigen theoretischen Annahmen lassen sich Anforderungen für den kollaborativen Kompetenzaufbau, -erhalt und -austausch ableiten. Die Liste der Anforderungen ergibt sich wie folgt:

1. Anwendung von Wissen: Lernende erhalten Übungsaufgaben auf unterschiedlichen Lernzielebenen zur individuellen Lösungserarbeitung.
2. Feedback zum Lernfortschritt: Lernende erhalten Feedback im Lernprozess auf unterschiedlichen Lernzielebenen.
3. Selbststeuerung des Lerntempos: Übungsaufgaben ermöglichen das persönliche Lerntempo und die individuelle Wiederholung.
4. Wissenstransfer: Lernende tauschen ihr Wissen und ihre Kompetenzen mit anderen aus, um von deren Erfahrungen zu lernen.
5. Soziale Interaktion: Lernende werden in soziale Interaktionen mit anderen Mitarbeitern involviert, um eine Reflexion von Wissen zu fördern und Kooperations- und Kommunikationsfähigkeit aufzubauen.
6. Strukturierung der Zusammenarbeit: Die soziale Interaktion von Lernenden wird in einer strukturierten und wiederholbaren Art und Weise als Regelprozess initiiert.
7. Verbindlichkeit: Lernende werden für ihre Lernaktivitäten verantwortlich gemacht, indem Lernfortschritte dokumentiert und Korrektheit der Wissenskodifikation durch andere Lernende sichergestellt wird.
8. Kodifikation von Wissen: Lernende strukturieren informelles Wissen in Gruppen, um dieses in einer erfahrbaren Art und Weise zu kodifizieren und es in Unternehmen verfügbar zu machen.
9. Lernerfolgsmotivation: Lernende werden durch Spielelemente über ihren Fortschritt und den damit verbundenen Lernerfolg informiert.

Wie die hier identifizierten Anforderungen innerhalb des StaySmart-Ansatzes mithilfe des Stay Smart-Qualifizierungskonzeptes adressiert werden, wird nachfolgend genauer erläutert.

7.3   Der StaySmart-Ansatz

Um den zuvor beschriebenen Anforderungen gerecht zu werden, sind Fachkräfte zu kontinuierlicher Weiterbildung angehalten. Speziell die Energiebranche ist ständig änderndem Wissen sowie neuen Technologien ausgesetzt (Leimeister et al., 2016). Zu der Zielgruppe der

Energieberater/-innen gehören nicht nur Ingenieure/-innen und Handwerker/-innen. Besonders deutlich wird dies, wenn man die verschiedenen Anbieter näher betrachtet, die Energieberatungen anbieten (Leimeister et al., 2016). Neben Architekten/-innen, Handwerkern/-innen, Schornsteinfegern/-innen und Umweltverbänden bieten auch Baustoffhändler/-innen, Ingenieure/-innen oder regionale Energieberatungsinstitute Energieberatungsleistungen an. Daneben gibt es weiterhin eine große Anzahl an freien Energieberatern und -versorgern. Zusammenfassend kann man festhalten, dass durch das StaySmart-Qualifizierungskonzept Energieberater/-innen aus allen Branchen gefordert werden, notwendige Fach- und IT-Kompetenzen aufzubauen, zu erhalten und auszutauschen.

Das zu realisierende Qualifizierungskonzept wird den Anforderungen beispielhaft für die Energiebranche gerecht und gliedert sich in Workshops zur Erarbeitung von Wissen (Stufe 1) sowie in ein Lernsystem für Erhalt und Austausch von Wissen (Stufe 2). ◻ Abb. 7.1 veranschaulicht den modularen Aufbau des Qualifizierungskonzeptes mit dessen einzelnen Bestandteilen. Auf diese Weise wird das in Stufe 1 identifizierte und dokumentierte Wissen in das Lernsystem (Stufe 2) überführt und nachhaltig zur Nutzung getragen.

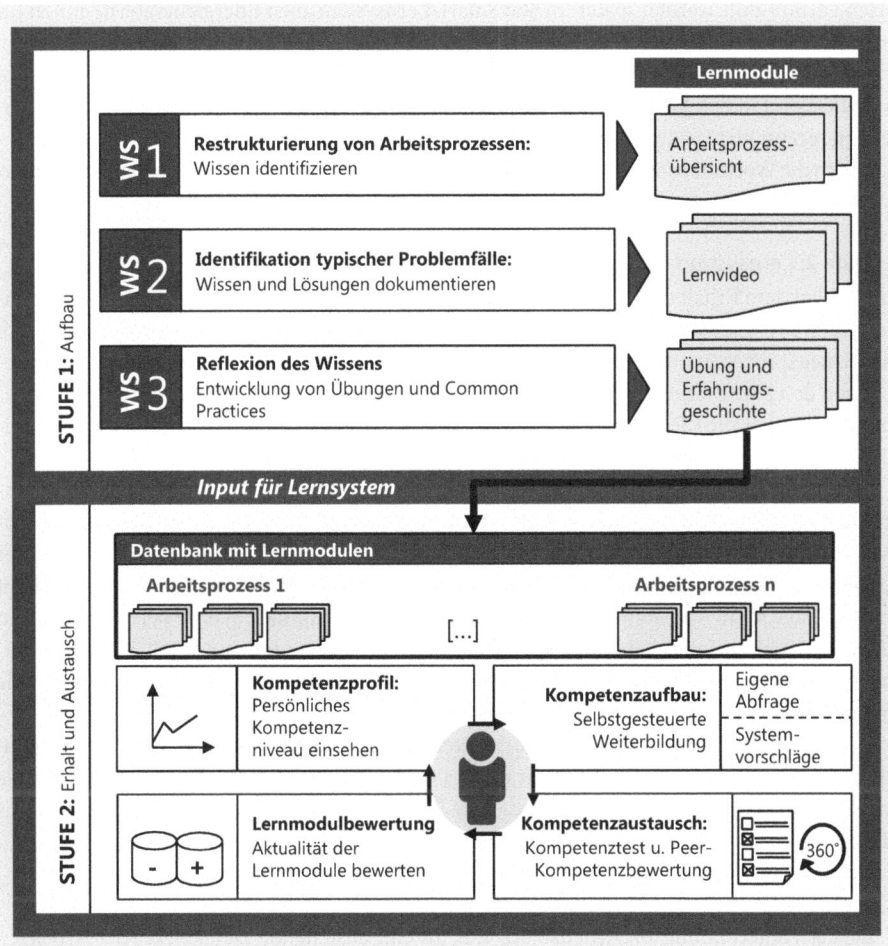

◻ **Abb. 7.1**   StaySmart-Qualifizierungskonzept

▪ **Stufe 1: Workshop-Serie**

Stufe 1 adressiert eine kollaborative Workshop-Serie mit Kleingruppen bestehend aus Fachkräften der Energieberatung. Die **Zielsetzung der Workshop-Serie** besteht in der Erschließung informeller Wissensbestände und deren Überführung in Lernmodule:

— Dies umfasst in Workshop 1 die Identifikation von Wissen sowie die Strukturierung von typischen Arbeitsprozessen;

— in Workshop 2 die Identifikation typischer Problemfälle inklusive der Erarbeitung von Lösungsvorschlägen sowie

— in Workshop 3 die Reflexion von Wissen in Form einer Erarbeitung von Übungsaufgaben und Erfahrungsgeschichten.

Durch die Gestaltung strukturierter Zusammenarbeitsprozesse werden in den Workshops die Teilnehmenden der Kleingruppe zu einer Dokumentation von Wissen und Erarbeitung von **nutzergenerierten Lernmodulen** befähigt. Die Lernmodule entstehen durch die Erschließung von Wissen in den drei Workshops, welches nach und nach aufgearbeitet und in konkrete Ideen umgesetzt wird. Die Workshops bauen dabei aufeinander auf, wodurch das Wissen weiterentwickelt wird, bis es schlussendlich in die Lernmodule überführt werden kann. Die nutzergenerierten Lernmodule werden später im StaySmart-Lernsystem allen Energieberatern/-innen für den individuellen Kompetenzerhalt und -aufbau zur Verfügung gestellt. Die Workshops dienen somit der Erarbeitung von relevantem Wissen zur Erweiterung der Fach- und IT-Kompetenz. Zusätzlich sind in den Workshops individuelle Kompetenzmessungen integriert, um Teilnehmenden regelmäßig Feedback über den Lernerfolg zu geben.

Durch die Workshops werden informelle Wissensbestände erschlossen, Arbeitsprozesse reorganisiert und Wissen strukturiert sowie dokumentiert.

▪ **Stufe 2: Lernsystem**

Stufe 2 dient dem Erhalt und Austausch von Kompetenzen und basiert auf den Ergebnissen aus Stufe 1, den Lernmodulen. Da jedes Lernmodul einen kleinen und abgegrenzten Wissensbereich eines Arbeitsprozesses umfasst, kann dieses flexibel in das Lernsystem integriert und bedarfsgerecht von den Fachkräften der Energieberatung abgerufen werden. Das Lernsystem steht breitenwirksam, über die Kleingruppen der Workshops hinaus, weiteren Fachkräften für den individuellen Kompetenzaufbau, -austausch und -erhalt zur Verfügung.

Im Lernsystem hat jeder/jede Energieberater/-in die Möglichkeit den individuellen Lernprozess zu gestalten: Über ein **persönliches Kompetenzprofil**, welches eine an den Arbeitsprozess angelehnte Übersicht absolvierter Lernmodule liefert, wird Feedback generiert und der individuelle Lernfortschritt angezeigt. Ein Monitoring individueller Lernprozesse ermöglicht dieses Feedback. Im nächsten Schritt erfolgt der Kompetenzaufbau. Wurde beispielsweise ein Lernmodul nicht erfolgreich abgeschlossen, sendet das Lernsystem automatisiert eine Erinnerung über den persönlichen Kompetenzstand inklusive Vorschlägen für zu absolvierende Lernmodule.

Daneben bietet das Lernsystem Möglichkeiten für ein von Nutzern/-innen gesteuertes **Kompetenzmanagement**. Bei einer Suchanfrage gibt das Lernsystem den Fachkräften Lernmodule aus, die als Basis- oder Vertiefungswissen dienen. Sie können aus zwei möglichen Anlässen heraus auf das Lernsystem zugreifen:

1. Nutzer/-innen stoßen bei der Ausübung ihrer Tätigkeit auf ein Problem und suchen nach der Lösung.

2. Bei der Weiterbildung am Arbeitsplatz, z. B. für eine anstehende Tätigkeit bei der Arbeit, können die Nutzer/-innen ebenfalls auf das Lernsystem zugreifen.

In einem weiteren Schritt folgt der Kompetenzaustausch zwischen den Nutzern/-innen. Die formative Kompetenzmessung von Nutzern/-innen erfolgt einerseits über Kompetenzmessinstrumente, die in Übungsaufgaben integriert sind. Andererseits erhalten diese über Selbsteinschätzungsskalen sowie ein 360°-Feedback mit Fremdeinschätzungen von Kollegen/-innen oder Vorgesetzten in regelmäßigen Zeitintervallen ein umfassendes Feedback. Über ein Evaluationssystem wird die Qualität und Aktualität der Lernmodule bewertet und ggf. eine neue Workshop-Serie angestoßen.

Nachfolgend werden die hier beschriebenen Aspekte des StaySmart-Ansatzes näher erläutert.

7.3.1 Kollaborative Erschließung informeller Wissensbestände

Die StaySmart-Workshop-Serie stellt einen essenziellen Bestandteil des Qualifizierungskonzeptes dar. Heutzutage ist es eine Herausforderung für Unternehmen, Mechanismen kooperativer Wissensgenerierung zu etablieren (Fuchs-Kittowski u. Prinz, 2005). Aufgrund des demografischen Wandels kommt es immer häufiger zu heterogenen Erfahrens- und Wissensständen. Mitarbeitenden verfügen über heterogenes Erfahrungs- und Fachwissen, sodass hohe Synergieeffekte durch kollaborativen Austausch möglich werden (Liu u. Matthews, 2005). Dabei verfügen jüngere Mitarbeitenden meist über aktuelles IT-Wissen, während ältere Mitarbeitende von umfangreichem Erfahrungswissen innerhalb ihres Berufsfeldes profitieren (Frosch, 2009; Pavitt, 2006). Durch eine Zusammenarbeit in heterogenen Teams wird das Ziel verfolgt, das Wissen der erfahrenen Mitarbeitenden im Unternehmen zu halten und die jüngeren Mitarbeitenden im Bereich der Fach-, Methoden- und Sozialkompetenz zu trainieren (Astor et al., 2006). Derartige Konstellationen gewinnen zunehmend an Bedeutung, um den individuellen Lernerfolg zu steigern und Fach- und Erfahrungswissen zu dokumentieren.

Ein Lösungsansatz für die Integration von informellen Wissensbeständen durch kollaborative Prozesse findet sich im Bereich des **Collaboration Engineering**. Hierdurch wird die systematische Gestaltung komplexer kollaborativer Gruppenprozesse zur Lösung von wiederkehrenden Aufgaben hin zu einem gemeinsamen Ziel verfolgt (Kolfschoten u. de Vreede, 2009). Dabei strukturieren Mitarbeitende informelles Wissen innerhalb der Gruppenarbeit so, dass es innerhalb des Unternehmens verfügbar gemacht werden kann.

Der StaySmart-Ansatz greift die Aspekte des Collaboration Engineering über das Stay Smart-Qualifizierungskonzept auf und ermöglicht eine Verbindung des individuellen und kollaborativen Lernens sowie eine Adressierung von höheren Lernzielebenen. Fachkräfte der Energieberatung werden durch die dreiteilige Workshop-Serie dazu befähigt, durch eine strukturierte Zusammenarbeit, ihr vorhandenes Wissen systematisch aufzubereiten. Innerhalb des ersten Workshops werden Arbeitsprozesse restrukturiert, für die im zweiten Workshop typische Problemfälle identifiziert werden. Abschließend wird das zuvor identifizierte Wissen reflektiert, um so Übungsaufgaben und Erfahrungsgeschichten generieren zu können. Das hierdurch aufbereitete Wissen wird in Lernmodule überführt, um es innerhalb der Unternehmen für jeden Nutzer zur individuellen Wissensanwendung und -überprüfung verfügbar zu machen.

Individuelle Wissensanwendung und -überprüfung

Vor allem vor dem Hintergrund des lebenslangen Lernens wird der Lernende zunehmend gefordert, sein Lernen selbst zu überwachen und selbst zu steuern. Das selbstgesteuerte Lernen meint somit die Fähigkeit, selbstorganisiert zu denken und zu handeln (Erpenbeck u. von

Rosenstiel, 2007). Die zu Beginn eines Lernprozesses definierten Lernziele drücken das notwendige Wissen und die Kompetenzen aus, über die der Lernende am Ende eines Lernprozesses verfügen soll. Die Kompetenzmessung definiert sich also über die Lernziele (Bayer et al., 2013), überprüft die Erreichung eines Lernzieles und kontrolliert, ob ein gewünschter Leistungsstand erreicht wurde.

Den Lernenden wird innerhalb der Lernmodulbearbeitung fortwährend Feedback zu ihrem bisher erreichten Leistungsstand gegeben. Dies erfolgt durch in den Lernprozess integrierte Tests sowie Selbsteinschätzungsmöglichkeiten. Die Tests umfassen Aufgaben auf den niedrigen Lernzielebenen, die die in den Lerneinheiten erworbenen Kenntnisse in Form von Übungsaufgaben und Wissenstests überprüfen. Hierbei gibt es generell drei verschiedene Wissenstestarten, die niedrige Lernzielebenen unterstützen.

— Lernziele auf der Ebene „Erinnern" werden als Ja- oder Nein- bzw. Wahr- oder Falsch-Fragen gestellt, wobei mehrere Antwortmöglichkeiten richtig sein können (Hofmeister, 2005; Mayer et al., 2009; Metzger et al., 1993; Weinert, 2001). Die Lösung wird als Kurzantwortaufgabe dargestellt.

— Lernziele zum „Verstehen" integrieren ebenfalls Ja- oder Nein- bzw. Wahr- oder Falsch-Fragen. Sie integrieren jedoch Kurzantworten, durch die das Verständnis zu einem Themenbereich besser abgefragt werden kann (Hofmeister, 2005; Mayer et al., 2009; Metzger et al., 1993; Weinert, 2001).

— Lernziele, die sich auf den Bereich der „Anwendung" konzentrieren, integrieren Aufgaben mit mehreren Antwortmöglichkeiten oder Reihenfolgeaufgaben. Antworten werden in Form von Freitexten gegeben.

Lernende müssen vor und nach der Bearbeitung ihren Kompetenzstand einschätzen und bekommen durch die Testergebnisse ihre tatsächlichen Ergebnisse angezeigt. Das Lernen erfolgt so zielgerichteter, und Lernende als Individuen sind aktiver in ihren Lernprozess integriert und können noch besser die Verantwortung für ihre Lerntätigkeiten steuern. Um die Aktualität der Lernmodule zu gewährleisten, werden Bewertungsskalen integriert, durch die Lernenden einen möglichen Überarbeitungsbedarf signalisieren können. Bei einer entsprechend schlechten Bewertung wird eine neue Workshop-Serie angestoßen, durch die wiederum neue Inhalte generiert werden.

Kollaborative Wissensüberprüfung

Damit die Fachkräfte der Energieberatung individuell Feedback auf die in den Lernmodulen erzielten Leistungen und den Wissensstand erhalten, findet die didaktische Methode des **Peer-Assessments** innerhalb des StaySmart-Qualifizierungskonzeptes Anwendung. Beim Peer-Assessment beurteilen die Teilnehmenden einzeln wechselseitig den Wert oder die Qualität der Arbeit eines anderen mithilfe von Feedback oder Bewertungspunkten entsprechend vorher festgelegter Kriterien (Boud u. Falchikov, 2007).

Die Arbeit umfasst dabei in der Regel Aufgaben, die höhere Lernzielebenen ansprechen. Demnach werden im Bereich Analysieren zunächst umfangreiche Freitextaufgaben angewendet (Hofmeister, 2005). Lernziele im Bereich Evaluieren integrieren sowohl Freitextaufgaben als auch Erarbeitungen, die ein Selbststudium, beispielsweise im Rahmen eines Weiterbildungskurses, verlangen. Hierzu zählen beispielsweise die Konzepterstellung oder das Verfassen von Thesenpapieren. Ebenso verhält es sich bei Lernzielen im Bereich Erschaffen, in dem es darum geht, neuartige Lösungsaspekte, z. B. in Form von Freitexten, zu diskutieren (Mayer et al., 2009). Innerhalb des Peer-Assessments kommt die sogenannte Peergroup zum Tragen, und es kann auf das Mitwirken eines Dozenten verzichtet werden. Das Peer-Assessment wirkt sich positiv auf den individuellen Lernprozess aus (Tseng u. Tsai, 2007) und gestattet dem Anwender, in diesem Fall den Fachkräften der Energieberatung, mangelndes Wissen und Missverständnisse frühzeitig zu identifizieren (Mayer et al., 2009).

Der intelligente Einsatz von IT unterstützt bei der Automatisierung des Peer-Assessments und hilft dabei Änderungen im Prozess zu verfolgen (Davenport, 2013). Darüber hinaus ermöglicht die IT-Unterstützung das orts- und zeitunabhängige Lernen (Gupta u. Bostrom, 2009; Lehmann et al., 2012).

Das Peer-Assessment ist bei unterschiedlichen Gruppengrößen einsetzbar, benötigt aber mindestens drei Teilnehmende. Die Anwendung des Peer-Assessments sieht vor allem folgende Vorteile gegenüber dem Korrigieren allein durch einen/eine Trainer/-in oder Dozent/-in:

- **Logistisch:** Nehmen Lernende Feedback und Bewertung anderer Leistungen vor, kann der Trainer oder Dozent wertvolle Zeit einsparen (Sadler u. Good, 2006).
- **Pädagogisch:** Die Überprüfung von Antworten auf Richtigkeit verschafft dem Lernenden ein noch tieferes Verständnis über die Lerninhalte. Durch das Lesen von Arbeiten anderer kann man selbst seine eigenen Kenntnisse vertiefen und durch andere Sichtweisen neue Ideen erhalten (Sadler u. Good, 2006).
- **Metakognitiv:** Lernende werden sich der eigenen Stärken und Schwächen bewusst (Tahir, 2012) und können ihre eigenen Leistungen, zumindest für einen Teil, mit denen der Peers vergleichen und beurteilen (Darling-Hammond et al., 1995). Darüber hinaus verbessern Lernende ihre Fähigkeiten zum kritischen Denken sowie ihre Bewertungs- und Reflexionsfähigkeiten (Topping, 2005).
- **Affektiv:** Lernende können das Feedback der Peers wertvoller empfinden als nur eine Note durch Trainer/-innen oder Dozenten/-innen (Sadler u. Good, 2006).

Die Fachkräfte der Energieberatung nehmen bei der Anwendung des Peer-Assessments eine lehrende Rolle ein und werden thematisch zu Experten/-innen. Darüber hinaus eignen sich die Fachkräfte Kompetenzen in Bezug auf Problemlösung, kritisches Denken, Bewertung anderer, Selbststeuerung und Selbstreflexion an. Der Erhalt von Feedback erleichtert die Planung eigener Lernaktivitäten und unterstützt somit das selbstgesteuerte Lernen. Durch die Anwendung des StaySmart-Lernsystems und den Umgang mit digitalen Medien verstärken die Energieberater/-innen ebenso ihre IT-Kompetenz. Für die IT-Unterstützung des Peer-Assessments findet das Workshop-Modul im StaySmart-Lernsystem Anwendung.

Zur Strukturierung des Prozesses wird den Fachkräften ein Ablaufplan gegeben, der die zeitlichen Fristen darstellt. Für jeden einzuhaltenden Termin wird es zusätzlich Beschreibungen mit genaueren Informationen geben, was in dem jeweiligen Prozessschritt zu tun ist. Zusätzlich werden kurze Videosequenzen die Bedienung des Workshop-Moduls erläutern, um zu verhindern, dass Bedienungsprobleme auftreten.

Schritt 1   In einem ersten Prozessschritt hat jeder Lernende alleine die Lösung zu der Freitextaufgabe in intensiver Auseinandersetzung mit den Lerninhalten zu bearbeiten. Innerhalb einer festgelegten Frist muss jeder Lernende seine Lösung in anonymisierter Form in das StaySmart-Lernsystem hochladen. Das Lernsystem verteilt anonym und randomisiert die Lösung zur Aufgabe. Damit die Aufgabe die hohen kognitiven Lernziele adressiert, muss die Aufgabenstellung komplex sein und erfordern, dass der Lernende selbst die Lösung verfasst. Zur Lösungserstellung muss es erforderlich sein, dass ein tiefer Austausch mit den Lerninhalten erfolgt, Themen miteinander kombiniert werden sowie eigene Argumente gefunden und formuliert werden müssen.

Schritt 2   Automatisch über das Lernsystem erfolgt die Verteilung der Lösung eines Einzelnen an die Peers. Das Peer-Assessment muss mindestens als 1:3-Assessment angelegt sein, d. h., jede Lösung wird von drei verschiedenen Peers begutachtet. Umgekehrt gibt jeder Lernende Feedback zur Lösung von drei verschiedenen Lernenden. Mithilfe eines Feedbackbogens begutachtet jeder Lernende die Lösungen anderer Lernender über ein quantitatives Feedback mit verschiedenen Kriterien sowie ein qualitatives Feedback. Beim qualitativen Feedback wird nicht nur der Fehler benannt, es werden auch genaue Erklärungen und Hinweise zum Fehler gegeben, bei denen ein klarer Bezug zur Aufgabe erkennbar ist und Lösungsbeispiele aufgezeigt werden (Narciss, 2006). Als Hilfestellung zum Geben von qualitativem Feedback gibt es Hinweise und Tipps für ein konstruktives Feedback. Die Kriterien im Feedbackbogen dienen dazu, die Fachkompetenz, die Qualität der Ausarbeitung sowie das Wissen entlang der sechs kognitiven Lernzielebenen einzuschätzen. Das Peer-Assessment erfolgt anonym. Bei dieser Form ist das Feedback präziser und ehrlicher (Bostock, 2000) und wirkt einer Beeinflussung des Feedbacks durch soziale Beziehungen entgegen (Boud u. Falchikov, 2007). Der Fokus liegt damit auf einer inhaltsbezogenen und objektiven Formulierung des Feedbacks.

Schritt 3   Im dritten Schritt empfängt jeder Lernende das an ihn gerichtete Feedback. Basierend darauf überarbeitet er zum einen seine Lösung, zum anderen kann er die Fremdeinschätzung bezüglich seines Wissensstandes mit seiner Selbsteinschätzung abgleichen.

Das Peer-Assessment verfolgt damit das Ziel, den Lernprozess für Kompetenzerhalt und -austausch durch Feedback zu unterstützen sowie die Interaktion der Lernenden untereinander und mit den Lerninhalten zu fördern. Gleichzeitig ergeben sich dadurch eine Steigerung der Wahrnehmung des selbsteingeschätzten Lernerfolges und der Zufriedenheit. Im Bereich der höheren Lernzielebenen erhalten Lernende Kompetenzen, um komplexe Aufgabenstellungen zu lösen. Dabei bekommen Lernende stets Feedback zu den erzielten Leistungen, was auf den höheren Lernzielebenen die Integration von anderen Lernenden erfordert (Tseng u. Tsai, 2007). Weiterhin transferieren Lernende im Bereich der höheren Lernzielebenen das erworbene Wissen, um dieses mit anderen auszutauschen und von anderen zu lernen (Mayer et al., 2009).

360°-Feedback

Wie in den Anforderungen identifiziert, sollten Lernende auf unterschiedlichen Lernzielebenen Feedback zu den von ihnen erreichten Leistungen erhalten. Das 360°-Feedback stellt hierbei einen eigenständigen Ansatz dar, welcher das Lernen dadurch fördert, dass andere Lernende oder bestimmte Personengruppen wie Dozenten die eigenständig erarbeiteten Lösungen beurteilen (Scherm u. Sarges, 2002). Erarbeitete Lösungen beziehen sich dabei auf Aufgaben der drei höheren Lernzielebenen.

Der Vergleich des Selbstbildes mit dem Fremdbild ermöglicht dabei die kritische Reflexion der eigenen Person. Lernende erhalten neue Lernimpulse aus ihrem Berufsfeld, indem sie einen Abgleich von Fremd- und Selbstbild vornehmen (Geake et al., 1998; Scherm u. Sarges, 2002). Hierbei werden Lernende dazu befähigt, einschätzen zu können, wo sie ihre Kompetenzen über- bzw. unterschätzen. Durch das 360°-Feedback erhalten Lernende so Feedback von mehreren Instanzen in konzentrierter Form. Lernende werden damit angeregt, den eigenen Standpunkt zu relativieren und aus unterschiedlichen Perspektiven zu beurteilen, wodurch Entscheidungsprozesse verbessert werden können (Scherm u. Sarges, 2002). Insgesamt sollte Feedback nicht mahnend oder tadelnd gegeben werden, denn konstruktives und bestärkendes Feedback von anderen ist hilfreich, um das Vertrauen in eigene Kompetenzen zu erhöhen (Romano, 1994).

Nicht zuletzt ist es durch 360°-Feedback möglich, Inhalte innerhalb des Lernsystems oder Weiterbildungskurses individueller auszuwählen und an den Kompetenzstand seiner Teilnehmer anzupassen (Scherm u. Sarges, 2002).

Innerhalb des StaySmart-Qualifizierungskonzeptes wird das 360°-Feedback in den Workshops durch die Zusammenarbeit und den aktiven Austausch zwischen den Teilnehmenden umgesetzt. Im Rahmen des StaySmart-Lernsystems erstellen Fachkräfte der Energieberatung Lösungsskizzen zu gestellten Aufgaben. Diese Skizzen werden im Sinne des 360°-Feedbacks von anderen Fachkräften bewertet und beurteilt.

7.3.2 Stimulierung und Erhalt der Lernmotivation durch Gamification

Zunächst adressieren die Anforderung der Selbststeuerung des Lerntempos und die damit verbundene individuelle Wiederholung die Autonomie von Individuen im Sinne der Selbstbestimmungstheorie (Ryan et al., 1990).

Das Gamification-Element **Status** dient dazu (Vassileva, 2012), Nutzer während der Systemnutzung durch entsprechende Meldungen fortlaufend über ihren individuellen Fortschritten zu informieren (Putz u. Treiblmaier, 2015). Dazu werden diese zu Beginn der Systemnutzung über die zuletzt getätigten Aktionen im StaySmart-Lernsystem informiert. Nach wie vor entscheiden Nutzer eigenständig, welche Aktion sie innerhalb des StaySmart-Lernsystem als nächstes durchführt.

Die Lernmodule schließen mit Wissenstests und Übungsaufgaben ab (▶ Abschn. 7.3.1). Innerhalb der Anforderungen adressieren die Wissenstests und Übungsaufgaben die Anwendung von Wissen und werden durch Gamification-Elemente unterstützt, welche im Kontext der Selbstbestimmungstheorie die Kompetenz und Verbundenheit anregen. In Bezug auf die thematische Nähe zur Energieberatung wäre beispielsweise denkbar, dass Nutzer die Reihenfolge einer Fensterinstallation wiedergeben müssen. Nutzer erhalten hierbei, unabhängig von der Art des Lernzieles, direktes Feedback zu ihrem Lernfortschritt. Das Feedback integriert hierbei den Fortschritt im Vergleich zu vorherigen absolvierten Lernmodulen. Dadurch wird im Sinne der Selbstbestimmungstheorie die Kompetenz zum selbstgesteuerten Lernen adressiert (Hofmeister, 2005; Mayer et al., 2009; Metzger et al., 1993; Weinert, 2001).

Hierbei geht es darum, dass Nutzer anhand ihrer eigenen Leistungen herausgefordert werden und in einer Art Wettbewerb ihre eigenen Leistungen übertreffen (Santhanam et al., 2016). Ein **Level** dient dazu, Nutzer herauszufordern und ihren Fortschritt und Kompetenzstand zu visualisieren. Je höher die adressierte Lernzielebene in Zusammenhang mit der erreichten Leistung, desto stärker ist der Fortschritt innerhalb des Levels. Um anhand des individuellen Fortschrittes zu motivieren, werden durch den Status Hinweise gegeben, wie weit Nutzer von einem höheren Level (Gnauk et al., 2012) entfernt sind und wie er seinen Kompetenzstand durch die Wiederholung eines Lernmoduls ausbessern kann.

Schlussendlich dienen spezifische **Ziele** dazu, die Verbundenheit im Kontext der Selbstbestimmungstheorie anzusprechen und um Wissen auf einer höheren Lernzielebene anzuwenden. Dazu sind Ziele auf die Bewertung und Begutachtungen von Problemlösungen anderer integriert, mit denen sich auch das Level weiterentwickelt. Weiterhin können Nutzer durch die Teilnahme und das Mitwirken an Workshops den Stand ihres Levels verbessern.

Neben den zuvor genannten Gamification-Elementen wird weiterhin ein **Lern-Avatar** integriert (Bjork u. Holopainen, 2004; Noels, 2001; Thiebes et al., 2014). Dieser erfüllt innerhalb des StaySmart-Lernsystems mehrere Funktionen. Der Lern-Avatar wird sich über eine visuelle Darstellung analog zum Level entwickeln (vgl. ▶ Abschn. 7.4). Weiterhin wird durch den Lern-Avatar der zuvor erwähnte Status angezeigt (Vassileva, 2012). Der Lern-Avatar gibt dem Lernenden somit Feedback zum Lernfortschritt und Empfehlungen dazu, wie beispielsweise dass Kompetenzlevel durch die Bearbeitung einer Lerneinheit verbessert werden könnte. Der Lern-Avatar visualisiert außerdem die Ziele, welche vor Beginn eines Lernmoduls angezeigt werden. Weiterhin wird der Lernende auf Wiederholungen hingewiesen, wenn ein Lernmodul schon länger nicht mehr absolviert wurde.

7.3.3   Anforderungsbasierte Umsetzung

Die in ▶ Abschn. 7.2.4 beschriebenen Anforderungen werden mithilfe des StaySmart-Ansatzes vollständig aufgegriffen. Zusammengefasst wurden die zuvor identifizierten Anforderungen über das StaySmart-Qualifizierungskonzept wie folgt umgesetzt:

1. Anwendung von Wissen:
   = Generierung von Übungsaufgaben durch kollaborative Zusammenarbeit
   = Lernmodulbasierten Wissenstests zur Adressierung von niedrigen Lernzielebenen
   = Workshops und Peer-Assessment zur Adressierung von höheren Lernzielebenen
2. Feedback zum Lernfortschritt:
   = Integration eines Lern-Avatars im StaySmart-Lernsystem
   = Nutzung von Skalen zur objektiven und subjektiven Kompetenzmessung
3. Selbststeuerung des Lerntempos:
   = Modularisierte Aufbereitung von Lernmodulen und Gewährleistung der Wiederholung
   = Kompetenzprofil im StaySmart-Lernsystem
4. Wissenstransfer:
   = Nutzung des Peer-Assessments
5. Soziale Interaktion:
   = Zusammenarbeit von Fachkräften der Energieberatung in Workshops
6. Strukturierung der Zusammenarbeit:
   = Bewertung der Aktualität von Lernmodulen zur Initiierung eines kollaborativen Regelprozesses
7. Verbindlichkeit:
   = Erstellung von Erfahrungsberichten durch Fachkräfte der Energieberatung
   = Nutzung des 360°-Feedbacks
8. Kodifikation von Wissen:
   = Workshop-Serie zur strukturierten Aufarbeitung von Erfahrungswissen
9. Lernerfolgsmotivation:
   = Integration der Spielelemente Level, Status, Ziele
   = Integration von Wettbewerbs- und Kollaborationskomponenten
   = Nutzung eines Lern-Avatars als Begleiter

7.4   Implementierung des StaySmart-Lernsystems

Zur Umsetzung des StaySmart-Lernsystems wird die im Hochschulkontext weitverbreitete Lernplattform Moodle genutzt. In diesem Zusammenhang wurde das Kompetenztool exabis integriert, welches eine Erfassung und Dokumentation von Kompetenzen ermöglicht. Die Startseite ist in ◘ Abb. 7.2. ersichtlich.

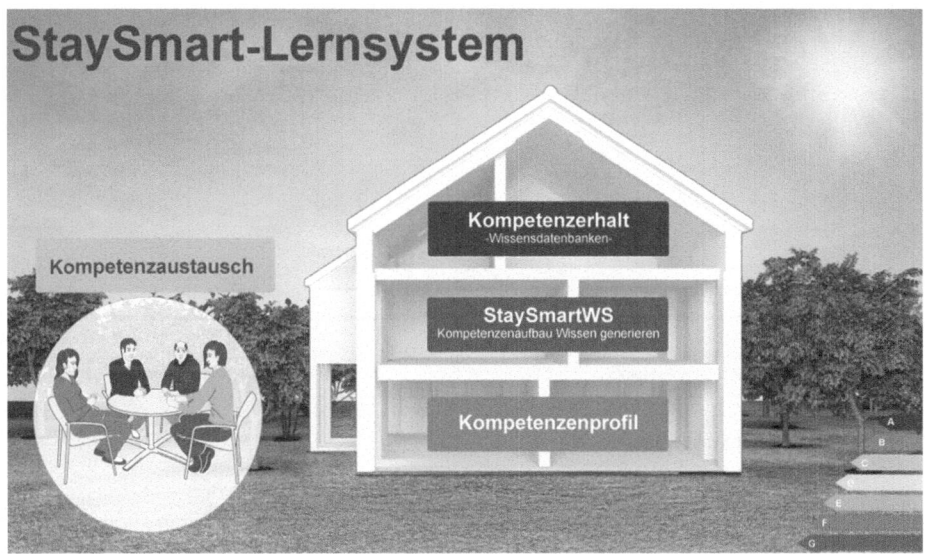

■ **Abb. 7.2**   StaySmart-Lernsystem

Die Bereiche **Kompetenzerhalt** und Kompetenzprofil beziehen sich auf das Einzellernen. Innerhalb des Bereiches Kompetenzerhalt können Fachkräfte der Energieberatung unterschiedliche Lernmodule absolvieren, welche innerhalb des Kompetenzprofils angezeigt werden. Dieses fokussiert im Wesentlichen den aktuellen Kompetenzstand des Fachkräfte, welcher sich aus den abgeschlossenen Lernmodulen, der Mitwirkung an Workshops, der Beteiligung am 360°-Feedback und den Ergebnissen der Wissenstests ergibt.

Um die **Kompetenzentwicklung** und das selbstgesteuerte Lernen zu fördern, wurden die zuvor angesprochenen Spielelemente in das StaySmart-Lernsystem integriert. Ein wesentliches Element stellt die Integration des Lern-Avatars und des Levels dar. Für die Umsetzung des Levels wurde das Energielabel für Häuser genommen. Dieses signalisiert im realen Einsatz, wie hoch der Energieverbrauch eines Hauses ist. Das niedrigste Level ist die Klasse „E" und das höchste und damit beste Level die Klasse „A+++". Anhand des jeweiligen Ergebnisses in einem Lernmodul entwickelt sich der aktuelle Stand des Levels (Gnauk et al., 2012). Ein hoher Energieverbrauch (roter Bereich) indiziert daher ein schlecht saniertes Haus. Ein niedriger Energieverbrauch (grüner Bereich) signalisiert analog einen geringen Verbrauch. Jeder hat zu Beginn der Nutzung des StaySmart-Lernsystems einen hohen Energieverbrauch, den er durch eine erfolgreiche Bearbeitung von Lernmodulen und Wissenstests verringern kann. Dieser wird darüber hinaus mit dem Lern-Avatar verbunden, der sich anhand des Energielabels mitentwickelt.

Die Bereiche **Kompetenzaustausch** und StaySmart-Workshops beziehen sich auf das Gruppenlernen und den Austausch mit anderen. Hier ist weiterhin ein Forum hinterlegt, in dem aktuelle Probleme oder Fragestellungen diskutiert werden können. Innerhalb des Bereiches Kompetenzerhalt sind die Lernmodule hinterlegt, deren Inhalte mithilfe der Workshop-Serie generiert wurden. Neben den Lernmodulen, die durch die Fachkräfte der Energieberatung alleine bearbeitet werden können, sind außerdem Lernmodule eingebunden, welche andere Fachkräfte und das 360°-Feedback integrieren.

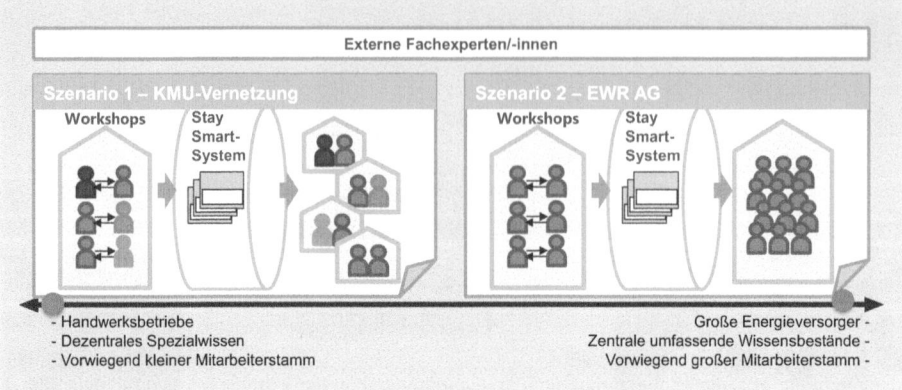

◘ Abb. 7.3   StaySmart-Evaluierungskonzept

Fazit und Ausblick

Zur Rolle von Kompetenzen in der Energieberatung

Die Erprobung des StaySmart-Qualifizierungskonzeptes – bestehend aus einer Workshop-Serie und dem StaySmart-Lernsystem – erfolgt in heterogenen Erprobungs-szenarien. Die Workshops werden iterativ erprobt, sodass Anpassungen vorgenommen und bei nachfolgenden Erprobungspartnern ggf. verbessert werden können. Das Lernsystem inklusive der in Peer-Creation entstandenen Lernmodule wird parallel bzw. nach Durchlauf einer Workshop-Serie in den einzelnen Erprobungsszenarien breitenwirksam getestet. Die iterative Erprobung bei den Akteuren/-innen aus der Energiebranche soll Anwendungstaug-lichkeit, Praktikabilität und Adaptierbarkeit sicherstellen sowie einen Ansatz liefern, um den spezifischen Rahmenbedingungen bei den Erprobungspartnern/-innen gerecht zu werden. Durch die frühzeitige und wiederholte Erprobung wird sowohl die Anwendungstauglichkeit des entstehenden StaySmart-Lernsystems insbesondere im Hinblick auf arbeitsplatznahe und selbstgesteuerte Lernabläufe sichergestellt als auch die Anwendbarkeit der entwickelten didaktischen Konzepte und Instrumente praktisch evaluiert. In Bezug auf das StaySmart-Lernsystem werden weiterhin das Nutzungs- und Motivationsverhalten der Energieberater/-innen im Umgang mit dem StaySmart-Lernsystem evaluiert. Hierbei werden zwei Aspekte erfasst:

— Es wird evaluiert, ob die Fachkräfte der Energieberatung durch die Aufbereitung und Gestaltung der Lernmodule und der Kompetenzmessmodelle das StaySmart-Lernsystem kontinuierlich nutzen und ob sie die Absicht haben, das System auch in Zukunft weiter zu nutzen (Venkatesh, 2000; ◘ Abb. 7.3).

— Durch die Integration von Gamification-Elementen innerhalb des StaySmart-Lernsystems werden die Fachkräfte der Energieberatung dazu motiviert, dass System kontinuierlich zu nutzen. Hierbei wird mithilfe von motivationsgeleiteten Konstrukten wie Spaß, Engagement und Flow-Erleben gemessen, inwieweit die integrierten Gamification-Elemente motivationssteigernde Wirkungen haben (Agarwal u. Karahanna, 2000).

Weiterhin wird der Lernerfolg der Fachkräfte der Energieberatung bei der Bearbeitung der Lernmodule und Wissenstests gemessen. Im Rahmen des Projektes kommt das

StaySmart-Qualifizierungskonzept in verschiedenen Erprobungsszenarien zum Einsatz: Es sind zwei Erprobungsszenarien vorgesehen, die sich u. a. in der Anzahl der Mitarbeitenden und damit einhergehend in dezentral und zentral vorhandenem Fach- und Erfahrungswissen der Mitarbeitenden unterscheiden. Da der demografische Wandel sowohl Groß- als auch Kleinunternehmen betrifft, besteht eine wesentliche Anforderung an die Bildung des StaySmart-Qualifizierungskonzeptes u. a. darin, Unternehmen unterschiedlicher Strukturen und deren Mitarbeitenden langfristig im Kompetenzaufbau, -austausch und -erhalt zu unterstützen.

Ein Szenario konzentriert sich auf ein Unternehmen mit einer großen Anzahl von Mitarbeitenden, in dem das Wissen zentral vorhanden ist. Damit einhergehend ist es dem Unternehmen in diesem Szenario möglich, zentral und intern eine eigene Workshop-Serie mit eigenen Mitarbeitenden und einigen Fachexperten/-innen von außen zu durchlaufen und damit eigenständig Lernmodule zu entwickeln. Dieses Szenario ist von der Zukunftsvision geleitet, dass große Unternehmen über entsprechende Personal- und finanzielle Ressourcen verfügen, um ein StaySmart-Qualifizierungskonzept mit Wissen zu füllen. Besonders in Bezug auf die Funktion und Verwaltung des StaySmart-Lernsystems kann das beteiligte Unternehmen eine eigenständige Verwaltung, Erweiterung und Editierung des Lernsystems vornehmen.

Ein weiteres Erprobungsszenario adressiert explizit KMU mit deutlich weniger personellen Ressourcen und finanziellen Mitteln. Dazu werden Mitarbeitende aus verschiedenen kleinen Fachbetrieben in einer Workshop-Serie zusammengebracht und erarbeiten hier gemeinsam ihr arbeitsprozessnahes Fach- und Erfahrungswissen in Form von Lernmodulen. Das StaySmart-Lernsystem wird als offenes System den unterschiedlichen KMU zur Verfügung gestellt, sodass deren begrenzte Anzahl an Mitarbeitenden flexibel auf eine große Wissensbasis zugreifen kann. Geleitet von der Zukunftsvision, dass KMU über unterschiedliches Spezialwissen verfügen, aber dennoch umfassendes Wissen in nahezu allen Bereichen benötigen, ermöglicht das StaySmart-Lernsystem diesen Betrieben einen Zugriff auf eine große Wissensbasis. Jeder kleine Betrieb kann auf diese Weise von den anderen profitieren. Da die Betriebe aber regional verschieden agieren, stehen sie nicht in direkter Konkurrenz zueinander. Aus finanzieller Sicht wird das StaySmart-Lernsystem in einem solch dezentralen Szenario für die KMU deutlich günstiger sein. Durch die flexiblen Einsatzmöglichkeiten, insbesondere die arbeitsplatznahe Verzahnung mit kurzen Lernsequenzen entstehen den KMU mit wenigen Mitarbeitenden keine hohen Ausfallzeiten für Weiterbildung ihrer wenigen Mitarbeitenden. In diesem Zusammenhang dient eine qualitative Inhaltsanalyse dazu, unterschiedliche Nutzergruppen zu identifizieren, um so nutzergerecht ohne konkurrierende Einflüsse ein Wissensnetzwerk aufzubauen.

Das StaySmart-Qualifizierungskonzept wird exemplarisch für den Bereich der Energieberatung entwickelt, es kann jedoch aufgrund der theoretischen Herleitungen branchenunabhängig angewendet werden. Durch das StaySmart-Qualifizierungskonzept wird damit eine neuartige Methode entwickelt, welche die Entwicklung von Kompetenzen in unterschiedlichen Arbeitsprozessen fördert. Das StaySmart-Lernsystem ist darüber hinaus durch die Anpassung an mobile Anwendungen flexibel einsetzbar, beispielsweise für Beratungen von Kunden/-innen vor Ort. Weiterhin leistet das StaySmart-Qualifizierungskonzept einen Beitrag zum sozialen Austausch und der Vernetzung von Mitarbeitenden in Unternehmen. Durch die Kombination einer Workshop-Serie mit einem IT-basierten Lernsystem werden Möglichkeiten zum aktiven Austausch und der Vernetzung gegeben. Dies ist besonders im Zeitalter des demografischen Wandels von großer Bedeutung. Das Wissen von erfahrenen und unerfahrenen Mitarbeitenden wird dabei gemeinsam aufgearbeitet und im StaySmart-Lernsystem bereitgestellt. Durch die Nutzung von Informationstechnologien bei der Integration der Inhalte in das StaySmart-Lernsystem werden diese einer großen Breite von Mitarbeitenden zur Verfügung gestellt und für das Unternehmen gesichert.das StaySmart-Qualifizierungskonzept wird langfristig so aufbereitet, dass es unabhängig von Branchenspezifika einsetzbar ist, um Wissen von Mitarbeitenden strukturiert aufzuarbeiten und in Lernmodule zu überführen, sodass diese mithilfe von Informationstechnologien effektiv bei ihren täglichen Arbeitsprozessen unterstützt werden.

Weiterführende Literatur und Links

- Lehmann, K., & Leimeister, J. M. (2015). Theory-driven design of an IT-based peer assessment to assess high cognitive levels of educational objectives in large-scale learning services. 23rd European Conference on Information Systems (ECIS 2015), Münster, Germany.
- Oeste-Reiß, S., Söllner, M., & Leimeister, J. M. (2016). Development of a peer-creation-process to leverage the power of collaboration knowledge transfer. Hawaii International Conference on System Sciences (HICSS), Kauai, Hawaii, USA, 2016.
- Schöbel, S., Lehmann, Oeste-Reiß, S., & Söllner, M. (2016). StaySmart – Individuelles und kompetenzorientiertes E-Learning im Zeitalter des demografischen Wandels. e-Learning Fachtagung Informatik (DeLFI), Potsdam, Germany.
- Webseite des Projektes StaySmart: http://projekt-staysmart.de/

Literatur

Agarwal, R., & Karahanna, E. (2000). Time Flies When You're Having Fun: Cognitive Absorption and Beliefs About Information Technology Usage. *MIS Quarterly* 24(4),665–694.

Anderson, L. W., Krathwohl, D. R., & Bloom, B. S. (2001). *A taxonomy for learning, teaching, and assessing: A revision of Bloom's taxonomy of educational objectives.* Boston: Allyn & Bacon.

Astor, M., Koch, C., Klose, G., Reimann, F., Rochhold, S., & Stemann, M. (2006). Zu alt, um Neues zu lernen? Chancen und Grenzen des gemeinsamen Lernens von älteren und jüngeren Mitarbeitern. *QUEM-Materialien der Arbeitsgemeinschaft Betriebliche Weiterbildungsforschung e. V. (AWBF)* 77, 1–165.

Bayer, M., Carle, U., & Wildt, J. (2013). *Brennpunkt: Lehrerbildung: Strukturwandel und Innovationen im europäischen Kontext.* Berlin, Heidelberg: Springer.

Bjork, S., & Holopainen, J. (2004). Patterns in game design (game development series). Boston: Charles River Media.

Bloom, B. S. (1956). Taxonomy of educational objectives: The classification of educational goals (2nd ed.). London: Longman.

Bostock, S. (2000). Student peer assessment. Learning Technology. https://www.cs.auckland.ac.nz/courses/compsci747s2c/lectures/paul/Student_peer_assessment_-_Stephen_Bostock.pdf. Zugegriffen: 21. März 2017.

Boud, D., & Falchikov, N. (2007). *Rethinking assessment in higher education: Learning for the longer term.* London: Routledge.

Bouvier, P., Sehaba, K., & Lavoué, É. (2014). A trace-based approach to identifying users' engagement and qualifying their engaged-behaviours in interactive systems: Application to a social game. *User Modeling and User-Adapted Interaction* 24(5),413–451.

Briggs, R. O. (2005). On theory-driven design and deployment of collaboration systems. *Journal of Human Computer Studies* 64(7),573–582.

Darling-Hammond, L., Ancess, J., & Falk, B. (1995). *Authentic assessment in action: Studies of schools and students at work.* New York: Teachers College Press.

Davenport, T. H. (2013). *Process innovation: reengineering work through information technology.* Brighton, MA: Harvard Business Press.

Deterding, S., Dixon, D., Khaled, R., & Nacke, L. (2011). From game design elements to gamefulness: Defining "Gamification". In *Proceedings of the 15th international academic MindTrek conference: Envisioning future media environments*. New York, NY: ACM.

Erpenbeck, J., & von Rosenstiel, L. (2007). *Handbuch Kompetenzmessung: Erkennen, verstehen und bewerten von Kompetenzen in der betrieblichen, pädagogischen und psychologischen Praxis* (2. Aufl.). Stuttgart: Schäffer-Poeschel.

Faust, M., & Holm, R. (2001). Formalisierte Weiterbildung und informelles Lernen. Berufliche Kompetenzentwicklung in formellen und informellen Strukturen. *QUEM-report. Schriften zur beruflichen Weiterbildung* 69, 67–108.

Fischer, F., Bruhn, J., Gräsel, C., & Mandl, H. (2000). Kooperatives Lernen mit Videokonferenzen: Gemeinsame Wissenskonstruktion und individueller Lernerfolg. *Kognitionswissenschaft* 9(1),5–16.

Frosch, K. (2009). Do only new brooms sweep clean? A review on workforce age and innovation. http://www.demogr.mpg.de/papers/working/wp-2009-005.pdf. Zugegriffen: 21. März 2017.

Fuchs-Kittowski, F., & Prinz, W. (2005). Interaktionsorientiertes Wissensmanagement. Frankfurt am Main: Peter Lang.

Geake, A., Oliver, K., & Farrell, C. (1998). *The application of 360 degree feedback survey*. Thames Ditton: SHL.

Giesbrecht, T., Pfister, J., & Schwabe, G. (2014). Designing IT-support for citizen advisory services: A self-determination theory perspective. *e-Service Journal* 9(1),60–84.

Gnauk, B., Dannecker, L., & Hahmann, M. (2012). Leveraging gamification in demand dispatch systems. *Proceedings of the 2012 Joint EDBT/ICDT Workshops*, 103–110.

Gupta, S., & Bostrom, R. P. (2009). Technology-mediated learning: A comprehensive theoretical model. *Journal of the Association for Information Systems* 10(9), 686.

Hofmeister, W. (2005). Erläuterung der Klassifikationsmatrix zum ULME-Kompetenzstufenmodell. Berufs-und Wirtschaftspädagogik online (8). http://www.bwpat.de/ausgabe8/hofmeister_bwpat8.shtml. Zugegriffen: 21. März 2017.

Ke, W., Tan, C.-H., Sia, C.-L., & Wei, K.-K. (2012). Inducing Intrinsic Motivation to Explore the Enterprise System: The Supremacy of Organizational Levers. *Journal of Management Information Systems* 29(3),257–290.

Kerres, M. (2001). *Multimediale und telemediale Lernumgebungen: Konzeption und Entwicklung*. München: Oldenbourg.

Kolfschoten, G. L., & de Vreede, G.-J. (2009). A design approach for collaboration processes: a multimethod design science study in collaboration engineering. *Journal of Management Information Systems* 26(1),225–256.

Lee, Y., Lee, J., & Hwang, Y. (2015). Relating motivation to information and communication technology acceptance: Self-determination theory perspective. *Computers in Human Behavior* 51, 418–428.

Lehmann, K., Thillainathan, N., Blitzer, P., & Leimeister, J. M. (2012). Performance Dashboard für Dozenten in der universitären Lehre. Multikonferenz der Wirtschaftsinformatik, Braunschweig, 487–496. http://pubs.wi-kassel.de/wp-content/uploads/2013/03/JML_344.pdf. Zugegriffen: 21. März 2017.

Leimeister, J. M.; Schöbel, S.; Lehmann, K., Oeste-Reiß, S., Söllner, M., Glavas, M., Hilbert, L., Kamsties, S. (2016). *Kompetenzen und Qualifikationen von Energieberatern: Eine qualitative Analyse des Energieberatungsmarktes*. Kassel: Wissenschaftlichen Zentrum für Informationstechnik-Gestaltung (ITeG).

Lichtenstein, Y., Abbott, P., & Rechavi, A. (2015). Engaging Students in an MIS Course through the Creation of E-Business: A Self-Determination Theory Analysis. *Communications of the Association for Information Systems* 36(1).

Liu, C. H., & Matthews, R. (2005). Vygotsky's Philosophy: Constructivism and Its Criticisms Examined. *International Education Journal* 6(3),386–399.

Mayer, H. O., Hertnagel, J., & Weber, H. (2009). *Lernzielüberprüfung im eLearning*. München: Oldenbourg.

Metzger, C., Waibel, R., Henning, C., Hodel, M., & Luzi, R. (1993). *Anspruchsniveau von Lernzielen und Prüfungen im kognitiven Bereich*. St. Gallen: IWP St. Gallen.

Narciss, S. (2006). *Informatives tutorielles Feedback – Entwicklungs- und Evaluationsprinzipien auf der Basis instruktionspsychologischer Erkenntnisse*. Münster: Waxmann.

Noels, K.A. (2001). New orientations in language learning motivation: Towards a model of intrinsic, extrinsic, and integrative orientations and motivation. *Motivation and Second Language Acquisition* 23, 43–68.

Oeste-Reiß, S., Söllner, M., & Leimeister, J. M. (2016). Development of a peer-creation-process to leverage the power of collaborative knowledge transfer. In Hawaii International Conference on System Sciences (HICSS), Kauai, Hawaii, USA. doi: 10.1109/HICSS.2016.103.

Passos, E. B., Medeiros, D. B., Neto, P. A. S., & Clua, E. W. G. (2011). Turning Real-World Software Development into a Game. *Proceedings of SBGames*, 260–269.

Pavitt, K. (2006). Innovation processes. In J. Fagerberg, & D. C. Mowery (eds.), *The Oxford Handbook of Innovation* (pp. 86–114). Oxford: Oxford University Press.

Pfeiffer, I., & Kaiser, S. (2009). *Auswirkungen von demographischen Entwicklungen auf die berufliche Ausbildung: BMBF, Referat Grundsatzfragen der Beruflichen Bildung*. Berlin: Bundesministerium für Bildung und Forschung (BMBF).

Probst, G., Raub, S., & Romhardt, K. (2006). *Wissen managen: Wie Unternehmen ihre wertvollste Ressource optimal nutzen* (5. Aufl.). Wiesbaden: Gabler.

Putz, L.-M., & Treiblmaier, H. (2015). Creating a Theory-Based Research Agenda for Gamification. Twentieth Americas Conference on Information Systems, Savannah, 2015.

Romano, C. (1994). Conquering the fear of feedback. *HR focus* 71(3),9–19.

Ryan, R. M., Connell, J. P., & Plant, R. W. (1990). Emotions in nondirected text learning. *Learning and Individual Differences* 2(1),1–17.

Ryan, R. M., & Deci, E. L. (2000). Self-determination theory and the facilitation of intrinsic motivation, social development, and well-being. *American Psychologist* 55(1),68–78.

Sadler, P. M., & Good, E. (2006). The impact of self-and peer-grading on student learning. *Educational Assessment* 11(1),1–31.

Santhanam, R., Liu, D., & Milton, S. W.-C. (2016). Gamification of technology-mediated training: Not all competitions are the same. *Information Systems Research*, 453–465.

Scherm, M., & Sarges, M. (2002). 360 Grad-Feedback. Göttingen: Hogrefe.

Stratmann, J., Preussler, A., & Kerres, M. (2009). Lernerfolg und Kompetenz: Didaktische Potenziale der Portfolio-Methode im Hochschulstudium. *Zeitschrift für Hochschulentwicklung* 4(1),90–103.

Tahir, I.H. (2012). A study on peer evaluation and its influence on college ESL students. *Procedia-Social and Behavioral Sciences* 68, 192–201.

Textor, M. (2016). Bevölkerung und Gesellschaft. http://www.zukunftsentwicklungen.de/gesellschaft.html. Zugegriffen: 21. März 2017.

Thiebes, S., Lins, S., & Basten, D. (2014). Gamifying Information Systems: A Synthesis of Gamification Mechanics and Dynamics. Twenty Second European Conference on Information Systems, Tel Aviv 2014. *Proceedings of the European Conference on Information Systems (ECIS)*, 1–17.

Topping, K.J. (2005). Trends in peer learning. *Educational Psychology* 25(6),631–645.

Tseng, S.-C., & Tsai, C.-C. (2007). On-line peer assessment and the role of the peer feedback: A study of high school computer course. *Computers & Education* 49(4),1161–1174.

Vassileva, J. (2012). Motivating participation in social computing applications: a user modeling perspective. *User Modeling and User-Adapted Interaction* 22(1),177–201.

Venkatesh, V. (2000). Determinants of perceived ease of use: Integrating control, intrinsic motivation, and emotion into the technology acceptance model. *Information Systems Research* 11(4),342–365.

Vermunt, J. D. (1998). The regulation of constructive learning processes. *British Journal of Educational Psychology* 68(2),149–171.

Wegge, J., Roth, C., Neubach, B., Schmidt, K.-H., & Kanfer, R. (2008). Age and gender diversity as determinants of performance and health in a public organization: The role of task complexity and group size. *Journal of Applied Psychology* 93(6), 1301.

Weinert, F. E. (2001). Vergleichende Leistungsmessung in Schulen – eine umstrittene Selbstverständlichkeit. In F. E. Weinert (Hrsg.), *Leistungsmessungen in Schulen* (S. 17–32). Weinheim: Beltz.

Williams, G. C., & Deci, E. L. (1996). Internalization of biopsychosocial values by medical students: A test of self-determination theory. *Personality Processes and Individual Differences* 70(4),767–779.

Innovationen und Kompetenzentwicklung – kleine und mittlere Unternehmen im Fokus

Herausforderungen für Kompetenzentwicklung in schnell wachsenden innovativen kleinen und mittleren Unternehmen

Bernd Kriegesmann, Thomas Kley, Alexander Knickmeier, Minela Balic, Birgit Ottensmeier, Stefanie Lauterbach, Hermann Monstadt, Ralf Hannes, Holger Pracht

© Springer-Verlag GmbH Deutschland 2018
D. Ahrens, G. Molzberger (Hrsg.), *Kompetenzentwicklung in analogen und digitalisierten Arbeitswelten,*
Kompetenzmanagement in Organisationen, https://doi.org/10.1007/978-3-662-54956-8_8

Zusammenfassung

Dass Kompetenzentwicklung als Innovationstreiber gelten kann, stellt einen disziplinenübergreifenden Konsens dar. Investitionen in die „Human Side of Innovation" werden jedoch in der Praxis immer wieder vernachlässigt. Dieses Spannungsfeld wird in diesem Beitrag mit Fokus auf schnell wachsende kleine und mittlere Unternehmen (KMU) analysiert: In der kritischen Wachstumsphase ergeben sich typische Kompetenzentwicklungsaufgaben wie die Rekrutierung und Integration neuer Talente, eine Überlastung von Schlüsselpersonen, die Gestaltung von Kommunikationswegen und Schnittstellenprobleme zwischen verschiedenen Tätigkeitsbereichen. Am empirischen Fallbeispiel eines Medizintechnikunternehmens werden Lösungsansätze aufgezeigt. Um eine Etablierung als innovatives Unternehmen zu unterstützen, ist ein ganzheitlicher Ansatz zu entwickeln, der vom schnellen Wachstum zu einem Pfad der kontinuierlichen Verbesserung überleitet.

Hintergrund ist das Verbundprojekt „ReFo – Ressourcenschonendes Arbeiten in der industriellen Forschung und Entwicklung", gefördert aus Mitteln des Bundesministeriums für Bildung und Forschung (nähere Informationen: http://www.refo-projekt.de/).

8.1   Einleitung: Kompetenzentwicklung in schnell wachsenden Unternehmen

Schon immer wurden Innovationen von kompetenten Menschen gemacht. Zündende Ideen mögen zufällig entstehen, doch diese Ideen hartnäckig weiterzuentwickeln, Hindernisse zu überwinden und letztlich Dienstleistungen, Produkte oder Geschäftsmodelle Wirklichkeit werden zu lassen – diese entscheidenden Innovationsschritte bedürfen kompetenter Fach- und Führungskräfte mit Handlungsfähigkeit, Leistungsbereitschaft sowie ermutigender und unterstützender Rahmenbedingungen. Ein fachdisziplinenübergreifender Konsens hat sich formiert, wonach Maßnahmen zur Kompetenzentwicklung als die Innovationsfähigkeit von Organisationen fördernd, vielleicht sogar aktiv vorantreibend angesehen werden (Baitsch, 1997; Langhoff et al., 2015; Staudt u. Kriegesmann, 2002).

Bei näherer Betrachtung erscheint der Zusammenhang von Kompetenzentwicklung und Innovation jedoch weniger gewiss (de Leede u. Looise, 2007): In der Unternehmenspraxis fehlt dem Human Resource Management vielfach noch die Anerkennung als „Business-Partner", der proaktiv Innovationsimpulse setzen kann (Pöhlsen-Wagner, 2011). Fraglich ist auch, ob eine antizipierende, potenzialaufbauende Kompetenzentwicklung – als Gegenentwurf zu einer nur reaktiv-anpassenden „Reparaturweiterbildung" – schon durchgreifend etabliert ist (Staudt, 1984). Eine Vernachlässigung der „Human Side of Innovation" wird als klassisches Entwicklungsproblem technologieorientierter Firmen gesehen (Kanter, 2006). Kompetenzentwicklung so zu gestalten, dass die Chancen für Innovationsfähigkeit eingelöst werden können, ist vielerorts eine offene Aufgabe.

Vor diesem Hintergrund besteht das Ziel dieses Beitrags darin, für die besondere Organisationsspezies der schnell wachsenden Unternehmen – „Gazelles, as they are sometimes called" (Hölzl, 2009, S. 59) – Herausforderungen der Kompetenzentwicklung herauszuarbeiten. Schnell wachsende Unternehmen stehen im Fokus des öffentlichen Interesses, da sie Arbeitsplätze schaffen, und entstehen in der Regel in Konsequenz einer innovativen technologischen

Abb. 8.1 Dynamische Unternehmensentwicklung

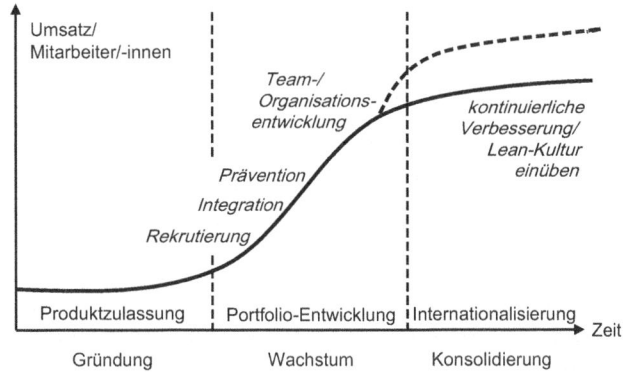

Problemlösung, die nicht nur im Labor entwickelt, sondern schon als innovatives Produkt und/ oder Dienstleistungsangebot am Markt platziert wurde (Voigt et al., 2003). Für diese Gruppe von jungen Unternehmen sind aus der Wissenschaft vielfältige Überlegungen etwa zur Beschaffung von Venture Capital oder zum Aufbau von Controlling-Systemen verfügbar (Achleitner u. Bassen, 2003). Neben diesen zentralen Unternehmensaufgaben stellen das Human Resource Management und die betriebliche Kompetenzentwicklung eher vernachlässigte Bereiche dar (Kotter u. Sathe, 1978).

Nach einer erfolgreichen Gründungsphase entstehen aber gerade bei innovationsstarken Jungunternehmen typischerweise „Wachstumsschmerzen": Zusätzliche Fach- und Führungskräfte sind zu rekrutieren und zu integrieren, und die Aufbau- und Ablauforganisation ist der expandierenden Geschäftstätigkeit stetig anzupassen. Wie können diese Kompetenzentwicklungsaufgaben der kritischen Wachstumsphase gemeistert und dabei Agilität und Effizienz aus der Gründungsphase erhalten werden? Und wie kann der Erfolg auf Dauer sichergestellt sowie eine Plateauphase der Etablierung und Konsolidierung vorbereitet werden? Die schematische Darstellung in ☐ Abb. 8.1 verknüpft idealtypische Phasen und exemplarische Meilensteine der Unternehmensentwicklung mit Kompetenzentwicklungsaufgaben.

Dieser Beitrag beruht auf empirischen Erfahrungswerten aus verschiedenen Unternehmenskontexten. Insbesondere stützen wir uns auf Eindrücke aus der phenox GmbH, einem innovativen, schnell wachsenden KMU der Medizintechnikbranche. Dieses Fallstudienunternehmen aus dem „German Mittelstand" wird in ▶ Abschn. 8.2 näher charakterisiert. An diesem Beispiel werden in ▶ Abschn. 8.3 typische Herausforderungen und Lösungsansätze für die Kompetenzentwicklung in der kritischen Wachstumsphase diskutiert. Ausgehend von einem weiten Verständnis von Kompetenzentwicklung geht es in ▶ Abschn. 8.3.1 um die Rekrutierung und Integration von Beschäftigten, in ▶ Abschn. 8.3.2 um psychische Belastung und individuelle Ressourcenstärkung, in ▶ Abschn. 8.3.3 um Möglichkeiten, den zur internen Informationslogistik wichtigen, jedoch im Zuge des Wachstums „zusammengebrochenen Flurfunk" zu ersetzen und in ▶ Abschn. 8.3.4 um Ansätze, das „Bereichsdenken" der am Produktentstehungsprozess beteiligten Funktionen zu überwinden. Die phenox GmbH befand sich zum Zeitpunkt dieses Beitrags in einem starken Wachstum. Überlegungen zur Kompetenzentwicklung im Übergang zur Konsolidierungsphase schnell wachsender Unternehmen in ▶ Abschn. 8.4 basieren daher auf Erfahrungen aus weiteren Unternehmenskontexten. Den Beitrag schließt ein Fazit mit einem Ausblick auf weiteren Forschungsbedarf ab.

8.2   phenox GmbH: „Leading Product Innovator" in der Medizintechnikbranche

Die phenox GmbH widmet sich seit ihrer Gründung im Jahr 2005 als „Leading Product Innovator" im Bereich neurovaskulärer Krankheiten der Entwicklung innovativer und wegweisender Technologien sowie Lösungen zur Behandlung von Aneurysmen und Schlaganfällen. Die Produkte werden von neuroradiologischen Spezialisten zur Behandlung von ischämischen und hämorrhagischen Schlaganfällen eingesetzt. Als eines der ersten Medizintechnikunternehmen weltweit entwickelte phenox einen aus den USA stammenden Ansatz weiter und ergänzte damit das rein medikamentöse Verfahren zur Behandlung von Schlaganfällen. Das Produktportfolio wächst kontinuierlich, im letzten Jahr sind vier neue Produktlinien auf dem Markt erschienen. Langfristig strebt das Unternehmen eine vollständige Abdeckung aller relevanten Produktgruppen im Bereich der interventionellen Neuroradiologie an.

Die mittelständisch geprägte deutsche Medizintechnikbranche, zu der die phenox GmbH zählt, zeichnet sich durch die Innovationsführerschaft in Europa aus und belegt weltweit Platz zwei (nach den USA). Wichtige Treiber lassen sich in der stetig wachsenden Anzahl der Patentanmeldungen sowie dem hohen Umsatzanteil, der für Forschung und Entwicklung aufgewendet wird, finden (BVMed, 2017; Europäisches Patentamt, 2016). Eine weitere Stärke der Branche liegt in den hohen Exportaktivitäten. Die wachsende Internationalisierung der Märkte bestimmt mithin das Innovationsgeschehen der KMU mit Medizintechnikexporten in die USA, China und in die europäischen Nachbarländer (Spectaris Fachverband für Medizintechnik, 2014).

Die phenox GmbH stellt mit einer außergewöhnlichen Unternehmensentwicklung ein Fallbeispiel für ein schnell wachsendes KMU dar: Für das Umsatzwachstum zwischen 2011 und 2014 wurde das Unternehmen zu einem „Wachstumschampion" gekürt (Focus, 2015). Auch bezogen auf die Mitarbeiterzahl hat die phenox GmbH einen starken Anstieg von sieben auf mehr als 140 Beschäftigte (Stand: Juli 2016) zu verbuchen. Gut ein Drittel der Beschäftigten ist in der Forschung und Entwicklung tätig. Eine weitere Wachstumsstrategie ist die Eröffnung einer Tochterfirma im irischen Galway. Der Standort Irland ist bei den Medizintechnikproduzenten sehr gefragt. Von den weltweit führenden 25 Herstellern medizintechnischer Produkte sind 17 auf der Insel vertreten (Germany Trade & Invest, 2015). Die Internationalisierung dient vor allem der Erschließung neuer Auslandsmärkte, insbesondere der US-amerikanische und chinesische Markt sollen durch die Tochterfirma bedient werden.

8.3   Kompetenzentwicklung im schnellen Wachstum: Herausforderungen und Lösungsansätze

In der Gründungsphase bestand die phenox GmbH aus einer gut abgestimmten, orientierten, leistungsbereiten, mithin „schlagkräftigen Keimzelle" aus Geschäftsführung und sieben Mitarbeitern/-innen, in der „jeder wusste, was zu tun ist". In dieser Konstellation wurde die erste Produktzulassung „in 1,5 Jahren statt der üblichen 4 Jahre" gewährleistet.

In der Wachstumsphase wurden mit der Ausweitung der Geschäftstätigkeit durch weitere Produktzulassungen und der Internationalisierung eine deutliche Vergrößerung der Belegschaft und mehrfache aufbau- und ablauforganisatorische Veränderungen mit neuen Hierarchieebenen erforderlich. Als einer der letzten Unternehmensbereiche wurde die Abteilung für „Human Resources" eingerichtet. Auch wenn die dynamische Wachstumsphase noch nicht beendet ist, zeichnet sich für das Unternehmen nach Einschätzung von Mitgliedern der Kernbelegschaft ab: „Der ‚Start-up-Garagen-Spirit' der Gründerphase ist verflogen."

In Konsequenz der dynamischen Unternehmensentwicklung bestehen in schnell wachsenden Unternehmen einerseits gute Gelegenheiten zur Kompetenzentwicklung durch das Bewältigen von Aufgaben in Innovationsprozessen. Die hier betrachteten Kontexte aus der Forschung und Entwicklung bieten gleichsam ein gutes Feld für arbeitsintegriertes Lernen. Andererseits entstehen durch das schnelle Wachstum spezifische Aufgaben für die betriebliche Kompetenzentwicklung. Am Beispiel der phenox GmbH werden einige dieser Herausforderungen nachfolgend skizziert. Als empirische Basis dienen leitfadengestützte Interviews mit Beschäftigten aus verschiedenen Funktionsbereichen und Vertretern/-innen des Managements.

8.3.1   Rekrutierung und Integration von neuen Beschäftigten

In schnell wachsenden Unternehmen besteht die offensichtliche Herausforderung, häufig in kurzer Zeit viele Fach- und Führungskräfte zu rekrutieren. Fachkräftesicherung ist – wie bei vielen Technologieunternehmen – auch bei der phenox GmbH eine prioritäre Aufgabe. Die Rekrutierungsstrategie fußt dabei im Kern auf zwei Säulen: Durch enge Zusammenarbeit mit der sehr dichten regionalen Hochschullandschaft im Ruhrgebiet konnte ein großer Teil des ingenieurwissenschaftlichen Bedarfs gedeckt werden. Ein wichtiges Instrument zur Fachkräftesicherung ist das duale Studienangebot, welches in Kooperation mit der Westfälischen Hochschule angeboten wird. Darüber hinaus versucht das Unternehmen, insbesondere in bestimmten „Arbeitsmarktnischen" erfolgreich zu sein. So konnte die phenox GmbH nach den Schließungen von Nokia und Opel in Bochum gezielt ältere und damit erfahrenere Mitarbeiter/-innen für die eigene Produktion anwerben. Zudem wird auch zur Mitarbeiterbindung großer Wert auf flexible Arbeitszeiten und die Vereinbarkeit von Familie und Beruf gelegt. Dies drückt sich im Ergebnis beispielsweise in einem überdurchschnittlichen Frauenanteil unter den ingenieurwissenschaftlichen Beschäftigten aus.

Jenseits der Rekrutierung stellt die Integration neuer Mitarbeiter/-innen eine herausfordernde Aufgabe in schnell wachsenden Unternehmen dar. Bis „High-Potentials ihre PS auf die Straße bringen können" und eigenständige Innovationsbeiträge zu leisten vermögen, vergeht einige Zeit. Das Nebeneinander von operativem Geschäft und der Einarbeitung neuer Mitarbeiter/-innen kann vor allem für Erfahrungsträger/-innen in der Forschung und Entwicklung, die in der Regel unter Zeitdruck stehen, einen belastenden Aspekt darstellen. Dennoch ist die gelungene Integration neuer Beschäftigter ein zentraler Erfolgsfaktor für die Kompetenzentwicklung im schnellen Wachstum. Da die Aufgaben in der Forschung und Entwicklung nicht nur fachliche Qualifikationen umfassen, sondern viele Fähigkeiten erst in Zusammenarbeit mit erfahrenen Kolleginnen und Kollegen erlernt werden, ist die Unterstützung einer mit den betrieblichen Abläufen vertrauten Person (Mentor/-in) in der Einarbeitungsphase eine sinnvolle Methode (Morgan u. Liker, 2006). Beispielsweise kann die Gewährung von Freiräumen, die eine kreativitätsfördernde und motivierende Bedeutung in der Forschungs- und Entwicklungsarbeit haben, in der Einarbeitungsphase zu Orientierungslosigkeit führen. An dieser Stelle sind Hilfestellungen von dem Mentor/der Mentorin unabdingbar, um die Ressourcen der neuen Mitarbeiter/-innen sowie des Unternehmens nicht zu verschwenden. Das operative Geschäft ist mithin so zu gestalten, dass es arbeitsintegriertes Lernen ermöglicht.

Im Fallbeispielunternehmen wird der Mentoring-Ansatz in der Abteilung für Forschung und Entwicklung praktisch umgesetzt. Erfahrene Produktentwickler/-innen werden neuen Beschäftigten zugeteilt, damit eine effektive Einarbeitung erfolgen kann. Die neuen Mitarbeiter/-innen können dadurch frühzeitig mit selbstständigen Teilprojekten betraut werden und lernen eigenverantwortlich zu arbeiten und sich bei wichtigen Fragen an ihren Mentor/ihre Mentorin zu wenden.

8.3.2   Schlüsselpersonen unter Druck

In der Wachstumsphase ist es notwendig, die „kompetente Keimzelle" der Gründungsphase zu ergänzen, Schlüsselpersonen durch Aufgabenumverteilung zu entlasten und – durchaus ambivalent für die betroffenen Personen – die Verantwortung auf mehrere Schultern zu verteilen. Der präventive Umgang mit Überlastung („Overload") wird als allgemeines Problem von schnell wachsenden Unternehmen beschrieben (Zook, 2016).

Insbesondere in Betrieben mit dynamischer Unternehmensentwicklung besteht ein hohes Risiko, dass Beschäftigte mit Schlüsselkompetenzen aufgrund zeitweiser sehr starker Belastung zum Engpass für mehrere Projekte werden können. Selbstmanagementkompetenzen werden immer wichtiger, Selbstentfremdung aber erschwert auf Dauer den selbstregulierten Erhalt der Gesundheit (Altner u. Paul, 2014). Hoher Zeit- und Leistungsdruck der Mitarbeiter/-innen in schnell wachsenden innovativen KMU wird dann als individueller Stress erlebt. Ein hohes Stressniveau schädigt auf Dauer chronisch das homöostatische Milieu des Organismus und kann zu Erschöpfungserkrankungen wie Burn-out führen; dazu illustrativ die Stellungnahme eines Interviewten:

> „Wir haben sicherlich ein hohes Pensum, einen gewissen Druck, unsere Aufgaben hier zu erfüllen. Im Laufe der Zeit (…) ergeben sich ganz viele neue Wünsche (…), die durch Weiterentwicklung dann realisiert und umgesetzt werden sollen. Die Produkte sind also nie fertig, es geht immer weiter (…). Deswegen kommen dann auch Termine auf, die es einzuhalten gilt. Das ist durchaus schon manchmal sehr, sehr hektisch. Das macht durchaus Stress. Gerade wenn Termine da sind, die es einzuhalten gilt und man das Pensum manchmal gar nicht schaffen kann." (Führungskraft aus der Forschung und Entwicklung)

Ein wesentlicher Hebel, um individuelle Ressourcen von Schlüsselpersonen in der Forschung und Entwicklung zu stärken und somit Belastungen zu mindern, besteht in einer integrativen Gesundheitsförderung. Die Schulung in achtsamer Selbstwahrnehmung verbunden mit einer bewussten Wahrnehmung von Teamkommunikation und Arbeitsbedingungen ist ein möglicher Lösungsansatz. Achtsamkeit bedeutet dabei die Fähigkeit, die Aufmerksamkeit in den gegenwärtigen Moment zu bringen und die innere und äußere Wirklichkeit direkt wahrzunehmen, ohne sie zu bewerten. Durch die Anwendung von Achtsamkeit auch in Situationen, die mit Projektdruck, Stress und Schwierigkeiten verbunden sind, wird der Geist ruhiger und gelassener und gewinnt eine neue Perspektive. Die so geförderten Ressourcen werden als Stellschrauben zur Hebung der Kompetenzpotenziale für mehr Innovationsfähigkeit in der Forschung und Entwicklung genutzt.

8.3.3   Informationsfluss und Schaffung neuer Kommunikationswege: „Flurfunk zusammengebrochen"

Als wichtige Stärke von Start-ups und kleinen Unternehmen gilt ihre Flexibilität. Kurze Entscheidungs- und Kommunikationswege erleichtern die Zusammenarbeit zwischen den Beschäftigten. Formale Strukturen sind zu diesem Zeitpunkt oftmals noch nicht notwendig. Die wichtigsten Informationen verbreiten sich über den informellen „Flurfunk" scheinbar wie von selbst. Mit steigender Mitarbeiterzahl gerät dieses „Prinzip Mündlichkeit" jedoch unter Druck: Beschäftigte bearbeiten auf mehreren Etagen und in unterschiedlichen

Gebäuden zunehmend ausdifferenzierte Aufgaben. „Früher war man über alles informiert" – diesem Zustand trauern viele Beschäftigte nach, insbesondere in unübersichtlichen Multiprojektumgebungen.

Die Gestaltung der Kommunikationswege und des Informationsflusses hinkt dieser Entwicklung in starken Wachstumsphasen oft hinterher. Probleme in der Zusammenarbeit zwischen den Abteilungen werden so begünstigt, aber auch für die Führungskräfte wird es immer schwieriger, die Arbeit ihrer Beschäftigten zu überblicken und ggf. einzugreifen. Für die Forschungs- und Entwicklungsabteilungen ist dieses Problem besonders virulent. Angesichts häufiger Unsicherheiten und Unwägbarkeiten sowie der Komplexität der zu entwickelnden Technologien sind Kommunikations- und Abstimmungsprozesse in diesem Bereich besonders wichtig, nicht zuletzt, um Fehlentwicklungen frühzeitig erkennen und gegensteuern zu können. Ein funktionales Äquivalent für den „Flurfunk" zu finden, erweist sich als schwierig. Die Neuregelung der vorher dominant informellen Kommunikationswege ist daher ein wichtiges Handlungsfeld der Organisationsentwicklung in der kritischen Wachstumsphase.

Als ein Lösungsansatz kommt in der Forschung und Entwicklung die Einrichtung eines zentralen Raumes – im Lean Management „Obeya" oder „War Room" genannt – in Betracht, in dem der Stand der Projekte und eventuelle Soll-Ist-Vergleiche auf Plakatwänden visualisiert werden (Liker, 2011). In einem z. B. zweiwöchigen Rhythmus treffen sich Projektverantwortliche und Führungskräfte aus den für das Projekt relevanten Bereichen (von Einkauf über Produktion bis zum Vertrieb) und besprechen – oft im Stehen direkt vor den Plakaten – den Fortschritt der jeweiligen Projekte, Probleme, nötige Designänderungen, deren eventuelle Auswirkungen auf andere Unternehmensbereiche sowie die Einhaltung von Kostenrahmen und Kennzahlen.

Die Vorteile dieser Methoden liegen zunächst in der Schaffung eines formalisierten Rahmens für den abteilungsübergreifenden Austausch. Dies ermöglicht eine sehr schnelle Kommunikation, eventuelle Probleme können direkt angesprochen und Alternativen ausgewählt werden. Das Einbeziehen von Verantwortlichen aus unterschiedlichen Abteilungen schafft einen übergreifenden Blick auf Probleme und beugt dem „Silodenken" zwischen den Abteilungen vor. Gleichzeitig wird der Aufbau des Informellen provoziert. Voraussetzung für den Erfolg dieser Methoden ist – neben dem Vorhandensein geeigneter Räumlichkeiten – allerdings eine vertrauensvolle Atmosphäre zwischen dem Forschungs- und Entwicklungsteam sowie den Vorgesetzten, in der Fehler offen diskutiert werden können und verbindliche Vereinbarungen von Maßnahmen zur Lösung der sich abzeichnenden Hürden getroffen werden. Die Obeya-Methode ist so in der Lage, geeignete Kommunikationsstrukturen zur abteilungsübergreifenden Begleitung von Vorhaben der Forschung und Entwicklung zu schaffen und das Ausdünnen informeller Abstimmungsprozesse zu kompensieren.

8.3.4   „Bereichsdenken" und Schnittstellenprobleme

In schnell wachsenden Unternehmen ändern sich Strukturen und Prozesse in kürzester Zeit. In der Gründungsphase noch nicht notwendige Organisationsprozesse und Routinen müssen etabliert werden. Mit zunehmender Professionalisierung und Ausdifferenzierung gestaltet sich die bereichsübergreifende Zusammenarbeit jedoch schwieriger (Kotter u. Sathe, 1978). Individuell hoch kompetente Mitarbeiter/-innen aus unterschiedlichen Unternehmensbereichen sind durch spezifische „Thought Worlds" (Dougherty, 1992, S. 182) geprägt – und nicht immer zur bereichsübergreifenden Zusammenarbeit bereit: „Product innovators […] often do not collaborate across departments" (Dougherty, 1992, S. 179).

Im Fallbeispiel ist dieses Problem ebenfalls präsent. Die Zugehörigkeit der phenox GmbH zur Medizintechnikbranche hat zur Konsequenz, dass die Zulassungsanforderungen an die Produkte sehr hoch sind (BVMed, 2017). Besonders enge Abstimmungsprozesse und kontinuierliche Zusammenarbeit zwischen technischer Entwicklungsarbeit und zulassungsfähiger Dokumentation (Qualitätsmanagement) sind die Voraussetzung für die erfolgreiche Marktplatzierung medizintechnischer Produkte. Diese Schnittstelle gilt es zu verbessern, wie aus Interviews deutlich wird: „Entwickler verstehen sich als Tüftler, nicht als Schreibkraft", „Qualitätsmanagement wird als Firlefanz bezeichnet". Infolge dieser herausfordernden Koordination kam es immer wieder zu Wartezeiten, der Notwendigkeit von Nacharbeit (Dokumentation) und auch zu Frustration unter der Belegschaft.

In der Praxis wird diesem Problem mit der Einführung bereichsübergreifender Teams begegnet (Keller, 2001). Diese setzen sich dabei gezielt aus Mitgliedern unterschiedlicher Funktionsbereiche (z. B. Marketing, Vertrieb sowie Forschung und Entwicklung) zusammen. Insbesondere bei kreativen Aufgaben wurden positive Effekte auf die Teamleistung in heterogen zusammengestellten Arbeitsgruppen nachgewiesen (Biemann u. Weckmüller, 2012). Die Vorteile bereichsübergreifender Teams liegen weiterhin darin, dass sich die Kommunikation verbessert, die Entwicklungszeiten verkürzen sowie ein besseres Verständnis der Kundenwünsche durch die Mischung der Kompetenzen gewährleistet werden kann (Biemann u. Weckmüller, 2012; Keller, 2001). In schnell wachsenden Unternehmen ist dieser plausible Ansatz jedoch aus Kapazitätsgründen nicht immer möglich. Im Hinblick auf den langfristigen Erfolg stellen bereichsübergreifende Teams dennoch einen vielversprechenden Ansatz dar und sollten nicht allein aus Kostengründen verworfen werden.

Bei der phenox GmbH ist die klare Zuordnung von Projektbetreuern/-innen aus dem Qualitätsmanagement für Forschungs- und Entwicklungsprojekte ein Schritt in diese Richtung. Zudem wurden regelmäßige Projektmeetings eingeführt, um die Kommunikation bereichsübergreifend besser strukturieren zu können. Um die Zusammenarbeit und das Verständnis innerhalb der Projektteams langfristig zu verbessern, kommen Maßnahmen zur gemeinsamen Teamentwicklung ergänzend in Betracht (Klein et al., 2009; Kotter u. Sathe, 1978).

8.4   Kompetenzentwicklung für nachhaltigen Erfolg: Vom schnellen Wachstum zur kontinuierlichen Verbesserung

Die skizzierten „Wachstumsschmerzen" – die Integration neuer Mitarbeiter/-innen, die Überlastung von Schlüsselpersonen, der Verlust alter Kommunikationsmöglichkeiten und das Entstehen von Bereichsdenken und Schnittstellenproblemen – verdeutlichen spezifische Kompetenzentwicklungsaufgaben für schnell wachsende Unternehmen. Die Erarbeitung von Lösungsansätzen und neuen Spielregeln in der Zusammenarbeit, letztlich eine Mischung aus Organisations- und Personalentwicklung, erfordert zusätzlichen Freiraum für die Fach- und Führungskräfte. Insbesondere in Wachstumsphasen besteht indes ein verschärfter Druck auf die Effizienz des Tagesgeschäfts.

Ein Ansatz, der dieses Spannungsfeld adressiert, ist das Konzept des „Ressourcenschonenden Arbeitens", das im Rahmen des Projektes „ReFo" für das Setting Forschung und Entwicklung erarbeitet wurde. Es setzt bei Befunden an, die einen deutlichen Zusammenhang zwischen als nicht wertschöpfend empfundenen Tätigkeiten und dem Belastungsempfinden herstellen (Kriegesmann u. Kley, 2014). Das Konzept lehnt sich an den Verschwendungsbegriff der Lean-Philosophie (Imai, 1997; Liker, 2011; Womack et al., 1991) an und greift typische Produktivitätsprobleme in Abteilungen für Forschung und Entwicklung auf (z. B. Wartezeiten durch

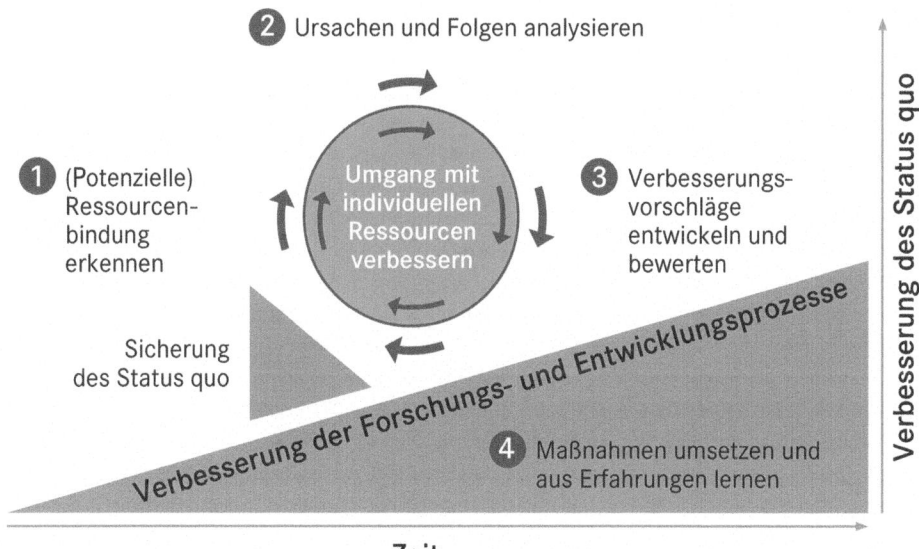

◨ Abb. 8.2   Kontinuierlicher Verbesserungsprozess als Kern einer Lean-Kultur

Schnittstellenprobleme, Fehler und Nacharbeiten durch nachträglich eingebrachte Änderungs-
wünsche von Kunden und Vorgesetzten, Überproduktion von Projektideen, die letztlich nicht
umgesetzt werden). Die Umsetzung erfolgt dabei in vier Phasen (◨ Abb. 8.2; Kerka u. Kriegesmann, 2014).

Grundlage ist zunächst das Erkennen von Verschwendung durch die Beschäftigten. Dazu gilt
es, Mitarbeiter/-innen mit den Tipps und Tools der Lean-Philosophie vertraut zu machen und
diese dann auf die eigenen Arbeitszusammenhänge zu beziehen. Anschließend müssen Ursachen
und Folgen von Verschwendung, die gleichzeitig sowohl Kompetenzentwicklung erschwert als
auch Produktivität bremst, ganzheitlich analysiert werden (Brunner, 2008). Daran schließt die
Entwicklung, Bewertung und Auswahl von Verbesserungsvorschlägen an. Auch hier lassen sich
Lösungsprinzipien aus der Lean-Philosophie anwenden und auf den Bereich der Forschungs-
und Entwicklungsarbeit beziehen. Bei der Auswahl der Verbesserungsinitiativen ist letztlich das
Verhältnis von Umsetzungsaufwand und Nutzen zu bewerten und die Umsetzung der Verbes-
serungsansätze mit klaren und verbindlichen Zuständigkeiten sowie entsprechender Rücken-
deckung durch die Unternehmensleitung zu belegen.

Dieses mehrphasige Vorgehen ist regelmäßig durchzuführen und zu „ritualisieren". Zum
Beispiel kommen regelmäßige Projekt-Reviews im Anschluss an Projekte der Forschung
und Entwicklung in Betracht (Eppler, 2007; von Zedtwitz, 2002), um sowohl aus Erfolgen
als auch aus Fehlern zu lernen. Vor dem Hintergrund der häufig hektischen Betriebsam-
keit in schnell wachsenden Unternehmen könnten diese Ratschläge zunächst kontraintuitiv
anmuten, sogar als Verschwendung von Zeit und Ressourcen angesehen werden („Abge-
schlossene Projekte interessieren nicht mehr"). Tatsächlich zeigen empirische Studien, dass
Formate systematischer Analyse und Aufbereitung von Projekten der Forschung und Entwicklung nur in wenigen Unternehmen Anwendung finden (von Zedtwitz, 2002). Schnell
wachsende Unternehmen sollten eine entsprechende Lernkultur der kontinuierlichen Verbesserung rechtzeitig einüben – solange sie in der Wachstumsphase (noch) über die entsprechende Flexibilität verfügen.

Fazit und Ausblick

Kompetenzentwicklung in schnell wachsenden Unternehmen: vom Ad-hoc-Verfahren zur Agenda

Die für junge Unternehmen kritische „Liability of Newness" (Freeman et al., 1983) ist für das Fallbeispielunternehmen phenox GmbH überwunden. Das Unternehmen blickt auf eine Dekade erfolgreicher innovativer Geschäftätigkeit mit substanziellem Wachstum an Beschäftigten und Umsatz zurück. Die phenox GmbH hat eine Marktposition als „Leading Product Innovator" erreicht und befindet sich weiterhin im dynamischen Wachstum. Für eine nachhaltige Entwicklungsperspektive schnell wachsender Unternehmen ist eine „gut gefüllte Innovationspipeline" jedoch nicht allein entscheidend:

"The critical point is not just a successful first product or product line, but how the whole company is structured for the long term." (Brem u. Voigt, 2007, S. 305)

Damit kommen auch das Human Resource Management und die Kompetenzentwicklung als wachstumsunterstützende Faktoren in den Blick. Vice versa wurde in der Innovationsforschung wiederholt unterstrichen, dass die mangelhafte Entwicklung und geringe Investitionen in die „Human Side of Innovation" häufig begangene Fehler sind (Kanter, 2006, S. 78). Doch die Gestaltungsaufgabe Kompetenzentwicklung droht in schnell wachsenden Unternehmen nur „ad-hoc" oder gar nicht erledigt zu werden. Schon in einer frühen Studie über „Rapid Growth Companies" beobachteten Kotter und Sathe (1978, S. 33), dass diese Unternehmen – als Konsequenz ihrer Aus- und Überlastung – dazu neigen, wichtige, aber nicht vordringliche Aufgaben zu vernachlässigen.

Unser Fallbeispielunternehmen ist hier auf einem guten Weg. Die skizzierten Herausforderungen betrieblicher Kompetenzentwicklung werden bei der phenox GmbH berücksichtigt. Kompetenzentwicklung zeigt sich dabei als breites Gestaltungsfeld. Entscheidend ist die organisatorische Einbindung der neu rekrutierten, individuell kompetenten Persönlichkeiten. Aus den dargestellten Aufgaben betrieblicher Kompetenzentwicklung wird ein umfassendes Kompetenzverständnis deutlich: Es geht bei betrieblicher Kompetenzentwicklung nicht nur um Fragen der Wissensvermittlung und um Anreizsysteme für mehr Leistungsbereitschaft, sondern insbesondere um eine Gestaltung der organisatorischen „Kopplung" neuer und etablierter Mitarbeiter/-innen. Kompetenz-, Team- und Organisationsentwicklung sollten daher gleichberechtigt zusammenwirken (Langhoff et al., 2015; Staudt u. Kriegesmann, 2002).

Unsere Beobachtungen von Herausforderungen und Gestaltungsansätzen zur Kompetenzentwicklung in schnell wachsenden Unternehmen sind aufgrund der empirischen Basis einer Interviewserie in einem Unternehmen nur behutsam über diesen Geltungsbereich hinaus zu erweitern. Dass dieses möglich sein sollte, begründen wir damit, dass die in unserem Beitrag als typisch eingeordneten „Wachstumsschmerzen" durch Ergebnisse anderer Studien gedeckt sind. Schließlich beruht das Konzept des „Ressourcenschonenden Arbeitens" (vgl. http://www.refo-projekt.de/), hier als eine Gestaltungsrichtung für schnell wachsende Unternehmen skizziert, auf umfangreichen weiteren Projektergebnissen aus der angewandten Innovationsforschung. Schnelles Wachstum ist nicht dauerhaft zu betreiben. Ressourcenschonendes Arbeiten lenkt den Blick auf präventive Maßnahmen im Unternehmen. Dazu gehört auch die Stärkung individueller Ressourcen, insbesondere von Schlüsselpersonen mit Engpasskompetenzen, aber auch das Einüben einer Lean-Kultur der kontinuierlichen Verbesserung, noch bevor sich Verschwendung verfestigen kann. Diese Lösungsansätze sind Vorschläge für Investments in die „Human Side of Innovation" und mithin Vorschläge, um Kompetenzen und Innovationsfähigkeit dauerhaft zu stärken.

Weiterführende Literatur und Links

- Kerka, F. (Hrsg., 2014). *Verschwendungsarm arbeiten. Was Dienstleister von der Lean-Production-Philosophie lernen können.* Bochum: Institut für angewandte Innovationsforschung.
- Kriegesmann, B., Kley, T., Knickmeier, A., Altner, N., & Ottensmeier, B. (2015). *Innovationsfähigkeit 2020+. Ressourcen für kreative Kompetenz stärken.* Bochum: Institut für angewandte Innovationsforschung.
- Kriegesmann, B., Kunhenn, H., Kley, T., Lücke, C., Dobos, G. J., Paul, A., & Lange, S. (2010). *Innovation durch Prävention. Empirische Ergebnisse und Ideen zur nachhaltigen Gestaltung von Innovationsarbeit.* Bochum: Institut für angewandte Innovationsforschung.
- Verbundprojekt „ReFo – Ressourcenschonendes Arbeiten in der industriellen Forschung und Entwicklung": http://www.refo-projekt.de/

Literatur

Achleitner, A.-K., & Bassen, A. (2003). Grundüberlegungen zum Controlling von jungen Unternehmen. In A.-K. Achleitner, & A. Bassen (Hrsg.), *Controlling von jungen Unternehmen* (S. 3–23). Stuttgart: Schäffer-Poeschel.

Altner, N., & Paul, A. (2014). Achtsamkeit und Selbstführung als Basis für gesundes und kreatives Führen. In M. Giesert (Hrsg.), *Führung und Selbstführung in Zeiten von Entgrenzung und Krisen. Tagungsband zum 5. DGB Gesundheitsgipfel.* Hamburg: VSA.

Baitsch, C. (1997). Innovation und Kompetenz – Zur Verknüpfung zweier Chimären. In F. Heideloff, & T. Radel (Hrsg.), *Organisation von Innovation* (S. 89–104). München, Mering: Rainer Hampp.

Biemann, T., & Weckmüller, H. (2012). Wie man erfolgreich Teams zusammenstellt. *PERSONALquarterly* 64(3),46–49.

Brem, A., & Voigt, K.-I. (2007). Innovation management in emerging technology ventures. *International Journal of Technology, Policy and Management* 7(3),304–321.

Brunner, F. J. (2008). *Japanische Erfolgskonzepte: Kaizen, KVP, Lean Production Management, Total Productive Maintenance, Shopfloor Management, Toyota Production Management.* München, Wien: Hanser.

Bundesverband Medizintechnologie (BVMed). (2017). Branchenbericht Medizintechnologien 2017. https://www.bvmed.de/download/bvmed-branchenbericht-medtech.pdf. Zugegriffen: 22. März 2017.

de Leede, J., & Looise, J. K. (2007). Cooperative Innovation Work and HRM: Towards an integrated framework. In Moldaschl, M. (Hrsg.), *Arbeitsforschung und Innovationsfähigkeit in Deutschland* (S. 157–172). München, Mering: Rainer Hampp.

Dougherty, D. (1992). Interpretive barriers to successful product innovation in large firms. *Organization Science* 3, 179–202.

Eppler, M. (2007). Debriefing – Lernen aus Erfolgen und Fehlern. *Organisationsentwicklung* 26(1),73–77.

Europäisches Patentamt (2016). Nachfrage nach europäischen Patenten wächst weiter. https://www.epo.org/news-issues/news/2016/20160303_de.html. Zugegriffen: 22. März 2017.

Focus (2015). Wachstumschampions 2015. So geht Erfolg! Deutschlands Unternehmen mit dem höchsten Umsatzzuwachs. *Focus Spezial* 1.

Freeman, J., Carroll, G. R., & Hannan, M. T. (1983). The liability of newness: age dependence in organizational death rates. *American Sociological Review* 48, 692–710.

Germany Trade & Invest (2015). Medizintechnik Irland. http://www.gtai.de/GTAI/Navigation/DE/Trade/Maerkte/Branchen/Branche-kompakt/branche-kompakt-medizintechnik,t=branche-kompakt--medizintechnik--irland-2015,did=1370744.html. Zugegriffen: 22. März 2017.

Hölzl, W. (2009). Is the R&D behaviour of fast-growing SMEs different? Evidence from CIS III data for 16 countries. *Small Business Economics* 33, 59–75.

Imai, M. (1997). *Gemba Kaizen: A commonsense low-cost approach to management.* New York: MCGraw-Hill.

Kanter, R. M. (2006). Innovation: The Classic Traps. *Harvard Business Review*, 73–83.

Keller, R. T. (2001). Cross-functional project groups in research and new product development: Diversity, communications, job stress, and outcomes. *The Academy of Management Journal* 44(3), 547–555.

Kerka, F., & Kriegesmann, K. (2014). Keine einfache Frage – Wie besonders sind die Dienstleistungsbesonderheiten für das produktive Arbeiten? In F. Kerka (Hrsg.), *Verschwendungsarm Arbeiten. Was Dienstleister von der Lean-Production-Philosophie lernen können* (S. 15–42). Bochum: Institut für angewandte Innovationsforschung.

Klein, C., Salas, E., Le, H., Burke, C. S., Lyons, R., & Goodwin, G. F. (2009). Does team building work? *Small Group Research* 42(2),181–222.

Kotter, J. P., & Sathe, V. (1978). Problems of human resource management in rapidly growing companies. *California Management Review* 21, 29–36.

Kriegesmann, B., & Kley, T. (2014). „Gesund durch Veränderungsprozesse?!" Belastung und Erschöpfung von Führungskräften in Change-Management-Prozessen. *Arbeit* 23(2),105–118.

Langhoff, T., Nerdinger, F. W., & Schröder, S. (2015). Neue und flexible Formen der Kompetenzentwicklung. In
S. Jeschke (Hrsg.), *Exploring Demographics* (S. 101–110). Wiesbaden: Springer Spektrum.

Liker, J. K. (2011). *Der Toyota Weg*. München: Finanzbuch.

Morgan, J. M., & Liker, J. K. (2006). *The Toyota product development system: integrating people, process, and technology*. New York: Productivity Press.

Pöhlsen-Wagner, U. (2011). Umsetzung des HR-Business-Partner-Konzeptes. In S. Laske, A. Orthey, & M. J. Schmid
(Hrsg.), *Handbuch PersonalEntwickeln* (149. Ergänzungslieferung, Beitrag 5.74). Köln: Wolters Kluver.

Spectaris Fachverband Medizintechnik (2014). Die deutsche Medizintechnikindustrie in Zahlen 2014/2015. http://
www.spectaris.de/uploads/tx_ewscontent_pi1/Flyer_MT-Industrie_101014.pdf. Zugegriffen: 22. März 2017.

Staudt, E. (1984). Die Führungsrolle der Personalplanung im technischen Wandel. *zfo – Zeitschrift Führung + Organisation* 7, 395–405.

Staudt, E., & Kriegesmann, B. (2002). Zusammenhang von Kompetenz, Kompetenzentwicklung und Innovation. In
E. Staudt (Hrsg.), *Kompetenzentwicklung und Innovation* (S. 15–70). Münster, New York: Waxmann.

Voigt, K., Erhardt, V., & Ingerfeld, M. (2003). Innovationen und Innovationscontrolling in jungen Unternehmen.
In: Achleitner, A.-K., & Bassen, A. (Hrsg.), *Controlling von jungen Unternehmen* (S. 91–115). Stuttgart: Schäffer-
Poeschel.

Womack, J. P., Jones, D. T., & Roos, D. (1991). *The machine that changed the world*. New York: Perennial Harper.

von Zedtwitz, M. (2002). Organizational Learning through Post-Project Reviews in R&D. *R&D-Management*
32(3),255–268.

Zook, C. (2016). Every fast-growing Company has to combat Overload. Harvard Business Review. https://hbr.
org/2016/06/every-fast-growing-company-has-to-combat-overload. Zugegriffen: 22. März 2017.

Heterogene Lernkonstellationen als Ausgangspunkt betrieblicher Kompetenzentwicklung: Fallbeispiele aus der Metallbranche

Carolin Alexander, Iris Koall, Johannes Litz, Ulrich Weiß

© Springer-Verlag GmbH Deutschland 2018
D. Ahrens, G. Molzberger (Hrsg.), *Kompetenzentwicklung in analogen und digitalisierten Arbeitswelten*,
Kompetenzmanagement in Organisationen, https://doi.org/10.1007/978-3-662-54956-8_9

Zusammenfassung

Vor dem Hintergrund sozioökonomischer Veränderungsprozesse beschreibt der Beitrag Gestaltungskonzepte arbeitsprozessintegrierter Kompetenzentwicklung. Als Gestaltungselement betrieblicher Kompetenzentwicklung kommt hierbei heterogenen Lernkonstellationen eine zentrale Bedeutung zu. Arbeitsprozessintegriertheit meint im vorliegenden Forschungs- und Entwicklungskontext die Einbindung von Lernprozessen in betriebliche Arbeitsprozesse und knüpft an die Erfahrungen der Beschäftigten an. Arbeitsprozessintegrierte Kompetenzentwicklung verfolgt das Ziel, diese Erfahrungen von Beschäftigten strukturiert und reflektiert in neue Wissensbestände zu überführen. Es wird eine Transformation von Erfahrungen in Erfahrungswissen angestrebt. Mithilfe professioneller Begleitung werden Differenzerfahrungen aufgrund der heterogenen Beschäftigtenstrukturen als Lernanlass nutzbar gemacht. Dabei wird die gemeinsame Entwicklung von Problemlösungen in geteilten Arbeits- und Denkprozessen durch die Bezugnahme auf ein „gemeinsames neues Drittes" (GeNeDri) zum Gestaltungsrahmen arbeitsprozessintegrierter Kompetenzentwicklung. Der Beitrag beschreibt Bedingungen kompetenzförderlicher Arbeit sowie die Voraussetzungen ihrer Implementierung in der betrieblichen Wirklichkeit. Der Einsatz von GeNeDri als Gestaltungskonzept arbeitsprozessintegrierter Kompetenzentwicklung wird anhand von Praxisbeispielen verdeutlicht.

9.1   Einleitung: zur Relevanz arbeitsprozessintegrierter Kompetenzentwicklung

Die Programmatik arbeitsprozessintegrierter Kompetenzentwicklung markiert einen sich seit Mitte der 1980er-Jahre vollziehenden, grundlegenden Wandel in der betrieblichen Qualifizierungs- und Bildungsarbeit. Prozessorientierung, Handlungs- und Lernorientierung in der Arbeit treten sukzessive an die Stelle von ausgelagerten Anpassungs- und Aufstiegsqualifizierungen (Dehnbostel et al., 2007). Trotz einer weitgehenden Einigkeit darüber, dass seminaristische Fortbildungskonzeptionen den Kompetenzentwicklungsbedarfen der Betriebe nur bedingt gerecht werden, sind in kleinen und mittleren Unternehmen alternative Ansätze und Strukturen zur Unterstützung von Kompetenzentwicklung nach wie vor wenig ausgeprägt. Dabei gelten arbeitsintegrierte Lernformen als Möglichkeit, die Stärken formaler Weiterbildungsangebote (Zielformulierung, professionelle Begleitung, Dokumentation, Möglichkeit der Zertifizierung) mit den Vorteilen informeller Kompetenzentwicklung (Erfahrungsgebundenheit, Ernstcharakter, Wertschöpfungsorientierung) zu verbinden.

Der Beitrag beschreibt Gestaltungskonzepte arbeitsprozessintegrierter Kompetenzentwicklung, die im Rahmen eines anwendungsorientierten Forschungs- und Entwicklungsprojektes konzipiert wurden. Dieses Verbundprojekt wurde zum 01.11.2014 unter dem Titel „Praxisgeeignetes Konzept zur arbeitsprozessintegrierten Kompetenzentwicklung in heterogenen Lernkonstellationen sowie Modell zur Kompetenzentwicklungsbegleitung" gestartet. Das Projekt wird unter dem Kurztitel „Informelles Lernen als Innovationsmotor (iLInno)" vom BMBF im Rahmen des Förderprogramms „Arbeiten – Lernen – Kompetenzen entwickeln. Innovationsfähigkeit einer modernen Arbeitswelt" für die Dauer von drei Jahren gefördert (Förderkennzeichen 01FK14032).

Zentraler Gegenstand des Beitrags ist die Relevanz heterogener Lernkonstellationen als Gestaltungselement betrieblicher Kompetenzentwicklung und die Bedingungen ihrer Implementierung in der betrieblichen Wirklichkeit. Hierzu werden theoriegeleitet Differenzerfahrungen als Lernanlass und Heterogenität als betriebspädagogisches Gestaltungselement beschrieben (▶ Abschn. 9.2).

Darauf aufbauend wird ein Gestaltungsansatz arbeitsprozessintegrierter Kompetenzentwicklung umrissen, der die betriebspädagogisch begleitete Arbeit an einem GeNeDri in heterogenen Konstellationen umfasst (▶ Abschn. 9.3). In ▶ Abschn. 9.4 werden abschließend Fallbeispiele der Umsetzung arbeitsintegrierter Kompetenzentwicklung in heterogenen Konstellationen beschrieben.

9.2 Begründung arbeitsprozessintegrierter Kompetenzentwicklung

Arbeitsprozessintegrierte Kompetenzentwicklung ist sowohl als arbeitsmarktpolitisches als auch berufsbildungspolitisches Programm zu bewerten. Es bezieht seine Legitimierung aus historischen Veränderungsprozessen der Verfasstheit von Arbeit und Wertschöpfungsbedingungen flexibilisierter globalisierter Märkte einerseits und aus gesellschaftlichen Individualisierungs- und Autonomiedynamiken andererseits. Vor diesem Hintergrund werden im Folgenden der Forschungsgegenstand der Kompetenzentwicklung sowie das damit verbundene Verständnis von Lernen als Erfahrungslernen theoretisch verortet und die damit verbundene Einbettung in heterogene Lernkonstellationen erläutert.

9.2.1 Subjektivierung von Arbeit und reflexive Handlungsfähigkeit

Der wachsende Einfluss von Informations- und Kommunikationstechnologien und die zunehmende Digitalisierung von Arbeitszusammenhängen, ein zunehmender Dienstleistungscharakter von Arbeit sowie prozessorientierte Arbeits- und Organisationsweisen charakterisieren sozioökonomische Veränderungsprozesse, die im Zuge der Entwicklung von einer Industriegesellschaft zur Wissens- und Dienstleistungsgesellschaft einen Wandel von Arbeit und Qualifizierung markieren (Baethge, 1991; Dehnbostel, 2010) und maßgeblich verändernd auf Institutionalformen der Aus- und Weiterbildung wirken (Molzberger, 2015).

Im arbeitswissenschaftlichen Diskurs werden diese Entwicklungstendenzen unter dem Begriff „Subjektivierung von Arbeit" zusammengefasst. Veränderte betriebliche Strukturen fordern einerseits verstärkt subjektive Potenziale der Beschäftigten, andererseits tragen die Beschäftigten selbst, durch geänderte Ansprüche an Erwerbsarbeit, mehr Subjektivität in die Arbeit (Kearney, 2013, S. 62). Dieser „doppelte Subjektivierungsprozess" (Kearney, 2013) umfasst strukturelle Wirkungsebenen von Arbeitsprozessen sowie subjektbezogene Ansprüche der Beschäftigten.

Um situationsadäquat und eigenverantwortlich innerhalb betrieblicher Strukturbedingungen subjektive Handlungsentscheidungen zu treffen, bedarf es einer über rein fachbezogene Qualifizierungen hinausgehende Kompetenzentwicklung mit dem Ziel reflexiver Handlungsfähigkeit (Dehnbostel et al., 2007, S. 16ff.). Reflexive Handlungsfähigkeit umfasst ein Kompetenzverständnis, das sich auf die Gleichwertigkeit von Sach-, Sozial- und Selbstkompetenz bezieht (Weiß u. Alexander, 2016). Kompetenzentwicklung geht über eine reine Anpassungsqualifizierung hinaus und meint die „bewusste, kritische und verantwortliche Einschätzung und Bewertung von Handlungen auf der Basis von Erfahrungen und Wissen" (Dehnbostel, 2001, S. 78).

9.2.2 Differenzerfahrung in heterogenen Lernkonstellationen

Für die Gestaltung arbeitsprozessintegrierter Kompetenzentwicklung ist die Schaffung von Interaktions- und Kommunikationsräumen für die Beschäftigten von besonderer Relevanz. In diesen ist Heterogenität durch die Begegnung mit dem Anderen der strukturelle Auslöser von Differenzerfahrungen und Irritationen.

Erfahrungslernen als Umlernen und intersubjektive Hervorbringung

Kompetenzentwicklung beruht sowohl auf reflexivem Lernen als auch auf Erfahrungslernen. Erfahrungen können reflexiv werden und sind dann als Lernen beschreibbar. Voraussetzung für diese Lernprozesse ist, dass Handlungen in Arbeitsprozessen nicht repetitiv angelegt, sondern problembehaftet und herausfordernd gestaltet sind (Dehnbostel, 2010, S. 42). Aus phänomenologischer Sicht erfolgt erfahrungsorientiertes Lernen im Sinne eines „Umlernens" im Durchgang aporetischer Situationen. Lernen ist – als Prozess der Erfahrung – verbunden mit Krisenhaftigkeit oder Irritation. Antizipiertes und Erwartetes wird erschüttert, wodurch ein Prozess der Umgestaltung des individuellen Erfahrungshorizonts initiiert wird (Meyer-Drawe, 1996, S. 89ff.). Lernen ist in diesem Zusammenhang nach Meyer-Drawe zu verstehen als intersubjektiver Vollzug, „in dem sich Erfahrungsmöglichkeiten begegnen und gegeneinander durchsetzen, in dem der Sinnüberschuss, den ich durch die Mehrdeutigkeit meines Sagens und Handelns hervorbringe, vom *Anderen* aufgegriffen und in seinem Sinne zur Sprache gebracht werden kann", (Meyer-Drawe, 1996, S. 95). Erst über die Interaktion und Kommunikation mit einem **wahrgenommenen Anderen**, zeigen sich Überschüsse von Erfahrungen, die durch einen Bruch mit Vertrautem aus ihrer Latenz gehoben werden.

» [E]rst im Sagen und Handeln erfahre (ich), was ich wußte, daß erst die Fragen des *Anderen* meine Antwortmöglichkeiten hervorbringen und nicht nur abrufen. (Meyer-Drawe, 1996, S. 95)

Lernen vollzieht sich folglich nicht als Kumulation oder Assimilation von Erfahrungen, sondern, im Sinne einer intersubjektiven Hervorbringung, als Modifikation und Neugestaltung eines individuellen Erfahrungshorizonts.

Heterogenität als funktionale Differenz

Heterogenität erscheint in betrieblichen Kontexten als **funktionale Differenz**. Auf der Basis der betrieblichen Aufbau- und Ablauforganisation werden die vertikal und horizontal arbeitsteiligen Strukturen in eigentlich aufeinander bezogene Wissens- und Kompetenzbereiche getrennt und erscheinen infolgedessen als verschieden. Heterogenität entlang arbeitsteiliger Funktionen ist Bestandteil der modernen Unternehmung. Eine Folge ist, dass ein zusammenhängendes Verständnis für die ganzheitlichen Arbeitsprozesse bei den Beschäftigten kaum verfügbar ist und ggf. nur noch im Bereich des impliziten Wissens vorhanden (Molzberger, 2015, S. 57) und schwer vermittelbar ist.

Die funktionale Heterogenität wird durch Spezialisierungs- und Hierarchisierungsprozesse weitgehend so geordnet, dass abgegrenzte Arbeitsbereiche mit zergliederten Qualifikationen, Expertisen, Erfahrungen und Informationen der subjektiven Denk-, Wahrnehmungs- und Handlungsstile entstanden sind (van Dyk et al., 2012), die auch in Praktiken, Artefakte, Prozesse und Instrumente eingelagert sind (Argyris, 1996, S. 25ff.). Die Mitarbeitenden nehmen diese funktionale Differenzierung in ihrer Tätigkeit als Bestandteil ihrer beruflichen Identität wahr und agieren innerhalb dieser mit eingegrenzten Wahrnehmungs- und Handlungsmustern. Die Begegnung mit der in arbeitsteiligen Prozessen entstandenen anderen Realität ist in den Prozessen mit dem/der/den Anderen ein Irritationsanlass.

Heterogenität und Homogenität

Heterogenität und Homogenität stehen in Relation zueinander. Homogenität als geordnete und reduzierte soziale Heterogenität entsteht sowohl in betrieblichen Rationalisierungsprozessen als auch durch machtvoll strukturierte Kommunikation. Dazu werden Unterscheidungen vorgenommen, die mit Werten und Normen unterlegt einen sozialen Ein- und Ausschluss ermöglichen. Die Kriterien dieser Entscheidung können, müssen aber nicht transparent nachvollziehbar gestaltet werden. In der Ermöglichung von Heterogenität liegt damit immer auch ein „Gefährdungspotenzial", das es erforderlich macht, diese zugrunde liegenden, zumeist diskriminierenden Dynamiken aufzudecken.

Die Verlagerung des Anderen in den Latenzbereich von Organisationen und Interaktionen befördert es, dass Situationen und Prozesse, beispielsweise die Kompetenzentwicklung, nur noch auf der Oberflächenstruktur wahrgenommen bzw. interaktiv verhandelt werden (Koall, 2001). Die funktionale Heterogenität zur Kompetenzentwicklung zu entfalten, bedeutet Irritationen zu stiften. Eine selbstverständliche Ordnung wird zunächst infrage gestellt. Die andere, bisher in den betrieblichen Prozessen geschiedene, getrennte Seite anzuschauen, kann für die Beschäftigten sowohl bereichernd als auch verwirrend sein. Die funktionale Heterogenität zu entfalten und zuzumuten, ist nicht trivial und äußerst voraussetzungsreich.

Irritation als Lernanlass

Um die Dynamik von Heterogenität zu verstehen, ist es wichtig zu erkennen, wie alltagstauglich und sichernd einerseits Homogenisierung nicht nur im betrieblichen Kontext wirkt und wie andererseits, durch den Bezug auf homogenisierende (Selbst-)Verständlichkeiten, Lernen abgewehrt und eine irritationsauslösende Heterogenität eingeschränkt wird.

> ❱ Nicht jede Irritation wird mit Lernen beantwortet – sie kann aber als Lernanlass aufgegriffen und genutzt werden. (Schäffter, 1997, S. 695)

Damit die Grenze der bisherigen Normalitätsannahme infrage gestellt werden kann, muss eine Irritation allerdings erwartet werden können. Geschieht dies nicht, entsteht keine Resonanz auf eine mögliche Begegnung mit dem/den/der Anderen. Wird jedoch eine Differenzerfahrung zum Anlass einer Irritation gemacht, können Aktivitäten mobilisiert werden, die eine Reflexion bisheriger Gewissheiten möglich machen (Schäffter, 1997).

In der betrieblichen Wirklichkeit werden dieser Reflexion selten Raum und Ressourcen zur Verfügung gestellt. Stattdessen werden im alltäglichen Arbeitsprozess auf einer wahrnehmbaren Oberflächenstruktur interaktiv Regeln und Verfahren verwendet, die einen bewussten, strategischen und operativen Austausch ermöglichen. Diese Alltagsroutinen entziehen sich weitgehend dem reflektierten Handeln und wirken gerade deshalb stabilisierend, weil sie unhinterfragt zur Verfügung stehen.

Sie benötigen jedoch einen tiefenstrukturellen Latenzbereich, in dem für ein störungsfreies Operieren Unterscheidungen und Bewertungen vorgehalten werden (Koall, 2002). In diese Tiefenstruktur menschlicher Wahrnehmung sind auch kollektive Identitätsvorstellungen und Normierungen eingelagert. Es sind selbstverständliche, plausibilisierte Annahmen wirksam, um eine vermeintlich für alle zugängliche Normalität aufrechtzuerhalten. Dies vermeidet „störende" Irritationen.

Kausalitäts-, Effizienz-, und Kongruenzannahmen ermöglichen plausible Wirklichkeiten zur Bestätigung einer Normalität (Patzelt, 1987, S. 73f.). Plausibilisierungen tragen einerseits zur Stabilisierung des Bestehenden bei und andererseits dazu, das Andere bzw. die Anderen zu normalisieren (Koall, 2002, S. 4f.). Auf dieser Ebene der Tiefenstruktur ist das sedimentierte, implizite, subjektgebundene Praxiswissen verankert (Schön, 1983, S. 50), das von den Beschäftigten lange eingeübt wurde und körperlich gebunden ist. Das implizite Wissen erhält eine selbstverständliche Gültigkeit.

Um bisherige plausible und unhinterfragte Annahmen im Prozess der Arbeit durch Störungen der Normalität zu hinterfragen, braucht es Irritationen als Lernanlass.

Öffnung und Schließung von Erfahrungsräumen

Entstehen in der Begegnung mit dem/der/den Anderen Irritationen des Erwarteten, bildet sich potenziell Raum zur Überprüfung eigener Annahmen. Dieser reflexive Prozess birgt das Potenzial, herauszufinden, ob und wie Motive, Denkweisen und Potenziale der/des Anderen von den eigenen Vorannahmen abweichen können. Temporale Plausibilisierungen hingegen äußern sich in der scheinbaren Sicherheit, die sich aus der Herleitung von Wirkungszusammenhängen von der Vergangenheit zur Interpretation der Gegenwart und der Prognose auf eine Zukunft ergibt (Taleb, 2011). Mit der Suche nach Ursachen von Irritationen in der Vergangenheit werden häufig sowohl die Komplexität der Ursachenbündel als auch die für die Zukunft bestimmenden Momente von Öffnungen und Schließungen in der Gegenwart vernachlässigt. Die scheinbare Möglichkeit einer sicheren Zurechnung auf vergangene Ereignisse verschafft eine Gewissheit, ist aber im Arbeitsprozess ein Moment der Vermeidung von Reflexionsfähigkeit.

In der Begegnung mit dem/den/der Anderen geht es darum, die Komplexität der verschiedenen Perspektiven zu erhalten und die andere, von der homogenisierenden Kommunikation ausgegrenzte Seite der heterogenen Wirklichkeit zuzulassen (Koall, 2002, S. 253f.). Dies beinhaltet Komplexitätserhöhung und damit Entwicklungsräume für subjektive Zweifel, Widerstand, Neugier, Unverständnis und Überraschungen.

Gefährdungen durch Rationalisierung und Chancen neuartiger betrieblicher Beziehungen

Die Konzeption heterogener Lernkonstellationen stellt vor diesem Hintergrund ein entscheidendes Gestaltungselement betrieblicher Kompetenzentwicklung dar. Über die Begegnung mit dem/der/den wahrgenommenen Anderen kann eine Differenzerfahrung möglich werden, falls die De-Plausibilisierung der bestehenden Kausalitäts-, Effizienz- und Kongruenzannahmen eine Erweiterung des eigenen Sinn- und Deutungshorizonts ermöglicht und zur Steigerung der reflexiven Handlungsfähigkeit führen.

Dies entsteht z. B. in der Zusammenarbeit von Mitarbeitenden unterschiedlicher Generationen bzw. unterschiedlicher betrieblicher Zugehörigkeit, die sich in ihrem Erfahrungshintergrund sowie ihrem fachlichen Wissen und Kompetenzen erheblich unterscheiden. Die Begegnung kann je nach subjektiver Verfasstheit als Bereicherung oder Konfrontation, bis hin zur Bedrohung des individuellen Kompetenzstatus erlebt werden, d. h., die Irritationen werden im konkurrenz- und erfolgsorientierten betrieblichen Alltag eher als Störungen der Routinen und weniger als Lernoption begriffen.

Die zunehmende Rationalisierung der sozialen betrieblichen Beziehungen kann vor dem Hintergrund der Subjektivitätsansprüche von Beschäftigten verhindern, die eher diffusen, öffnenden Momente der Interaktion zu bemerken und zuzulassen. Diese Gefahr besteht insbesondere dann, wenn betriebliche Veränderungsbedarfe das Erleben integraler Subjektivität im Betrieb bedrohen. Mitarbeitende müssen insofern betriebliche Kompetenzentwicklung als Chance der Entwicklung von Subjektivität im Betrieb erleben können. Dazu bedarf es positiver Erfahrungen mit Reflexion und ergebnisoffener betrieblicher Entwicklungsarbeit, die sowohl die inhaltliche als auch die subjektive Seite betrieblicher Entwicklung berücksichtigt. Außerdem ist hierzu eine Bereitschaft der Führungskräfte nötig, die Impulse funktionaler Heterogenität für die betriebliche Zusammenarbeit und Entwicklung von Innovation und Kreativität anzuerkennen und im

Zusammenwirken mit den Kontextfaktoren bzw. Moderationsvariablen gelingender Heterogenität wie Führungsstil, Fehlerlernkultur, Gestaltung von Arbeitsprozessen als heterogenitätsaffine Organisationskulturen zu entwickeln (Kearney, 2013; van Knippenberg et al., 2004).

9.3　Der Ansatz GeNeDri – konzeptionelle Merkmale

Seit Beginn der Systematisierung der Lernhaltigkeit von Arbeitsprozessen hat sich kein einheitliches Begriffsverständnis dessen etabliert, was als arbeitsprozessintegriertes Lernen oder arbeitsprozessintegrierte Kompetenzentwicklung hinsichtlich der Entstehungskontexte, Verbreitungsgrade, Zielgruppen, Qualifizierungsziele und zur Verfügung stehenden Ressourcen zu fassen ist (Kohl u. Molzberger, 2005, S. 349). Zahlreiche arbeitsgebundene, arbeitsverbundene oder arbeitsorientierte Lernformen (Kohl u. Molzberger, 2005, S. 346) wie Lernstationen, Lerninseln, Lernstätten, aber auch Jobrotation oder E-Learning stehen als betriebliche Lernformen unter dem Eindruck der Dezentralität und der Arbeitsorientiertheit (Kohl u. Molzberger, 2005, S. 349).

Arbeitsprozessintegriertheit meint im vorliegenden Forschungs- und Entwicklungskontext die Anbindung an betriebliche Arbeitsprozesse, die an Erfahrungen der Beschäftigten anknüpfen und diese strukturiert und reflektiert in neue Wissensbestände überführen, d. h., es wird eine Transformation von Erfahrungen in Erfahrungswissen angestrebt (Molzberger, 2015, S. 239). Die zu entwickelnden Konzepte folgen der Annahme, dass sich reflexive Handlungsfähigkeit nicht in simulierten Trainingssituationen, sondern in der Verbindung von Wissen und Erfahrung in Problemlösungssituationen mit Ernstcharakter der betrieblichen Wirklichkeit entwickelt.

Der – durch Reflexivität und Handlungsorientierung gegebene – enge Subjektbezug impliziert eine Anbindung an individuelle Prozesse der Erzeugung von Sinnhaftigkeit für die individuelle und kollektive Handlungsfähigkeit im Betrieb. Den zu entwickelnden Konzepten arbeitsprozessintegrierter Kompetenzentwicklung sind daher klar definierte betriebliche Ziele hinterlegt, die in inhaltlichen Details und im Vorgehen mit den beteiligten Personen abgestimmt werden.

Das Konzept GeNeDri stellt einen Gestaltungsrahmen arbeitsprozessintegrierter Kompetenzentwicklung dar, der auf Differenzerfahrung und moderierter Irritation beruht. Im Kontext des Projektes iLInno wird GeNeDri als arbeitsprozessintegrierte Kompetenzentwicklung in heterogenen Lernkonstellationen anhand gegenständlicher Arbeitsaufgaben ausgestaltet. Diese Gestaltung erfolgt anhand folgender vier Gestaltungsprinzipien:
－ Berücksichtigung kompetenzentwicklungsförderlicher Bedingungen im Betrieb
　 (▶ Abschn. 9.3.1)
－ Gestaltung von Heterogenität als Lernanlass (▶ Abschn. 9.3.2)
－ Gegenstandsgebundenheit von Kompetenzentwicklung (▶ Abschn. 9.3.3)
－ Ergebnisoffenheit von Kompetenzentwicklungsprozessen (▶ Abschn. 9.3.4)

9.3.1　Analyse kompetenzentwicklungsförderlicher Bedingungen als Gestaltungsgrundlage für GeNeDri-Projekte

Basis der Durchführung von GeNeDri-Maßnahmen ist die Analyse jener Kompetenzentwicklungsbedingungen, die im Verlauf des Projektes relevant werden. Hierbei müssen sowohl die Kompetenzentwicklungsbedingungen der Beschäftigten als auch die strukturellen Bedingungen des betrieblichen Rahmens analysiert und aufeinander bezogen werden. Im Projektkontext wurde für die Analyse der betrieblichen Kompetenzentwicklungsbedingungen ein Analyseraster angewandt. Das Analyseraster ist in Anlehnung an die Vorarbeit von Dehnbostel et al. (2007) sowie Fischer und Duell (2003) entstanden und wurde um den Begriff der Anerkennung erweitert (Weiß u. Alexander, 2016).

Die Analyse sowohl der betrieblichen als auch der individuellen Kompetenzentwicklungsbedingungen erfolgt in Zusammenarbeit der betrieblichen Kompetenzentwicklungsbegleitern/innen und der an der GeNeDri-Maßnahme beteiligten Beschäftigten. Jede GeNeDri-Maßnahme wird unter Berücksichtigung kompetenzförderlicher Bedingungen durchgeführt und soll dadurch rekursiv auf diese rückwirken. Daher stellt GeNeDri keine Strategie zur Anpassung an betriebliche Entwicklungsbedarfe dar, sondern eine strukturierte Möglichkeit zur individuellen Entwicklung innerhalb betrieblicher Rahmenbedingungen.

Für die Analyse der individuellen Kompetenzentwicklungsbedingungen bieten sich ergebnisoffene Gesprächsformate wie das im Kontext des KomNetz-Projektes entwickelte Kompetenzreflektor-Verfahren (KomNetz, 2005) oder Gruppendiskussionen an. Anhand des Kompetenzreflektors wird über sechs Reflexionsstufen (Erinnern, Sammeln, Ordnen, Analysieren, Ziele formulieren, Konsequenzen entwickeln) ein Zusammenhang zwischen individueller Kompetenzentwicklung und ihrem betrieblichen Entwicklungs- und Bedarfskontext hergestellt. Auf diesem Weg können in Zusammenarbeit mit Beschäftigten, die das Ziel individueller Kompetenzentwicklung verfolgen, und betrieblichem Weiterbildungspersonal Strategien entwickelt werden, wie die ermittelten Kompetenzziele verfolgt werden.

Wenn Kompetenzentwicklungsbedarfe einer Gruppe von Beschäftigten ermittelt werden sollen, bieten sich Gruppendiskussionen als Analyseinstrument an. In der qualitativen Sozialforschung werden Gruppendiskussionen eingesetzt, um die Interaktionsprozesse in sozialen Gruppen in Bezug auf gemeinsame „biografische und kollektivbiografische Erfahrungen" zu analysieren (Schäffer, 2003, S. 76), die den Orientierungsrahmen des Handelns bilden. Gruppendiskussionen können an spezifische Wissensbestände betrieblicher Kompetenzentwicklungsbedingungen anknüpfen und so einen wichtigen Beitrag zu ihrer Analyse leisten.

9.3.2   Gestaltung von Heterogenität als Lernanlässe

Im betrieblichen Kontext vollzieht sich Erfahrungslernen als „subjektiver Aneignungsprozess in sozialer und situativer Kontextierung" (Molzberger, 2007, S. 86). Es besteht eine Abhängigkeit zwischen individuellen Lernprozessen und den sie umgebenden Arbeitsstrukturen. Ohne eine professionelle Lernbegleitung können Erfahrungen, die im Kontext betrieblich determinierter Arbeitsaufträge erworben wurden, situativ und zufällig bleiben (vgl. Dehnbostel, 2010, S. 43). In nicht angeleiteten Prozessen betrieblicher Kompetenzentwicklung setzt eine auf umfassende reflexive Handlungsfähigkeit abzielende Kompetenzentwicklung allenfalls zufällig ein und kann daher nicht grundsätzlich unterstellt werden. Kompetenzentwicklung kann anhand betriebsspezifischer Arbeits- und Lernarrangements konzipiert werden, „in denen Reflexion und Feedback Raum finden, Routinen aufgebrochen, eine Fehlerkultur erschaffen und Irritationen als neue Lernanlässe aufgegriffen werden" (Molzberger, 2007, S. 107).

Voraussetzung des Erfassens einer Differenzerfahrung als Lernanlass ist die kognitive Deutung einer Irritation.

» Je genauer nun ein Lernanlass als Differenzerfahrung gefasst werden kann, umso besser trägt er dazu bei, eine Zielspannungslage aufzubauen, in der das bislang Unverstehbare und Unerkennbare […] zunehmend deutlicher bestimmbar und damit aneignungsfähig wird. (Schäffter, 1997, S. 8)

Professionelle Begleitung analysiert, gestaltet, leitet und bewertet Prozesse arbeitsprozessintegrierter Kompetenzentwicklung. Als spezifisches Aufgabenverständnis umfasst dies Arbeitsprozess- und Kompetenzanalysen, Lernort- und Lernsituationsanalysen sowie die Gestaltung von betrieblichen Lernformen (Molzberger, 2015, S. 244). Die Anerkennung von und das Verständnis für Heterogenität wird zur Bedingung lernhaltiger Differenzerfahrung.

Begegnungen und Erfahrungen im Kontext heterogener Lernkonstellationen entstehen im Zusammenwirken der Aufgaben- und der Beziehungsebene. Die sensible und analytische Beobachtung und Klärung der Ausgangs- und Rahmenbedingungen ist sowohl auf der Sachebene der Aufgaben wie auf der Beziehungsebene erforderlich, um zu einem kooperativen Arbeitssetting zu gelangen. Wird dies unterlassen, stellen sich aufgrund der neuen Anforderungen Verunsicherungen ein, die eher zu Störungen oder Vermeidung von Interaktion als zur produktiven Klärungen führen. Dabei sind Konflikterfahrungen unausweichlich und erfordern die Kompetenz zur Bearbeitung. Die gemeinsame Klärung dieser Rahmenbedingungen stellt eine wesentliche Voraussetzung von Kooperation in heterogenen Settings dar.

Eine lernhaltige Wirkung der Heterogenität in Arbeitszusammenhängen ist in hohem Maße von den Möglichkeiten der Klärung auf der Sach- oder Aufgabenebene und der Sozial- oder Beziehungsebene bestimmt.

9.3.3 Gegenstandsgebundenheit

Kompetenzentwicklung im Kontext von GeNeDri-Prozessen verläuft gegenstandsgebunden, d. h., GeNeDri als geplantes Vorhaben betrieblicher Kompetenzentwicklung ist nicht an abstrakten Lernzielen, sondern an konkreten, betriebsrelevanten Problemlösungen ausgerichtet. Dadurch stehen nicht nur die betrieblichen Wissensbestände, die der potenziellen Problemlösung hinterlegt sind, zur Disposition, sondern auch der Prozess, der sich auf der Basis des bisherigen Umgangs mit einem Problem manifestiert. Die Erfahrungswelt aller beteiligten Beschäftigten geht in die Arbeit am Gegenstand ein, wobei sie durch die Unterschiedlichkeit ihres Inputs sowohl zu Lehrenden als auch Lernenden werden.

9.3.4 Ergebnisoffenheit

Die Bearbeitung eines GeNeDri-Prozesses erfordert die grundlegende Bereitschaft sowohl der am konkreten Vorhaben beteiligten Mitarbeitenden als auch der verantwortlichen Vorgesetzten in einen ergebnisoffenen Prozess einzutreten. Die Beteiligten müssen die Ziele des GeNeDri-Vorhabens mit ihrem eigenen Bild der betrieblichen Entwicklungsnotwendigkeiten in einen Zusammenhang bringen und eine Kohärenz mit der Konzeption des zu gestaltenden Prozesses herstellen können. Gleichzeitig muss die Möglichkeit des Scheiterns von allen Beteiligten mitgedacht werden, um dem Anspruch an Problemlösungssituationen mit Ernstcharakter gerecht zu werden.

9.4 Praxisüberführung von GeNeDri

Im weiteren Verlauf werden die aus der Theorielage arbeitsprozessintegrierter Kompetenzentwicklung entstandenen Prinzipien anhand eines GeNeDri auf die Konzeption fallbezogener Erprobungen angewendet. Hierbei müssen die betrieblichen Herausforderungen der Veränderungsdynamiken durch das GeNeDri berücksichtigt werden.

9.4.1   Herausforderungen bei der Implementierung

Kompetenzentwicklung hängt nicht nur von der Entwicklungsbereitschaft einzelner Beschäftigter ab, sondern ist abhängig von der Unternehmenskultur, in die Kompetenzentwicklung eingebunden ist (Fischer u. Duell, 2003). Insofern hängen Detailfragen der Gestaltung von Prozessen arbeitsintegrierter Kompetenzentwicklung davon ab, welchen Stellenwert Kompetenzentwicklung als Handlungslogik genießt, die mit auf direkter Wertschöpfung basierenden betrieblichen Handlungslogiken zunächst konfligiert. Arbeitsprozessintegrierte Kompetenzentwicklung bedeutet, dass Beschäftigten der für individuelle Entwicklung betriebsrelevanter Kenntnisse und Fertigkeiten notwendige Raum bereitgestellt wird. Die Ausgestaltung dieses Raumes unterstellt die grundsätzliche Entwicklungsoffenheit der Einzelnen sowie der betrieblichen Strukturen. Da für Prozesse arbeitsprozessintegrierter Kompetenzentwicklung zeitliche, personale und materielle Ressourcen zur Verfügung gestellt werden müssen, hängt die Durchführbarkeit von Einzelvorhaben arbeitsprozessintegrierter Kompetenzentwicklung primär von der Akzeptanz dieser Investitionen im Betrieb und von der Legitimierbarkeit der Kompetenzentwicklungsziele ab.

Für die Durchführung von GeNeDri-Projekten sind die folgenden Bedingungen von Kompetenzentwicklung als Gestaltungsgrundsätze zentral:

- Heterogenität
- Gegenstandsgebundenheit
- Ergebnisoffenheit

Die Literaturlage verweist auf verschiedene Herausforderungen, die jeder dieser Gestaltungsgrundsätze bezüglich der Praxisimplementierung mit sich bringt und bei der Konzeption der Projekte Berücksichtigung finden müssen.

Der Grundsatz **Heterogenität** als Lernanlass impliziert gruppenförmige Zusammenarbeit unterschiedlicher Beschäftigter aus unterschiedlichen betrieblichen Handlungskontexten arbeitsteiliger Arbeitsprozesse. Während die weite Verbreitung der Gruppenarbeit in großen Unternehmungen grundsätzlich den Erfolg des Konzeptes der kooperativen Zusammenarbeit dokumentiert, verweist die verhältnismäßig geringe Verbreitung der Gruppenarbeitskonzepte in KMU (Lay et al., 2011) auf bestehende Hindernisse, diese zur Steigerung der Heterogenität zu nutzen. So diagnostiziert Minssen (1998) als Hemmnis für die Einführung von Gruppenarbeit sowohl tayloristische Strukturen als auch ein Beharrungsvermögen in Unternehmungen, das auf Grundlage einer Pfadabhängigkeit entsteht, die bisherigen Entscheidungen weiterzuverfolgen und erforderliche Aushandlungsprozesse zur Einführung von heterogenitäts- und damit innovationsförderlicher Gruppenarbeit in der Fertigung als „unwahrscheinliche[n] Fall" ansehen (Minssen, 1998, S. 207).

Gegenstandsgebundenheit erleichtert in heterogenen Gruppenkonstellationen den kooperativen Wettbewerb, da der Gegenstand als Referenzobjekt eine ordnende Funktion in potenziell konfliktären Situationen übernimmt. Des Weiteren erhöht die Gegenstandsgebundenheit die Akzeptanz des GeNeDri-Projektes im Projektumfeld, da Kompetenzentwicklung hierdurch „greifbar" und leichter zu beschreiben wird. Auf der anderen Seite ist es erforderlich, dass der Gegenstand einen innovativen Charakter aufweist, um die Reproduktion von Bekanntem zu vermeiden und somit einen Ernstcharakter zu erzeugen. Dieser innovative Charakter des Gegenstandes kann die bei Changeprozessen üblichen Widerstände auslösen.

Diese Beschreibbarkeit über den Gegenstand des „GeNeDri" ist für die Ermöglichung der **Ergebnisoffenheit** besonders wichtig, da mit dieser zunächst die rationale Betriebslogik der Outputerzielung infrage gestellt wird. Kompetenzentwicklung der Beschäftigten ist das primäre Ziel, nicht das konkrete innovative Produkt, das als Anlass für Kompetenzentwicklung in heterogenen Konstellationen genutzt wird. Neben der professionellen Lernbegleitung der GeNeDri-Projekte ist die Partizipation der Teilnehmenden in der Konzeptphase dieser Projekte ein wesentlicher Bestandteil, um den genannten Herausforderungen erfolgreich begegnen zu können.

9.4.2 Fallbeispiele aus der Praxis

Im Folgenden werden zwei Konzepte für GeNeDri-Projekte vorgestellt, die unternehmensspezifisch entwickelt und erprobt wurden. Die Konzepte basieren auf fallspezifischen Analysen betrieblicher Kompetenzentwicklungsbedingungen, Erkenntnissen aus Reflexionsgesprächen mit betrieblichen Kompetenzentwicklungsbegleitern/-innen und Gruppendiskussionen mit Beschäftigten auf der Shop-Floor-Ebene. Im Rahmen dieser Analysen wurde deutlich, dass Heterogenität eine bedeutsame Einflussgröße betrieblicher Kompetenzentwicklung darstellt, die gleichzeitig im Betrieb erst kommunikativ hergestellt wird. Bei der Planung und Gestaltung der Konzepte arbeitsprozessintegrierter Kompetenzentwicklung wurden spezifische Heterogenitätskonstellationen daher als betriebliche Bedingung von Kompetenzentwicklung sowie als betriebliche Konstruktion gleichermaßen zugrunde gelegt.

Beispiel 1: GeNeDri-Projekt in der heterogenen Konstellation „Leaving Expert"

Das GeNeDri-Projekt mit „Leaving Experts" wird in einem KMU der Metallbranche, welches als klassischer Auftragsfertiger für Kleinserien auftritt, durchgeführt und begegnet der Herausforderung, einen Übergang von einem altersbedingten ausscheidenden Beschäftigten zu seinem Nachfolger zu gestalten. Mit „Leaving Experts" sind Beschäftigte gemeint, die über eine spezifische Expertise verfügen und in absehbarer Zeit ein Unternehmen verlassen. Für KMU bedeutet das Ausscheiden dieser Experten/-innen meist weitreichende Einschnitte, da ihre Schlüsselpositionen in der Regel nur durch eine einzige Person eingenommen werden. Mit dem Ausscheiden dieser Beschäftigten droht somit auch der ersatzlose Wegfall ihrer personengebundenen Expertise.

Im vorliegenden Fall ist der „Leaving Expert" ein firmeninterner Experte für den Bereich „Steuerung und Mechatronik", der in den Ruhestand geht. Seine Position soll zukünftig von einem Mitarbeitenden („Future Expert") aus einem anderen Bereich der Abteilung übernommen werden, der im Rahmen einer berufliche Weiterqualifizierung eine inhaltliche Schnittmenge mit seinen zukünftigen Handlungsfeldern abbilden kann. Er hat in diesem Handlungsfeld jedoch noch keine Berufserfahrung sammeln können, da er im Betrieb in seinem Lehrberuf tätig ist. Durch das GeNeDri-Projekt wird dem „Future Expert" also eine betriebliche Aufstiegsperspektive eröffnet.

Zu Beginn des Projektes wird das jeweilige Erleben von Kompetenzentwicklung reflektiert, indem anhand des „Kompetenzreflektors" (KomNetz, 2005) die erwerbsbiografisch erworbene Kompetenz und die individuellen Kompetenzentwicklungsbedingungen analysiert und reflektiert werden. Entlang des beruflichen Werdegangs der Teilnehmenden werden Schlüsselsituationen der Kompetenzentwicklung identifiziert und an Handlungen gekoppelt. Diese Handlungen werden mittels einer Mindmap geclustert und mit zukünftigen Handlungsfeldern des „Future Expert" in Zusammenhang gebracht. Neben der Erschließung zukünftiger Handlungsfelder wird durch die gemeinsame Reflexion der erlebten Kompetenzentwicklung die von den Teilnehmenden erlebte Differenzerfahrung begleitet und ein kooperativer

Wettbewerb begünstigt. Im Sinne der Partizipation entwickeln die Teilnehmenden gemeinsam mit der betrieblichen Kompetenzentwicklungsbegleitung Produktideen, die von den zukünftigen Handlungsfeldern gerahmt werden.

Die Auswahl der Produktidee erfolgt im Spannungsfeld betrieblich-ökonomischer Anschlussfähigkeit und individuellem Kompetenzentwicklungspotenzial. Als Entwicklungsgegenstand wurde die Konzeptentwicklung einer Maschinenkomponente zur „Smarten Fehlerdiagnose" für analoge Röntgenfilmprozessoren gewählt, da diese Idee die wesentlichen Aspekte arbeitsprozessintegrierter Kompetenzentwicklung vereint. Das hobbymäßige Interesse des „Future Expert" an Einplatinenrechnern wird zum zentralen Baustein der technischen Entwicklung. Für diesen Baustein muss über bestehende Schnittstellen eine Anschlussfähigkeit an die durch den „Leaving Expert" viele Jahre betreuten Röntgenfilmprozessoren erzeugt werden, um die bestehende Sensorik und Aktorik für die Fehlerdiagnose nutzbar machen zu können. Für die Arbeit am Gegenstand müssen beide Teilnehmer voneinander lernen und so gemeinsam Kompetenz aufbauen.

Der Projektgegenstand besteht also aus einer Produktentwicklung und weist entsprechend der GeNeDri-Logik innovativen Charakter auf. In diesem Fall bezieht sich der innovative Charakter des Gegenstands auf mehrere Ebenen. Die Aufgabe einer Produktentwicklung ist für beide Projektteilnehmenden gänzlich neu und stellt auch für das Unternehmen ein Novum dar. Des Weiteren birgt der Gegenstand selbst innovatives Potenzial.

Der für die arbeitsprozessintegrierte Kompetenzentwicklung unerlässliche Ernstcharakter wird durch die betriebliche Relevanz der Produktidee erzeugt. Die analoge Röntgenfilmprozessorentechnik könnte durch die „smarte" Komponente eine Aufwertung erfahren, die den Produktlebenszyklus verlängert.

Das GeNeDri-Projekt wird von den Teilnehmenden durchgeführt, von betrieblichen Kompetenzentwicklungsbegleitern/-innen organisiert und durch die wissenschaftliche Begleitung moderiert und begleitet. Die Begleitung umfasst u. a. die Vorstellung einer geeigneten Produktentwicklungsmethode und Werkzeuge der Konstruktionssystematik (Anforderungsliste, Funktionsstruktur, Fehlerbaumanalyse) im Sinne des kompetenzentwicklungsförderlichen Kriteriums „Lernbegleitung und soziale Unterstützung".

Beispiel 2: GeNeDri-Projekt in der heterogenen Konstellation „Altersgemischtes Team"

Das GeNeDri-Projekt „Altersgemischte Konstellation" wird in einem großen Unternehmen der Metallbranche durchgeführt. Das Unternehmen bietet Massenfertigungsartikel für den Endkunden an. Das Projekt findet in einer Zerspanungsabteilung auf der Ebene von Maschineneinrichtern/-innen statt.

Die „Altersgemische Konstellation" bietet sich in dieser Abteilung besonders an, da einige Beschäftigte schon lange im Betrieb beschäftigt sind und der Maschinenpark ebenfalls mehrere Maschinengenerationen aus vier Jahrzehnten abbildet. Des Weiteren hat sich innerhalb der fokussierten Beschäftigtengruppe ein Wandel in der Qualifizierung der Beschäftigten vollzogen. Noch vor einigen Jahren wurde der Rüstvorgang von An- und Ungelernten durchgeführt, während die neu eingestellten Einrichter/-innen heutzutage eine Berufsqualifizierung mitbringen bzw. im Betrieb selbst ausgebildet werden. Insofern markiert der Altersunterschied zwischen den Beschäftigten in erster Linie einen Unterschied zwischen implizitem, erfahrungsgebundenem Wissen und explizitem, theoriegebundenem Wissen der jüngeren Beschäftigten.

Mit den Maschineneinrichtern/-innen wurde zu Beginn des GeNeDri-Projektes im Rahmen einer Gruppendiskussion die Wahrnehmung von Kompetenzentwicklung im Fallbetrieb reflektiert. In der Gruppendiskussion wurde deutlich, dass die Handlungsfähigkeit der Maschineneinrichter/-innen durch einen erlebten Mangel an Unterstützung im Arbeitsalltag bisweilen stark eingeschränkt ist. Als Resultat der eingeschränkten Handlungsfähigkeit verlängert sich die Rüstdauer der einzurichtenden Maschinen in Einzelfällen um ein unplanbares Vielfaches der vorgesehenen Zeit. Durch erhöhte Rüstzeiten geraten die Maschineneinrichter/-innen unter Druck, da sie im Kontext der Massenfertigung für einen störungsfreien Produktionsprozess sorgen müssen. Neben dem Zeitdruck verspüren die Maschineneinrichter/-innen Druck bezüglich der Fertigungsqualität. Durch den mittelbaren Einfluss der Maschineneinrichtung auf die Fertigungsqualität müssen die Einrichter/-innen damit rechnen, dass in späteren Fertigungsschritten aufgrund einer fehlerhaften Maschineneinrichtung Ausschuss produziert wird.

Dieser erlebte Mangel an Unterstützung steht im Widerspruch zu der im Fallbetrieb gelebten Unterstützungskultur, die sich z. B. in der Möglichkeit einer direkten abteilungsübergreifenden Kontaktaufnahme zur Problemlösung von Maschineneinrichtern/-innen mit Mitarbeitenden der Konstruktionsabteilung oder zwischen verschiedenen Maschineneinrichtern/-innen zeigt. Die vorgesehene Unterstützungsstruktur kann jedoch durch die Einrichter/-innen nicht zufriedenstellend genutzt werden, da die Rüstvorgänge nicht einheitlich vollzogen werden und somit weder ein gemeinsames Verständnis von Einrichtern/-innen und Konstrukteuren/-innen noch ein gemeinsames Vokabular für den Rüstvorgang vorliegen. Daher können Schwierigkeiten in Rüstvorgängen innerhalb der Gruppe der Einrichter/-innen und gegenüber der Gruppe der Konstrukteure/-innen nicht zielführend und strukturiert kommuniziert werden. Außerdem leidet unter dem mangelhaften Fachvokabular für die Beschreibung von Maschinenmodulen das professionelle Selbstverständnis der Einrichter/-innen gegenüber anderen betrieblichen Gruppen. Die Notwendigkeit einer funktionierenden Kommunikation zwischen den Maschineneinrichtern/-innen wird durch die vielseitige und umfangreiche Produktpalette mit produktspezifischen Schwierigkeiten weiter verstärkt.

Mit dem GeNeDri-Projekt wird ein Konzept arbeitsintegrierter Kompetenzentwicklung entwickelt und erprobt, indem eine Modulbeschreibung für alle relevanten Module der Fertigungsmaschinen durch die Maschineneinrichter/-innen kooperativ erarbeitet wird. Die Relevanz der Module bezieht sich auf die Perspektive der Maschineneinrichter. Das Erstellen einer Modulbeschreibung setzt eine umfassende Analyse der Funktionen und Funktionsweisen einzelner Komponenten sowie deren Wechselwirkungen im regulären Arbeitsbetrieb voraus.

Das GeNeDri-Projekt wird stellvertretend für die Maschineneinrichter/-innen der Abteilung von einem Tandem aus einem jungen Einrichter, der über eine qualifizierte Berufsausbildung verfügt, und einem älteren Einrichter ohne Berufsausbildung mit über 27 Jahren Berufserfahrung im Fallbetrieb bearbeitet. Zur Entwicklung einer gemeinsamen Terminologie unter den Maschineneinrichtern/-innen werden die Projektfortschritte im zweiwöchigen Abstand in einer zweistündigen Sitzung mit allen Maschineneinrichtern/-innen der Abteilung diskutiert und dokumentiert. Für den Austausch der großen Gruppe wird auf eine bestehende Struktur zurückgegriffen, die im Rahmen der Einführung der Qualitätsmaßnahme „Kontinuierlicher Verbesserungsprozess" (KVP) etabliert wurde. Die Dokumentation des Rüstvorgangs dient der Reflexion eigenen Handelns und als Visualisierung in der Diskussionsrunde. Inhalte und Form der Dokumentation werden von den Maschineneinrichtern/-innen frei gewählt, Unterstützung erhalten die Einrichter/-innen durch einen betrieblichen Prozessexperten. Der Prozess wird von der betrieblichen Kompetenzentwicklungsbegleitung organisiert und durch die wissenschaftliche Begleitung forschend begleitet.

Fazit

Die Gestaltung arbeitsprozessintegrierter Kompetenzentwicklung als Aufgabe betrieblicher Bildungsarbeit

Vor dem Hintergrund sozioökonomischer Veränderungs- und Entwicklungstendenzen postfordistischer Produktionsbedingungen besteht die Herausforderung, den Subjektansprüchen der Beschäftigten im betrieblichen Kontext Raum und Gestalt zu geben. Mit der Integration formeller und informeller Weiterbildungsmaßnahmen und der Gestaltung arbeitsprozessintegrierter Kompetenzentwicklung wird einer reflexiven Handlungsfähigkeit im Sinne einer umfassenden beruflichen Handlungskompetenz Rechnung getragen. Erfahrungslernen im Arbeitsprozess ist gebunden an Interaktionsräume der Selbst- und Fremderfahrung. Erst durch die gemeinsame Arbeit und die Entwicklung von Problemlösungen in geteilten Arbeits- und Denkprozessen kann durch die Bezugnahme auf ein „gemeinsames neues Drittes" (GeNeDri) Erfahrungswissen zugängig und fassbar werden. Über den Austausch mit einem **wahrgenommenen Anderen** kann durch eine Differenzerfahrung Erfahrungswissen aus der Latenz gehoben und externalisiert werden. Eine notwendige Voraussetzung für die Umsetzung arbeitsprozessintegrierter Kompetenzentwicklung ist die Konzeption heterogener Lernkonstellation. Heterogenität als betriebspädagogisches Gestaltungselement arbeitsprozessintegrierter Kompetenzentwicklung bedarf professioneller pädagogischer An- und Begleitung.

Im Rahmen der Erprobung von Konzepten arbeitsprozessintegrierter Kompetenzentwicklung hat sich gezeigt, dass den Eigenschaften betrieblicher Prozessarchitekturen zentrale Bedeutung für die Implementierung arbeitsintegrierter Kompetenzentwicklung zukommt. Diese werden im weiteren Projektverlauf analytisch herausgearbeitet.

Weiterführende Literatur und Links

- Dehnbostel, P. (2016). Informelles Lernen in der betrieblichen Bildungsarbeit. In M. Rohs (Hrsg.), *Handbuch Informelles Lernen* (S. 343–364). Wiesbaden: Springer VS.
- Molzberger, G. (2013). Subjektivierung von Arbeit – Rückfragen an die Berufs- und Weiterbildung. In G. Molzberger, & U. Elsholz (Hrsg.), bwp@ Spezial 6 – Hochschultage Berufliche Bildung 2013, Workshop 01, 1–12. http://www.bwpat.de/ht2013/ws01/molzberger_ws01-ht2013.pdf. Zugegriffen: 26. März 2017.
- Schäffter, O. (1999). Lernen in der Transformationsgesellschaft. Vier Modelle struktureller Transformation. *Info-Dienst. Weiterbildung in Brandenburg* 1, 3–10.

Literatur

Argyris, C., & Schön, D. (1996). *Die Lernende Organisation*. Stuttgart: Klett-Cotta.

Baethge, M. (1991). Arbeit, Vergesellschaftung, Identität – Zur zunehmenden normativen Subjektivierung der Arbeit. *Soziale Welt* 42(1).

Dehnbostel, P. (2001). Perspektiven für das Lernen in der Arbeit. In Arbeitsgemeinschaft Betriebliche Weiterbildungsforschung e.V., Projekt Qualifikations-Entwicklungs-Management (Hrsg.), *Kompetenzentwicklung 2001. Tätigsein–Lernen–Innovation* (S. 53–93). Münster: Waxmann.

Dehnbostel, P. (2010). *Betriebliche Bildungsarbeit. Kompetenzbasierte Aus- und Weiterbildung im Betrieb*. Baltmannsweiler: Schneider Hohengehren.

Dehnbostel, P., Elsholz, U., & Gillen, J. (2007). Konzeptionelle Begründungen und Eckpunkte einer arbeitnehmerorientierten Weiterbildung. In P. Dehnbostel, U. Elsholz, & J. Gillen (Hrsg.), *Kompetenzerwerb in der Arbeit. Perspektiven arbeitnehmerorientierter Weiterbildung* (S. 13–27). Berlin: edition sigma.

Fischer, E., & Duell, W. (2003). Wenn Arbeit Lernen ist … 'Qualifizierende Arbeitsgestaltung' als 'Kompetenzorientierte Lerngestaltung' – ein erfolgreiches Konzept neu fokussiert. *QUEM-Bulletin* 6, 7–10.

Kearney, E. (2013). Diversity und Innovation. In D. E. Krause (Hrsg.), *Kreativität, Innovation und Entrepreneurship* (S. 193–213). Wiesbaden: Springer Gabler.

Koall, I. (2001). *Managing Gender & Diversity – von der Homogenität zur Heterogenität in der Organisation der Unternehmung.* Münster: LIT.

Koall, I. (2002). Grundlegungen des Weiterbildungskonzeptes Managing Gender & Diversity: DiVersion. In I. Koall, V. Bruchhagen, & F. Höher (Hrsg.), *Vielfalt statt Lei(d)tkultur* (S. 1–26). Münster: LIT.

Kohl, M., & Molzberger, G. (2005). Lernen im Prozess der Arbeit – Überlegungen zur Systematisierung betrieblicher Lernformen in der Aus- und Weiterbildung. *Zeitschrift für Berufs- und Wirtschaftspädagogik* 101(3), 349–363.

Lay, G., Jung Erceg, P., & Schat, H.-D. (2011). Verbreitung von Gruppenarbeit in der deutschen Industrie. *RKW Magazin* 4, 22–24.

Meyer-Drawe, K. (1996). Vom anderen Lernen. Phänomenologische Betrachtungen in der Pädagogik. In: M. Borelli, & J. Ruhloff (Hrsg.), *Deutsche Gegenwartspädagogik* (Bd. II, S. 85–98). Baltmannsweiler: Schneider Hohengehren.

Minssen, H. (1998): Gruppenarbeit in der Fertigung – Probleme eines zukunftsorientierten Konzepts. In M. Kröll, & H. Schnauber (Hrsg.), *Lernen der Organisation durch Gruppen- und Teamarbeit* (S. 195–235). Berlin: Springer.

Molzberger, G. (2007). *Rahmungen informellen Lernens – zur Erschließung neuer Lern- und Weiterbildungsperspektiven.* Wiesbaden: Verlag für Sozialwissenschaften.

Molzberger, G. (2015). Betriebspädagogische Arbeits- und Lernkonzepte unter Bedingungen subjektivierter Arbeit. In: G. Niedermair (Hrsg.), *Informelles Lernen. Annäherungen – Problemlagen – Forschungsbefunde* (S. 235–250). Linz: Trauner.

Patzelt, W. J. (1987). *Grundlagen der Ethnomethodologie – Theorie, Empirie und politikwissenschaftlicher Nutzen einer Soziologie des Alltags.* München: Fink.

Projekt „Kompetenzentwicklung in vernetzten Lernstrukturen - Gestaltung arbeitnehmerorientierter Arbeits-, Beratungs- und Weiterbildungskonzepte" (KomNetz). (2005). *Handreichung Kompetenzreflektor.* Hamburg: KomNetz.

Schäffer, B. (2003). Gruppendiskussion. In R. Bohnsack, W. Marotzki, & M. Meuser (Hrsg.), *Hauptbegriffe qualitative Sozialforschung* (S. 75–80). Opladen: Leske + Budrich.

Schäffter, O. (1997). Irritation als Lernanlass – Bildung zwischen Helfen, Heilen und Lehren. In H. H. Krüger (Hrsg.), *Bildung zwischen Markt und Staat* (S. 691–708). Opladen: Leske + Budrich.

Schön, D. (1983). *The Reflective Practitioner. How professionals think in action.* New York: Bacis Books

Taleb, N. N. (2011). *Der Schwarze Schwan – die Macht höchst unwahrscheinlicher Ereignisse* (3. Aufl.). München: Deutscher Taschenbuch Verlag.

van Dyk, H., van Engen, M. I., van Knippenberg, D. (2012). Defying conventional wisdom: a meta-analytical examination of the differences between demografic and job-related diversity relationships with performance. *Organizational Behavior and Human Decision Processes* 119, 38–53.

van Knippenberg, D., De Dreu, C. K. W., & Homan, A. (2004). Work Group Diversity and Group Performance: An Integrative Model and Research Agenda. *Journal of Applied Psychology* 89(6), 1008–1022.

Weiß, U., & Alexander, C. (2016). Selbstkompetenz als zentrale Dimension arbeitsprozessintegrierter Kompetenzentwicklung. *bwp@Spezial* 12, 1–17.

Technische Innovationen als Mittel zum arbeitsintegrierten Lernen in kleinen und mittleren Unternehmen des Einzelhandels

Bernhard Holtkamp, Sebastian Riebe, Kerstin Baumgarten, Sonja Blanco, Sebastian Steinbuß, Clarissa Eickholt, Martin Templer

© Springer-Verlag GmbH Deutschland 2018
D. Ahrens, G. Molzberger (Hrsg.), *Kompetenzentwicklung in analogen und digitalisierten Arbeitswelten*, Kompetenzmanagement in Organisationen, https://doi.org/10.1007/978-3-662-54956-8_10

Zusammenfassung

Technische Innovationen wie Tablet-PC, Smartphones und Beacons sind heute in der Gesellschaft akzeptiert und breit verfügbar. Diese Technologien ermöglichen neue Geschäftsmodelle und Anwendungen. In dem Verbundprojekt HANDELkompetent wird die Nutzbarkeit dieser Technologien für das arbeitsintegrierte Lernen, insbesondere in kleinen und mittleren Unternehmen (KMU) des Einzelhandels, untersucht.

Entsprechend der Entwicklung neuer Geschäftsmodelle durch die Digitalisierung in anderen Branchen werden auch neue Lern- und Lehrmodelle bei der Verwendung innovativer Technologien benötigt. Diese müssen sich an den Anforderungen der umsetzenden Betriebe orientieren. Die grundsätzlichen Anforderungen der Handelsunternehmen werden im Verbundvorhaben HANDELkompetent bei den Umsetzungspartnern erhoben und hier anhand eines Fallbeispiels dargestellt.

Darauf aufbauend wird ein Konzept für das betriebliche Kompetenzmanagement erarbeitet. Die Kompetenzentwicklung im Unternehmen wird durch Lern-Tandems und die Verankerung von Kompetenzpaten organisatorisch unterstützt und über arbeitsintegriertes Lernen realisiert, indem die Lerninhalte technisch unterstützt aufbereitet und in kleine Lerneinheiten („Lern-Nuggets") aufgeteilt sowie situationsabhängig bereitgestellt werden. Die technische Infrastruktur für die Realisierung basiert auf Beacons und Tablet-PC, um die Lernsituation des Anwendenden nachzuvollziehen. Ein Situations- und Kontextmodell stellt dabei das wesentliche Bindeglied zwischen den Lerninhalten und der bedarfsgerechten Informationsversorgung dar.

10.1 Einleitung: Nutzung technischer Innovationen als Mittel zum arbeitsintegrierten Lernen

Mit einem Umsatz von mehr als 450 Milliarden Euro in rund 370.000 Unternehmen mit insgesamt 3 Millionen Beschäftigten stellt der Einzelhandel den drittgrößten Wirtschaftszweig in Deutschland dar (HDE, 2015). Über 99 % sind KMU gemäß der Definition der Europäischen Union; 90 % haben weniger als 10 Beschäftigte (HDE, 2013). Insbesondere für diese Unternehmen stellt die Kompetenzentwicklung ihrer Beschäftigten im Sinne der Vereinbarkeit von Arbeiten und Lernen nach wie vor eine Herausforderung dar. Die Hälfte der Unternehmen beteiligt sich nicht an der Weiterbildung ihrer Mitarbeitenden. Neben den Kosten für Weiterbildungsmaßnahmen stellt der Arbeitszeitausfall ein signifikantes Hemmnis dar (HDE, 2013).

Technologische Innovationen wie multimediafähige mobile Endgeräte in Form von Smartphones und Tablet-PC, die über breitbandige Funknetze mit Anwendungen in der Cloud kommunizieren, bieten die Möglichkeit des Lernens am Arbeitsplatz. Davon wird insbesondere im Einzelhandel noch wenig Gebrauch gemacht (HDE, 2015). Ursachen dafür sind die Herausforderungen, die mit der Nutzung dieser Technologien für ein arbeitsintegriertes Lernen verbunden sind:

- Im laufenden Arbeitsprozess müssen Zeiträume verfügbar und nutzbar sein, um ein arbeitsintegriertes Lernen ohne Leistungsverlust für das Unternehmen zu ermöglichen.
- Geeignete Lerninhalte müssen so aufbereitet sein, dass sie in den verfügbaren Zeiträumen und unter den betrieblichen Rahmenbedingungen am jeweiligen Lernort angeeignet werden können.

— Die Lerninhalte müssen die Entwicklung notwendiger Kompetenzen unterstützen, um die Beschäftigungsfähigkeit der Mitarbeitenden und die Wettbewerbsfähigkeit des Unternehmens zu sichern.

Diesen Herausforderungen nimmt sich das Verbundprojekt HANDELkompetent an und entwickelt einen Lösungsansatz, der für kleine Handelsunternehmen nutzbar ist und auf andere Branchen übertragen werden·kann.

Nachfolgend wird zunächst am Beispiel der Metzgerei Sack dargestellt, unter welchen Rahmenbedingungen und mit welchen Zielen ein arbeitsintegriertes Lernen in einem Einzelhandelsunternehmen stattfindet. Anschließend werden das Konzept zur betrieblichen Kompetenzentwicklung (▶ Abschn. 10.2) und die darauf aufbauende Lerninfrastruktur aus technischer Sicht dargestellt (▶ Abschn. 10.3). Die Potenziale und Hemmnisse, im Besonderen aus der Perspektive des Schutzes von personenbezogenen Daten, werden in ▶ Abschn. 10.4 diskutiert. Den Abschluss bilden eine Zusammenfassung des aktuellen Arbeitsstands und ein Überblick über die Ziele des Verbundvorhabens.

Beispiel
Fallbeispiel: Metzgerei Sack

Die Metzgerei Sack wurde 1912 von Gustav Sack, dem Urgroßvater des heutigen Geschäftsführers und Eigentümers Michael Grom in Malsch bei Karlsruhe gegründet und befindet sich somit nun in der vierten Generation in Familienbesitz.

Der Betrieb verfügt über eine Hauptstelle in Malsch, in der die gesamte Produktion stattfindet. Mehrmals pro Woche werden die verschiedenen Fleisch- und Wurstspezialitäten frisch hergestellt. Die Schlachtung ist nicht Teil der eigenen Produktion. Die Rohstoffe werden in Form von Rinder- und Schweinehälften aus lokalen Betrieben geliefert. Der Verkauf erfolgt über fünf Filialen in der Umgebung. Der Standort der Produktion wurde mit Bedacht auf die Entfernung zu den Filialen so gewählt, dass alle in maximal einer halben Stunde mit dem Auto erreichbar sind. Insgesamt beschäftigt das Unternehmen 87 Mitarbeiter/-innen (Stand: Ende 2015).

Die Weiterbildung der Mitarbeiter/-innen ist integraler Bestandteil der Firmenphilosophie. Die Nutzung von Fort- und Weiterbildungsmaßnahmen wird sowohl durch Freistellung als auch durch Kostenübernahme der Maßnahmen unterstützt. Aus betrieblicher Sicht ist die Kompetenzentwicklung der Mitarbeiter/-innen während der Arbeitszeit von besonderem Interesse, da bei diesem Vorgehen, im Gegensatz zur Entsendung von Mitarbeitenden zu Seminaren oder Schulungen, kein Produktivitätsausfall stattfindet. Es wird berücksichtigt, dass Pausen nicht als Lernzeit genutzt werden sollen. Eine Bedarfserhebung vor Ort ergab, dass Kompetenzentwicklung insbesondere in den Bereichen Ernährungsberatung und Arbeitsschutz als notwendig angesehen wird.

Für ein arbeitsintegriertes Lernen werden im Unternehmen Bereiche als geeignet angesehen, von denen aus der Verkaufsraum einsehbar ist, die von Kunden jedoch nicht eingesehen werden können. In der Filiale in Malsch bieten sich unter diesem Aspekt als Lernorte in erster Linie das Büro, der Sozialraum, der Lagerraum und die Küche an. Dazu kommt der Arbeitsplatz der Meister/-innen, der vom Verkaufsraum etwas abgesetzt ist. Im Verkaufsraum selbst kommt der Kassenarbeitsplatz in Betracht sowie mit Einschränkung eine Sitzecke im Kundenbereich.

Als Situationen, in denen Lernen möglich ist, kommen primär „Leerlaufzeiten" in Betracht, in denen sich keine oder nur wenige Kunden im Verkaufsraum befinden, sodass sich nicht alle anwesenden Mitarbeiter/-innen direkt in Verkaufssituationen befinden.

Dabei kann das Lernen sowohl in Einzelform als auch in Partnerarbeit oder in (Klein-)Gruppenarbeit erfolgen. Darüber hinaus ist auch das Lernen während eines Verkaufsgesprächs gemeinsam mit dem Kunden denkbar, z. B. bei der Auftragsannahme im Bereich des Partyservice. Hier mangelt es oft daran, dass ein Kunde keine genaue Vorstellung vom möglichen Angebot bzw. der entsprechenden Ausprägung hat. So kommt es häufiger vor, dass Begriffe wie beispielsweise „Kanapee" nicht eingeordnet werden können. Lernmaterialien mit Fotos würden in dem Fall sowohl dem Kunden als auch dem Verkaufspersonal helfen.

In technischer Hinsicht sind mit Blick auf ein arbeitsintegriertes Lernen alle Filialen mit WLAN ausgerüstet. Im Verkaufsraum sind Tablet-PCs auf Aufstellern postiert, die von Kunden zur selbstständigen Informationsbeschaffung über die Ware genutzt werden können. Jede Filiale verfügt zudem über ein MacBook im Sozialraum/Büro, das von den Beschäftigten und der Filialleitung genutzt wird.

(▶ Exkurs: Anforderungen und Ziele des Umsetzungspartners Metzgerei Sack)

Exkurs

Anforderungen und Ziele des Umsetzungspartners Metzgerei Sack

Aus der Anforderungserhebung bei der Metzgerei Sack konnten die folgenden konkreten Anforderungen und Ziele abgeleitet werden:

Themen für Lernmodule:
- Ernährungsberatung, Inhaltsstoffe von Produkten
- Informationen zu saisonalen Produkten
- Arbeitsanweisungen, Umsetzung von Arbeitsschutzvorschriften, Hygienevorschriften

Mögliche Lernorte:
- Verkaufsraum, Kasse und Sitzecke

- Pausenraum (soll nicht als Lernort genutzt werden)

Lernsituationen:
- „Leerlaufzeiten", Zeiten in denen sich keine oder wenige Kunden im Geschäft befinden
- Einzelarbeit, Partnerarbeit, (Klein-)Gruppenarbeit
- Ergänzend im Verkaufsgespräch in Anwesenheit von Kunden

Hürden:
- Das Tragen von Handschuhen im Kühlraum oder als Schnittschutz behindert die Bedienung von Tablets.
- Fettige Finger erschweren die Nutzung von Tablets.

Anmerkungen des Betriebes:
- Lernen soll Spaß machen und unterhaltsam sein.
- Kleine Lernmodule erwünscht.
- Kurze Videosequenzen oder Animationen erwünscht.
- Der Lernerfolg soll für den Lernenden und den Inhaber/Geschäftsführer sichtbar sein.

10.2   Konzeption des betrieblichen Kompetenzmanagements

Ziel des Forschungs- und Entwicklungsvorhabens HANDELkompetent ist es, ein arbeitsprozessintegriertes Lernen für KMU aus dem Einzelhandel unterstützt durch technologische Innovationen zu erproben. Für die erfolgreiche Umsetzung dieses Vorhabens sind zwei Eckpunkte bedeutsam:

- Die Verbundpartner entwickeln eine **Gesamtkonzeption des betrieblichen Kompetenzmanagements**. Diese Gesamtkonzeption umfasst einen idealtypischen Ablauf und enthält alle erforderlichen Instrumente. Die Checklisten, Fragebögen und Vorlagen stellen ein Angebot dar, das von den Unternehmen angepasst und genutzt werden kann.
- Jedes teilnehmende Unternehmen entwickelt ein **betriebsspezifisches Umsetzungskonzept**, welches die konkreten betrieblichen Bedarfe und Besonderheiten berücksichtigt.

Beide Ansätze werden im Folgenden kurz erklärt.

10.2.1 Gesamtkonzeption

Das Vorgehen ist in ein umfassendes Kompetenzmanagement eingebettet, das vor allem KMU aus dem Einzelhandel adressiert. Es wird die Möglichkeit geschaffen, mithilfe von komplexitätsreduzierten und niedrigschwelligen Maßnahmen eine strategische Personalentwicklung für diese in der Praxis oft nur schwer zugänglichen Unternehmen anzubieten. Häufig verfügen diese Unternehmen nicht über eine strategische Personalentwicklung. Weiterbildung geschieht nur beiläufig und zufällig.

Das Gesamtkonzept umfasst neun Schritte (◘ Abb. 10.1):

- **Schritt 1:** Das Unternehmen erkennt einen konkreten Weiterbildungsbedarf und entscheidet sich für die Einführung einer strategischen Personalentwicklung.
- **Schritte 2 und 3:** Es wird ein Kompetenzpate bzw. eine Kompetenzpatin ausgewählt und qualifiziert, der/die Ansprechpartner/-in für das Lernen im Unternehmen ist, das Lernen begleitet und den Prozess steuert. Ein betriebliches Umsetzungskonzept wird in Abstimmung mit der Geschäftsführung entwickelt.
- **Schritte 4 und 5:** Es erfolgt eine Kompetenzerfassung im Unternehmen mit dem 360°-Feedback. Auf Basis der Ergebnisse werden Lerninhalte ausgewählt und Lernziele mit den Mitarbeitenden vereinbart.
- **Schritt 6:** Bei Bedarf bilden sich altersgemischte Lern-Tandems in den Unternehmen.
- **Schritte 7 und 8:** Das Lernen erfolgt mit einer App und einer Lernplattform. Die Mitarbeitenden werden durch den/die Kompetenzpaten/-in und den Projektverbund beim Lernen begleitet. Mitarbeiter/-innen und Kompetenzpaten/-innen dokumentieren den Lernfortschritt.
- **Schritt 9:** Es erfolgt eine erneute Kompetenzerfassung und ein Abgleich der Kompetenzentwicklung. Neue Lerninhalte und Lernziele werden ausgewählt und festgelegt.

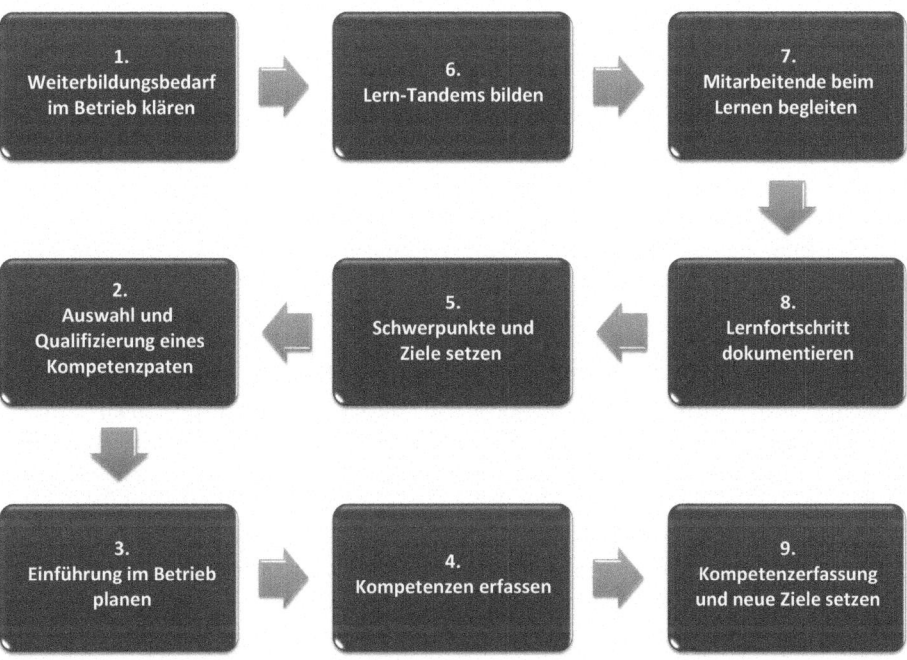

◘ **Abb. 10.1**   Prozess des betrieblichen Kompetenzmanagements

Diese Konzeption wird im Rahmen des Projektvorhabens erprobt und mit dem CIPP-Modell (Stufflebeam, 2003) evaluiert. Auf Basis der betrieblichen Erprobung und Evaluation wird ein weiterentwickeltes und transferoptimiertes Konzept zur Verfügung gestellt, welches einen idealtypischen Ablauf enthält, der wiederum von anderen KMU adaptiert werden kann. Während der Pilotierung werden erfolgstreibende und hemmende Faktoren gesammelt und anschließend ausgewertet.

10.2.2 Elemente und modellspezifische Charakteristika

Zentrale Elemente und modellspezifische Charakteristika des betrieblichen Kompetenzmanagements sind:

- Kompetenzpat/innen als Lern- und Prozessbegleitung
- Arbeitsprozessintegriertes Lernen ermöglichen
- Modell und Konzept zur Kompetenzerfassung mit dem 360°-Feedback
- Bildung von Lern-Tandems
- Lernen mit Lernmodulen und „Lern-Nuggets"
- Lernplattform ILIAS mit der Integration von Beacons über die HANDELkompetent-App

Kompetenzpat/innen als Lern- und Prozessbegleitung

Kompetenzpat/innen haben eine herausragende Rolle und Stellung im betrieblichen Kompetenzmanagement. Sie sind die ersten Ansprechpartner/-innen für die Lernenden im KMU und das Bindeglied zur Unternehmensleitung. Sie kümmern sich um die Lernbegleitung, unterstützen die Lernenden und haben eine Reihe weiterer Aufgaben im Lernprozess (◘ Abb. 10.2).

Arbeitsprozessintegriertes Lernen ermöglichen

Lernen findet im Unternehmen statt und wird nicht ausgegliedert in externe Seminare oder Schulungen, d. h., Lernen passiert on the Job.

In den teilnehmenden Unternehmen werden Prozessanalysen durchgeführt und Integrationspotenziale erarbeitet. Eine zu Projektbeginn durchgeführte Delphi-Erhebung, die Bedarfe der teilnehmenden Unternehmen sowie unsere Erfahrungen sind handlungsleitend für eine Schwerpunktsetzung auf die Prozesse „Logistik" und „Verkauf". Prozesse zu Sicherheit und Gesundheit bei der Arbeit werden als querliegende Prozesse verstanden und in Kern- und Unterstützungsprozesse integriert (◘ Abb. 10.3).

Modell und Konzept zur Kompetenzerfassung mit dem 360°-Feedback

Das Kompetenzmodell basiert auf dem Modell von Hamacher und Wittmann (2005) sowie auf den im Projekt gesammelten Erkenntnissen aus der Delphi-Studie und den Vorarbeiten der Projektpartner. Im Rahmen der Delphi-Studie wurden Bedarfe des betrieblichen Lernens im Handel von Experten/-innen aus der Branche beschrieben. Das Kompetenzmodell berücksichtigt vier Kompetenzdimensionen mit jeweils vier Teilkompetenzen. KMU wählen auf Basis der Bedarfsermittlung Schwerpunktkompetenzen aus, die sie weiterentwickeln möchten.

Kompetenzen stellen die Fähigkeit und Bereitschaft eines Menschen dar, Anforderungen und Situationen aktiv zu bewältigen. Es besteht die Grundannahme, dass der Grad der Kompetenzausprägung über das Handeln von Personen in beruflichen Situationen am Arbeitsplatz erfasst und auf ihre Kompetenzen rückgeschlossen werden kann.

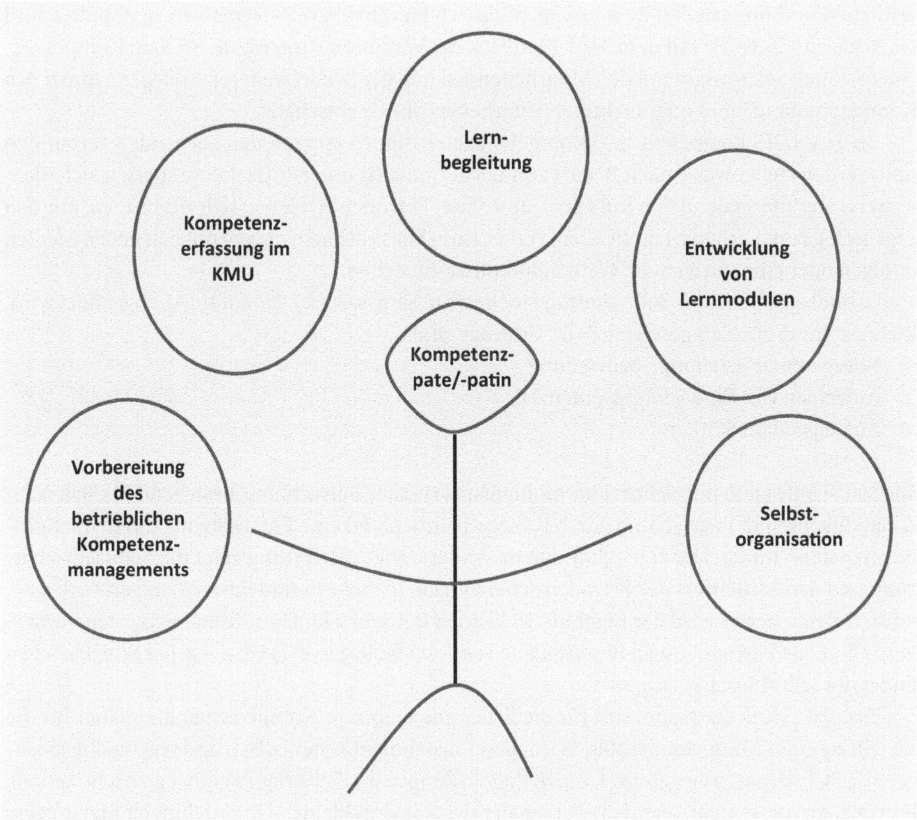

Lern-begleitung

Kompetenz-erfassung im KMU

Entwicklung von Lernmodulen

Kompetenz-pate/-patin

Vorbereitung des betrieblichen Kompetenz-managements

Selbst-organisation

◻ **Abb. 10.2** Aufgabenschwerpunkte der Kompetenzpaten

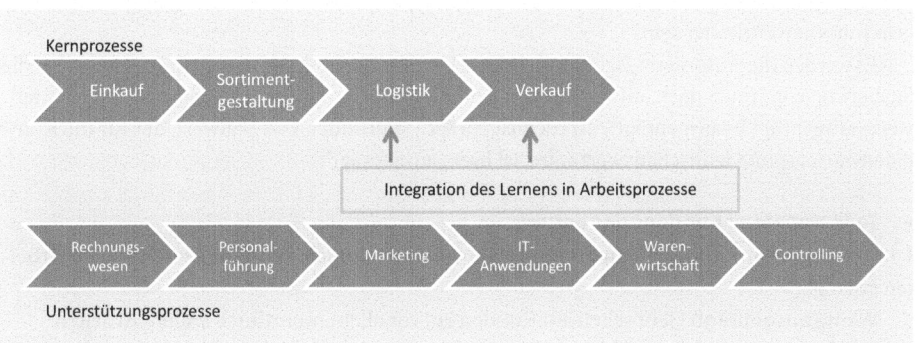

◻ **Abb. 10.3** Arbeitsprozessintegriertes Lernen

Der Ansatz zielt darauf ab, die Kompetenzerfassung auch in kleinen Einzelhandelsbetrieben zu ermöglichen. Jedes kleinere Unternehmen ist überfordert, wenn es für alle Kompetenzen im Kompetenzmodell HANDELkompetent (insbesondere die Querschnittskompetenzen) Instrumente und Anlässe zur Kompetenzerfassung entwickeln und in ein umfangreiches Assessmentverfahren einbauen müsste. Es gilt daher, vor dem Hintergrund der knappen personalen, zeitlichen und finanziellen Ressourcen, praktisch handhabbare Alternativen zu gestalten und einzusetzen. Es wurde mit dem 360°-Feedback ein Verfahren ausgewählt, bei dem Kompetenzpaten/-innen gemeinsam mit den Mitarbeitenden und bei Bedarf weiterer Kollegen/-innen den Kompetenzstand eines oder mehrerer Mitarbeiter/-innen einschätzt.

Bei HANDELkompetent sind Kompetenzpaten/-innen eng mit den Lernenden verbunden und werden stellenweise nach Bedarf von Lern-Tandems unterstützt. Diese speisen sich idealerweise aus intergenerativen Kollegenteams. Zwei Personen schließen sich zusammen, um sich gegenseitig zum Lernen zu motivieren. Ferner kann Starthilfe im Umgang mit den neuen Medien erfolgen oder eine spielerische Wettkampfkulisse entstehen.

Grundlage bildet eine **360°-Umfrage** (Scherm u. Sarges, 2002), die auf ILIAS abgebildet wird. Ziele der im Projekt eingesetzten 360°-Umfrage sind:

- Kompetenzfeststellung/-beurteilung
- Aufzeigen von Entwicklungspotenzial
- Aufzeigen von Stärken

Die 360°-Umfrage kennzeichnet eine multiperspektivische Betrachtung, bestehend aus Selbsteinschätzung, Fremdeinschätzung durch Kollegen/-innen und eine Einschätzung durch die Kompetenzpaten/-innen. Die 360°-Umfrage ist skaliert. Die Auswertung zeigt die Selbsteinschätzung und den Mittelwert der Fremdeinschätzungen. Je mehr Fremdeinschätzungen vorliegen, umso differenzierter wird das Ergebnis. In kleinen Betrieben können Kompetenzpaten/-innen, Lern-Tandem-Partner/-innen und zusätzlich ein/eine Kollege/-in Feedbackgeber sein. Daneben findet die Selbsteinschätzung statt.

Die 360°-Umfrage eignet sich für die Erfassung mehrerer Kompetenzen und daher für die Erstellung eines Kompetenzprofils. Wird dieses Instrument systematisch und regelmäßig in längeren Zeitabschnitten eingesetzt, können Entwicklungen im Zeitverlauf sichtbar gemacht werden. Damit kann dieses Instrument die Personalentwicklung in kleinen Unternehmen unterstützen. Der Vergleich von Selbst- und Fremdeinschätzung sollte gemeinsam positiv ausgewertet werden. Hierbei kommt den Kompetenzpaten/-innen eine entscheidende Rolle zu. Gegenseitige Wertschätzung, Schaffung einer vertrauensvollen Atmosphäre und die Einhaltung von Feedbackregeln muss gewährleistet sein.

Es werden die Ausprägungsgrade am Beispiel von Beratungskompetenz dargestellt, wobei die Skalierung von innen nach außen, mit den Kompetenzausprägungen „wenig ausgeprägt", „teilweise ausgeprägt", „ausgeprägt", „stark ausgeprägt", stattfindet. Der Sollwert, der für die Kompetenzausprägung wünschenswert wäre, ist hier „ausgeprägt".

- **Teilkompetenz Kundenorientierung**

Ich spreche jeden Kunden an und versuche ihm zu helfen, auch wenn ich gerade andere Arbeiten erledige.

- **Wenig ausgeprägt:** Geht selten auf Kunden zu, vor allem, wenn auch andere Arbeiten erledigt werden müssen. Kundenorientierung, die Zuwendung zum Kunden unabhängig von Zuständigkeiten, muss noch ausgeprägt werden.
- **Teilweise ausgeprägt:** Bemüht sich, freundlich und angemessen auf Kunden zuzugehen, auch wenn gleichzeitig andere Aufgaben erfüllt werden sollen.
- **Ausgeprägt:** Geht immer freundlich und angemessen auf die Kunden zu und bietet seine Hilfe an. Andere Arbeiten werden zurückgestellt, aber ebenfalls erledigt.
- **Stark Ausgeprägt:** Kundenorientierung und Kundenbindung stehen im Zentrum aller Bemühungen. Der Kunde steht im Mittelpunkt aller Aktivitäten. Er wird freundlich und zuvorkommend behandelt. Die Erledigung weiterer Arbeiten ist selbstverständlich.

- **Teilkompetenz Beschwerdemanagement**

Ich nehme Beschwerden und Vorschläge meiner Kunden ernst, biete ihnen gute Lösungsmöglichkeiten an und erfülle diese auch.

- **Wenig ausgeprägt:** Das Entgegennehmen von Beschwerden und das Anbieten von Lösungen fällt noch sehr schwer.
- **Teilweise ausgeprägt:** Das Entgegennehmen von Beschwerden und das Anbieten von Lösungen gelingen bereits teilweise.
- **Ausgeprägt:** Begegnet Vorschlägen und Beschwerden der Kunden offen und lösungsorientiert. Mit Kunden getroffene Vereinbarungen werden erfüllt.
- **Stark Ausgeprägt:** Begreift Beschwerden und Vorschläge der Kunden stets als Chance, etwas zu verbessern. Findet überzeugende Lösungen und setzt diese vertrauensvoll um.

Bildung von altersgemischten Lern-Tandems

Lern-Tandems haben neben der gegenseitigen Kompetenzeinschätzung die zentrale Aufgabe, dass sich Mitarbeitende gegenseitig beim Lernen unterstützen. Die Bildung von Lern-Tandems wird durch die Kompetenzpaten/-innen angeregt und begleitet. Durch die Bildung von altersgemischten Lern-Tandems soll gemeinsames Lernen und Handeln mit dem Ziel gefördert werden, voneinander zu lernen und nachhaltige Lernerfolge herbeizuführen. Voraussetzungen bei den Beschäftigten für die Bildung von Lern-Tandems sind:

- Altersunterschied
- Wissens-/Kompetenzunterschiede, insbesondere der Medien- und Gesundheitskompetenz (zur Förderung der Beschäftigungsfähigkeit)
- Freiwilligkeit der Tandem-Partner
- Interesse an einem gemeinsamen Thema
- Engagement und Bereitschaft zum gegenseitigen Austausch

Lernen mit Lernmodulen und „Lern-Nuggets"

Um die Kompetenzentwicklung in den KMU des Handels zu fördern, erstellt HANDELkompetent digitale Lernmodule. Die Lernmodule werden z. B. als kleine Lerneinheiten („Lern-Nuggets") im Sinne des Micro-Learning entwickelt und den KMU zur Verfügung gestellt. Es werden auch mit Unterstützung der Kompetenzpaten/-innen betriebsspezifische Module entwickelt. Lernmodule können beispielsweise sein: Selbstlerneinheiten, kurze Tutorials oder kollaborative Arbeitsdokumente, die von den Beschäftigten gemeinsam entwickelt werden. Beschäftigte können z. B. Inhalte vorschlagen sowie Verfahren auf eine neue, kreative Weise über das mobile Lernen transportieren. Was genau die Mitarbeiter/-innen anspricht, wird in den Pilotbetrieben eruiert.

Lernen mit der Lernplattform ILIAS, der HANDELkompetent-App und Beacons

Alle Lernmodule werden auf einer Online-Lernplattform zur Verfügung gestellt. Die Lernplattform beinhaltet Bereiche, die nur für den jeweiligen Betrieb zugänglich sind, betriebsübergreifende Bereiche für die Branche und einen branchenübergreifenden Bereich. Die Umsetzung mit ILIAS und die Erweiterung um situations- und kontextadaptive Lerninhalte werden im folgenden ▶ Abschn. 10.3 erläutert.

10.3   Betriebsspezifisches Umsetzungskonzept

Neben der Gesamtkonzeption, die unterschiedliche Angebote für die Unternehmen bereitstellt, muss jedes Unternehmen ein am Gesamtkonzept angelehntes betriebsspezifisches Umsetzungskonzept entwickeln. Das Umsetzungskonzept oder „Roll-out-Konzept" beinhaltet die konkrete Planung der Durchführung im Unternehmen mit der Festlegung von Aufgaben und Meilensteinen, Verantwortlichkeiten und Terminen bzw. Zeitspannen.

Im Rahmen des Projektvorhabens werden eine Projektvorlage und Checkliste für die teilnehmenden Unternehmen entwickelt, die die betrieblichen Akteure/-innen bei der Erstellung des Umsetzungskonzeptes unterstützen. Das Verbundprojekt berät und unterstützt die Unternehmen.

10.3.1   Technische Lerninfrastruktur

Die technische Infrastruktur ermöglicht die Erkennung des Kontextes eines Lernenden sowie die Ergänzung der Lernmaterialen um lernsituationsbezogene Metadaten. Dies wird durch ein Situations- und Kontextmodell realisiert. Die Pflege der Inhalte und der Lernsituationen sowie die Verknüpfung beider ist Aufgabe einer redaktionellen Betreuung. Die von den Kompetenzpaten/-innen gemeinsam mit Lernenden entwickelten Kompetenzprofile und Kompetenzentwicklungen sind ebenfalls Bestandteil der Lernsituation.

Die Erkennung des Kontextes, in der sich der/die Lernende aktuell befindet, wird durch einen Tablet-PC übernommen. Ortsinformationen können über im Unternehmen platzierte Beacons ermittelt werden (Chen et al., 2015; Newman, 2014). Beacons sind kleine Funkfeuer, die in kurzen Intervallen ihre Kennung ausstrahlen. Diese Kennung wird einem Lernort zugeordnet. Empfängt ein Tablet-PC eine ihm bekannte Kennung, kann er diese dem zugehörigen Lernort zuordnen und damit den Lernort erkennen. Die Erkennung von Lernenden wird über ihren Benutzernamen und das Passwort der Lernplattform realisiert. Die E-Learning-Plattform ILIAS (http://www.ilias.de/) ist dabei die Grundlage für die Lerninfrastruktur. Die ◨ Abb. 10.4 illustriert die Sicht auf die technische Infrastruktur für ein arbeitsintegriertes Lernen.

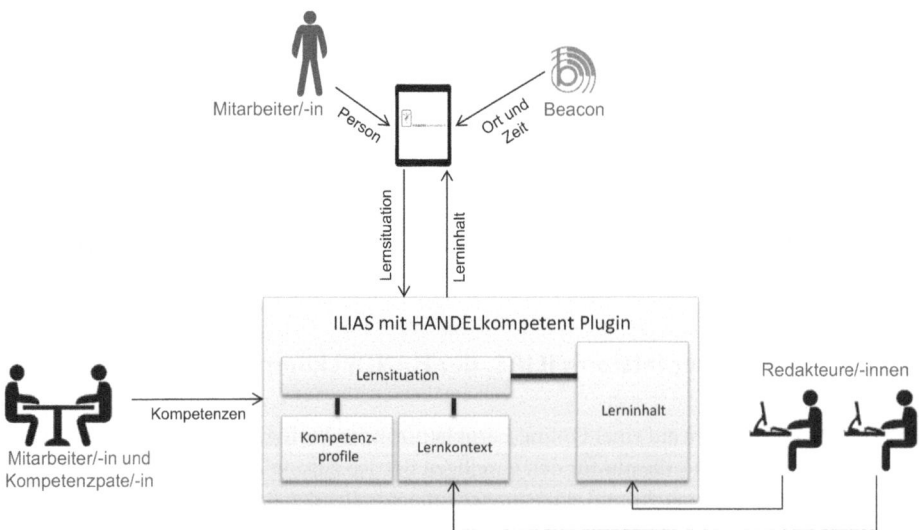

◨ **Abb. 10.4**   Logische Sicht der technischen Infrastruktur für ein arbeitsintegriertes Lernen

Ein wesentlicher Aspekt ist die technische Erkennung des Kontextes, in der sich Lernende befinden. Anhand des erkannten Kontextes werden situationsgerechte Lerninhalte für die Lernenden ermittelt. Das Situations- und Kontextmodell entspricht dem fachlichen Datenmodell der technischen Infrastruktur.

Bei der Entwicklung dieses Fachmodells wurden drei, im wesentlichen disjunkte Datenbereiche erkannt: Dies sind zum einen Daten, die den aktuellen Aufenthaltsort und die Umgebungsbedingungen beschreiben, zum anderen Daten, die die Kompetenzen und die Kompetenzentwicklungen beschreiben. Für diese Datenbereiche wurden die Bezeichnungen „Aktuelle Lernsituation" und „Generelle Lernsituation" gewählt. Ein weiterer Datenbereich sind die persönlichen Daten der Lernenden („Personen"). Diese werden im Folgenden näher beschrieben.

Personen

Die Beschreibung einer Person umfasst die Beschreibung des Individuums, also die persönlichen Daten und die Beschreibung der Rolle, die eine Person in einem Unternehmen einnimmt. Die Beschreibung der persönlichen Daten eines Individuums kann sehr komplex werden, daher werden in diesem Modell nur die wesentlichen Informationen vorgehalten, die zur Identifikation einer Person notwendig sind. Ferner wird hier der Grundsatz der Datensparsamkeit verfolgt. Weitere Ausführungen zum Datenschutz werden im ▶ Abschn. 10.4 beschrieben.

Aktuelle Lernsituation

Die aktuelle Lernsituation beschreibt Orte und Zeitpunkte. Für die Beschreibung von Orten und insbesondere von Standorten innerhalb von Gebäuden wurden verschiedene Standards entwickelt. Beispiele sind die Formate GPS Exchange Format (http://www.topografix.com/gpx.asp), die Universal Business Language ubl (Meadows u. Seaberg, 2004), ContextML (Knappmeyer et al., 2010) und die DIN 277. Für das Situations- und Kontextmodell in HANDELkompetent werden Attribute genutzt, die Gebäude, Gebäudeteile, Räume und Lokationen in Räumen beschreiben. Weiterhin können die Umgebungsbedingungen wie Lautstärke oder Kundenverkehr an den Lernorten erfasst werden. Für die Beschreibung von Zeiträumen und logischen Zeitpunkten stehen Konzepte in den üblichen Programmier- und Beschreibungssprachen zur Verfügung. Die Erweiterungen der aktuellen Lernsituation um einen physiologischen und einen emotionalen Zustand des/der Lernenden sind nicht Gegenstand des Verbundvorhabens HANDELkompetent.

Generelle Lernsituation

Die generelle Lernsituation beschreibt die Kompetenzen und die Kompetenzprofile der Lernenden. Während Kompetenzen eine allgemeine Beschreibung von Fähigkeiten und Fertigkeiten zur Problemlösung in bestimmten Bereichen sind, hier also die typischen fachlichen Kompetenzen und Querschnittskompetenzen, umfassen Kompetenzprofile die Menge der Kompetenzen und ihre Ausprägung bezogen auf eine/einen Lernenden. Damit kann jedem/jeder Lernenden ein Kompetenzprofil zugeordnet werden. Die individuellen Kompetenzen und ihre Ausprägung werden im Rahmen der Kompetenzmessung durch Tests, Selbst- oder Fremdeinschätzung erfasst. Gemeinsam mit dem Kompetenzpaten werden ein anzustrebendes Kompetenzprofil erstellt sowie ein individueller Lehrplan, der den Weg vom aktuellen zum angestrebten Kompetenzprofil aufzeigt. Die Lernplattform kann darauf aufbauend und anhand der aktuellen Lernsituation geeignetes Lernmaterial auswählen.

10.3.2 Anwendungsmöglichkeit des Lernsituations- und Kontextmodells

Ein Situations- und Kontextmodell stellt eine wesentliche Erweiterung einer Lernplattform dar. Im Rahmen des Verbundvorhabens HANDELkompetent wird die Lernplattform ILIAS eingesetzt. Die Erweiterung der Lernplattform umfasst im Wesentlichen folgende Punkte:

- Erstellung und Verwaltung der Daten des Situations- und Kontextmodells
- Verknüpfung mit Lerninhalten
- Kontextermittlung des Lerners am mobilen Endgerät
- Situations- und kontextabhängige Ermittlung relevanter Lerninhalte

Im Folgenden werden die Erweiterungen kurz beschrieben.

Erstellung und Verwaltung der Daten des Situations- und Kontextmodells

Die Erstellung und Verwaltung der Daten des Situations- und Kontextmodells wird durch ein geeignetes Werkzeug, den Editor, unterstützt. Durch den Editor können die Daten des Modells erfasst und gepflegt werden. Dies umfasst insbesondere Daten zu Kompetenzen, Kompetenzprofilen, Personen, Rollen, Lernorten und Lernzeiten.

Verknüpfung mit Lerninhalten

Die Verknüpfung mit Lerninhalten und damit auch die Erstellung von individuellen Lehrplänen ist ebenfalls eine Funktion des im vorherigen Abschnitt beschriebenen Editors. Hier müssen die verfügbaren Lerninhalte der Lernplattform abgefragt und mit Metadaten annotiert werden können. Die individuellen Lehrpläne beziehen sich dabei ausschließlich auf die in der Lernplattform verfügbaren Lerninhalte.

Kontextermittlung

Die Kontextermittlung wird durch das mobile Endgerät des/der Lernenden durchgeführt. Dieses benötigt hierfür den Zugriff auf die Infrastruktur des mobilen Gerätes, insbesondere die Sensoren des Gerätes. Neben dem Kontext wird die Identifikation des Nutzers benötigt, um die Person identifizieren zu können.

Im Einzelnen werden fünf Schritte durchlaufen, um Lerninteressenten/-innen eine Lerneinheit darzustellen:

1. Der/die Lernende startet die Anwendung bzw. verschafft sich durch den Login Zugang zur HANDELkompetent-Plattform und kann so identifiziert werden. Damit stehen Informationen bezüglich der Person, aber auch bezüglich seiner/ihrer Kompetenzen, Kompetenzausprägungen und Lehrpläne bereit.
2. Die HANDELkompetent-App auf dem verwendeten Gerät ermittelt den Lernort, z. B. über Beacons. Im Falle von Beacons werden zur eindeutigen Identifikation die entsprechende Lokation, der zugehörige Raum und das Unternehmen ermittelt.
3. Die weiteren Kontextinformationen, beispielsweise die Lautstärke oder die Helligkeit, werden über die integrierte Sensorik (Mikrofon, Kamera, Helligkeitssensor) des Tablet-PCs ermittelt. Die aktuelle Uhrzeit kann über die Systemuhr oder alternativ über die Abfrage eines Zeitservers ermittelt werden. Der Kontext wird z. B. als JSON- oder XML-Dokument an die Lernplattform übermittelt.

4. Die Lernplattform ermittelt die situations- und kontextbezogenen Lerninhalte. Dieser Vorgang wird im Folgenden beschrieben.
5. Die entsprechenden Lerninhalte werden an das mobile Gerät übertragen. Der/die Anwender/-in kann anhand der vorgeschlagenen Lerninhalte eine Auswahl treffen und das entsprechende „Lern-Nugget" nutzen.

Situations- und kontextabhängige Ermittlung relevanter Lerninhalte

Die Lernplattform ermittelt auf Basis des übertragenen Kontextes und der generellen Lernsituation die für die Lernenden relevanten Lerninhalte. Dies geschieht insbesondere unter Nutzung des individuellen Lehrplans und der mit Metadaten annotierten Lerninhalte. Zur lokalen Optimierung des Zugriffs auf die relevanten Inhalte können z. B. Zuordnungstabellen verwendet werden. Der Vorgang zur Ermittlung der relevanten Inhalte geschieht im Wesentlichen in drei Schritten:

1. Der vom Endgerät übertragene Kontext wird um nicht lokal verfügbare Informationen erweitert. So wird beispielsweise der aktuelle Zeitpunkt der Anfrage zu logischen Zeiträumen wie Pausen- oder Öffnungszeiten zugeordnet.
2. Der Lehrplan des/der Lernenden wird ermittelt. Ausgeschlossen werden sowohl bereits absolvierte Inhalte als auch diejenigen, zu denen der/die Lernende die Voraussetzungen noch nicht erfüllt (z. B. vorhergehendes Lernmodul noch nicht erfolgreich abgeschlossen).
3. Aus den verbliebenen Lerninhalten werden die Anforderungen an die aktuelle Lernsituation mit dem Kontext des/der Lernenden abgeglichen. Die Inhalte, die nicht dem Kontext des/der Lernenden entsprechen, werden ebenfalls ausgeschlossen.

Die verbleibenden Lerninhalte werden an das Gerät des/der Anwenders/-in übermittelt. Es ist möglich, dass kein entsprechender Inhalt gefunden wird. Das erfolgreiche Absolvieren eines Lerninhaltes wird an die Lernplattform gemeldet, sodass diese Information bei der Kompetenzentwicklung des/der Lernenden aktuell und auch bei der folgenden Anfrage nach Lerninhalten berücksichtigt wird. Das erfolgreiche Absolvieren eines Lerninhaltes kann prinzipiell durch einen Test oder durch das vollständige Bearbeiten des Lerninhaltes ermittelt werden. Weitere Verfahren wie Fremd- oder Selbsteinschätzung sind ebenfalls möglich.

Bei der Auswahl des relevanten Inhaltes muss sich der verwendete Algorithmus stabil gegen unvollständige Information verhalten. Im Kontext liegen ggf. nicht alle Informationen vor (z. B. fehlender Sensor oder fehlende Zugriffsrechte auf den Sensor) oder die Informationen sind unscharf (z. B. Lernort nicht exakt erkennbar).

10.4 Potenziale und Hemmnisse der technischen Infrastruktur

Mit der technischen Infrastruktur können Lerninhalte passend zum Kontext der Lernenden bereitgestellt werden. Damit soll das arbeitsprozessintegrierte Lernen erleichtert werden. Gleichzeitig werden gegenüber der Bereitstellung von webbasierten Lerninhalten dabei mehr Daten und Informationen über die Lernenden und das Lernverhalten erfasst.

Die Verwendung und Verfügbarmachung dieser Daten und Informationen muss kritisch betrachtet werden, da es sich stets um personenbezogene Daten handelt. Die Verwendung von E-Learning-Systemen kann heute als akzeptierte Lernform angesehen werden. Dabei ist die Nutzung solcher Systeme ohne die Preisgabe von persönlichen Daten nicht sinnvoll möglich. Eine Lernplattform muss Benutzer/-innen identifizieren können und auch den Lernfortschritt nachhalten können. Eine anonymisierte oder pseudonymisierte Nutzung bleibt dabei grundsätzlich möglich. Trotzdem soll auch unter dem Grundsatz der Datensparsamkeit die Kernfunktionalität des E-Learning-Systems erhalten bleiben. Auch bei der Verwendung von Pseudonymen bleibt zu berücksichtigen, dass insbesondere bei kleinen Betrieben mit wenigen Mitarbeitenden der Rückschluss auf die Person teilweise möglich bleibt. Daher ist es wesentlich, bei der Einrichtung des E-Learning-Systems den Zugriff auf die personen- und lernfortschrittsbezogenen Daten durch Rechte- und Rollenkonzepte zu beschränken. Darüber hinaus ist es notwendig, eine vertrauensvolle Absprache zwischen Mitarbeitenden und Führungskräften zu finden, die hinreichend genau darlegt, welche Informationen von den Führungskräften eingesehen werden können. Die tatsächliche Nutzung der anfallenden Daten sollte daher auch von Führungskräften und der Geschäftsführung transparent gemacht werden, um die Vorbehalte bei der Nutzung des E-Learning-Systems durch die Mitarbeiter/-innen abzubauen oder zu verhindern.

Die in dieser Arbeit vorgestellte technische Infrastruktur ermöglicht neben der Erkennung von Person, Lerninhalt und Zeitpunkt des Lernens auch die Erkennung des Lernortes und einiger Umgebungsparameter. Dies geht über das von herkömmlichen Plattformen leistbare hinaus. Um bei grundsätzlichen Vorbehalten gegen diese technischen Mittel die entsprechenden Mitarbeiter/-innen nicht vom betrieblichen Kompetenzmanagement auszuschließen, besteht die Möglichkeit, diese Funktion abzuschalten oder alternativ das Lernen über ein normales E-Learning-System zu nutzen. Die Vorteile des Systems stehen damit aber auch nicht mehr zur Verfügung. Bei der Erhebung von Kontextdaten bezogen auf einzelne Lernende bleibt dabei aber zu berücksichtigen, dass diese nicht dauerhaft gespeichert werden und damit auch nicht einfach nachvollzogen werden können.

Informationen bezüglich des Lernfortschritts der Lernenden sollen dem/der Kompetenzpaten/-in zugänglich gemacht werden. Dabei handelt es sich im Wesentlichen um die qualitative Information, ob und ggf. auch wie erfolgreich der Lerninhalt absolviert wurde. Der Zugriff von Kompetenzpaten/-innen auf weitere Informationsquellen, beispielsweise ein Lerntagebuch, bleibt den Lernenden überlassen. Aus methodischer Sichtweise ist es zunächst sinnvoll, dem/der Kompetenzpaten/-in einen möglichst umfassenden Blick auf den Lernfortschritt und das Lernverhalten der Lernenden zu geben, um die Betreuung zu verbessern. Gleichzeitig muss aber auch berücksichtigt werden, dass insbesondere in KMU die Rolle des/der Kompetenzpaten/-in mit der Rolle als Führungskraft zusammenfallen kann. Dies entspricht auch der Aufgabe einer Führungskraft im Sinne der Personalentwicklung. Dennoch verstärkt der Zugriff auf detaillierte Informationen das Gefühl der Kontrolle und Überwachung. Die Abwägung dieser Aspekte ist stark von den Strukturen in den betroffenen Unternehmen abhängig und nicht zentraler Gegenstand dieses Vorhabens. Dennoch werden diese Aspekte in der Evaluation der Erprobung Berücksichtigung finden.

Unter der Berücksichtigung der Aspekte des Datenschutzes und -missbrauchs in Unternehmen bergen erweiterte Informationen über das Lernverhalten beim arbeitsprozessintegrierten Lernen weitere Potenziale. Eine sinn- und maßvolle Analyse der Daten lässt ggf. Rückschlüsse auf systematische Verbesserungen der innerbetrieblichen Kompetenzentwicklung zu. Diese Verbesserungen können sich auf unterschiedliche Faktoren beziehen:

- **Lernzeiten:** Welche Zeiten eignen sich zum Lernen? Wie verändern sich die Lernzeiten tendenziell oder saisonal? Wie lassen sich Arbeits- oder Schichtpläne an diese Lernzeiten anpassen?
- **Lernumgebungen:** Welche strukturellen Veränderungen (z. B. Lärmreduktion, Internetgeschwindigkeit, Arbeitsgeräte) sind möglich oder nötig? Welche organisatorischen Anpassungen können gemeinsames oder kollaboratives Lernen ermöglichen?
- **Lernorte:** Welche Bereiche im Unternehmen eignen sich zum Lernen? Lassen sich die Lerninhalte effektiv in die Arbeitsprozesse einbinden? Ist ein Lernen in Gegenwart von Kollegen/-innen und ggf. Kunden/-innen möglich und sinnvoll?

Fazit und Ausblick

Zur Umsetzung technischer Innovationen als Mittel zum arbeitsintegrierten Lernen

Mit der Erstellung des Konzeptes des betrieblichen Kompetenzmanagements und dem technischen Konzept zur technischen Infrastruktur sind die konzeptionellen Arbeiten im Wesentlichen abgeschlossen. Diese Konzepte werden in der folgenden Projektzeit realisiert, pilotiert und validiert. Für die Pilotierung wurden Umsetzungspartner/-innen aus unterschiedlichen Handelsbereichen (Mode, Lebensmittel, Gebäudeausstattung und -einrichtung) gefunden. Bei diesen handelt es sich ausschließlich um kleine Unternehmen mit weniger als 100 Beschäftigten. Der erste Schritt der Pilotierung ist die Implementierung der Kompetenzpaten/-innen im Betrieb.

Das Konzept zum Vorgehen der Kompetenzerfassung sowie die Anforderungen an die Paten/-innen werden in einem Leitfaden zusammengefasst. Dieser Leitfaden dient zur Vorstellung des Endproduktes in der Transfer- und Verwertungsphase und ist z. B. an Geschäftsführer/-innen von KMU adressiert. Wichtig ist, die sprachliche Anschlussfähigkeit durch eine zielgruppenorientierte Formulierung zu erreichen und ebenso die tatsächliche Chance zur nachhaltigen und mit wenigen Hindernissen verbundene Umsetzbarkeit in der betrieblichen Praxis zu gewährleisten.

Die Pilotierung bei den Umsetzungspartnern/-innen wird durch die Projektpartner/-innen begleitet, um bei Problemen zu unterstützen und die Konzepte zu validieren. Die Validierung soll dabei insbesondere die folgenden Fragestellungen berücksichtigen:

- Ist die Erkennung der Lernsituation durch Tablet-PCs und Beacons zuverlässig? Wie praxistauglich sind die verwendeten Beacons? Wie ist die Akzeptanz dieser Technologie bei den Mitarbeitenden? Ist die Ergonomie beim Lernen mit Tablet-PCs ausreichend? (Limpf u. Voorveld, 2015; Seyda u. Werner, 2014)
- Ist der notwendige Zeitaufwand für die redaktionelle Pflege und die Kompetenzpaten/-innen von kleinen Unternehmen realisierbar?
- Kann durch die Verwendung von Lern-Nuggets eine messbare Steigerung von Kompetenzausprägungen erreicht werden? Wie müssen die Lern-Nuggets gestaltet sein? Wie unterscheiden sich Lern-Nuggets von typischen E-Learning-Szenarien?
- Als wie ausschlaggebend zeigt sich die Situationsadaptivität der Lernszenarien in Bezug auf die Selbstkompetenz der Beschäftigten und Innovationsfähigkeit der Betriebe?

Die Konzepte und Ergebnisse dieser Arbeit gilt es im Folgenden gegen andere aktuelle Konzepte zur Digitalisierung und zum mobilen Lernen abzugrenzen (Henning, 2015), zu ergänzen und zu bewerten. Der grundsätzlichen Problemstellung, digitale Medien vorwiegend als Ergänzung anzubieten (Steinhöfel u. Rosenberg, 2016), stellt das Projekt HANDELkompetent eine technische Infrastruktur, aber auch ein Konzept zur Begleitung des digitalen Lernens entgegen. Das Vorhaben HANDELkompetent erarbeitet ein methodisches und technisches System für das bedarfsorientierte Lernen. Unter Berücksichtigung von kulturellen und demografischen Veränderungen in der Gesellschaft werden individuelle, bedarfsorientierte Weiterbildungen immer notwendiger. Gleichzeitig fördert der stringente Ansatz von HANDELkompetent, ein durchgängiges und medienbruchfreies Lernerlebnis anzubieten, die Entwicklung von Medienkompetenz. Hier wird ein wesentlicher Entwicklungsbedarf von Kompetenzen erwartet und gefordert (Steinhöfel u. Rosenberg, 2016).

Weiterführende Literatur und Links

- Webseite des Verbundprojektes „HANDELkompetent": http://www.handelkompetent.de/
- Informationen über das E-Learning-System ILIAS: http://www.ilias.de/
- Endbericht zur Delphi-Befragung zur Erhebung der Anforderungen und des Bedarfs für Mobiles Lernen im Einzelhandel: http://www.zbb.de/projekte/handel-kompetent/?no_cache=1&cid=3384&did=2011&sechash=8774f538

Literatur

Chen, Z., Zhu, Q., Jiang, H., & Soh, Y. C. (2015). Indoor localization using smartphone sensors and iBeacons, Industrial Electronics and Applications (ICIEA), 2015 IEEE 10th Conference on, Auckland, 2015, pp. 1723–1728. doi: 10.1109/ICIEA.2015.7334389.

Hamacher W., & Wittmann S. (2005). *Lebenslanges Lernen zum Erwerb von Handlungskompetenzen für Sicherheit und Gesundheit.* Bremerhaven: Bundesanstalt für Arbeitsschutz und Arbeitsmedizin (BAuA).

Handelsverband Deutschland (HDE). (2013). *Der Handel als Arbeitgeber.* Berlin: Handelsverband Deutschland.

Handelsverband Deutschland (HDE). (2015). *Der Handel als Wirtschaftsfaktor.* Berlin: Handelsverband Deutschland.

Henning, P. (2015). eLearning 2015. Stand der Technik und neueste Trends. *HMD Praxis der Wirtschaftsinformatik* 52, 132–143.

Knappmeyer, M., Kiani, S. L., Frà, C., Moltchanov, B., & Baker N. (2010). ContextML: A light-weight context representation and context management schema, Wireless Pervasive Computing (ISWPC), 2010 5th IEEE International Symposium on, Modena, Italy, 2010, pp. 367–372. doi: 10.1109/ISWPC.2010.5483753.

Limpf, N., & Voorveld, H. A. M. (2015). Mobile location-based advertising: How information privacy concerns influence consumers' attitude and acceptance. *Journal of Interactive Advertising* 15(2),111–123.

Meadows, B., & Seaberg, L. (2004). Universal Business Language 1.0, OASIS. https://docs.oasis-open.org/ubl/cd-UBL-1.0/. Zugegriffen: 27. März 2017.

Newman, N. (2014). Apple iBeacon technology briefing. *Journal of Direct, Data and Digital Marketing Practice* 15(3),222–225.

Scherm, M., & Sarges, W. (2002). *Praxis der Personalpsychologie, Bd. 1: 360°-Feedback.* Göttingen: Hogrefe.

Seyda, S., & Werner, D. (2014). IW-Weiterbildungserhebung 2014 – Höheres Engagement und mehr Investitionen in betriebliche Weiterbildung. IW-Trends 41(4). https://www.iwkoeln.de/_storage/asset/201449/storage/master/file/5682200/download/IW-Studie%20Betriebliche%20Weiterbildung.pdf. Zugegriffen: 27. März 2017.

Steinhöfel, M., & Rosenberg, S. (2016). Herausforderungen und Auswirkungen der Digitalisierung auf die Weiterbildung und das Weiterbildungspersonal. Fachbeitrag, Vereinigung für Betriebliche Bildungsforschung e.V. 2016. http://www.institut-bbf.de/resources/documents/news/Herausforderungen_und_Auswirkungen_der_digtialisierung_auf_die_Weiterbildung.pdf. Zugegriffen: 27. März 2017.

Stufflebeam, D. L. (2003). The CIPP model for evaluation. In T. Kellaghan, & D. L. Stufflebeam (Eds.), *The international handbook of educational evaluation* (pp. 31–61). Dordrecht: Springer Netherlands.

Forschungs- und Gestaltungsperspektiven analoger und digitalisierter Arbeitswelten

Von der Humanisierung zur Digitalisierung: Entwicklungsetappen betrieblicher Kompetenzentwicklung

Daniela Ahrens, Michael Gessler

© Springer-Verlag GmbH Deutschland 2018
D. Ahrens, G. Molzberger (Hrsg.), *Kompetenzentwicklung in analogen und digitalisierten Arbeitswelten*,
Kompetenzmanagement in Organisationen, https://doi.org/10.1007/978-3-662-54956-8_11

Zusammenfassung

Zwei Entwicklungen unterschiedlichen Ursprungs und verschiedener Voraussetzungen fordern in ihren Konsequenzen Unternehmen ebenso heraus wie die Beschäftigten. Die Rede ist vom Digitalisierungsprozess und der demografischen Entwicklung. Beide Entwicklungen formulieren neue Ansprüche und Erwartungen an die betriebliche Kompetenzentwicklung, und hier insbesondere hinsichtlich der Verbindung des vermeintlichen Widerspruchs von Arbeiten und Lernen. Wie Kompetenzentwicklung im Arbeitsprozess erfolgen kann, prägt die Kompetenzentwicklung bereits seit Längerem. Anhand der Unterscheidung von drei Forschungslinien diskutiert der Beitrag die jeweiligen Schwerpunktsetzungen betrieblicher Kompetenzentwicklung. Anstelle der gängigen Unterscheidung zwischen subjektiven und objektiven Wirksamkeiten skizziert der Beitrag sich wandelnde Wirksamkeitsansprüche betrieblicher Kompetenzentwicklung im Kontext gesellschaftlicher Entwicklung.

11.1   Einleitung: Arbeiten und Lernen

Der Wandel der Arbeitswelt ist eine verlässliche Konstante, allerdings wird mit dem gegenwärtigen Wandel bereits ein „revolutionärer Umbruch" verbunden. Bislang verbleiben die „revolutionären" Umbrüche durch „Industrie 4.0" und „Arbeit 4.0" jedoch vielfach eher auf der semantischen Ebene. Sabine Pfeiffer (2015) entzaubert in ihrer Diskursanalyse die viel zitierten revolutionären Umbrüche durch Industrie 4.0 und betont, dass es „die" Industrie 4.0 nicht gibt. Weniger die technischen Potenzialitäten, sondern Fragen der Wirtschaftlichkeit, der Produktkomplexität, der Wertschöpfungskette und bereits vorhandene Produktionstechnologien leiten als zentrale Faktoren die betrieblichen Umsetzungsmöglichkeiten neuer Technologien. Die inflationäre Verbreitung des Begriffs Industrie 4.0 korrespondiert also keineswegs mit einem entsprechenden technologischen Status quo. Im Gegenteil: Es handelt sich vielmehr um ein „professionelles Agenda-Building" (Pfeiffer, 2015, S. 20). Maßgeblichen Einfluss auf die Begriffskarriere hatte das Weltwirtschaftsforum (WEF, World Economic Forum), das auf seinem Treffen im Januar 2011 eine Taskforce zu den Themen „Future of Manufacturing" und „Global Agenda Council on Advanced Manufacturing" gründete (https://www.weforum.org/system-initiatives). Derartige Gremien fungieren vornehmlich als Mittler zwischen politischen und wirtschaftlichen Entscheidungsträgern und unterstützen die medienwirksame Präsenz der Debatte zur Industrie 4.0 (Pfeiffer, 2015). Die Arbeitssoziologin Sabine Pfeiffer zieht in ihrer diskursanalytischen Rückschau das ernüchternde Fazit, dass „nicht primär technische Machbarkeiten Industrie 4.0 in Gang gebracht, sondern die von Eliten der Wirtschaft als relevant herausgestellten ökonomischen Notwendigkeiten" (Pfeiffer, 2015, S. 23). In Deutschland stieß die Debatte um Industrie 4.0 insbesondere seitens des Maschinen- und Anlagenbaus auf fruchtbaren Boden, galt und gilt es doch, Deutschland als Leitmarkt für innovative Lösungen im Bereich Industrie 4.0 ins Gespräch zu bringen. Eine Studie des Branchenverbands Informationswirtschaft, Telekommunikation und neue Medien e. V. (BITKOM) errechnet ein durch Industrie 4.0 generiertes Wirtschaftswachstum für Deutschland in Höhe von 78 Milliarden Euro bis 2025 (Baethge et al., 2003), wobei für bestimmte Branchen wie dem Maschinen- und Anlagenbau und Transport- und Logistikwesen besonders hohe Zuwachsraten erwartet werden.

Das Thema „Industrie 4.0" wurde in Deutschland nur wenige Monate nach dem Treffen des Weltwirtschaftsforums erstmals auf der Hannover Messe im Frühjahr 2011 von der Promotorengruppe Kommunikation der Forschungsunion Wirtschaft – Wissenschaft der

Bundesregierung als Zukunftsprojekt vorgestellt. Im selben Jahr gründete das BMBF den Arbeitskreis „Industrie 4.0". Unter dem Titel „Umsetzungsempfehlungen für das Zukunftsprojekt Industrie 4.0" stellte der Arbeitskreis seine Ergebnisse auf der Hannover Messe 2013 vor. Eine erste Form der Konsolidierung der verschiedenen Akteure/-innen war die Gründung der Plattform Industrie 4.0. Zentrale Akteure waren zu Beginn der Verband BITKOM, der Verband Deutscher Maschinen- und Anlagenbau e.V. (VDMA) und der Zentralverband Elektrotechnik- und Elektronikindustrie e.V. (ZVEI; http://www.plattform-i40.de). Mit Beginn des Jahres 2015 erfolgte eine Umgestaltung der Plattform zugunsten einer stärkeren Einbeziehung von Gewerkschaften (IG Metall) und Akteuren der Wissenschaft (Fraunhofer Gesellschaft). Die Erweiterung der Plattform signalisiert, dass das Thema Industrie 4.0 und Arbeit 4.0 als gesellschaftliches Phänomen zu begreifen ist und von der semantischen Ebene heraus strukturelle Wirksamkeit entfaltet – zu nennen sind hier beispielsweise, neben der zunehmenden Anzahl von Plattformen und Landesportalen in den einzelnen Bundesländern, die Initiierung neuer Forschungsschwerpunkte und Sonderprogramme, die sich u. a. auch unter dem Stichwort „Berufsbildung 4.0" auf ordnungspolitischer Ebene der Überprüfung vorhandener Berufsbilder widmen und die Digitalisierung in ihren Gestaltungspotenzialen für die „Zukunft der Arbeitswelt" in den Blick nehmen.

Derart rasante Begriffskarrieren lassen sich mit Luhmanns Begriff der „preadaptive advances" erklären (Luhmann, 1980). Damit ist gemeint, dass ein Phänomen zunächst als semantische Erfindung diskursiv eingeführt wird, durch Wiederholungen und Bezüge zu vorhandenen Prozessen überlebt und neue Akteurskonstellationen provoziert, ihm aber erst zu einem späteren Zeitpunkt eine handlungswirksame und strukturelle Funktion zuwächst, die bei Einführung noch nicht gegeben war.

Das Bundesministerium für Arbeit und Soziales (BMAS) veröffentlichte im April 2015 sein Grünbuch *Arbeiten 4.0* für eine Diskussion der wesentlichen Entwicklungen und Handlungsfelder in der Arbeitsgesellschaft von morgen. Die gesellschaftspolitische Öffnung des anfangs vornehmlich wirtschafts- und innovationspolitisch geprägten Diskurses offenbart, dass jenseits der Fragen nach den Potenzialitäten cyberphysischer Systeme Fragestellungen hinsichtlich sich wandelnder Arbeitsformen, -inhalte und Organisation von Arbeit an Stellenwert gewinnen. Bereits in ihrem Abschlussbericht „Umsetzungsempfehlungen für das Zukunftsprojekt Industrie 4.0" spricht der Arbeitskreis 4.0 von „neuen sozialen Infrastrukturen der Arbeit" (Promotorengruppe Kommunikation der Forschungsunion Wirtschaft – Wissenschaft, 2013), die mit umfassenden Qualifizierungs- und Weiterbildungsmaßnahmen sowie der Gestaltung neuer Organisationsmodelle von Arbeit einhergehen. Auffällig ist, dass im Vergleich zur Debatte um Computer Integrated Manufacturing (CIM) in der Diskussion um Industrie 4.0 Fragen der Aus- und Weiterbildung und der Arbeitsgestaltung explizit gemacht werden (Promotorengruppe Kommunikation der Forschungsunion Wirtschaft – Wissenschaft, 2013; Hartmann, 2015). In ihren Umsetzungsempfehlungen für das „Zukunftsprojekt Industrie 4.0" prognostizieren die Autoren, dass den Beschäftigten ein sehr hohes Maß an selbstgesteuertem Handeln, kommunikativen Kompetenzen und Fähigkeiten zur Selbstorganisation abverlangt sowie die subjektiven Fähigkeiten und Potenziale der Beschäftigten noch stärker gefordert werden. Ob sich die damit verbundene Hoffnung auf „qualitative Anreicherung, interessante Arbeitszusammenhänge, zunehmende Eigenverantwortung und Selbstentfaltung" (Promotorengruppe Kommunikation der Forschungsunion Wirtschaft – Wissenschaft, 2013, S. 57) einstellt, ist bislang jedoch noch völlig ungewiss. Insgesamt ergibt sich ein uneinheitliches Bild über zukünftige Arbeitswelten. „Idealisierende Zukunftsvisionen von Industriearbeit stehen eher pessimistischen Trendaussagen gegenüber." (Ittermann et al., 2015, S. 35)

Dass der Diskurs um Arbeit 4.0 nicht ohne Wirkungen auf die Kompetenzentwicklung und das Verhältnis von Arbeit und Lernen bleibt, ist unstrittig, doch von welcher Art und Intensität diese Wirkungen sind, bleibt eine offene Frage. Der vorliegende Beitrag nimmt dies zum Anlass, drei Etappen des Verhältnisses von Arbeit und Lernen nachzuzeichnen. Dabei wird deutlich, dass die Frage nach einer lernförderlichen Arbeitsgestaltung keineswegs neu ist, aber durch sich verändernde Legitimationsrahmen neue Antworten und Ansprüche formuliert werden.

Der Beitrag knüpft zunächst an die Überlegungen von Hartmann (2015) an, der in seinem Rückblick auf die Forschung und Praxis der Arbeitsgestaltung in Deutschland der letzten 50 Jahre drei Phasen hinsichtlich des Verhältnisses von Arbeit und Lernen unterscheidet: Die Phase zwischen 1974 und 1989, die insbesondere durch das Forschungsprogramm „Humanisierung des Arbeitslebens" gekennzeichnet ist, während die zweite Phase sich auf den Zeitraum zwischen 1990 und Anfang des 21. Jahrhunderts erstreckt und durch das Forschungsprogramm „Lernkultur Kompetenzentwicklung und Innovative Arbeitsgestaltung" geprägt ist. Im Gegensatz zu Hartmanns Diagnose, die dritte gegenwärtige Phase als „innovationspolitische Phase" zu interpretieren, wird das Verhältnis von Arbeit und Lernen unter dem Stichwort der Digitalisierung betrachtet, da wir im Zuge der Digitalisierung nicht nur einen strukturellen Wandel der Arbeit, sondern auch neue Möglichkeiten des Lernens erleben.

Ziel des Beitrags ist es, zu verdeutlichen, wie eng Lernen und Kompetenzentwicklung mit dem gesellschaftlichen Wandel verknüpft sind und dass die gegenwärtige Renaissance der Diskussion um Arbeit und Lernen keineswegs „alter Wein in neuen Schläuchen", sondern ein Bearbeitungsmodus struktureller Veränderungen darstellt. Ein Rückblick auf bisherige zentrale Forschungsprogramme zur Kompetenzentwicklung ermöglicht eine genauere Einschätzung der Herausforderungen, vor denen Beschäftigte sowie Unternehmen heute stehen, wenn es um die Anforderungen der zukünftigen Arbeitswelt geht. Ausgehend davon, dass sich betriebliche Kompetenzentwicklung im Wechselspiel zwischen betrieblicher, sozialer und technischer Ebene vollzieht, lässt sich anhand der unterschiedlichen Legitimationsrahmen verdeutlichen, welche Wirksamkeiten Kompetenzentwicklung entfaltet – je nachdem, wie die drei Ebenen aufgrund des jeweiligen Legitimationskontextes in Relation zueinander gebracht werden. Abschließend geht der Beitrag der Frage nach, ob und wie Kompetenzentwicklung erfolgen kann, wenn die Arbeitsumgebung aufgrund von Automatisierung alles andere als kompetenzaktivierend und lernförderlich ist bzw. unser „positives Vorurteil gegenüber arbeitsnahen Lernformen" (Gonon, 2005, S. 134) enttäuscht wird.

11.2   Etappen der Diskussion um Arbeit und Lernen

11.2.1   Humanisierung der Arbeit

Vor rund 40 Jahren wurde 1974 durch das sozialliberale Regierungsprogramm das Forschungsprogramm „Humanisierung des Arbeitslebens" (HdA-Programm, 1974–1989) gestartet. Dies war das erste nationale Forschungs- und Entwicklungsprogramm für Arbeitsgestaltung und verstand sich als Reaktion auf die Ernüchterung, dass der technologische Fortschritt nicht automatisch zu einer Verbesserung der Arbeitsbedingungen führt. Fragen der Partizipation und der menschengerechten Gestaltung von Arbeitsplätzen bildeten wesentliche Schwerpunkt des Programms, das als „arbeitspolitische Wende" markiert wird (Sauer, 2011, S. 18). Auf gesellschaftlicher Ebene diskutierte Themen der Mitbestimmung und Demokratisierung wurden in die Arbeitswelt getragen. Während tayloristische Arbeitsorganisation stark durch die Trennung von

Kopf- und Handarbeit geprägt waren, zielten die Ansätze des HdA-Programms auf eine Verbesserung der Arbeitsbedingungen durch eine Aufwertung der Anerkennung von Arbeitsleistung, Beteiligung und Selbstentfaltung in der Arbeit. Wesentlich für die betriebliche Kompetenzentwicklung war zu dieser Zeit zum einen die Abkehr von technikdeterministischen Ansätzen, zum anderen der damit einhergehende Anspruch auf die Gestaltung des Zusammenspiels von Mensch, Technik und Organisation.

Die Frage der Arbeitsgestaltung wurde unter der Sonde des bereits in den 1950er-Jahren am Tavistock-Institut entwickelten Konzeptes des soziotechnischen Systems diskutiert. Im Mittelpunkt dieses Ansatzes steht erstens die Annahme, dass die Organisation als soziales Gefüge und das technische System immer nur in ihren wechselseitigen Bezügen zu gestalten sind. Zweitens wird die Arbeitsaufgabe als zentraler Mittler zwischen Technik und Organisation verstanden. Anstelle vermeintlicher technischer Sachzwänge steht die soziotechnische Systemgestaltung im Vordergrund. Das Konzept geht davon aus, dass Mensch, Technik und Organisation in ihrer gegenseitigen Abhängigkeit und ihrem Zusammenwirken zu reflektieren und die Art und Weise der Gestaltung der Arbeitsaufgabe für die Kompetenzentwicklung zentral sind. Das Interesse richtet sich damit auf die lern- und kompetenzförderliche Arbeitsgestaltung und die Formulierung von Kriterien zur Beschreibung des Lernens und der Lernmöglichkeiten in der Arbeit. Im Kontext des HdA-Programms gewann das Kriterium der vollständigen Handlung an Stellenwert. Angesprochen sind damit Handlungen, die im Sinne der Projektorientierung einzelne Arbeitsaufgaben – Vorbereitung, Planung, Umsetzung, Kontrolle, Bewertung, Reflexion – möglichst „vollständig" umfassen.

So unbestritten die praktische Relevanz dieses Konzeptes für die betriebliche Kompetenzentwicklung ist, stellt Hartmann ernüchternd fest, dass die Idee der soziotechnischen Gestaltung sich bis heute noch nicht nachhaltig durchsetzen konnte (Hartmann, 2015). Gleichwohl hat sie nicht an Bedeutung eingebüßt, wenn es um die Frage der Gestaltung zukünftiger Arbeitswelten geht. Auch in der gegenwärtigen Debatte um Arbeit 4.0 wird auf die Idee des soziotechnischen Gestaltungsansatzes Bezug genommen:

> **»** Über die Qualität der Arbeit entscheiden nicht die Technik oder technische Sachzwänge, sondern Wissenschaftler und Manager, welche die Smart Factory modellieren und umsetzen. Gefragt ist in diesem Zusammenhang eine sozio-technische Gestaltungsperspektive, in der Arbeitsorganisation, Weiterbildungsaktivitäten sowie Technik- und Software-Architekturen in enger wechselseitiger Abstimmung, aus einem Guss mit dem Fokus darauf entwickelt werden, intelligente, kooperative, selbstorganisierte Interaktionen zwischen den Beschäftigten und/oder den technischen Operationssystemen entlang der gesamten Wertschöpfungskette zu ermöglichen. (Kagermann u. Wahlster, 2013, S. 57)

Im Rückblick lassen sich zwei zentrale Aspekte des HdA-Programms für die betriebliche Kompetenzentwicklung festhalten: das soziotechnische Gestaltungskriterium und das Kriterium der vollständigen Handlung. Aufgrund des sozialpolitischen Legitimationsrahmens blieb das HdA-Programm durch seine normative Ausrichtung jedoch vielfach in seinen Bezügen zu den jeweiligen Unternehmensstrategien und betrieblichen Organisationskonzepten unklar (Hartmann, 2015). Gleichwohl zeigt sich, dass die normative Forderung nach „humaner" Arbeit gegenwärtig in der Diskussion um „gute Arbeit" wieder aufgegriffen wird, allerdings mit einer Schwerpunktverlagerung zugunsten der fortschreitenden Subjektivierung von Arbeit. Nicht mehr die Forderung „Hauptsache Arbeit" prägt gegenwärtige arbeitspolitische Diskussionen, sondern die Frage nach der „Qualität von Arbeit". Im Gegensatz zu den Initiativen zur Verbesserung gesundheitsgefährdender und körperlich belastender Arbeitsbedingungen, der Verringerung von Umgebungsbelastungen sowie der Vermeidung der negativen Auswirkungen restriktiver monotoner Arbeit der 1970er- und 1980er-Jahre betont der Begriff „gute Arbeit" das Individuum und dessen Stellenwert in der Arbeitswelt. Leitend ist die Frage nach dem „Wie" und den Kriterien für Arbeitsqualität. Die Frage nach dem „Wie" der Arbeit lässt sich als Weiterführung des sozialpolitischen Humanisierungsprogramms im Kontext der demografischen Entwicklung und der Digitalisierung verstehen.

11.2.2 Kompetenzorientierung

Während in den 1970er- und 1980er-Jahren der Legitimationskontext betrieblicher Weiterbildung vornehmlich auf den Arbeitsbedingungen respektive der Arbeitsgestaltung lag, richtete sich Anfang der 1990er-Jahre der Blick auf das Subjekt und auf neue Lernformate jenseits institutioneller Strukturen. Prägend hierfür war die sogenannte „kompetenzorientierte Wende" in den 1990er-Jahren. Gegenüber dem Qualifikationsbegriff betont der Kompetenzansatz die Fähigkeit und Verantwortung des Lernenden und rückt das Subjekt in seiner Ganzheitlichkeit in den Blick. Der Kompetenzbegriff orientiert sich an den tatsächlichen Anforderungen in der Praxis und der Frage der individuellen Handlungsdispositionen. Mit dem Perspektivenwechsel auf die konkrete Handlungsrelevanz und Praxistauglichkeit des erlernten Wissens rückt das handelnde Subjekt und dessen (Lern-)Umgebung in den Fokus der Kompetenzentwicklung. Fragen der Wirksamkeiten der Kompetenzentwicklung richteten sich in dieser Phase in erster Linie auf individuelle Lernprozesse und die Gestaltung von Lernprozessen. Die veränderten Ansprüche und Erwartungen betrieblicher Kompetenzentwicklung seit Mitte der 1990er-Jahre drücken sich darin aus, dass sie nicht nur auf die Notwendigkeit – anstelle der (institutionellen) Schaffung von Möglichkeiten – individuellen Lernens verweisen („lebenslanges Lernen"), sondern auch auf die Bedeutung des beiläufigen, informellen Lernens hervorheben (Meyer-Drawe u. Grabau, 2016). Lag in den 1970er-Jahren der Fokus betrieblicher Weiterbildung auf der Arbeitsgestaltung unter sozialpolitischen Vorgaben, verlagerte sich in den 1990er-Jahren der Schwerpunkt auf das Subjekt und das Lernen im Prozess der Arbeit.

1991 startete dazu eine Modellversuchsreihe (1991–1996) zum Thema „dezentrales Lernen" (Dehnbostel, 1993), um neue Formen arbeitsplatzbezogenen Lernens, neue Lernortkombinationen und neue didaktisch-methodische Ansätze zu entwickeln und zu erproben – insbesondere neue didaktische Konzepte zu Lernstationen und Lerninseln. Als Gegenentwurf zur beruflichen Bildung in zentralen institutionalisierten Bildungsstätten konzentrierten sich die Modellversuche auf folgende vier Schwerpunkte (Dehnbostel, 1993):

- Organisationsformen arbeitsplatzbezogenen Lernens und neue Lernortkombinationen
- Funktion, Kooperation und Qualifizierung des Bildungspersonals im Hinblick auf das Lernen am Arbeitsplatz
- Qualität des Lernorts Arbeitsplatz, Lernergiebigkeit und Gütekriterien
- Didaktisch-methodische Ansätze im Hinblick auf das Lernen am Arbeitsplatz

Dabei stand anfangs die Ausbildung im Vordergrund, in der zweiten Phase die berufliche Weiterbildung. Der Anspruch dezentralen Lernens bezog sich nicht nur auf die räumliche Dimension der Lernorte, sondern auch auf die Rolle und den Stellenwert des Subjekts. Stärkung der Selbstorganisation sowie die Berücksichtigung individueller Lernbiografien waren und sind bis heute zentrale Stichworte bei der Umsetzung beruflicher Weiterbildung.

Bereits Ende der 1990er-Jahre wurde von „neuen Lernformen", einer „neuen Lernkultur" gesprochen (Kraft, 2000). Wegweisend dafür waren die in den 1990er-Jahren gestarteten Förderprogramme der Arbeitsgemeinschaft betrieblicher Weiterbildungsforschung (ABWF). In Abgrenzung zur institutionalisierten Weiterbildung lag der Schwerpunkt auf dem „Lernen im Prozess der Arbeit". In diesem Kontext initiierte das BMBF von 2001–2007 das Forschungs- und Entwicklungsprogramm „Lernkultur Kompetenzentwicklung" mit den Schwerpunkten auf das „Lernen in Weiterbildungseinrichtungen" (LiWE), „Lernen im Prozess der Arbeit" (LiPA) und „Lernen im sozialen Umfeld" (LisU). Die Durchführung dieser komplexen Programm-architektur erfolgte durch die Arbeitsgemeinschaft Betriebliche Weiterbildungsforschung e.V. (ABWF) in dem Projekt Qualifikations-Entwicklungs-Management (QUEM). Als eine Reaktion auf die Transferproblematik formaler Weiterbildungsformate und den Paradigmenwechsel von der Weiterbildung zur Kompetenzentwicklung waren die zentralen Bezugshorizonte des Forschungsprogramms die Hinwendung zum informellen tätigkeitsintegrierten Lernen und das bildungspolitische Postulat des lebenslangen Lernens. Den Hintergrundkontext bildeten weniger gesellschaftspolitische, sondern bildungspolitische Forderungen. Auf programmatischer Ebene ging es den Hauptakteuren dieses Forschungsprogramms „um neue Werte, neue Verhaltensweisen und um neuen Erfahrungsaufbau" (Erpenbeck u. Sauer, 2000, S. 292), wobei der Fokus nicht ausschließlich auf der Arbeit, sondern auch auf den Tätigkeiten (Lernen im sozialen Umfeld) lag. Zentrale Stichworte der bildungspolitischen Leitlinien waren Kompetenz, Selbstorganisation, Ausdifferenzierung und Individualisierung des Lernens, die durchaus auch in Abkehr zur beruflichen Qualifikations- und Arbeitsmarktorientierung bisheriger institutionalisierter Weiterbildungspraxis verstanden wurden. Perspektivisch ging es in diesem Zeitraum um einen „neuen Typus von Weiterbildung" (Baethge et al, 2003), der sich von einem Lernen auf Vorrat verabschiedet zugunsten der Generierung von Lerninhalten und -anreizen aus den jeweiligen Arbeitsprozessen heraus. Der neue Weiterbildungstypus war eine Reaktion auf die zunehmende Kritik an der Praxisferne institutionalisierter anforderungsorientierter Weiterbildung und dem strukturellen Wandel in den Unternehmen hin zur Prozessorientierung. Lagen die Voraussetzungen für die Wirksamkeit einer formalisierten beruflichen Weiterbildungspraxis nicht zuletzt in der Prognostizierbarkeit der beruflichen Anforderungen, erschweren die zunehmende Wissensbasierung der Arbeit sowie neue Produktionskonzepte diese Prognosen insbesondere auf der berufsfachlichen Ebene. Die Konturen einer posttayloristischen Arbeitsorganisation gingen einher mit der Frage, inwieweit es zu einer Erosion beruflich organisierter Arbeit zugunsten von Kompetenzprofilen kommt. Angesprochen waren und sind bis heute fachübergreifende Kompetenzen der Problemlösung, Flexibilität, Selbstständigkeit, Selbstorganisationsfähigkeit und Koordinierungs- sowie Kommunikationsfähigkeit.

Die Wirksamkeiten betrieblicher Kompetenzentwicklung richteten sich vornehmlich auf die Entwicklung von Methoden zur Kompetenzentwicklung, -bilanzierung und -erfassung sowie die Aufwertung und Erschließung des informellen Lernens. Mit der Konzentration auf die Forschung und Entwicklung von Instrumenten zur Kompetenzentwicklung und -messung fristete jedoch die konkrete betriebliche Anwendungsseite, die tatsächliche betriebliche Gestaltung und Umsetzung lernförderlicher kompetenzorientierter Arbeit ein Schattendasein. Unternehmen waren vornehmlich über ihre Personal- und Weiterbildungsabteilungen involviert, während die Shopfloor-Ebene weitestgehend unberücksichtigt blieb und nur wenige empirische Befunde zum Zusammenhang prozessorientierter Arbeitsorganisation und Kompetenzentwicklung vorliegen. Johannes Sauer, ehemaliger Leiter des Referats „Berufliche Kompetenzentwicklung" im BMBF formuliert 2014 im Rückblick auf rund 20 Jahre Forschung zum Thema berufliche Weiterbildung nüchtern:

> » Entscheidendes Themenfeld in den Betrieben ist das Lernen im Prozess der Arbeit. Die
> Lernförderlichkeit von Arbeit ist die entscheidende Gestaltungsaufgabe. Hierauf sind
> Betriebe und Personalentwicklungsabteilungen jedoch nur wenig vorbereitet. (Sauer,
> 2014, S. 5)

Die Umsetzung lernförderlicher Arbeitsgestaltung gewinnt durch die Digitalisierung der Arbeitswelt an Aktualität. Während bis Ende der 1990er-Jahre organisations- und subjektbezogene Ansätze dominierten und sich kritisch mit technikdeterministischen Betrachtungsweisen auseinandersetzten, sind Fragen des Umgangs mit den Ambivalenzen der Subjektorientierung – Lernen als Chance, Überforderung oder Zumutung – ebenso fester Bestandteil der Diskussion wie die Ambivalenzen digitalisierter Arbeitswelten.

11.2.3 Digitalisierung

Ergebnisse sowie Forschungsdesiderate des Programms „Lernkultur Kompetenzentwicklung" flossen in das 2006 gestartete Programm „Arbeiten – Lernen – Kompetenzen entwickeln. Innovationsfähigkeit in einer modernen Arbeitswelt" (BMBF, 2007) ein. Nachdem der Bund das Jahr 2014 zum Wissenschaftsjahr „Die digitale Gesellschaft" erklärte, wurde das 2006 gestartete Programm 2014 vom Förderprogramm „Zukunft der Arbeit. Innovationen für die Arbeit von morgen" (BMBF, 2013) abgelöst. In dem Programm wird die Forschung aufgefordert, Arbeiten und Lernen ganzheitlich zu betrachten und „intensiv miteinander zu verzahnen" (BMBF, 2007, S. 2). Auf forschungspolitischer Ebene werden fünf Themenfelder benannt, die empirische und theoretische Erkenntnisse erfordern:

- Hemmnisse im Innovationsprozess und Möglichkeiten, diese zu überwinden
- Kompetenzen und Instrumente, die notwendig sind, um Innovationshemmnisse transparent zu machen sowie die Widersprüche im Innovationsprozess auszubalancieren
- Wechselwirkungen zwischen den vier Aspekten „Organisation", „Technik", „Gesundheit" und „Kompetenzentwicklung" eines ganzheitlichen, auf die Arbeitswelt bezogenen Innovationsansatzes
- Formen des Technikeinsatzes, die die Innovationsfähigkeit von individuellen Akteuren/-innen und Unternehmen gezielt erhöhen
- Veränderungen in der Arbeitswelt, die notwendig sind, um Chancengleichheit zu gewährleisten

Inhaltlich knüpfen die Themenfelder an die Ziele der Hightech-Strategie des Bundes an und sollen durch folgende fünf Forschungsschwerpunkte erreicht werden:

1. Balance von Flexibilität und Stabilität in einer sich wandelnden Arbeitswelt
2. Innovationsfähigkeit im demografischen Wandel (zur inhaltlichen Ausgestaltung dieses Schwerpunkts vgl. Gessler, 2012)
3. Betriebliches Kompetenzmanagement im demografischen Wandel
4. Neue Ansätze von Prävention
5. Arbeitsgestaltungsansätze innerhalb des Zukunftsprojektes „Industrie 4.0"

Der dritte Schwerpunkt „Betriebliches Kompetenzmanagement im demografischen Wandel", in den sich auch die Beiträge des vorliegenden Bandes einordnen, wird durch drei Forschungs- und Entwicklungsbereiche konkretisiert (https://www.bmbf.de/foerderungen/bekanntmachung. php?B=784): erstens arbeitsprozessintegrierte Kompetenzentwicklung für die Wirtschaft der

Zukunft, zweitens Kompetenzmanagement für längere Beschäftigungsfähigkeit sowie drittens Konzepte betriebsspezifischen Kompetenzmanagements.

Gegenüber den vorangegangenen Legitimationsrahmen betrieblicher Kompetenzentwicklung unterscheidet sich diese Phase unter mehreren Gesichtspunkten:

Es wird für die Kompetenzentwicklung ein integrativer Ansatz favorisiert, der gleichermaßen die Ebenen Mensch, Technik, Organisation adressiert. Dabei geht es sowohl um die partizipative Gestaltung von Arbeitsprozessen als auch um eine Form der Einbeziehung von Technik jenseits des Zweck-Mittel-Schemas. Betriebswirtschaftliche Rationalisierungskalküle versprechen sich zwar viel von den Möglichkeiten der Digitalisierung, unterschätzen aber die strukturbildenden Wechselbeziehungen zwischen Technik, Organisationsformen und Arbeitsprozessen. Leitend ist in dieser Phase die Frage, wie sich unter digitalisierten Arbeitsumgebungen und damit einhergehenden neuen Formen der Arbeitsorganisation und der Steuerungspraktiken die Arbeitsprozesse verändern und welche Kompetenzen notwendig sind, damit die Beschäftigten bei zunehmender Automatisierung zu kreativen Problemlösungen befähigt werden. Um dies zu erreichen, wird ein Technikverständnis notwendig, das den Dualismus zwischen Technik und Sozialem überwindet. Arbeitsprozesse lassen sich immer weniger in soziale Prozesse einerseits und technische Operationen andererseits eindeutig unterscheiden. Wir haben es stattdessen mit soziotechnischen bzw. hybriden Konstellationen zu tun, „die von menschlichen Akteuren und (teil-)autonomen Maschinen bevölkert sind, die nebeneinander, miteinander, teils aber auch gegeneinander agieren" (Weyer, 2007, S. 35). Kompetenzentwicklung lässt sich nicht allein über das Individuum bestimmen (Erpenbeck et al., 2015). Aufgrund des Wechselverhältnisses zwischen Struktur und Handlung ist es bei der Frage der Kompetenzentwicklung unerlässlich, auch die organisatorischen und betrieblichen Bedingungen zu berücksichtigen (Kagermann u. Wahlster, 2013).

Lohnenswert scheint daher ein Ansatz, der nicht einzelne Handlungsaktivitäten, sondern die Komplexität des Arbeitsprozesses in den Vordergrund rückt. Es geht um die Verflechtungen technischer und sozialer Prozesse. Auf diese Weise lässt sich untersuchen, wie Digitalisierung sich in die soziale Kommunikation einmischt und wie soziale Kommunikationsprozesse Anforderungen an die Gestaltung von Technik formulieren. Mit Blick auf den Partizipationsgedanken heißt dies, digitale Medien so in den Arbeitsprozess zu integrieren, dass sie nicht länger als Gegenspieler des handlungsrelevanten Wissens der Beschäftigten fungieren, sondern integraler Bestandteil des Arbeitsprozesses sind. Anvisiert ist damit die Einbettung von Digitalisierung als „Mitspieler" im Arbeitsprozess und damit auch in der Kompetenzentwicklung.

Auf der Organisationsebene sind durch betriebliche Reorganisationskonzepte und Lean-Management-Methoden – Abbau von Hierarchiestufen, zunehmende Gestaltungs- und Entscheidungsansprüche auf der mittleren Qualifizierungsebene (Projekt- und Gruppenarbeit) – nicht nur nahezu alle Prozesse auf Kundenbedürfnisse, Qualität und Effizienz ausgerichtet, vielmehr rücken die Beschäftigten als Bestandteil sowie treibende Kraft des fortwährenden Entwicklungs- und Verbesserungsprozesses in den Vordergrund. Beispielhaft zu nennen sind hier Instrumente „Kontinuierlicher Verbesserungsprozess (KVP)" oder „Kaizen" als Aufforderung an die Belegschaften, unternehmerische Zielsetzungen mit ihren Arbeitstätigkeiten stärker miteinander zu verbinden.

Daneben erfolgt ein expliziter Bezug zu den Konsequenzen der demografischen Entwicklung (Gessler u. Stübe, 2008). Je nach Zuwanderungsszenario gehen die Bevölkerungsvorausberechnungen davon aus, dass das Erwerbspersonenpotenzial zwischen 2008 und 2060 um 28 % bis 34 % schrumpfen wird (BMAS, 2013). Die quantitativen Konsequenzen der demografischen Entwicklung sind das eine, wesentlich für die Arbeitswelt sind die qualitativen Veränderungen in der Erwerbstätigenstruktur. Betriebliche Kompetenzentwicklung ist aufgefordert, ihre Methoden und

Instrumente der betrieblichen Alters- und Alternsstruktur anzupassen. Angesprochen sind hier die Qualifizierungsrisiken für ältere Beschäftigte im Zuge der technologischen Entwicklung und neuen Organisationskonzepte. Eine weitere Herausforderung liegt in dem sogenannten „Disuse-Effekt" (Frerichs, 2014, S. 5), der dann eintritt, wenn durch jahrzehntelange Konzentration der Arbeitstätigkeiten auf bestimmte Verfahren und Vorgänge das ursprünglich vorhandene Qualifikationsvermögen eingeengt und letztlich beeinträchtigt wird. Neben diesen Fragen nach altersspezifischen Anpassungsqualifizierungen sind mit dem demografischen Wandel Fragen nach dem Verhältnis zwischen Arbeitskontext und Alterungsprozessen, dem Einfluss von Altersstereotypen auf Lernprozesse und Weiterbildungsmotivation aktuell, die bislang in der Debatte um betriebliche Kompetenzentwicklung vernachlässigt wurden. Die Wirksamkeiten der Kompetenzentwicklung nach alters- und alternsspezifischen Kriterien jenseits pauschaler Defizithypothesen (z. B. die angenommene Leistungsminderung bei älteren Beschäftigten) zu unterscheiden, war in den vorangegangenen Phasen kein explizites Forschungsfeld.

Mit der berechtigten Kritik an technikdeterministischen Ansätzen dominierten bis Ende der 1990er-Jahre organisations- und subjektbezogene Ansätze. Technisierung wurde in erster Linie hinsichtlich ihrer betrieblichen Konsequenzen thematisiert und Informatisierung aus historischer Perspektive bereits vor dem Aufkommen von Computern als ein „Prozess der Rationalisierung von Arbeit" (Kleemann u. Matuschek, 2008, S. 44) verstanden. Darüber, wie sich aktuell Arbeit und Technisierung wechselseitig „in Form bringen" und welche Konsequenzen dies für die betriebliche Kompetenzentwicklung hat, liegen bislang kaum empirische Ergebnisse vor. Mit dem Fokus auf die betriebliche Praxis rücken neben der Shopfloor-Ebene die betrieblichen Strukturen und Regelmechanismen in den Vordergrund. Ob beispielsweise gestalterische und planerische Aufgaben mit Möglichkeiten, in Prozessabläufe einzugreifen, der mittleren Beschäftigungsebenen vorbehalten bleibt oder angesichts der Systemkomplexität auf Ingenieursebene erfolgt, ist davon abhängig, inwieweit die Implementierung vernetzter Technologien als ein sozialer und arbeitsorganisatorischer Gestaltungsprozess verstanden wird, der auf die Expertise der Facharbeiter/-innen angewiesen ist (Ahrens, 2016).

Je nachdem wie Arbeiten und Lernen in Szene gesetzt werden, ergeben sich spezifische blinde Flecken der Kompetenzentwicklung. Die ◻ Tab. 11.1 stellt die jeweiligen Leitmotive der drei Etappen gegenüber. Dabei zeigt sich, dass die Technik in Form der Digitalisierung als ein wesentlicher Katalysator für die Stärkung des integrativen Ansatzes fungiert.

◻ **Tab. 11.1** Leitmotive der Diskussion um Arbeit und Lernen

	Humanisierung	**Kompetenzorientierung**	**Digitalisierung**
Zeit	1970–1990	1990–2000	mit Beginn des 21. Jahrhunderts
Leitmotiv	Sozialverträgliche Arbeitsgestaltung	Pädagogisierung des Lernorts Betrieb	Integrativer Ansatz: Zusammenspiel von Technik, Organisation, Mensch
Technik	Gestaltung	Aneignung	Akteur/-in
Organisation	Entwicklung neuer Rationalisierungsleitbilder jenseits fordistischer Arbeitsorganisation	Prozessorientierung, Lean Management	Vernetzung, neue Wertschöpfungsprozesse
Mensch	Emanzipation	Subjektivierung	Diversität

Während in den 1970er- und 1980er-Jahren sozialpolitische Fragestellungen in die Arbeitswelt getragen wurden und in den 1990er-Jahren bildungspolitische Vorzeichen den Schwerpunkt auf die Entwicklung von Ansätzen und Instrumenten zur Kompetenzentwicklung legten, erleben wir derzeit eine Phase, die den Fokus auf die betriebliche Einbettung und Gestaltung von Kompetenzentwicklung legt. Anstelle einer reaktiven Anpassung an technologisch induzierte Kompetenzbedarfe geht es um die antizipierende Gestaltung kompetenzförderlicher und innovativer Unternehmensorganisation.

11.3 Arbeiten und Lernen revisited

Die Renaissance des Lernens im Prozess der Arbeit wird vornehmlich auf die prozessorientierten sowie situations- und problembestimmenden Arbeitsanforderungen zurückgeführt. Dabei bilden die technischen Potenziale eine wesentliche Voraussetzung für die neuen Formen der Dezentralisierung und Vernetzung, ohne sie jedoch hinreichend erklären zu können. Der Digitalisierungsprozess der Arbeitswelt lässt sich in zwei Phasen beschreiben: In der ersten Phase in den 1980er-Jahren stand die sukzessive Ausstattung von Büros und Fabrikhallen mit programmgesteuerten, überwiegend jedoch noch als Stand-alone-Geräte betriebene digitale Arbeitsmittel im Vordergrund. In der zweiten Phase seit Mitte der 1990er-Jahre erfolgt die fortschreitende inner- und überbetriebliche Vernetzung. Gegenwärtig wird die Arbeit mit digitalen Werkzeugen und Medien zum „vorherrschenden Merkmal" moderner Erwerbstätigkeit. Unternehmen bewegen sich heute im Spannungsfeld stetiger Prozesse der Reorganisation. Beschäftigte stehen heute vor der Herausforderung, sich auf veränderte Organisationsformen einstellen zu müssen, gleichzeitig erfordern zunehmende Digitalisierung und informationstechnische Durchdringung der Arbeitsprozesse von ihnen neue Kompetenzen. Experten erwarten eine Zunahme an „Komplexitäts-, Abstraktions- und Problemlösungsanforderungen" (Promotorengruppe Kommunikation der Forschungsunion Wirtschaft – Wissenschaft, 2013, S. 51) sowie einen „souveränen Umgang mit Komplexität" (Pfeiffer, 2015, S. 369). Der digitale Wandel stellt die Unternehmen insofern vor die enorme Aufgabe, die Ambivalenz der digitalen Entwicklung nicht nur so zu gestalten, dass die Digitalisierung nicht zur Belastung für die Beschäftigten wird, sondern als Chance zum Aufbau digitaler Kompetenzen und zu einem souveränen Umgang mit Komplexität genutzt wird.

Gerade die integrierte Fertigungssteuerung intelligenter Fertigungsprozesse führt dazu, dass traditionelle Kontrollaufgaben weniger werden und die Maschinensteuerung und -überwachung in den Vordergrund rückt. Damit sind auch Risiken verbunden:

» Die fortschreitende Verwissenschaftlichung und Technisierung aller gesellschaftlichen Bereiche beinhaltet die Gefahr, dass wir – so paradox es klingen mag – zunehmend die Kontrolle über die Prozesse verlieren, weil wir immer mehr Entscheidungen an hochautomatisierte, intelligente Systeme delegieren. (Weyer, 2005, S. 2)

Dabei gewinnen die von der Arbeitspsychologin Lisanne Bainbridge (1983) bereits vor über dreißig Jahren formulierten „Ironies of Automation" an Aktualität. Kennzeichnend für die Automatisierungsdilemmata ist, dass bei zunehmender Prozessautomatisierung die Aufgaben der Beschäftigten in erster Linie in der Überwachung und Steuerung liegen, die konkreten Prozessschritte intransparent bleiben und die „funktionale und informationelle Distanz" (Hirsch-Kreinsen, 2014, S. 14) zunimmt. Die Ironie besteht nun darin, dass bei Störungen der Mensch eingreifen muss, obgleich er immer weniger konkret im Bilde ist. Dazu kommt, dass Störungen in der Regel anspruchsvolle und nicht alltägliche Aufgaben sind, sodass dem Menschen immer weniger Gelegenheiten eröffnet werden, konkrete Erfahrungen zu sammeln.

Einerseits ist ein hoher Reifegrad hinsichtlich der Automatisierung innerbetrieblicher Abläufe zu verzeichnen. Andererseits wird der Ebene der sozialen Kooperation und Prozessorientierung zu wenig Aufmerksamkeit geschenkt. Dieser Aufmerksamkeitsverzerrung liegt die Auffassung zugrunde, die Technik sei ein neutraler Funktionsmechanismus, der sich nahtlos in bereits vorhandene Strukturen und Regeln einfügt und im Sinne der Effektivität optimiert. Tatsächlich aber führt die Digitalisierung zu einer Veränderung der Organisationsstrukturen. Der Einsatz von Digitalisierung als Kontrollinstrument ist Ausdruck eines überzogenen Steuerungsanspruchs, der die Realität zumeist unvorhersehbarer Störungen und Unterbrechungen innerhalb eines rigiden Zeitmanagements verkennt. Die enormen Leistungs- und Speicherpotenziale moderner Technologien leisten einem Planungsmythos Vorschub, der zunehmend mit dem „Problem der Kontrolle des Mangels der Kontrolle" (Esposito, 1997) konfrontiert wird.

Der Wandel in den Arbeitsorganisationen sowie -prozessen wird vielfach dahingehend interpretiert, dass aufgrund der zunehmenden Intensität und Verdichtung der Arbeit kaum noch Zeit zum Lernen bleibe. Gleichzeitig findet sich die These, dass Lernen dann unterstützt wird, wenn die Arbeitsaufgaben anspruchsvoll, abwechslungsreich und individuell gestaltbar sind und eine möglichst vollständige Handlung von der Planung bis zur Kontrolle ermöglichen. Diesen Widerspruch dahingehend aufzulösen, den Betrieb als Lernort zu begreifen, unterschätzt den systemimmanenten Widerspruch von Arbeiten und Lernen. Wie aber lassen sich Arbeiten und Lernen verbinden, wenn die Arbeitsumgebung alles andere als kompetenzaktivierend und aufgrund eines hohen Automatisierungsgrades eher „lernfeindlich" ist? Weniger die Frage, wie Arbeit lernförderlich gestaltet werden kann, sondern die Frage, wie Lernprozesse in eher lernfeindlichen Arbeitsumgebungen ermöglicht werden können, wird im Zuge der Automatisierung virulent. Anders formuliert: Wie kann betriebliche Kompetenzentwicklung erfolgen, wenn die Gestaltungspotenziale auf der betrieblichen und technischen Ebene gering sind?

Beispiel

Fallbeispiel

Eine mögliche Antwort liefert das Beispiel des Arbeits- und Lernprojektes „Anlagenverständnis" aus dem Verbundprojekt „Berufliche Professionalität im produzierenden Gewerbe" (www.brofessio.de).* Ausgehend davon, dass standardisierte Lösungsstrategien immer seltener Abhilfe schaffen und die Störungssuche, die Dokumentation und der Transfer von Problemlösekompetenz aufwendiger werden, zielt das Arbeits- und Lernprojekt „Anlagenverständnis" auf ein Verständnis von vernetzten und automatisiert ablaufenden Prozessen als Basis für Problemlösung. Angesichts der hohen Automatisierung wird die Störungsanalyse und Fehlerbehebung anspruchsvoller und komplexer, da es keineswegs eindeutig ist, ob der Fehler in der Mechanik, Elektronik oder Steuerungssoftware, Kameratechnik, Lasertechnik oder Robotik oder sogar in allen Bereichen liegt. Angesprochen ist hier beispielsweise die Kompetenz, visuelle Signale aus der Maschinensteuerung – etwa digitale Fehleranzeigen oder Anzeigen der Prozessvisualisierung – zu interpretieren, zu priorisieren und entsprechende Aktionen einzuleiten. Mit der Methode des Micro-Learning (Lorenz, 2010) werden kleine thematische und mediengestützte Lerneinheiten geschaffen, die

1. sich strukturell in bestehende Arbeitsprozesse integrieren lassen,
2. ein Minimum infrastruktureller und organisationaler Unterstützung erfordern und
3. sich thematisch auf die Basiskompetenz „Anlagenverständnis" beziehen.

Die Lerneinheiten werden in enger Abstimmung mit den Fachkräften formuliert. Primat hat hierbei der Bezug zur Fertigungsanlage. Da aufgrund der Automatisierung Fertigungsprozesse sehr schnell oder für das menschliche Auge nicht sichtbar ablaufen, erfolgt die Aufbereitung der Lerneinheiten mittels Video. Zwei Aspekte sprechen für den Einsatz von Videos. Angesichts der

Bildhaftigkeit der meisten digitalen Medien erfolgt Kommunikation heute zunehmend visuell oder audiovisuell. Texte sind nicht länger das primäre Medium für Wissensvermittlung. Neben der bildhaften Vermittlung von Wissen sind zweitens die Lernpotenziale von Videos insbesondere bei schwer zugänglichen Arbeitsprozessen hervorzuheben.

Lernpotenziale von Videos:

- Wiederholtes Anschauen und gezielte Ansteuerung bestimmter Prozesse möglich
- Authentische Darstellung
- Förderung und Unterstützung des informellen Lernens
- Kurze Lerneinheiten (Reaktion auf das Spannungsfeld Gewinn- und Bildungsorientierung)
- Verfügbarmachen von Informationen und Inhalten
- Visualisieren und Animieren:
  - Insbesondere bei Vorgängen, die sehr schnell oder für das menschliche Auge nicht sichtbar ablaufen
  - Bei Prozessen, in die aufgrund der Arbeitssicherheit nicht eingegriffen werden darf, bzw. bei Arbeitsgegenständen, die „gekapselt" sind (Howe u. Knutzen, 2013, S. 23)

Komplexe Fertigungsprozess können als Bewegtbildsequenzen modelliert werden und reduzieren diesen dabei auf ihre für das Verständnis der Wirkungsweise wesentlichen Bestandteile. Das Zusammenwirken dieser Bestandteile wird durch den Einsatz grafischer Elemente wie Farben, Formen, Pfeilen, Markierungen hervorgehoben und illustriert.

In Videosequenzen wird das im Arbeitsprozess notwendige Anlagewissen nicht anhand von Seminaren und Vorträgen „gezeigt" und aufbereitet, sondern in authentischer Arbeitsumgebung visualisiert. Für die Arbeits- und Lernprojekte wird eine Lernplattform aufgesetzt, die speziell für diesen Lernanlass konzipierte Videosequenzen und interaktive Grafiken integriert. Ziel ist es, den Fachkräften einen „Einblick" in die vernetzten und „verkapselten" Prozesse zu ermöglichen. Auf diese Weise gelingt es, Fachkräfte im Zuge der Digitalisierung nicht zu bloßen „Knöpfedrückern" in einer für sie als „Geisteranlage" anmutenden Fertigung zu degradieren. Die Kompetenzentwicklung erfolgt über mobile Endgeräte (Tablets) in Form von Mikrolerneinheiten. Als kurze Lerneinheiten lassen sie sich im Vergleich zu Schulungen, Seminaren und Workshops in den Arbeitsalltag „nebenbei" und „zwischendurch" integrieren. Während klassische Lernkonzepte von einem Lehrplan mit klar definierten Lernzielen ausgehen, liegt der Schwerpunkt beim Mikrolernen auf der Erschließung problemorientierter Aufgaben, die in einem engen Kontext zum Arbeitsprozess stehen.

* Das Verbundprojekt „Berufliche Professionalität im produzierenden Gewerbe" wird unter dem Kurztitel „Brofessio" vom BMBF im Rahmen des Förderprogramms „Arbeiten – Lernen – Kompetenzen entwickeln. Innovationsfähigkeit einer modernen Arbeitswelt" vom 1.10.2014 bis 30.09.2017 gefördert (Förderkennzeichen 02L12A230).

Diese Vorgehensweise reagiert auf die begrenzte Reichweite der normativen Kriterien lernförderlicher Arbeitsgestaltung, ohne die Arbeitsprozessorientierung für Lernprozesse zu vernachlässigen. Lernförderliche Kriterien wie Handlungsspielraum der Beschäftigten, soziale Einbindung und Kompetenzerleben lassen sich in automatisierten Arbeitskontexten vielfach nicht ohne weiteres identifizieren. Damit drängt sich die Frage auf, ob diese Arbeitskontexte bei der Umsetzung arbeitsprozessorientierten Lernens ins Abseits geraten oder aber neue Lernformate entwickelt werden, die vermeintlich lernfeindliche Arbeitsumgebungen aufschließen.

Lohnenswert und aussichtsreich erscheint eine Anknüpfung und stärkere Berücksichtigung der betrieblichen Spezifika und hier insbesondere deren Strategien der Verknüpfung von Arbeit und Lernen. So lassen sich hinsichtlich der strategischen Einbettung der betrieblichen

Weiterbildung drei Betriebstypen unterscheiden (Dobischat u. Düsseldorff, 2011, S. 925; Dobischat u. Schurgatz, 2012):

- Betriebe mit einer reaktiven Strategie, die vornehmlich Fragen der Qualifizierung und Kompetenzentwicklung erst in Reaktion auf betriebliche Probleme formulieren
- „Strategisch innovative Betriebe", die Weiterbildung in ihre Organisationsentwicklung integrieren
- Betriebe, die „eingeschränkt planen"

Diese – wenn auch etwas holzschnittartige Differenzierung – veranschaulicht das Dilemma betrieblicher Kompetenzentwicklung, will sie nicht als betriebliche Reparaturkosmetik fungieren, sondern als Gestaltungsvoraussetzung für Innovationen.

Fazit

Veränderte strukturelle Bedingungen lassen alte Fragen hinsichtlich Arbeit und Lernen in einem neuen Licht erscheinen. Anhand der Unterscheidung der drei Etappen zeigt sich, dass der Zusammenhang von Arbeiten und Lernen bis heute als keineswegs gelöst betrachtet werden kann – und dies obgleich hinreichende Instrumente zur Kompetenzerfassung und -entwicklung vorliegen. Die Vermutung liegt daher nahe, dass es weder darum gehen kann, den systemimmanenten Widerspruch zwischen Arbeiten und Lernen über die Formulierung pädagogischer Kriterien aufzulösen und damit Gefahr zu laufen, in der betrieblichen Realität ein Nischendasein (z. B. durch geförderte Lernprojekte, Lernstationen) zu fristen, noch scheint es aussichtsreich, den Widerspruch zwischen Arbeiten und Lernen durch ein arbeitsprozessorientiertes Lernen zu überwinden, das sich auf die wirtschaftliche Handlungslogik einlässt und vornehmlich auf technologisch induzierte Kompetenzbedarfe reagiert und damit Gefahr läuft, sich dem Vorwurf des reinen Anpassungslernens auszusetzen. Kritiker werfen dem arbeitsprozessorientierten Lernen vor, unter dem Label Kompetenzentwicklung Anpassungsqualifizierung zu betreiben. Diese Kritik ist allerdings nur auf den ersten Blick berechtigt, da komplexes Wissen und das Lernen von Methoden zur Problembewältigung nur durch reale Problemstellungen erworben werden können – und diese lassen sich vornehmlich in der konkreten Arbeitsumgebung finden.

Weiterführende Literatur und Links

- Dehnbostel, P. (2007). *Lernen im Prozess der Arbeit*. Münster: Waxmann
- Molzberger, G. (2008). *Rahmungen informellen Lernens. Zur Erschließung neuer Lern- und Weiterbildungsperspektiven*. Wiesbaden: VS Verlag für Sozialwissenschaften.
- Sonntag, K., & Stegmaier, R. (2007). *Arbeitsorientiertes Lernen. Zur Psychologie der Integration von Lernen und Arbeit*. Stuttgart: Kohlhammer.

Literatur

Ahrens, D. (2016). Neue Anforderungen im Zuge der Automatisierung von Produktionsprozessen: Expertenwissen und operative Zuverlässigkeit. *Arbeits- und Industriesoziologische Studien* 9(1),43–56.
Bainbridge, L. (1983). Ironies of Automation. *Automatica* 19 (6), 775–779.
Baethge, M., Baethge-Kinsky, V., Holm, R., & Tullius, K. (2003). *Anforderungen und Probleme beruflicher und betrieblicher Weiterbildung. Expertise im Auftrag der Hans-Böckler-Stiftung. Arbeitspapier 76*. Düsseldorf: Hans-Böckler-Stiftung.

Bundesministerium für Arbeit und Soziales (BMAS). (2013). *Arbeitsmarktprognose 2030. Eine strategische Voraus-schau auf die Entwicklung von Angebot und Nachfrage in Deutschland.* Bonn: BMAS.

Bundesministerium für Bildung und Forschung (BMBF). (2007). *Arbeiten – Lernen – Kompetenzen entwickeln. Innova-tionsfähigkeit in einer modernen Arbeitswelt BMBF-Forschungs- und Entwicklungsprogramm.* Berlin, Bonn: BMBF.

Bundesministerium für Bildung und Forschung (BMBF). (2013). *Berufliche Weiterbildung im Betrieb. Info- und Toolbox für Personalverantwortliche, Betriebs- und Personalräte.* Bonn: BMBF.

Dehnbostel, P. (1993). Lernen im Arbeitsprozess und neue Lernortkombinationen. In: Bundesinstitut für Berufsbil-dung (Hrsg.), *Umsetzung neuer Qualifikationen in die Berufsbildungspraxis. Entwicklungstendenzen und Lösungs-wege* (S. 163–168). Nürnberg: Bundesinstitut für Berufsbildung.

Dobischat, R., & Düsseldorf, K. (2011). Personalentwicklung und Arbeitnehmer. In: R. Tippelt, & A. von Hippel (Hrsg.), *Handbuch Erwachsenenbildung/Weiterbildung* (5. Aufl., S. 917–937). Wiesbaden: VS Verlag für Sozial-wissenschaften.

Dobischat, R., & Schurgatz, R. (2012). Weiterbildung – Eine Domäne privatwirtschaftlicher Gestaltungsansprüche. In: U. Bauer, U. H. Bittlingmayer, & A. Scherr (Hrsg.), *Handbuch Bildungs- und Erziehungssoziologie* (S. 647–665). Wiesbaden: VS Verlag für Sozialwissenschaften.

Erpenbeck, J., & Sauer, J. (2000). Das Forschungs- und Entwicklungsprogramm „Lernkultur Kompetenzentwick-lung". In: Arbeitsgemeinschaft Qualifikations-Entwicklungs-Management (Hrsg.), *Kompetenzentwicklung 2000. Lernen im Wandel – Wandel durch Lernen* (S. 289–335). Münster: Waxmann.

Erpenbeck, J., Sauter, S., & Sauter, W. (2015). *Social Workplace Learning: Kompetenzentwicklung im Arbeitsprozess und im Netz in der Enterprise 2.0 (essentials).* Wiesbaden: Springer Gabler.

Esposito, E. (1997). Risiko und Computer. Das Problem der Kontrolle des Mangels der Kontrolle. In: T. Hijikata, & A. Nassehi (Hrsg.), *Riskante Strategien. Beiträge zur Soziologie des Risikos* (S. 93–108). Opladen: Westdeutscher Ver-lag GmbH.

Frerichs, F. (2014). Demografischer Wandel in der Erwerbsarbeit – Risiken und Potenziale alternder Belegschaften. In: *Journal for Labour Market Research* 48(3),203–216.

Gessler, M. (2012). Lerntransfer in der beruflichen Weiterbildung – empirische Prüfung eines integrierten Rahmen-modells mittels Strukturgleichungsmodellierung. *Zeitschrift für Berufs- und Wirtschaftspädagogik* 108(3), 362–393.

Gessler, M., & Stübe, B. (2008). *Diversity Management: Berufliche Weiterbildung im demographischen Wandel.* Müns-ter: Waxmann.

Gonon, P. (2005). Zur Unwahrscheinlichkeit erfolgreichen Lernens – ein skeptischer Blick auf das Lernen am Arbeitsplatz und anderswo. In U. Elsholz, J. Gillen, R. Meyer, G. Molzberger, & G. Zimmer (Hrsg.), *Berufsbildung heißt: Arbeiten und Lernen verbinden! Bildungspolitik, Kompetenzentwicklung, Betrieb* (S. 129–143). Münster: Waxmann.

Hartmann, E. A. (2015). Arbeitsgestaltung für Industrie 4.0: Alte Wahrheiten, neue Herausforderungen. In: A. Bott-hof, & E. A. Hartmann (Hrsg.), *Zukunft der Arbeit in Industrie 4.0* (S. 9–20). Berlin, Heidelberg: Springer Vieweg.

Hirsch-Kreinsen, H. (2014). *Wandel von Produktionsarbeit – Industrie 4.0. Soziologisches Arbeitspapier Nr. 38/2014.* Dortmund: TU Dortmund.

Howe, F., & Knutzen, S. (2013). Digitale Medien in der gewerblich-technischen Berufsausbildung. Einsatzmöglich-keiten digitaler Medien in Lern- und Arbeitsaufgaben. Bonn. https://www.bibb.de/dokumente/pdf/Experti-se_Howe_Knutzen.pdf. Zugegriffen: 30. März 2017.

Ittermann, P., Niehaus, J., & Hirsch-Kreinsen, H. (2015). *Arbeiten in der Industrie 4.0. Trendbestimmungen und arbeits-politische Handlungsfelder.* Düsseldorf: Hans Böckler Stiftung.

Kagermann, H., & Wahlster, W. (Hrsg.) (2013). Umsetzungsempfehlungen für das Zukunftsprojekt Industrie 4.0. Abschlussbericht des Arbeitskreises Industrie 4.0. https://www.bmbf.de/files/Umsetzungsempfehlungen_Industrie4_0.pdf. Zugegriffen: 30. März 2017.

Kleemann, F., & Matuschek, I. (2008). Informalisierung als Komplement der Informatisierung von Arbeit. In: C. Funken, & I. Schulz-Schaeffer (Hrsg.), *Digitalisierung der Arbeitswelt. Zur Neuordnung formaler und informeller Prozesse in Unternehmen* (S. 43–69). Wiesbaden: VS Verlag für Sozialwissenschaften.

Kraft, S. (2000). Lernen im Betrieb: Motiviert, selbstgesteuert, kooperativ? Kritische Anmerkungen zur Idealisierung betrieblicher Weiterbildung. In C. Harteis, S. Heid, & S. Kraft (Hrsg.), *Kompendium Weiterbildung. Aspekte und Perspektiven betrieblicher Personal- und Organisationsentwicklung* (S. 131–143). Opladen: Leske + Budrich.

Lorenz, A. (2010). Über kurz oder lang. Ein Schlichtungsversuch zur Debatte über Micro- und Macrolearning. In F. Albrecht (Hrsg.), *8. Workshop on e-Learning 2010 am 15. September 2010 an der Hochschule Zittau/Görlitz. Wissenschaftliche Berichte 107* (S. 79–88). Zittau: Zentrum für eLearning (Zfe).

Luhmann, N. (1980). Gesellschaftliche Struktur und semantische Tradition. In N. Luhmann (Hrsg.), *Gesellschafts-struktur und Semantik. Studien zur Wissenssoziologie der modernen Gesellschaft* (Bd. 1, S. 9–71). Frankfurt am Main: Suhrkamp.

Meyer-Drawe, K., & Grabau, G. (2016). Diskurse des informellen Lernens und deren Bedeutung im gesellschaftlichen Kontext. In M. Harring, M. D. Witte, & T. Burger (Hrsg.), *Handbuch informelles Lernen. Interdisziplinäre und internationale Perspektiven* (S. 62–72). Weinheim, Basel: Beltz Juventa.

Pfeiffer, S. (2015). Warum reden wir eigentlich über Industrie 4.0? Auf dem Weg zum digitalen Despotismus. *Mittelweg 36* 6, 14–36.

Promotorengruppe Kommunikation der Forschungsunion Wirtschaft – Wissenschaft (Hrsg.) (2013). *Umsetzungsempfehlungen für das Zukunftsprojekt Industrie 4.0. Abschlussbericht des Arbeitskreises Industrie 4.0.* Berlin: BMBF.

Sauer, D. (2011). Von der „Humanisierung der Arbeit" zur „Guten Arbeit". *Aus Politik und Zeitgeschichte* 15, 18–24.

Sauer, J. (2014). Rückblick: Was bleibt von QUEM? *ABWF-Bulletin* 1, 2–6.

Weyer, J. (2007). Autonomie und Kontrolle. Arbeit in hybriden Systemen am Beispiel der Luftfahrt. *Technikfolgenabschätzung – Theorie und Praxis* 16(2),35–42.

Kompetenzentwicklung als Gestaltungsaufgabe für eine „erweiterte moderne Beruflichkeit"

Holger Heinze, Bernd Kaßebaum

© Springer-Verlag GmbH Deutschland 2018
D. Ahrens, G. Molzberger (Hrsg.), *Kompetenzentwicklung in analogen und digitalisierten Arbeitswelten*,
Kompetenzmanagement in Organisationen, https://doi.org/10.1007/978-3-662-54956-8_12

Zusammenfassung

Kompetenzentwicklung ist eine Gestaltungsaufgabe im Rahmen einer modernen Sicht auf Beruflichkeit – und zwar im Sinne sowohl eines Bildungs- als auch eines Politikkonzeptes. Die Autoren führen von der traditionellen Sicht auf Berufe über die „moderne Beruflichkeit" hin zu einer „erweiterten modernen Beruflichkeit", die nicht zuletzt durch das Leitbild der IG Metall von 2014 umfangreiche Forderungen für den Gestaltungsauftrag aufstellt – politisch, sozial sowie betrieblich.

Zunächst werden Themen wie Durchlässigkeit, demografischer Wandel und Ausbildungsparadigmen wie die Employability im Kontext der erweiterten modernen Beruflichkeit beleuchtet. Hier wird gezeigt, wie gesellschaftliche und betriebliche Strukturen durch die bewusste Kompetenzentwicklung mit dem Ziel von Beruflichkeit (und eben nicht z. B. Employability) zukunftssicher und sozial verträglich gestaltet werden können.

Die Autoren führen durch Beispiele aus Forschungsprojekten der arbeitsprozessorientierten Aus- und Weiterbildung und zeigen so die Rolle des Lernens im Prozess der Arbeit und die aktuellen Entwicklungen der Lernansätze. Anhand der konkreten Ansätze „Agiles Lernen" und „Mikrolernen" wird aufgezeigt, wie betriebliches Lernen berufliche Handlungskompetenz stärken und damit auch einen Beitrag zur gesellschaftlichen Stärkung von Beruflichkeit zu leisten vermag.

12.1 Einleitung: Herausforderungen an betriebliche Qualifizierung

Qualifizierung ist das von allen gesellschaftlichen Akteuren/-innen unbestrittene „Mantra" zur Bewältigung der aktuellen ökonomischen und technologischen Herausforderungen in der Arbeitswelt. Die Weiterbildung steht hierbei sowohl bezogen auf die Herausforderungen durch die Digitalisierung der Arbeitswelt wie auch in Bezug auf die Anforderungen an alters- und alternsgerechte Arbeitsbedingungen im Fokus. Es scheint unabkömmlich, den demografisch bedingten sowie den technologisch induzierten Strukturwandel in den Betrieben mit den bestehenden Belegschaften zu meistern.

Ob Facharbeit angesichts der weitreichenden Möglichkeiten einer als „Industrie 4.0" bezeichneten Produktionswirklichkeit eine Zukunft hat oder ob es nicht zu weitreichenden Prozessen der Polarisierung und Differenzierung zugunsten akademisch ausgebildeter Arbeitnehmer/-innen kommen wird, ist zuvörderst eine arbeitspolitische Frage der Gestaltung von Technik und Arbeitsabläufen, aber nicht minder eine Frage der Ausgestaltung beruflicher und betrieblicher Qualifizierungsprozesse (Hirsch-Kreinsen, 2014). Die Verständigungen über diese Prozesse, über den vermeintlichen und tatsächlichen Entwicklungsbedarf in beruflicher Ausbildung und Studium, hat längst begonnen. So wird darauf hingewiesen, dass die berufliche Ausbildung trotz der Argumente für die Notwendigkeit neuer Berufe und trotz der Hinweise auf den Entwicklungsbedarf in einzelnen Berufsbildern im Grundsatz eine gute Basis für die anstehenden Herausforderungen bilden (Hirsch-Kreinsen, 2014). Die Debatte über die Auswirkungen auf Studium und Lehre hat ebenfalls begonnen (Stifterverband, 2016). Einigkeit scheint darin zu bestehen, dass es sowohl in der dualen beruflichen Ausbildung wie auch im Studium zu einer neuen Ausbalancierung von Erfahrungs- und Wissens- bzw. Wissenschaftsorientierung kommen wird. Für die duale Ausbildung ist zu vermuten, dass die Bedeutung wissenschaftlicher Erkenntnisse für die Lösung berufstypischer Aufgaben weiter zunehmen wird, wohingegen im Studium die Bedeutung (berufspraktischer) Anteile eher größer als kleiner wird (Wissenschaftsrat, 2015).

Die Gesellschaft und mit ihr die Belegschaften werden älter. Dies ist die Kernbotschaft des Diskurses zum demografischen Wandel. Tatsächlich hat in den vergangenen Jahren auch der Anteil älterer Beschäftigter verstärkt durch eine Reihe von sozialgesetzlichen Veränderungen wie der Anhebung des Renteneintrittsalters zugenommen. Gegenwärtig sind nach Angaben des Statistischen Bundesamtes ca. 77 % der 55- bis 60-Jährigen und 52 % der 60- bis 65-Jährigen erwerbstätig. Prognosen zum Rückgang der Erwerbsbevölkerung sind angesichts wirtschaftlicher und technologischer Entwicklungen sowie aktueller Migrationsbewegungen unsicher. Unbestritten scheint jedoch die Notwendigkeit einer demografiegerechten Arbeits- und Personalpolitik (INQA, 2005). Betriebliche Weiterbildung als Teil einer solchen Arbeits- und Personalpolitik sollte an lernförderliche Arbeit gekoppelt, in intergenerativen Lernformen in altersgemischten Teams praktiziert, durch spezielle Weiterbildungsangebote begleitet und durch spezielle Weiterbildungspläne und Weiterbildungsberatung unterstützt werden (INQA, 2005). Der Anteil von älteren Erwerbstätigen ist am größten unter den akademisch qualifizierten Berufsgruppen in der Ärzteschaft, in der Wissenschaft oder der Justiz und unter Selbstständigen. Mit anderen Worten: Je geringer die formale Qualifikation und je belastender die Erwerbstätigkeit insbesondere in Industrie, Bauwirtschaft und vergleichbaren Branchen ist, desto geringer fällt die Erwerbsbeteiligung älterer Arbeitnehmer/-innen aus. Die Durchsetzung von gesundheitsförderlicher Arbeit und alters- sowie alternsgerechter Arbeitsbedingungen ist eine notwendige Voraussetzung zur Erhöhung ihres Anteils.

Betriebliche Weiterbildung hat die Aufgabe, die qualifikatorischen Voraussetzungen für diesen Prozess zu schaffen und auch die beruflichen Handlungskompetenzen älterer Beschäftigter zu entwickeln. Wie Weiterbildung im Allgemeinen unterliegt auch die betriebliche Weiterbildung im Besonderen einer Reihe von Restriktionen. Bezogen auf die Bildungsbeteiligung gibt es deutliche Differenzen entlang der Kriterien Betriebsgröße, Branchenzugehörigkeit, Bildungsabschluss, berufliche Tätigkeit und Alter. Je kleiner der Betrieb, je geringer der Bildungsabschluss und je älter die Belegschaften sind, desto geringer fällt die Beteiligung an formalisierter betrieblicher Weiterbildung aus. Deshalb ist es unabdingbar, Konzepte zu entwickeln, die auch in kleineren Betrieben praktiziert werden können. Weiterhin halten wir es im Sinne einer „subjektbezogenen Weiterbildung" (Beraterkreis der Gewerkschaften IG Metall und ver.di, 2016) für elementar, dass betriebliche Weiterbildung nicht nur an den Anforderungen des Produktionsprozesses anknüpft, sondern auch die Interessen, Erfahrungen und Kompetenzen der Beschäftigten berücksichtigt. Betriebliche Weiterbildung beruht auf einem Ausgleich zwischen den Interessen der Beschäftigten an Beschäftigungssicherheit, Einkommen und qualifizierter Arbeit und den aus den Anforderungen des Produktionsprozesses abgeleiteten Interessen des Betriebes.

Wir vertreten in diesem Beitrag die These, dass es für den Erfolg betrieblicher Weiterbildung einen engen Zusammenhang zwischen der Qualität der Arbeit und der Qualität der Lernprozesse gibt. Die Qualität der Arbeit werden wir neben anderen Faktoren insbesondere in Bezug auf ihre Lernförderlichkeit und in Bezug auf die Möglichkeiten hierarchie- und arbeitsplatzübergreifender Kooperation diskutieren. Im Zentrum dieser Argumentation steht ein spezifisches Verständnis von „Beruflichkeit", an die wir die Qualität des Lernprozesses binden wollen. Unser Verständnis von Beruflichkeit leiten wir aus dem Diskurs über moderne Beruflichkeit ab. Im Unterschied zur „traditionellen Beruflichkeit", die auf den eng beschriebenen Beruf bezogen war und in Teilen des Handwerks noch ist, bezieht sich moderne Beruflichkeit auf ein breites, an der Erwerbsbiografie ausgerichtetes Verständnis von Beruf. In seinem Kern bezieht sich moderne Beruflichkeit auf die Entwicklung und Förderung der umfassenden und reflexiven beruflichen Handlungskompetenz in beruflichen Ausbildungen. Mit ihrem Leitbild „erweiterte moderne Beruflichkeit" schlägt die IG Metall vor, dieses Verständnis auf Studium und wissenschaftliche Weiterbildung zu übertragen und damit einen Beitrag zur Sicherung und Weiterentwicklung von Beruflichkeit als ordnendem Prinzip für Bildung und Arbeit zu leisten (IG Metall, 2014).

Wir schlagen in diesem Beitrag vor, Beruflichkeit auch als Orientierung für die Ausgestaltung und Konzeption betrieblicher Weiterbildung zu nutzen. Hierbei werden das „Lernen im Arbeitsprozess" und die Möglichkeiten der Lernbegleitung in das Zentrum der Erörterung gerückt. Im letzten Teil werden wir eingedenk der Tatsache, dass betriebliche Weiterbildung im Kontext arbeitspolitischer Aushandlungsprozesse steht, auch auf Möglichkeiten und Perspektiven betrieblicher und tarifpolitischer Interessenpolitik eingehen. Primär muss hier zwischen wirtschaftlichen Interessen der Betriebe und dem Interesse der Beschäftigten am Erwerb übergreifender beruflicher Handlungskompetenzen vermittelt werden – oder auf die Produktionsökonomie bezogen: zwischen kurzfristigen operativen und mittel- bis langfristigen, nachhaltigen Zielen betrieblicher Wertschöpfung.

12.2 Beruflichkeit als Bildungs- und Politikkonzept

Das Verständnis traditioneller Beruflichkeit ging davon aus, dass ein einmal erlernter Beruf während des gesamten Arbeitslebens ausgeübt werden würde, was die Berufspädagogik von Beginn an infrage stellte. Das Konzept der **modernen Beruflichkeit** war schließlich ein Meilenstein auf dem Weg zu einem neuen Berufsverständnis, welches Einzelberufe zu Kernberufen bündelt und das Lernen an Arbeits- und Geschäftsprozessen orientiert (IG Metall, 2014). Durch ein Fördern von selbstständigem Handeln sollte schließlich eine umfassende berufliche Handlungsfähigkeit vermittelt werden. Dieses Konzept ist bis heute die Leitschnur für die Gestaltung und Weiterentwicklung von Berufen für die IG Metall.

Ende 2014 stellte die IG Metall das Konzept der **erweiterten modernen Beruflichkeit** als Leitbild in Form eines Diskussionspapiers vor. Es erweitert die moderne Beruflichkeit, indem es einerseits bewährte Prinzipien und Methoden der Berufsbildung wie das Lernen entlang exemplarischer Arbeits- und Geschäftsprozesse oder an berufstypischen Entwicklungsaufgaben für das Studium anbietet, andererseits ausgewählte hochschulische Lehr- und Lernmethoden wie das „forschende Lernen" oder die Wissenschaftsorientierung als Prinzipien und Methoden der beruflichen Bildung beschreibt. Damit wird die Frage nach Gemeinsamkeiten, Differenzen und Übergängen zwischen dualer beruflicher Ausbildung und Hochschule aufgeworfen und politisch das Verhältnis von allgemeiner und beruflicher Bildung und somit auch die „Gesamtarchitektur" von Bildung zur Diskussion gestellt. Nur mit einer „Berufsbildung aus einem Guss" – so die These der IG Metall (2014, S. 17) – können die aus dem Wandel der Arbeit resultierenden Anforderungen an die Arbeitnehmer sozial umgesetzt werden und soziale Durchlässigkeit befördert werden.

Innovationen in der Industrie bringen veränderte Anforderungen an die Erwerbstätigen mit sich. Eine zunehmende Technisierung der Arbeitsvorgänge erfordert auf den ersten Blick eine zunehmende Spezialisierung in der Ausbildung. Allerdings führt diese Spezialisierung auch zu zunehmender Abhängigkeit der Erwerbstätigen, wenn die Transferfähigkeit der Kompetenzen nicht sichergestellt wird: Wird beispielsweise ein Facharbeiter sehr detailliert für eine spezielle Maschine ausgebildet, so steigt seine Abhängigkeit von dieser Arbeitsstelle – während seine Einsatzfähigkeit und damit sein Wert am Arbeitsmarkt ggf. durch die Spezialisierung sinkt. Diese Logik spitzt sich im neoliberalen Konzept der **Employability** zu, die als Arbeitsmarktkonzept auf unmittelbare Beschäftigungsfähigkeit und nicht auf die Förderung der Berufsbefähigung setzt. So führt dieser Prozess langfristig zu hoch spezialisierten Fachkräften mit sinkender Mobilität im Arbeitsmarkt – extern wie innerhalb der Unternehmen. Mobilität entsteht auf der Basis einer breiten beruflichen Handlungsfähigkeit. Die Steigerung der Mobilität ist in diesem Verständnis Resultat der beruflichen Ausbildung.

„Beruflichkeit" meint in unserem Sinn:
- Definierte und mit dem Leitbild zur Diskussion gestellte Qualitätsmaßstäbe für berufliches Lernen in Ausbildung, Studium und Weiterbildung
- Beteiligung der Sozialpartner bei der curricularen Entwicklung von Berufsbildern und Studiengängen entlang dieser Qualitätsansprüche
- Stärkung und Weiterentwicklung umfassender reflexiver beruflicher Handlungskompetenzen

Im Leitbild der IG Metall zielt Beruflichkeit sowohl auf eine bestimmte Qualität von Lernprozessen wie auch von Erwerbsarbeit ab. Das Leitbild ist so untrennbar mit der gewerkschaftlichen Diskussion um „gute Arbeit" verbunden (Urban, 2015). Beruflichkeit ist somit Bildungskonzept und Politikkonzept. Es zielt auf die Qualität von beruflicher Aus, Fort- und Weiterbildung und begreift Hochschulen als Orte wissenschaftlicher Berufsbildung. Der Veränderung der Arbeit und den Konsequenzen des demografischen Wandels und den sich ergebenden Herausforderungen für die Sozialsysteme kann letztlich nur mit einer umfassenden Bildungsreform entgegen getreten werden – ohne die Verantwortung mit dem lapidaren „Mantra" des lebenslangen Lernens bei den Erwerbstätigen abzuladen und ganze gesellschaftliche Schichten zu Opfern des Wandels werden zu lassen.

» Eine qualifikationsfordernde und -fördernde Arbeits- und Technikgestaltung mit Dispositions- und Beteiligungsspielräumen ist unverzichtbarer Bestandteil einer ‚humanen Digitalisierung'. (Urban, 2015, S. 1)

Dies stellte Hans-Jürgen Urban in den Thesen der IG Metall zur Entwicklung „Industrie 4.0" anlässlich der 11. Fachtagung für Personal in der beruflichen Bildung 2016 fest. In diesem Zitat zeigt sich eindrücklich, dass die Gestaltungsaufgabe, also der Gestaltungsspielraum und der Gestaltungsauftrag, der sich aus der Beruflichkeit ergibt, nicht nur in die Betriebe, d. h. auf die Ausgestaltung der Kompetenzentwicklung und die Schaffung qualifikationsförderlicher Arbeitsbedingungen, gerichtet ist. Vielmehr ist die Gestaltung der Beruflichkeit und der damit verbundenen Kompetenzentwicklung eine gesellschaftliche Aufgabe, die darauf abzielt, die „digitale Transformation" (Acatec, 2016) human und sozial verträglich zu gestalten.

Die Anforderungen an Arbeitnehmer/-innen ändern sich. Zugleich nehmen der Zulauf auf die Hochschulen und der Anteil akademisch ausgebildeter Arbeitnehmer/-innen stetig zu. Dieser in sich ambivalente Prozess der Akademisierung von Bildung und Arbeit findet seine materielle Basis in der „Verwissenschaftlichung von Arbeit". Zugleich erleben wir einen immensen Aufwuchs an Akademiker/-innen. Aber – und dies ist die zentrale Botschaft gegen die These der Marginalisierung der Berufsbildung – die Arbeitsmärkte brauchen auf absehbare Zeit auch ein stabiles Segment an dual aus- und fortgebildeten Beschäftigten. Einigkeit besteht, dass der Anteil der gering Qualifizierten in Zukunft kleiner werden wird (IAB, 2012). Diese in der ◘ Abb. 12.1 gezeigten Anforderungen wirken sowohl dort, wo neue Erwerbstätige in den Arbeitsmarkt eintreten, als auch in der Breite auf die gesamte Menge der bereits ausgebildeten Fachkräfte.

Die in der ◘ Abb. 12.1 visualisierte Prognose von IAB und BIBB geht dabei von der aktuellen Struktur der beruflichen Bildung und den verfügbaren Abschlüssen aus. Die schwindende Bedeutung von gering Qualifizierten unterstreicht die Forderung, dass alle jungen Menschen einen Berufsabschluss erhalten sollten und Weiterbildung auch dieser Gruppe zuteil kommt, um auch für sie Beschäftigungsperspektiven zu entwickeln. Aus- und Fortbildung müssen attraktiver werden und eine reale Möglichkeit in der berufsbiografischen Planung der jungen Menschen werden. Dazu gehört auch die Gestaltung der Übergänge in das Hochschulsystem. Die

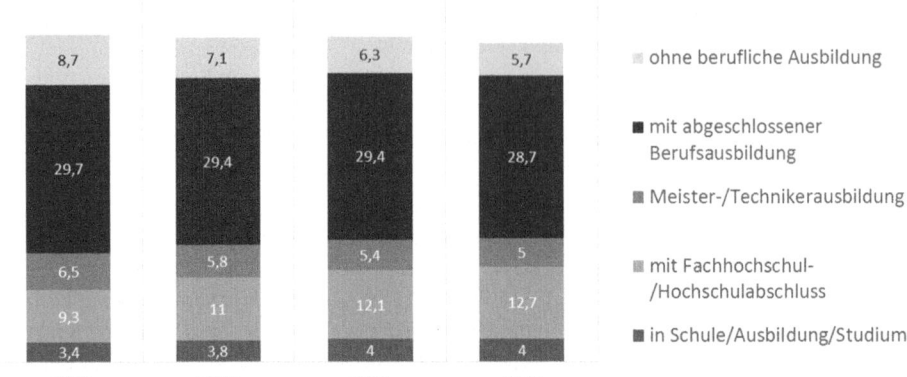

◘ Abb. 12.1   Benötigtes Arbeitsvolumen 2000–2030 nach Qualifikation in Milliarden Stunden. Quelle: Mikrozensus des Statistischen Bundesamtes, Berechnung und Darstellung QuBe-Projekt (IAB-Kurzbericht 18/2012)

Hochschulen müssen lernen, sich für die Berufserfahrenen zu öffnen und ebenso die Studierenden beruflich zu qualifizieren. Dies gilt auch für die wissenschaftliche Weiterbildung, die eine besondere Funktion für die berufliche Kompetenzentwicklung von Beschäftigten enthält. Dabei ist ebenfalls darauf zu achten, dass wissenschaftliche Weiterbildung durchlässig und anschlussfähig an die duale Aus- und Fortbildung wird und bildungssystemübergreifende individuelle Lernwege schafft.

Die mit der Digitalisierung einhergehenden Arbeitsinhalte laufen auf eine Neubestimmung des Verhältnisses von Erfahrungs- und Wissenschaftsorientierung hinaus. Die vorliegenden Untersuchungen und Umfragen lassen sich dabei sowohl für Facharbeiter/-innen wie für Ingenieure/-innen dahingehend zusammenfassen, dass es zu einem Zuwachs an systemischen Wissen kommen wird.

> **»**   Ein bloß kognitiver und/oder wissensbasierter Zugang reicht nicht aus, um berufliche Handlungskompetenz zu entwickeln. Er muss angereichert sein durch sinnliche Erfahrungen, Empfindungen sowie um die im beruflichen Handeln erworbenen Einsichten. Berufliches Lernen im Studium ist mit fachwissenschaftlichem Lernen zu einem sinnvollen Ganzen zu verknüpfen. Berufliche Bildung ist darauf angewiesen, dass Praxis durch Wissenschaft erklärt wird. (IG Metall, 2014, S. 26)

Es ist davon auszugehen, dass Wissenschaft und Arbeit sowie akademische und betriebliche Weiterbildung ineinandergreifen müssen, da weder der eine noch der andere Bildungsweg für sich genommen die benötigten Fähigkeiten vermitteln und auf die zu erwartenden Problemstellungen vorbereiten kann.

Die notwendigen strukturellen Reformen im Bildungssektor müssen allerdings auch der Demografie Rechnung tragen: Wie kann für Erwerbstätige, die nicht am Anfang ihres Berufslebens stehen und die seit Jahren oder Jahrzehnten aus der Rolle der Schüler/-innen oder der Auszubildenden heraus sind, ebenfalls ein Bildungsangebot geschaffen werden, das ihnen Zugang zu einer kontinuierlichen Weiterentwicklung im Sinne der Erweiterung ihrer beruflichen Handlungskompetenz bietet?

Die Realität in den Betrieben ist noch häufig davon bestimmt, dass es keine Gleichwertigkeit von akademischen und beruflichen Abschlüssen gibt und die Teilnahme an betrieblichen

Weiterbildungsmaßnahmen umso schwieriger wird, je geringer die formale Qualifikation ein-geschätzt wird. Deshalb muss eine Personalpolitik kritisch hinterfragt werden, die Abschlüsse hierarchisiert, anstatt gleichwertige Fach- und Führungskarrieren von Akademikern/-innen und Nicht-Akademikern/-innen zu ermöglichen. Oder die Weiterbildungen abhängig fallbasiert beim passenden und möglichst kostengünstigsten Bildungsanbieter organisiert, ohne Maßnah-men an den Arbeits- und Geschäftsprozessen anzusetzen und auf die vorhandene Kompetenz aufzubauen oder Beschäftigten unabhängig von ihren formalen Abschlüssen sinnvolle Beschäf-tigungsperspektiven zu öffnen und möglichst nachhaltige Wirkungen für Betrieb und Beschäf-tigte anzusteuern.

Betriebe müssen gemeinsam mit den Sozialpartnern auf der Mikroebene die gleichen Her-ausforderungen im Sinne der erweiterten modernen Beruflichkeit lösen:

- Wie kann gering Qualifizierten und Ausgelernten, Facharbeitern/-innen und Spezialis-ten/-innen im Betrieb der Zugang zu Fort- und Weiterbildungsangeboten ermöglicht werden, die übergreifende Handlungskompetenzen vermitteln?
- Wie können diese Kompetenzen im Spannungsfeld zwischen fertigungsprozessspezi-fischen Anforderungen und Einschränkungen und langfristiger Personalentwicklung definiert und umgesetzt werden?
- Wie können notwendige wissenschaftliche Anteile in diese Weiterbildungsmaßnahmen zielgruppengerecht einfließen?

Nach aktuellem Stand werden im Zuge von „Industrie 4.0" zwei konkurrierende Szenarien dis-kutiert, die auch als „widersprüchliche Kombination aus Gestaltungsprinzipien der Dezentra-lisierung und Aufgabenerweiterung einerseits und Strukturierung und Standardisierung ande-rerseits" (Hirsch-Kreinsen, 2014, S. 425) beschrieben werden.

Auf der einen Seite des Spektrums sehen wir vor allem im Kontext ganzheitlicher Produktions-systeme die Entwicklung hin zu tayloristischen Arbeitsverhältnissen, in denen eine Beschäftig-tengruppe zunehmend standardisierte Arbeitsschritte durchführt, überwacht von einer anderen Gruppe hoch spezialisierter Fachkräfte, die Prozesse steuern und bei Störungen eingreifen. Die Befürchtung in diesem Szenario ist die weitgehende Hierarchisierung in der Verteilung von Qua-lifikationsanforderungen und damit ein Verlust des „mittleren Qualifikationssegments" sowie der letztendlichen Dequalifizierung einer großen Gruppe von Facharbeitern/-innen.

Dem steht ein Ansatz gegenüber, der das Dezentralisierungspotenzial der mit „Industrie 4.0" verbundenen technischen und organisatorischen Innovationen methodisch auf den Arbeitsauf-bau und die Qualifizierung der beteiligten Arbeiter überträgt. In einer lernförderlichen Arbeits-organisation könnten sich so alle technischen Fachkräfte von Facharbeitern/-innen über Tech-niker/-innen und Meister/-innen bis hin zu Ingenieuren/-innen kontinuierlich weiterbilden, um die Kompetenzen zu erlangen, die dieser humanzentrierte Ansatz erfordert und ihn möglich macht (Hirsch-Kreinsen, 2014).

12.3 Ansatzpunkte zur Gestaltung und Implementierung

12.3.1 Entwicklung beruflicher Handlungskompetenz

Die Entwicklung umfassender beruflicher Handlungskompetenzen orientiert sich an den zen-tralen Arbeits- und Geschäftsprozessen. Sie zielt auf Ganzheitlichkeit und Reflexivität. Diese Prozess- und Problemorientierung geht weit über das Wissen um konkrete, definierte Ferti-gungsvorgänge hinaus und muss außerdem um wirtschaftliche, soziale und arbeitspolitische

Dimensionen erweitert werden. Durch ein umfassendes Verständnis der technischen, organisatorischen und sozialen Dimensionen von Arbeit und durch die Einbettung des Kompetenzerwerbs in die betrieblichen Prozesse wird eine kreative Problemlösungskompetenz geschaffen und die Mitgestaltung jenseits von eingefahrenen Verbesserungsprozessen in einem formalisierten Vorschlagswesen ermöglicht.

Die aus den Arbeitsprozessen und sozialen Anforderungen abgeleiteten Kompetenzbedarfe müssen in angemessene Lerninhalte, -formen und -wege überführt werden. Angemessen bedeutet hier, dass das Lernen zu den Inhalten sowie zu den Lernenden passt. Das macht auch neue Lernformen erforderlich. Soziale Kompetenzen, die Fähigkeit, das eigene berufliche Handeln und den eigenen Arbeitsplatz im Kontext der arbeitsorganisatorischen und betriebswirtschaftlichen Vor- und Folgeprozesse zu sehen sowie die Entwicklung kreativer Problemlösungskompetenzen lassen sich am besten in interaktiven, gruppenbasierten und interdisziplinären Lernprojekten vermitteln, erproben und erlernen.

In der Metall- und Elektroindustrie der Gegenwart ist „Industrie 4.0" bisher nur ein abstrakter Innovationspfad, der sich noch selten konkret in methodisch angemessenen, dezentralisierten und agilen Arbeitsorganisationen niedergeschlagen hat. Stattdessen sind fordistische Organisationsformen noch immer weitverbreitet. Daher muss diese Organisationsstruktur bei der Ausgestaltung von Kompetenzentwicklung hin zu einer umfassenden Beruflichkeit beachtet werden – Gruppenzuordnung und Rollen innerhalb der Arbeitsgruppen sind hier starke Strukturmerkmale mit Identifikationscharakter. Wenn Lernen das Ziel hat, diese Zuordnung nicht zu stärken, sondern interdisziplinär aufzubrechen und auf der sozialen Dimension Brücken über organisatorisch gewollte Gräben zwischen Gruppen zu schlagen, dann müssen Inhalte und Formen des betrieblichen Lernens diesen Zielen entsprechen und seitens des Betriebes ausreichende Rahmenbedingungen bereitgestellt und von den Verantwortlichen (Vorgesetzten, Lernbegleitern/-innen) mitgetragen werden (Hirsch-Kreinsen, 2014).

Der Betrieb wird als Lernort wahrgenommen bzw. zum Lernort umgestaltet werden. Das Lernen im Arbeitsprozess wird als etwas Alltägliches und Wertgeschätztes vermittelt. In unserem Kontext der Erweiterung von Handlungsräumen ist es sinnvoll, die Kriterien lern- und kompetenzförderlicher Arbeit an die Gestaltung von Arbeitsplätzen und Aufgaben anzulegen.

Im Folgenden sollen einige Beispielprojekte zeigen, wie diese Kompetenzentwicklung umgesetzt werden kann.

12.3.2   Lernen im Prozess der Arbeit

Je interdisziplinärer die Inhalte der Weiterbildung werden, desto ungeeigneter werden traditionelle Lernformen wie Seminare, Lehrgänge oder Kurse. Deren formalisierte und dekontextualisierte Versuche, den Erwerb von Handlungskompetenz zu fördern, haben sich, wenn sie isoliert und ausschließlich zum Einsatz kommen, als nicht erfolgreich erwiesen.

Lernen im Prozess der Arbeit wird in allgemeiner Form definiert als „arbeitsbegleitendes Lernen, das durch arbeitsnahe Kontexte und lernförderliche Arbeitsformen zu einer tätigkeitsbezogenen Erweiterung, Neustrukturierung oder Löschung vorhandener Kompetenzen eines individuellen oder kollektiven Subjekts führt" (vgl. Kirchhöfer, 2004, S. 76; vgl. auch Dehnbostel, 2007).

Dieses Lernen kann arbeitsprozessintegriert und -orientiert stattfinden. Der Unterschied liegt auf der Hand. Während in dem einen Fall der Arbeitsprozess durch Unterbrechungen bzw. Planungsprozesse so gestaltet ist, dass er kurze Sequenzen des Lernens notwendig macht und ermöglicht, ist der andere durch arbeitsplatznahe Organisationsformen, z. B. durch Gruppengespräche,

Beteiligungs- oder Lerngruppen bestimmt. Die Vermittlung von Themen wie Prozessorientierung, Qualitätsmanagement, Projektmanagement, Wissensmanagement und deren Umsetzung im Unternehmen erfordert einen hohen Anteil informellen, erfahrungsbasierten Lernens. Entsprechend müssen formelle und informelle Lernansätze bewusst und zielgerichtet kombiniert werden.

Für uns sind folgende Merkmale für das Lernen in der Arbeit wichtig:

- Der Lernprozess verbindet aktuelle und erkennbar perspektivische Anforderungen aus dem Arbeitsprozess mit vorhandenen Erfahrungen und Kompetenzen.
- Kompetenzen bilden sich in der Verbindungen mit der praktischen Anwendung und ihrer Reflexion.
- Der Lernprozess wird somit am Besten im Anwendungskontext organisiert und trägt zur Sicherung und zur Entwicklung beruflicher Handlungsfähigkeit bei.

Kompetenzerwerb ist kontextgebunden. Daraus ergibt sich für die Gestaltung des Lernprozesses, dass Gelegenheiten geschaffen werden, die Kompetenzen im Wechselverhältnis von Anwendung und Reflexion dieser Anwendungs- und Lernerfahrungen auszubilden. Dazu wird ein Lernanlass in eine reale handlungsrelevante Situation eingebettet – die allerdings keinen Lösungsweg vorgibt, sondern dem Lernenden verschiedene Perspektiven, Optionen und Kontexte eröffnet. Die hierfür notwendige Reflexion wird durch Gruppenlernen gefördert und gesichert (Mandl et al., 2002).

12.3.3 Die Schnittstelle zwischen Betrieben und wissenschaftlicher Weiterbildung

Weiterbildung hat im Zuge der Implementierung neuer Techniken und Verfahren bei „Industrie 4.0" eine Schlüsselfunktion. Eine der Hypothesen im Zusammenhang mit der neuen Qualität digitalisierter Arbeit ist, dass „ganze Belegschaften [...] auf den neuesten Stand hinsichtlich ihrer IT-Kenntnisse gebracht werden [müssen]" (Acatec, 2016, S. 27). Auch, wenn man diese euphemistische Sicht nicht teilt, so lässt sich doch erkennen, dass Beschäftigte über ihre in der Ausbildung und im Erwerbsprozess erworbenen Kompetenzen hinaus einen Bedarf an organisationalem und technischem Wissen haben. Es wird auf die Neuausrichtung der dualen Berufsbildung mit einer „Prozess- und Digitalisierungsperspektive" verwiesen (bayme vbm, 2016). Es komme zu einer Zusammenführung von Wissensbeständen aus Anlagen- und Maschinenbau, Elektro- und Automatisierungstechnik und Informatik. Tendenziell – so Ittermann und Niehaus (2015, S. 38) – „wachsen qualifizierte Wissensarbeit und traditionelle Produktionsarbeit immer weiter zusammen".

Es stellt sich die Frage, ob angesichts der genannten Herausforderungen die Zusammenarbeit zwischen Hochschulen und Unternehmen nicht auch über die wissenschaftliche Weiterbildung erfolgen kann. Gegenwärtig nimmt die wissenschaftliche Weiterbildung nur einen geringen Teil im Rahmen des weiterbildenden Angebotsspektrums ein. Nach der Statistik des Berichtssystems Weiterbildung entfielen auf den Bereich der beruflichen Weiterbildung im Jahr 2007 2 % der Teilnahmefälle, auf den Bereich der allgemeinen Bildung ca. 5 %. Selbst bei den Hochschulabsolventen/-innen sind die Angaben mit 3 % für die berufliche und 7 % für die allgemeine Bildung nicht wesentlich höher. Die jüngeren Zahlen nach dem Adult Education Survey (AES) bestätigen diesen Sachverhalt. Hiernach deckt die Hochschule insgesamt 3 % der Nachfrage nach beruflicher Weiterbildung und speziell bei Hochschulabsolventen/-innen 5,5 % der Nachfrage an beruflicher Weiterbildung ab. Zahlen zum Anteil der wissenschaftlichen Weiterbildung an Maßnahmen der betrieblichen Weiterbildung sind nicht bekannt (Kaßebaum, 2017).

Wissenschaftliche Weiterbildung hat einerseits die Möglichkeiten und Ressourcen, um hochschulische Wissensbestände insbesondere aus den Ingenieurwissenschaften und aus der Informatik für die Betriebe aufzuschließen. Andererseits steht sie vor der Herausforderung, sich in einen Kontext arbeitsbegleitenden Lernens einzufügen und sich für Beschäftigtengruppen zu öffnen, für die sie zwar auch formal tätig sein kann, die sie in ihren Teilnehmerstrukturen bisher real aber nur marginal abbildet. Notwendig sind gemeinsame Lernprojekte, die die wissenschaftliche Weiterbildung mit Betrieben zusammenführen.

12.3.4   Neue Lernkonzepte

Um – wie beschrieben – die Lücke zwischen Facharbeiterkompetenzen und Ingenieurswissen im Kontext definierter Handlungsfelder durch Projekte zu Generierung interdisziplinärer Handlungskompetenzen zu schließen, bieten sich Lernkonzepte an, die inhaltlich wie methodisch diesem übergreifenden Paradigma folgen. Dazu werden zwei Ansätze, die im Projekt Brofessio als methodische Umsetzung in Form von mediengestützten Arbeits- und Lernprojekten (Medi-ALP) erprobt und erforscht werden, vorgestellt.

Das **Mikrolernen** stellt den Lerngruppen didaktisch stark reduzierte Lerninhalte im Kontext des Arbeitsprozesses mit direktem Bezug zu Fertigungsprozess, Anlagenaufbau, Modulaufbau und Komponentenfertigung zur Verfügung. Die Darreichung über kurze Videoclips und interaktive Lernoberflächen auf Tabletcomputern ermöglichen die Ad-hoc-Einbindung der Lerneinheiten in den Arbeitsalltag der Lernenden. Anlagenstörungen sind hier der Hauptauslöser, sich mit den Mikrolerneinheiten auseinanderzusetzen. Diese allerdings sind nicht dazu ausgelegt, konkrete Lösungswege für definierte Probleme zu liefern. Vielmehr soll durch vernetztes Hintergrundwissen die Basis und Selbstsicherheit für den Aufbau und Ausbau der eigenen, kreativen Problemlösungskompetenz bei den Fachkräften gefördert werden.

Der zweite im Projekt erprobte Lernansatz ist das **agile Lernen**. In Anlehnung an die Prinzipien und Erkenntnisse der agilen Softwareentwicklung versorgt sich hier die Lerngruppe proaktiv selbst mit Lerneinheiten aus einem Arbeits- und Lernprojekt (ALP). Das ALP basiert auf einer kreativen Fragestellung, die ohne vorgegebenen Lösungsweg, aber mit definierten Projektmanagementwerkzeugen im Team beantwortet werden muss. Während die Arbeitsergebnisse sich an internen und externen Projektmanagementmethoden orientieren und so Standards aus diesem Fachbereich vermitteln, ist es der Gruppe abhängig von Rollenverteilung, Vorwissen, Erfahrungen und Vorlieben selbst überlassen, wie der Weg zum Lern- bzw. Arbeitsergebnis geschafft wird. Die agile Softwareentwicklung basiert im Vorgehens- und Erkenntnismodel auf sogenannten **User Stories** – Arbeitsergebnisse werden aus der Sicht des Nutzenden dargestellt, die Anforderungen an Entwickler/-innen der ALP somit von konkreten Funktionsbeschreibungen weg und zu freien, kompetenz- und erfahrungsbasierten Entscheidungen hingeleitet. Diese Entwicklung hin auf die Problemstellung und der zu ihrer Lösung notwendigen Wissensbestände entspricht so dem durch die Arbeitsprozessorientierung und durch das Paradigma der Beruflichkeit mit ihren übergreifenden Handlungskompetenzen geforderten Veränderungen an den verwendeten Lernansatz.

12.3.5   Lernbegleitung

Aus der Interdisziplinarität der zu vermittelnden Handlungskompetenzen ergibt sich ein auf den ersten Blick im Vergleich zu traditioneller Aus- und Weiterbildung wenig strukturierter Lernansatz. Gleichwohl benötigt auch er geregelte Rahmenbedingungen. Die Vermittlung der Inhalte im Prozess der Arbeit erfordert eine inhaltliche und organisatorische Verankerung des Lernprozesses im Arbeitsalltag. Dafür schlagen wir die Lernbegleitung vor. Inhalte und Struktur, Organisation und Zielgruppe erfordern einen Begleiter des Prozesses auf vielen Ebenen. Als vorläufiges Fazit im Projektkontext, aber auch aus anderen Weiterbildungsinitiativen, hat sich die Funktion der Lernbegleiter/-innen als hilfreich, wenn nicht unersetzbar erwiesen.

Lernbegleiter/-innen und ähnliche Bezeichnungen sind kein neues Konzept in der beruflichen Bildung. Mentoren/-innen, Tutoren/-innen, Lernbegleiter/-innen oder Lernberater/-innen haben sich als Dreh- und Angelpunkt der institutionalisierten und dadurch nachhaltigen Etablierung von arbeitsprozessintegrierter oder -orientierter Weiterbildung bewährt gemacht. Auch in der Ausbildung sind vergleichbare Konzepte zu finden.

Allerdings haben sich die Aufgaben und das Selbstverständnis über die Zeit verändert. Statt der Beschäftigung mit den eigentlichen Lerninhalten treten für die Lernbegleiter/-innen vermehrt Begleitfunktionen im Bereich der Lernförderung und der Förderung der Selbstorganisation im betrieblichen Lernprozess in den Fokus (Röben, 2007).

Der Begriff des Lernbegleiters/der Lernbegleiterin ist weder formell noch informell einheitlich definiert. Auch ist er nicht von anderen, verwandten Bezeichnungen abgegrenzt. So existieren heute nebeneinander die Begriffe:

- Lernbegleiter/-in
- Lernberater/-in
- Tutor/-in, Mentor/-in
- Multiplikator/-in
- Fachberater/-in
- Ausbildungsbeauftragte/r
- Interne und externe Begleiter/-in
- Lern-Tandems

Die hier genannten Bezeichnungen finden sich alle in bekannten Projekten mit Arbeitsprozessorientierung, in denen Verantwortlichkeiten zur Implementierung und Durchführung der arbeitsprozessorientierten Lernprojekte in einer Funktion zusammengeführt werden. Daneben werden die genannten Begriffe auch für Rollen außerhalb des arbeitsprozessorientierten Lernens genutzt, beispielsweise im Kontext der Karriereberatung.

Lernbegleiter/-innen stehen im Zentrum des Lernens im Arbeitsprozess. Sie decken die strategischen und operativen Aspekte des Lernens im Arbeitsprozess ab und stellen die kontinuierliche und nachhaltige Umsetzung der Gestaltungsaufgabe in den folgenden Schritten sicher:

- Arbeitsprozessorientiertes Lernen initiieren:
  - Angemessenen Lernansatz finden, erkennen, intern vertreten und anpassen
  - Betriebliche Anforderungsanalyse/Kompetenzbedarfsermittlung
  - Definition betrieblicher Rahmenbedingungen
  - Anpassung und Implementierung der methodischen Umsetzung
  - Inhalte auswählen, entwickeln, anpassen
  - Organisatorischen Rahmen schaffen
- Arbeits- und Lernprozesse (ALP) durchführen:
  - Lerngruppe zusammenstellen
  - Durchführung Medi-ALP begleiten (fachlich)
  - Durchführung Medi-ALP begleiten (organisatorisch)
  - Individuelles Lerncoaching/Laufbahnberatung
- Evaluation:
  - Durchführung der Evaluation(en)
  - Verfolgung der Umsetzung der Konsequenzen der Evaluation(en)

Die Aufgabe der Lernbegleiter/-innen muss dabei jeweils betriebsindividuell ausgestaltet werden, abhängig von der jeweiligen Organisationsstruktur und den formellen und fachlichen Kompetenzen der Mitarbeitenden. Oft wird sich zeigen, dass ein Team aus Personalverantwortlichen, Mitgliedern der betrieblichen Interessensvertretung, Vorgesetzte und Externe die Verantwortlichkeiten der Lernbegleitung untereinander aufteilen werden.

12.4   Schlussfolgerungen für betriebliche Weiterbildung

Betriebliche Weiterbildung kann nur erfolgreich durchgeführt werden, wenn es zu einem Interessenausgleich zwischen den Zielen und Erwartungen des Betriebes und der Mitarbeiter/-innen kommt. Während auf der einen Seite die Verbesserung der technischen und organisatorischen Effizienz im Vordergrund steht, werden sich Beschäftigte daran orientieren, ob Weiterbildungsmaßnahmen auch einen positiven Einfluss auf ihre Beschäftigungsperspektive haben können. Diese kann dadurch beeinflusst werden, dass berufliches Wissen, Erfahrungen und berufliche Fähigkeiten an neue Technologien angepasst werden oder dass sich zusätzliche Arbeitsinhalte und entgeltrelevante Aufstiegswege ergeben können. In Bezug auf den demografischen Wandel ist betriebliche Weiterbildung zwingend notwendig, um vorhandenen und älter werdenden Belegschaften eine Beschäftigungsperspektive zu sichern und mit ihrem Erfahrungs- und Kenntnisbestand den Betrieb auch innovationsfähig zu halten. Hier kann nicht die Anpassungsqualifizierung, sondern nur die Förderung der beruflichen Handlungskompetenz das Ziel sein. Insofern können die Qualitätsmaßstäbe der beruflichen oder – im Fall der betrieblichen Weiterbildung – eine Orientierung geben.

In Bezug auf die neue Qualität der Digitalisierung ist arbeitspolitisch durchzusetzen, dass kooperative und lernförderliche Arbeitsorganisationsformen an die Stelle von tayloristisch oder fordistisch geprägten Organisationsmodellen treten werden. Lernförderliche Arbeit kann nur realisiert werden, wenn sie auch ein Konzept für dieses Lernen bereitstellt. Dafür bietet sich das „Lernen im Prozess der Arbeit" an. Konzepte wie das Mikrolernen und das agile Lernen sind zu erproben und zu verankern. Beide zeichnen sich dadurch aus, dass sie die betrieblichen Effizienzanforderungen berücksichtigen, zugleich aber als Methoden des selbstorganisierten Lernens auch subjektive Voraussetzungen erfolgreichen Lernens aufnehmen.

Lernen im Arbeitsprozess benötigt die Lernbegleitung. Nicht jeder Betrieb wird die Aufgaben der Lernbegleitung in einer Person bündeln, auch hier sind Spielräume vorhanden, um die Funktionen auf verschiedene Personen aufzuteilen. Mit diesem und den auf die betrieblichen Anforderungen heruntergebrochenen Lernkonzepten wird den Anforderungen kleinerer und mittlerer Betriebe Genüge getan. Lernen im Prozess der Arbeit wird somit ein realistisches Projekt auch für den KMU-Bereich; Weiterbildung im Rahmen der Reorganisation durch die digitale Arbeitswelt erhält so eine realistische Perspektive.

Gleichwohl muss auch Lernen im Prozess der Arbeit in einem ausgehandelten Rahmen stattfinden. Lernen benötigt Zeit und Ressourcen. Es darf nicht nur erfolgen, wenn betriebliche Prozesse dies notwendig machen, sondern auch, wenn Beschäftigte dies zur Weiterentwicklung ihrer beruflichen Kompetenzen für erforderlich halten. Für die Gestaltung dieses Rahmens liegen für große Bereiche der Industrie Betriebsvereinbarungen und Weiterbildungstarifverträge vor, zuletzt der von den Sozialpartnern/-innen der Metall- und Elektroindustrie ausgehandelte Bildungsteilzeittarifvertrag. Es gibt Beispiele für die Regelung von Lern- oder Beteiligungsgruppen in arbeitsplatznaher Weiterbildung. Daran ist zur Sicherung der Rahmenbedingungen anzuknüpfen.

Das Konzept der „erweiterten modernen Beruflichkeit" ist hierbei aus unserer Sicht in mehrfacher Hinsicht relevant. Es öffnet den Blick für die an der Entwicklung von beruflicher

Handlungskompetenz notwendigen Qualitätsdimensionen betrieblicher Lernprozesse und verbindet im Konzept des „Lernens in der Arbeit" berufliches Lernen und lernförderliche Arbeitsgestaltung. Es baut Brücken zwischen den Hochschulen und dort insbesondere zwischen den Akteuren/-innen der wissenschaftlichen Weiterbildung und der betrieblichen Weiterbildung; in der doppelten Bedeutung als Bildungs- und Politikkonzept gibt es inhaltliche Orientierung und Hinweise für die Akteure/-innen. Lernen im Arbeitsprozess braucht Beruflichkeit als Maßstab und Gestaltungsperspektive.

> **Fazit**
> Demografische Entwicklung, kürzer werdende Innovationszyklen und die unter „Industrie 4.0" zusammengefassten Veränderungen erfordern eine Auseinandersetzung mit Beruflichkeit. Die Auswirkungen auf die Kompetenzprofile von Erwerbstätigen können nicht durch Anpassungsqualifizierung reaktiv gelöst werden, sondern müssen durch die Vermittlung von übergreifenden Handlungskompetenzen langfristig und nachhaltig adressiert werden. Diese politische, soziale und betriebliche Gestaltungsaufgabe fällt den Betrieben und Sozialpartnern/-innen zu, die diese Herausforderung nach aktuellem Forschungsstand durch interdisziplinäre, arbeitsprozessorientierte oder sogar -integrierte Lernprojekte am besten meistern können. Nur durch aktive und bewusste Kompetenzentwicklung im Sinne einer erweiterten modernen Beruflichkeit können demografischer Wandel, drohende weitere Prekarisierung des Facharbeitersektors, Lerndruck durch Innovationen, Abhängigkeit von Arbeitgebern/-innen und die schwindende Durchlässigkeit der Gesellschaft durch Hochtechnisierung und -spezialisierung von Ausbildungswegen nachhaltig adressiert und gelöst werden.

Weiterführende Literatur und Links
- Böhle, F., & Pfeiffer, S. (2017). Unwägbarkeiten in hoch automatisierten Systemen der Prozessindustrie. In F. Böhle (Hrsg.), *Arbeit als Subjektivierendes Handeln. Handlungsfähigkeit bei Unwägbarkeiten und Ungewissheit* (S. 185–191). Wiesbaden: Springer VS.
- Fischer, M., Bücher, K., & Unger, T. (Hrsg.). Editorial zur Ausgabe 29: Beruf. Dezember 2015. http://www.bwpat. de/ausgabe/29/editorial. Zugegriffen: 31. März 2017.

Literatur

Acatec (Hrsg.) (2016). *Die digitale Transformation gestalten. Was Personalvorstände zur Zukunft der Arbeit sagen. Ein Stimmungsbild aus dem Human Resources-Kreis von acatech und Jacobs Foundation.* München: Herbert Utz.
bayme vbm (2016). Industrie 4.0 – Auswirkungen auf Aus- und Weiterbildung in der M+E Industrie. http://www. bildunginbayern.de/download/ServiceCenter_baymevbm_Studie_Industrie-4-0_19.04.2016.pdf. Zugegriffen: 30. März 2017.
Beraterkreis der Gewerkschaften IG Metall und ver.di (Hrsg.) (2016). *Berufs-Bildungs-Perspektiven 2016. Gute Arbeit braucht gute Weiterbildung.* Berlin, Frankfurt am Main: ver.di, IG Metall.
Dehnbostel, P. (2007). *Lernen im Prozess der Arbeit.* Münster: Waxmann.
Hirsch-Kreinsen, H. (2014). Wandel von Produktionsarbeit – Industrie 4.0. *WSI-Mitteilungen* 6/2014, 421–429.
IG Metall (2014). *Erweiterte moderne Beruflichkeit. Ein gemeinsames Leitbild für die betrieblich-duale und die hochschulische Berufsbildung. Diskussionspapier.* Frankfurt am Main: IG Metall Vorstand.
Initiative Neue Qualität der Arbeit (INQA). (2005). Demographischer Wandel und Beschäftigung, Plädoyer für neue Unternehmensstrategien, http://www.inqa.de/DE/Angebote/Publikationen/demographischer-wandel-und-beschaeftigung-plaedoyer-fuer-neue-unternehmensstrategien.html. Zugegriffen: 30. März 2017.

Institut für Arbeitsmarkt- und Berufsforschung (IAB) (2012). IAB-Kurzbericht 18/2012. http://doku.iab.de/kurzber/2012/kb1812.pdf. Zugegriffen: 30. März 2017.

Ittermann, P., & Niehaus, J. (2015) Peter Ittermann, Jonathan Niehaus Industrie 4.0 und Wandel von Industriearbeit. In H. Hirsch-Kreinsen, P. Ittermann, & J. Niehaus (Hrsg.), *Digitalisierung industrieller Arbeit* (S. 33–52). Baden-Baden: Nomos.

Kaßebaum, B. (2017). Beruflichkeit und wissenschaftliche Weiterbildung. In Hörr, B., & Jütte, W. (Hrsg.), Weiterbildung an Hochschulen (S. 195–210). Bielefeld: W. Bertelsmann.

Kirchhöfer, D. (2004). Lernkultur Kompetenzentwicklung – Begriffliche Grundlagen. Berlin: Arbeitsgemeinschaft Betriebliche Weiterbildungsforschung e.V.

Mandl, H., Gruber, H., & Renkl, A. (2002). Situiertes Lernen in multimedialen Lernumgebungen. In L. J. Issing, & P. Klimsa (Hrsg.), *Information und Lernen mit Multimedia und Internet* (S. 139–148). Weinheim: Beltz.

Röben, P. (2007). *WAP-Leitfaden 4: Lernberater für das Lernen im Prozess der Arbeit.* Stuttgart: AgenturQ.

Stifterverband (Hrsg.) (2016). Hochschulbildung für die Arbeitswelt 4.0. Jahresbericht 2016. http://www.hochschulbildungsreport.de/download/file/fid/141. Zugegriffen: 30. März 2017.

Urban, H.-J. (2015). Beruflichkeit als Teil von gewerkschaftlicher Bildungs- und Arbeitspolitik. http://denk-doch-mal.de/wp/hans-juergen-urban-beruflichkeit-als-teil-von-gewerkschaftlicher-arbeits-und-bildungspolitik-2/. Zugegriffen: 30. März 2017.

Wissenschaftsrat (2015). *Empfehlungen zum Verhältnis von Hochschulbildung und Arbeitsmarkt.* Bielefeld: Wissenschaftsrat.

Arbeitsintegrierte betriebliche Kompetenzentwicklung – Innovation oder Exnovation?

Gabriele Molzberger

© Springer-Verlag GmbH Deutschland 2018
D. Ahrens, G. Molzberger (Hrsg.), *Kompetenzentwicklung in analogen und digitalisierten Arbeitswelten*, Kompetenzmanagement in Organisationen, https://doi.org/10.1007/978-3-662-54956-8_13

Zusammenfassung

Gesellschaftliche und individuelle Veränderungen verbinden sich häufig mit neuen Qualifizierungsanforderungen, Bildungsbedarfen und -bedürfnissen. Im Kontext von demografischem Wandel und zunehmender Digitalisierung sämtlicher Lebens- und Arbeitsbereiche wird der betrieblichen Kompetenzentwicklung eine besondere Bedeutung zugesprochen. Der Beitrag erläutert den Zusammenhang zwischen betrieblich veranlasster, in Arbeitsprozesse integrierter Kompetenzentwicklung und beruflicher Weiterbildung als Teil des Bildungssystems und diskutiert das komplementäre Potenzial von betrieblicher Kompetenzentwicklung und Weiterbildung. Es wird begründet, warum arbeitsintegrierte betriebliche Kompetenzentwicklung keine erneuernde Form der Weiterbildung ist, aber dennoch eine soziale Innovation sein kann.

13.1   Einleitung: Kompetenzentwicklung anders denken

Betriebliche Kompetenzentwicklung wird im Kontext von demografischem Wandel und zunehmender Digitalisierung sämtlicher Lebens- und Arbeitsbereiche aktuell neu ausgerichtet. Die technologischen und sozialen Veränderungen stehen in Zusammenhang mit arbeitsmarkt-, sozial-, wirtschafts- und bildungspolitischen Bedingungen und Voraussetzungen einer zukunftsfähigen Fachkräfteentwicklung sowie Professionalisierung von Beschäftigten. Zu den Folgen zunehmender Digitalisierung liegen erste systematische Forschungsarbeiten und empirische Analysen vor. Diese zeichnen noch ein sehr uneinheitliches und skizzenhaftes Bild. Es wird von einem „uneindeutigen Wandel von Arbeit" (Hirsch-Kreinsen, 2015, S. 2) ausgegangen. Weitverbreitet sind Einschätzungen, nach denen sich die Digitalisierung insbesondere auf die betriebliche Weiterbildung auswirke. Betriebliche Weiterbildung werde zu einem noch bedeutsameren Segment der Arbeitsmarktqualifizierung, da sie passgenau und schnell auf diagnostizierte Bedarfe reagieren könne. Berufliche und hochschulische Ausbildungen sind dieser Argumentation zufolge mehr denn je notwendige Voraussetzungen, jedoch keine Garanten für den Erhalt von Arbeitsmarktbefähigung, weshalb bildungspolitisch hybride Bildungs- und Qualifizierungsmodelle favorisiert werden (Wissenschaftsrat, 2014). Mit der skizzierten Argumentation ist zweierlei verbunden: Betriebliche Kompetenzentwicklung, Qualifizierung und Weiterbildung werden gleichgesetzt und oft synonym verwendet. Ferner wird unterstellt, dass Kompetenzentwicklung respektive Weiterbildung primär der Anpassungsqualifizierung dienen.

Dieser Beitrag stellt diese Sichtweise infrage und wendet gleichsam die Argumentation. Es wird der Frage nachgegangen, inwiefern betrieblich veranlasste, in Arbeitsprozesse integrierte Kompetenzentwicklung zum Treiber für soziale Innovation in Wirtschaftsunternehmen und der Gesellschaft wird bzw. werden könnte. Voraussetzung für soziale Innovation im demografischen und technologischen Wandel ist die Abkehr von einer dominanten Praxis reaktiver Anpassungsqualifizierung hin zu subjektorientierten Gestaltungsformen von Kompetenzentwicklung sowie zu anerkannten Wissensformen und anerkennbaren Weiterbildungsformaten – so die zentrale These.

Subjektorientierte Gestaltungsformen von Kompetenzentwicklung beziehen notwendigerweise die Lern-, Bildungs- und Berufsbiografien der Beschäftigten ein, die in individualisierten Gesellschaften zunehmend der Sorge und Verpflichtung des Einzelnen übertragen sind. Individualisierung und Subjektivierung von Arbeit verweisen auf den Lebenslauf und die Biografie von Erwerbs- und Arbeitstätigen: Der Lebenslauf bildet die Referenz, auf die sich das lebenslange

Lernen und seine Institutionalisierung beziehen – von der pränatalen Pädagogik bis zur Gera-
gogik; altersspezifische und kohortenspezifische Teilnahmequoten an Weiterbildung verweisen
hier auf einen generationalen Wandel in der Wahrnehmung von Bildungsangeboten. Die Biografie bildet die Referenz, vor deren Hintergrund Menschen neue Erfahrungen verarbeiten und
sich neues Wissen aneignen. Eine systematisch verankerte betriebliche Kompetenzentwicklung
müsste sowohl lebenslauf- und lebensphasenspezifische Übergänge als auch biografische Tran-
sitionen von und zur Weiterbildung gestaltend berücksichtigen.

Diesen einleitenden Überlegungen folgend wird in ▸ Abschn. 13.2 jenes Merkmal betrieblicher Kompetenzentwicklung hervorgehoben, welches in der Rückschau auf die Herausbildung
des Theorems als „Innovation" gelten kann. Gemeint ist die Subjektorientierung, die dem Begriff
der Kompetenzentwicklung eingeschrieben ist. ▸ Abschn. 13.3 diskutiert den relationalen Bezug
zwischen Weiterbildung als Teil des Bildungssystems und arbeitsintegrierter Kompetenzentwicklung als spezifischer Ausprägung. ▸ Abschn. 13.4 resümiert offene Fragen, die sich aus den teils
komplementären und teils antagonistischen Merkmalen betrieblicher Kompetenzentwicklung
einerseits und innovativer Weiterbildung andererseits prospektiv und strukturell ergeben. Den
Abschluss bilden Perspektiven auf den Gestaltungsauftrag von betrieblicher Kompetenzentwicklung durch betriebliche Praktiker/-innen.

13.2 Arbeitsintegrierte Kompetenzentwicklung – Subjektorientierung als soziale Innovation

In der Bundesrepublik Deutschland hat sich Kompetenzentwicklung als begriffliche Leitkatego-
rie seit den 1990er-Jahren weitgehend durchgesetzt (Pfadenhauer u. Kunz, 2012). Teil der Programmatik und des Diskurses um Kompetenzentwicklung ist die Aufwertung arbeitsintegrierten
Lernens. Die Renaissance des Lernens in der Arbeit (Dehnbostel, 2016) hat sehr unterschiedliche Gründe und Ursachen, die in der Fachliteratur intensiv diskutiert wurden (stellvertretend
Bosch, 2000). Demnach erforderte das Aufkommen von Team- und Gruppenarbeit im Rahmen
neuer Produktionskonzepte konkrete Kooperationserfahrung über Fachgrenzen hinweg. Organisationsentwicklung geriet damit immer auch zu einem zieloffenen Suchprozess, der flexible
Lernprozesse im kontinuierlichen Wandel voraussetzt. Die Komplexität der Arbeitsaufgaben
und Produktionssysteme begründete ganzheitlich und subjektivierend angeeignetes Erfahrungswissen als eigenständigen Handlungsmodus, der durch analytisches Denken und systematisches
Vorgehen in organisierten Lernprozessen nicht nachgestellt werden kann. Transferverluste sowie
Lohnausfallkosten für organisiertes, ausgelagertes Lernen großer Beschäftigtengruppen galten
als zu kostenintensiv. Das Lernen am Arbeitsplatz wurde für bestimmte Beschäftigtengruppen
als leichter deklariert.

Ausgehend von diesen allgemeinen Bestimmungen zu lern- und kompetenzentwicklungsför-
derlichen Arbeitskontexten lassen sich weitere übergreifende Merkmale von arbeitsintegrierter
Kompetenzentwicklung beschreiben. So ist erstens mit der Programmatik der kompetenzorientierten Wende zugleich eine Abkehr von reiner Anpassungsqualifizierung verbunden. Während
Qualifikationen anforderungsorientiert beschrieben und somit aus betrieblichen Bedarfen und
Verwertungsgesichtspunkten abgeleitet werden, wird mit Kompetenz in der deutschsprachigen
Diskurstradition programmatisch die Akzentsetzung auf das lernende Subjekt gelegt. Kompe-
tenzentwicklung rekurriert auf die Befähigung des Menschen, Wissen, Fähigkeiten, Fertigkeiten
und Werthaltungen lernend auszuprägen.

Hinzu kommt ein zweites Merkmal des Kompetenzkonzeptes: Kompetenz ist an praktische
Erfahrungen gebunden. Insofern ist berufliche und betriebliche Kompetenzentwicklung stark auf

die leibgebundene Aneignung als komplementärer Prozess des Wissenserwerbs durch Sprache und Schrift in symbolisch vermittelten Kontexten – beispielsweise in Weiterbildungsseminaren – bezogen. Kompetenzentwicklung kann als ein Ergebnis von erfahrungsgeleiteten Handlungsprozessen des Subjekts in je spezifischen Handlungskontexten bezeichnet werden (Molzberger, 2008; Pfeiffer, 2012).

Ein drittes Kennzeichen von Kompetenz ist, dass sie niemals abschließendes Resultat, sondern immer zugleich Ausgangspunkt für die Entwicklung neuer Kompetenz sind. Manifestiert sich erworbene Handlungskompetenz als sichtbares Können, als Performanz, wird mit ihr neue Kompetenz begründet. Anthropologisch gewendet lässt sich für den Prozess der Kompetenzaneignung eine spiralförmige Bewegung beschreiben.

»   Jede Performanz ist […] zugleich Bedingung der Möglichkeit einer weiteren Steigerung des Könnens und damit als Kompetenz denkbar. (Loch, 1980, S. 211f.)

Umfassende Handlungskompetenz bedeutet folglich niemals ein resultatives Ausgelernthaben, sondern sie ist immer zugleich Ausgangspunkt für neue Aneignungsprozesse und lernende Auseinandersetzung (Molzberger, 2008). Erfahrungsoffenheit gilt in der Moderne als Kennzeichen des gebildeten Erwachsenen (Dieckmann, 1994) und kompetenten Arbeitenden und geht mit dem Bewusstsein über bereits angeeignete Kompetenz einher. Erfahrungsoffenheit sowie die prinzipielle Unabschließbarkeit fortlaufender Aneignung neuer Kenntnisse, Fähigkeiten, Fertigkeiten, Einstellungen und Werte sind in Abgrenzung zum Begriff der Qualifikation charakteristisch für Kompetenz und Kompetenzentwicklung.

Der Begriff Kompetenzentwicklung betont gegenüber dem Qualifikationsbegriff also die subjektgebundene Befähigung zum Handeln und Weiterlernen. In betriebsförmig organisierten Arbeitsprozessen ist die subjektorientierte Gestaltung von kompetenzentwicklungsförderlichen Bedingungen mehr oder weniger begrenzt. Einerseits ist der betriebliche Erfolg (auch) von der Kompetenzentwicklung der Beschäftigten abhängig, andererseits unterliegt betriebliche Kompetenzentwicklung der Anwendung des ökonomischen Prinzips, da sie mit prinzipiell knappen Gütern (z. B. Zeit) effizient umgehen muss.

Die Bedeutung des Betriebes als Kontext für Kompetenzentwicklung verweist auf die organisationale Betrachtungsebene: In betriebsförmig organisierten Kontexten ist Kompetenzentwicklung als sozialer, situativ eingebetteter Prozess sowohl durch diesen Kontext als auch durch die Selbstreflexivität des Individuums bestimmt. Auf die Arbeiten von Dehnbostel geht das Konzept der **reflexiven Handlungskompetenz** zurück, mit dem die „bewusste, kritische und verantwortliche Einschätzung und Bewertung von Handlungen auf der Basis von Erfahrungen und Wissen" (Dehnbostel, 2001, S. 78) gemeint ist. Damit ist die gesellschaftspolitische Dimension in den Kompetenzdiskurs aufgenommen. Wird hingegen Kompetenz allein aus der Perspektive des Arbeitsmarktes und betriebsförmig organisierter Arbeitsprozesse formuliert, konzeptualisiert und gestaltet, läuft dies auf eine Neotaylorisierung von Lernen und Arbeiten hinaus (Büchter, 2009). Folgerichtig würden in diesem Fall individuelle Kompetenzprüfungen an die Stelle von anerkannten Qualifikationsprofilen als organisierendes Prinzip und Form der Reproduktion und Innovation gesellschaftlichen Arbeitsvermögens treten, wie im Weiterbildungsdiskurs kritisch angemerkt wurde (Hendrich, 2000).

Aufseiten der Beschäftigten entwickeln sich individuelle Kompetenzentwicklungsbedürfnisse nicht ereignishaft aus heiterem Himmel, sondern in der Auseinandersetzung mit den jeweiligen Arbeitsaufgaben und betrieblichen Kompetenzverwertungsbedingungen. Technische und sachliche Arbeitsaufgaben, spezifische Arbeitsorganisationsformen und personale Faktoren der Kompetenzentwicklung bilden eine Trias, deren Einzelfaktoren heute kaum mehr voneinander zu trennen sind. Arbeitsprozesse und Arbeitsorganisationsformen haben heute vielfach bereits „eine Anthropologie und eine Lerntheorie des betrieblich ‚Beschäftigten' inkorporiert" (Heid u. Harteis, 2010, S. 471) – zumal unter Bedingungen ihrer Digitalisierung. Entscheidend für die Formulierung von Kompetenzentwicklungsbedürfnissen sind aber nach wie vor die fachlichen Inhalte oder sachlichen Arbeitsaufgaben, nicht die Begleitumstände oder Folgen ihrer Erfüllung im betrieblichen Handlungsfeld (Molzberger, 2012).

Betriebliche Kompetenzentwicklung birgt Potenziale für die lernende Auseinandersetzung mit Arbeitsaufgaben, die auch in ihren Grenzen genauer zu bestimmen sind. Die Gesamtheit der vorhandenen verfügbaren Mittel, Möglichkeiten, Fähigkeiten und Energien für betriebliches Lernen findet ihre Begrenzung und Restriktion im Betriebszweck. Nur wenn Betriebszweck und Kompetenzentwicklung miteinander vereinbar sind, wird betriebliche Kompetenzentwicklung von Betrieben veranlasst und systematisch gestaltet. Aus der Deutung des Betriebszwecks und Unternehmensziels – dargelegt beispielsweise in Unternehmensleitbildern – ergibt sich der Gestaltungsspielraum für betriebliche Kompetenzentwicklung, der weiter oder enger an die ökonomischen Zielsetzungen gebunden sein kann.

Der aktuelle Diskurs über die durch die zunehmende Digitalisierung veranlasste Kompetenzentwicklungsbedarfe könnte Gefahr laufen, Lernmöglichkeiten und Lernpotenziale der betrieblich Beschäftigten überzubetonen. Dies gilt gleichermaßen für den schnellen Erwerb neuer (technischer oder sachlicher) Kompetenz wie auch für die Erfahrungsoffenheit für neue (betriebs)kulturelle Entwicklungen.

» Verabsolutiert man Lernfähigkeit, erfordert sie […] auf der technischen Ebene Rigidität, auf der Reflexionsebene beliebige Anpassungsfähigkeit. (Luhmann u. Schorr, 1988, S. 90)

Zwei Beobachtungen deuten aktuell darauf hin, dass es einen Wunsch nach gesteigerter Anpassungsfähigkeit und rationalisierter Lernorganisation gibt. Dies ist zum einen der Digitalisierungsdiskurs, der teilweise sehr unvermittelt die Anpassungsnotwendigkeit an Digitalisierung mit einem Angstdiskurs um betriebliche Rationalisierung im globalen Wettbewerb verbindet (exemplarisch Cole, 2015). Zum anderen wird aktuell vielfach von Personalverantwortlichen der Wunsch geäußert, dass die Beschäftigten „motivierter" sein müssten, um die prognostizierten Automatisierungs- und Digitalisierungsprozesse besser bewältigen zu können (Becker, 2015). Anpassungs- und Angstdiskurs verbinden sich zu einem aktivierenden Appell, den man mit Max Weber drastisch als die „Peitsche der Entlassungsdrohung" (Weber, 1922/1976, S. 112f.) nennen könnte. Mit der Rationalisierungsdrohung aber wird das potenziell innovative Moment des Kompetenztheorems, die Subjektorientierung, unterlaufen und konterkariert.

13.3 Die differente Logik von betrieblicher Kompetenzentwicklung und beruflicher Weiterbildung

In der arbeitsintegrierten Kompetenzentwicklung ist das Spannungsfeld zwischen Betrieb und Subjekt unhintergehbar. Auch institutionalisierungstheoretisch sind betriebliche Kompetenzentwicklung und Weiterbildung different. Weiterbildung ist systematisch betrachtet ein eigenständiges Bildungssegment, d. h. eine Instanz zur Reproduktion und Innovation gesellschaftlicher Funktionen sowie individueller Handlungsfähigkeiten. Als Institution beschreibt Weiterbildung das gesellschaftlich verfestigte Muster lernender Aneignung Erwachsener in lebensweltlichen, beruflichen oder betrieblichen Praxen. Dieses Lernen kann vermittelt über Arbeit oder im sozialen Umfeld stattfinden oder aber in eigens dafür eingerichteten Organisationen, die diese

Weiterbildung dann unter andragogischen Prämissen und Prinzipien gestalten sowie für nachgewiesene Lern- und Bildungsprozesse Zertifikate und Teilnahmebescheinigungen vergeben. Die wesentliche Funktion von Weiterbildungsorganisationen – private wie öffentliche Weiterbildungsträger, Volkshochschulen, kirchliche Einrichtungen, Akademien, (Fern-)Hochschulen und Universitäten – liegt darin, Vermittlungsprozesse aneignungsbezogen zu gestalten und diesen Prozess formalisiert auf Dauer zu stellen. Das Andragogische einer Weiterbildungsorganisation folgt aus „der planvollen Gewährleistung ihrer gesellschaftlichen Leistung: nämlich ein dauerhaftes Bereitstellen von lernförderlich strukturierten Aneignungskontexten für Erwachsene unterschiedlichster Art" (Schäffter, 2001, S. 117). Wirtschaftsunternehmen und Verwaltungseinheiten hingegen stellen weder ausschließlich noch vorwiegend, sondern auch bzw. gelegentlich lernförderlich strukturierte Aneignungskontexte für Erwachsene bereit. Arbeitsprozessintegrierte Kompetenzentwicklung realisiert sich mit hoher Wahrscheinlichkeit in kooperativen Arbeitsformen, in denen Arbeitsaufgaben durch mehrere Beschäftigte gemeinsam, je nach Schwierigkeitsgrad, bewältigt werden. Anders als in Weiterbildungsorganisationen ist in betrieblichen Kontexten aber die Intention von Handlungen und somit der Kompetenzentwicklung auf die Arbeitsaufgaben und den Betriebszweck gerichtet. Biografische Erfahrungen, die ihren Ursprung im Privaten und Höchstpersönlichen haben, haben nur so weit im Betriebskontext ihren Ort, wie sie dem Betriebszweck dienlich sind.

Institutionentheoretisch hat sich Weiterbildung seit dem 19. Jahrhundert in einem Kompensations- und Komplementärverhältnis zur Ausdifferenzierung des öffentlichen Schulsystems sowie in Relation zu sozialen Bewegungen herausgebildet und dabei eine Begriffstransformation von der Volksbildung zur Erwachsenenbildung und schließlich zur Weiterbildung durchlaufen. Seit der Bildungsreformära in der zweiten Hälfte des 20. Jahrhunderts haben sich der Glaube an und die Vorstellung von Weiterbildung als systematischer Weg von gesellschaftlicher und technologischer Erneuerung durchgesetzt. Technische, soziale und personale Entwicklungen wurden seit den 1960er-Jahren zunehmend als sich wechselseitig ergänzend, nicht als widersprüchlich und hemmend angenommen (Mader, 1984, S. 48). Als gesellschaftlich und politisch zu gestaltendes Feld wurde Weiterbildung in der Bundesrepublik vor allem durch den „Strukturplan für das Bildungswesen" (Deutscher Bildungsrat, 1970) etabliert. Im Bestreben, Weiterbildung als gleichberechtigte „vierte Säule des Bildungswesens" zu verankern, spiegelte sich der Bildungsoptimismus dieser Jahre wider. Weiterbildung sollte zur öffentlichen Aufgabe werden, ihren additiven Charakter verlieren und in ein umfassendes Konzept eingebettet sein, in dem technische, soziale und persönliche Entwicklungen als sich wechselseitig fördernd und nicht kontradiktorisch wirken sollten. Neuen gesellschaftlichen und vor allem beruflichen Anforderungen sollte mit Weiterbildung begegnet werden. Die bis heute viel zitierte Definition des Deutschen Bildungsrates beschreibt Weiterbildung als die „Fortsetzung oder Wiederaufnahme organisierten Lernens nach Abschluss einer unterschiedlich ausgedehnten ersten Bildungsphase" (Deutscher Bildungsrat, 1970, S. 197). Rechtliche Regelungen und gesetzliche Förderungen von Weiterbildung wurden auf institutionalisierte Formen veranstalteter, seminaristischer Bildungsformate festgelegt und prägten mit dieser Konzentration auf organisierte Weiterbildungsformen in spezialisierten Weiterbildungseinrichtungen das öffentliche Bild und wissenschaftliche Selbstverständnis von Weiterbildung.

Heute ist Weiterbildung als eigenständiger Bildungsbereich in einem marktorientierten Modus mit einer pluralen und pluralisierenden Nachfrageorientierung etabliert. Ihre gesellschaftliche Aufgabe liegt in der Bereitstellung lernförderlich strukturierter Aneignungskontexte für heterogene Biografien von Erwachsenen. Zugleich ist dieser gesellschaftliche Auftrag immer wieder geöffnet worden für die „Indienstnahme" (Faulstich, 2011, S. 168) durch andere gesellschaftliche Teilbereiche. Dies lässt sich am Beispiel der öffentlich geförderten beruflichen

Weiterbildung skizzieren (Sauter, 2004). Diese wurde in der Bundesrepublik Deutschland ab 1969 zunächst durch das Berufsbildungsgesetz und das Arbeitsförderungsgesetz als langfristig angelegte, aufstiegsorientierte Weiterbildung zur Erzielung von öffentlich-rechtlichen oder staatlichen Abschlüssen konzipiert. Jener präventive Ansatz wurde ab Mitte der 1970er-Jahre angesichts von Massenarbeitslosigkeit in einen kurativen Ansatz zur Anpassungsqualifizierung für Problemgruppen des Arbeitsmarktes gewandelt. Mit der Wiedervereinigung der beiden deutschen Teilstaaten wiederum wurde Weiterbildung zur Bearbeitung des Transformationsprozesses zu einem sozialintegrativen Ansatz genutzt. Für die Teilnehmenden dieser Maßnahmen mündeten ihre „Karrieren" jedoch nicht in neuen Beschäftigungsmöglichkeiten. „Insofern wurde das Instrument Weiterbildung für ausschließlich sozialpolitische Ziele missbraucht und damit diskreditiert", so Sauter (2004, S. 109) in seiner kritischen Rückschau. Der folgende arbeitsmarktpolitische Ansatz setzte dann ab dem Ende der 1990er-Jahre auf arbeitsnahe Qualifizierungen und im Weiteren auf die bessere Vermittlung in den ersten Arbeitsmarkt. In der Rückschau zeigt sich, dass öffentlich geförderte berufliche Weiterbildung in den vergangenen Jahrzehnten zwischen arbeitsmarkt- und sozialpolitischen Zielsetzungen changierte, die mit ihrem eigentlichen gesellschaftlichen Auftrag zwar Schnittmengen aufweisen, aber nicht identisch sind.

Der gesellschaftliche Auftrag von Weiterbildung als etablierter Bereich des Bildungssystems ist heute kaum mehr einheitlich zu fassen. Die plurale Anbieterstruktur im Bereich organisierter Weiterbildung umfasst öffentlich-rechtliche Träger (Kammern, Volkshochschulen, Universitäten, Verwaltungs- und Wirtschaftsakademien etc.), partikular orientierte Träger, die spezielle Interessen von gesellschaftlichen Akteuren/-innen vertreten (Berufsförderungswerk des Deutschen Gewerkschaftsbundes, Deutsche Angestellten-Akademie; Berufs- und Wirtschaftsverbände, kirchliche Träger der Erwachsenenbildung, Parteien, Verbände etc.), Weiterbildungsabteilungen von (in der Regel großen) Betrieben sowie unzählige spezialisierte private, kommerzielle und gewerbliche Träger. Das in der Definition des Deutschen Bildungsrates fokussierte organisierte Lernen zeichnet sich nicht nur dadurch aus, dass der Rahmen wie Raum und Zeit, Voraussetzungen und Zahl der Teilnehmenden, Qualifikation der Lehrenden etc. festgelegt ist, sondern insbesondere auch dadurch, dass das Lernziel explizit ist. Dies gilt in der Regel auch für die berufliche Weiterbildung, die im Vergleich zur betrieblichen Weiterbildung einer eigenständigen Handlungslogik folgt (Harney, 1998). Markantes Merkmal beruflicher Weiterbildung ist, dass die zugrunde gelegten bzw. als Lernziele fixierten Kompetenzbündel immer über einzelbetriebliche Bedarfe hinausgehen und auf standardisiertes und somit erwartbares berufliches Handeln zielen. Darin unterscheidet sich berufliche Weiterbildung von betrieblicher Weiterbildung, zu der „die vielfältigen, kurzfristen und einzelbetrieblich initiierten Qualifizierungsaktivitäten zu subsumieren [sind], die in der Regel nicht mit weiterführenden Abschlüssen verbunden sind" (Frommberger, 2016, S. 2).

13.4   Prospektive Fragen

Betriebliche Kompetenzentwicklung und berufliche Weiterbildung folgen differenten Logiken. Ob berufliche Weiterbildung erneut auf eine kurative Funktion zur Bewältigung von diagnostizierten und zugeschriebenen Problemen und Defiziten von vom Arbeitsmarkt exkludierten Beschäftigtengruppen beschränkt sein wird, ist eine offene Frage. Genauso ist derzeit noch nicht absehbar, ob betriebliche Kompetenzentwicklung das Potenzial entfalten wird, die veränderten Anforderungen von und Ansprüche an die digitalisierte Arbeitswelt zu meistern.

Vielversprechend erscheinen Ansätze, die betriebliche Kompetenzentwicklung besser an berufliche Weiterbildung anschlussfähig machen. Berufliche Weiterbildung könnte im Kontext von digitaler Transformation eine proaktive Funktion in der Bewältigung und Gestaltung der

Arbeitswelt übernehmen, wenn neue Modelle einer institutionellen Gewährleistung von Weiterbildung geschaffen würden. Dazu wäre ein modularisiertes Weiterbildungssystem im Hinblick auf inhaltliche Anschlussfähigkeit, formale Anrechenbarkeit und Anerkanntheit der Kompetenzstandards zu entwickeln. Ein solches Weiterbildungssystem wäre am Durchlässigkeitsmodell des Deutschen Qualifikationsrahmens für lebenslanges Lernen zu orientieren und zusätzlich an einer Bildungsarchitektur, welche Kompetenzentwicklung in verschiedenen institutionellen Kontexten berücksichtigen würde. Handlungsdruck in Richtung neuer Wege der Anerkennung von Kompetenzen wird absehbar die Anerkennungsrichtlinie des Rates der Europäischen Union (2012) erzeugen. Für die Gestaltung der betrieblichen Praxis ist derweil die Errungenschaft einer subjektorientierten Kompetenzentwicklung zu sichern.

> **Fazit**
> **Bedingungen der Möglichkeiten für Kompetenzentwicklung an der Schwelle digitalisierter Arbeitswelten gestalten**
> Die systematischen Überlegungen und begrifflichen Deutungen, die in den vorherigen Abschnitten diskutiert wurden, sind von unmittelbarer Relevanz für Praktiker, die betriebliche Kompetenzentwicklung gestaltend verantworten. Für die betriebliche Praxis gilt die grundlegende Beobachtung, dass man Kompetenzentwicklung nicht „machen" kann – weder durch Lehren noch durch sonstiges Einwirken. Weil die Aneignung von Kompetenz jede/r nur selbst leisten kann, geht es darum, die Bedingungen der Möglichkeiten für Kompetenzentwicklung zu gestalten. Gestaltung als Handlungskategorie impliziert Wertorientierungen in der betrieblichen Kompetenzentwicklung. Wer in betrieblichen Entscheidungssituationen mit „moralischen" Argumenten aufwartet, macht sich schnell unglaubwürdig oder lächerlich. Wer ausschließlich auf (Selbst-)Kontrolle und Rationalisierung setzt, wird auf Reaktanz und Subversion stoßen. Diejenigen, die kompetenzentwicklungsförderliche betriebliche Bedingungen gestalten wollen oder sollen, stehen somit in einem typischen Spannungsfeld: In pragmatischer oder machtorientierter Haltung können sich Betriebspraktiker/-innen als Gestalter/-innen von Kompetenzentwicklung „in den Dienst einer Praxis stellen, in der Lernende lernen bedenkenlos zu tun und zu wollen, was definitions-mächtige Subjekte der Gestaltung von Kompetenzverwertungsbedingungen (Organisationsentwickler) von ihnen erwarten oder verlangen" (Heid, 2014, S. 95). Jedoch ist eine solche Orientierung am Betriebszweck nicht vollständig gegen die Überzeugungen von Beschäftigten möglich, sofern deren Einsatz und Engagement für diesen Betriebszweck befördert werden sollen. Gestaltung als Handlungskategorie kann folgerichtig auf ein diskursives Erschließen von (differenten) Interessen und Wertorientierungen nicht verzichten. In kompetenzentwicklungsförderlichen Unternehmen partizipieren Beschäftigte an der Herausarbeitung, Prüfung und Begründung dessen, „was als eine ebenso erfolgreiche wie wünschenswerte berufliche Aufgabenerfüllung bestimmt und verwirklicht zu werden verdient" (Heid, 2014, S. 95). Dies gilt besonders für die generellen Kompetenzverwertungsbedingungen an der Schwelle digitalisierter Arbeitswelten. Wertorientierungen sind im Rahmen innovativer Ansätze betrieblicher Kompetenzentwicklung deshalb mit in die Gestaltungsaufgabe einzubeziehen – es sei denn, man wollte die Beteiligten lediglich als betroffene Rezipienten unhinterfragbarer vermeintlicher Sachzwänge und alternativloser Optionen konzipieren und arbeitsintegrierte Kompetenzentwicklung zur Manipulation der Interessen und Bedürfnisse von Beschäftigten missbrauchen. Dies allerdings wäre eine gesellschaftspolitisch kaum wünschenswerte Exnovation der Errungenschaften subjektorientierter betrieblicher Kompetenzentwicklung.

Weiterführende Literatur und Links

- Ahrens, D. (2016). Neue Anforderungen im Zuge der Automatisierung von Produktionsprozessen. Expertenwissen und operative Zuverlässigkeit. *Arbeits- und Industriesoziologische Studien* 9(1), 43–56.
- Molzberger, G. (2015). Soziale Inwertsetzung von Wissen in der wissenschaftlichen Weiterbildung. In A. Dietzen, J. W. Powell, A. Bahl, & L. Lassnigg (Hrsg.), *Soziale Inwertsetzung von Wissen, Erfahrung und Kompetenz in der Berufsbildung* (S. 177–195). Weinheim: Beltz Juventa.
- Truschkat, I. (2010). Kompetenz – eine neue Rationalität sozialer Differenzierung? In T. Kurtz, & M. Pfadenhauer (Hrsg.), *Soziologie der Kompetenz* (S. 69–84). Wiesbaden: VS Verlag für Sozialwissenschaften.

Literatur

Becker, M. (2015). Auf dem Weg zur Industrie 4.0. *Personalmagazin* 12, 14–17.

Bosch, G. (2000). *Betriebliche Reorganisation und neue Lernkulturen.* Gelsenkirchen: Institut Arbeit und Technik.

Büchter, K. (2009). Arbeitserfahrungen im Kontext von Produktionspolitik und Betriebserziehung – Industrialisierung, Wissenschaftliche Betriebsführung und Arbeitspädagogik der 1920er Jahre. In A. Bolder, & R. Dobischat (Hrsg.), *Eigen-Sinn und Widerstand: Kritische Beiträge zum Kompetenzentwicklungsdiskurs* (S. 19–34). Wiesbaden: VS Verlag für Sozialwissenschaften.

Cole, T. (2015). *Digitale Transformation. Warum die deutsche Wirtschaft gerade die digitale Zukunft verschläft und was jetzt getan werden muss! Impulse für den Mittelstand.* München: Vahlen.

Dehnbostel, P. (2001). Perspektiven für das Lernen in der Arbeit. In Arbeitsgemeinschaft Betriebliche Weiterbildungsforschung e.V., Projekt Qualifikations-Entwicklungs-Management (Hrsg.), *Kompetenzentwicklung 2001 – Tätigsein – Lernen – Innovation* (S. 53–93). Münster: Waxmann.

Dehnbostel, P. (2016). Informelles Lernen in der betrieblichen Bildungsarbeit. In M. Rohs (Hrsg.), *Handbuch Informelles Lernen* (S. 343–364). Wiesbaden: Springer Fachmedien.

Dehnbostel, P., & Gillen, J. (2005). Kompetenzentwicklung, reflexive Handlungsfähigkeit und reflexives Handeln in der Arbeit. In J. Gillen, P. Dehnbostel, U. Elsholz, T. Habenicht, G. Proß, & J.-P. Skroblin (Hrsg.), *Kompetenzentwicklung in vernetzten Lernstrukturen: Konzepte arbeitnehmerorientierter Weiterbildung* (S. 27–42). Bielefeld: W. Bertelsmann.

Deutscher Bildungsrat (Hrsg.) (1972). *Empfehlungen der Bildungskommission: Strukturplan für das Bildungswesen* (4. Aufl.). Stuttgart: Klett.

Dieckmann, B. (1994). Erfahrung und Lernen. In C. Wulf (Hrsg.), *Einführung in die pädagogische Anthropologie* (S. 98–113). Weinheim: Beltz.

Faulstich, P. (2011). Recht, Politik und Organisation. In T. Fuhr, P. Gonon, & C. Hof (Hrsg.), *Erwachsenenbildung-Weiterbildung* (S. 163–197). Paderborn: Ferdinand Schöningh.

Frommberger, D. (2016). Berufliche und Betriebliche Weiterbildung. Bedeutungsgewinn und Entwicklungsbedarfe. *Berufsbildung* 161, 2–5.

Harney, K. (1998). *Handlungslogik betrieblicher Weiterbildung.* Stuttgart: Hirzel.

Heid, H. (2014). Über die Unvereinbarkeit betrieblicher Qualifikationsanforderungen und individueller Bildungsbedürfnissen. *Zeitschrift für Berufs- und Wirtschaftspädagogik* 110(1),82–97.

Heid, H., & Harteis, C. (2010). Wirtschaft und Betrieb. In R. Tippelt, & B. Schmidt (Hrsg.), *Handbuch Bildungsforschung* (3. Aufl., S. 467–481). Opladen: Leske + Budrich.

Hendrich, W. (2000). Betriebliche Kompetenzentwicklung oder Lebenskompetenz? In C. Harteis, H. Heid, & S. Kraft (Hrsg.), *Kompendium Weiterbildung – Aspekte und Perspektiven betrieblicher Personal- und Organisationsentwicklung* (S. 33–43). Opladen: Leske + Budrich.

Hirsch-Kreinsen, H. (2015). Digitalisierung von Arbeit: Folgen, Grenzen und Perspektiven. Soziologisches Arbeitspapier Nr. 43/2015. http://www.forschungsnetzwerk.at/downloadpub/20151015-Hirsch-Kreinsen-2015-Digitalisierung-von-Arbeit-Soz-Arbeitspapier.pdf. Zugegriffen: 30. März 2017.

Loch, W. (1980). Der Mensch im Modus des Könnens. In E. König, & E. Ramsenthaler (Hrsg.), *Diskussion Pädagogische Anthropologie* (S. 191–225). München: Wilhelm Fink.

Luhmann, N., & Schorr, E. (1988). Reflexionsprobleme im Erziehungssystem. Frankfurt am Main: Suhrkamp.

Mader, W (1984). Paradigmatische Ansätze in Theorien der Erwachsenenbildung. In E. Schmitz, & H. Tietgens (Hrsg.), *Erwachsenenbildung* (S. 43–58). Stuttgart, Dresden: Klett.

Molzberger, G. (2008). *Rahmungen informellen Lernens. Zur Erschließung neuer Lern- und Weiterbildungsperspektiven.* Wiesbaden: VS Verlag für Sozialwissenschaften.

Molzberger, G. (2012). Gegenrede: Ambivalenzen handlungspraktischer Gestaltung von betrieblicher Bildung. Wirtschaft und Bildung im Widerstreit? Weiterbildung. *Zeitschrift für Grundlagen, Praxis und Trends* 1, 22–24.

Pfadenhauer, M., & Kunz, A. M. (Hrsg.) (2012). *Kompetenzen in der Kompetenzerfassung. Ansätze und Auswirkungen der Vermessung von Bildung.* Weinheim: Beltz Juventa.

Pfeiffer, S. (2012). Wissenschaftliches Wissen und Erfahrungswissen, ihre Bedeutung in innovativen Unternehmen und was das mit (beruflicher) Bildung zu tun hat. In E. Kuda, J. Strauß, G. Spöttl, & B. Kaßebaum (Hrsg.), *Akademisierung der Arbeitswelt?* (S. 203–219). Hamburg: VSA.

Rat der Europäischen Union (2012). Empfehlung des Rates vom 20. Dezember 2012 zur Validierung nichtformalen und informellen Lernens. *Amtsblatt der Europäischen Union* C 398/01.

Schäffter, O. (2001). *Weiterbildung in der Transformationsgesellschaft. Zur Grundlegung einer Theorie der Institutionalisierung.* Hohengehren: Schneider.

Sauter, E. (2004). Vom Arbeitsförderungsgesetz (AFG) zum Sozialgesetzbuch III (SGB III). *Hessische Blätter* 2, 106–113.

Weber, M. (1922/1976). *Wirtschaft und Gesellschaft. Grundriß der verstehenden Soziologie* (2. Aufl.). Tübingen: Mohr.

Wissenschaftsrat (2014). Empfehlungen zur Gestaltung des Verhältnisses von beruflicher und akademischer Bildung. Erster Teil der Empfehlungen zur Qualifizierung von Fachkräften vor dem Hintergrund des demographischen Wandels. Drs. 3818-14. Darmstadt 11.04.2014. http://www.wissenschaftsrat.de/download/archiv/3818-14.pdf. Zugegriffen: 30. März 2017.

Kompetenzentwicklung der Zukunft: Forschung – Praxis – Politik

Daniela Ahrens, Carolin Alexander, Thomas Ardelt, Minela Balic, Kerstin Baumgarten, Sonja Blanco, Ralph Bruder, Clarissa Eickholt, Christian Hertle, Bernhard Holtkamp, Benjamin Jokovic, Steffen Kinkel, Thomas Kley, Alexander Knickmeier, Christina König, Bernd Kriegesmann, Katja Lehmann, Jan Marco Leimeister, Ralph Lichtner, Joachim Metternich, Sarah Migas, Gabriele Molzberger, Sarah Oeste-Reiß, Sebastian Riebe, Brita Schemmann, Sofia Schöbel, Matthias Söllner, Sebastian Steinbuß, Martin Templer, Ralf Tenberg, Michael Tisch, Claudia Weber, Ulrich Weiß

© Springer-Verlag GmbH Deutschland 2018
D. Ahrens, G. Molzberger (Hrsg.), *Kompetenzentwicklung in analogen und digitalisierten Arbeitswelten*, Kompetenzmanagement in Organisationen, https://doi.org/10.1007/978-3-662-54956-8_14

Zusammenfassung

In diesem abschließenden Beitrag, der von einem Autorenkollektiv der beiden Fokusgruppen verfasst wurde, werden aus den Verbundprojekten prospektive Überlegungen
zu Arbeit, Kompetenzentwicklung und Innovation extrahiert. Den Projektarchitekturen
entsprechend werden Desiderate von Beteiligten aus Wissenschaft und betrieblicher Praxis sowie von arbeitsmarkt-, sozial- und wirtschaftspolitischen Akteuren perspektiven-
geleitet zusammengestellt. Sie basieren auf den Erfahrungen und Erkenntnissen, die aus
zwei- bis dreijährigen Erprobungslaufzeiten der jeweiligen Projekte gewonnen werden
konnten.

14.1   Einleitung: Arbeit, Kompetenzentwicklung und Innovation

In diesem Band wurden die Varianz und Vielfalt der Zugänge, Erprobungsansätze der in den
beiden Fokusgruppen versammelten Entwicklungs- und Forschungsprojekte aufgezeigt. Die vorgestellten Beispiele konkreter Entwicklungsarbeit und forschender Erschließung von Ausschnit-
ten der betrieblichen Wirklichkeit veranschaulichen nicht nur den multidisziplinären Zugang
und verschiedene methodische Ansätze, sondern auch die differenten Wirkungsweisen von Instrumenten im Feld der betrieblichen Kompetenzentwicklung.

In der Ausgestaltung der Kompetenzentwicklungsprojekte haben sich auf je besondere und
eigensinnige Weise die interdependenten Bezüge zwischen sozialer Interaktion und Kommunikation, organisationalen Strukturen und Prozessen sowie technologischen Entwicklungen konkretisiert. Aus der Zusammenschau der unterschiedlichen Projektergebnisse lässt sich ableiten,
dass betriebliche Kompetenzentwicklung als dynamisierender Faktor von Entwicklungs- und
Veränderungsprozessen zu einem wichtigen innovativen Gestaltungsmoment wird und damit
über die reaktive Anpassung an technologische und organisatorische Veränderungen hinausgeht. Sie ist eine besondere Form mit Veränderungen umzugehen und Zukunft zu antizipieren.
Nicht das Vorhandensein kreativer Ideen sowie die Verfügbarkeit moderner Technologien entscheidet über die Innovationsfähigkeit eines Unternehmens, sondern deren kompetente, ver-
antwortungsbewusste Umsetzung und Handhabung sowie die Fähigkeit und Bereitschaft, vorhandenes Wissen handelnd zu entfalten.

Innovation lässt sich mit Erneuerung übersetzen. Erneuerungen bedeuten eine Abkehr
vom Bisherigen. Neben dieser zeitlichen Dimension lässt sich von Erneuerung sprechen, wenn
Prozess- und/oder Strukturelemente verändert oder neu miteinander kombiniert werden. In
sozialen Kontexten werden Erneuerungen als relevante Abweichung von eingefahrenen Inter-
aktions- und Kommunikationsprozessen sichtbar. Betriebliche Kompetenzentwicklung als
ganzheitliche Innovation ist mit dem Anspruch verknüpft, jenseits eines (technikzentrierten)
Innovationsimperativs die sozialen Bezüge innerhalb des Betriebes als Organisationsform zu
berücksichtigen.

Es ist mittlerweile ein Allgemeinplatz, dass die Gegenwart ihre Gewissheit verloren hat, die
Zukunft sicher und verlässlich planen zu können. Zukunftsprognosen geben daher als mögliche
Zukünfte eher Auskunft über unsere Interpretation der Gegenwart. Die folgenden Überlegungen zur Kompetenzentwicklung der Zukunft skizzieren Themenfelder und Fragestellungen, die
sich durch die gesellschaftliche und technische Entwicklung ergeben und solchen, die die Wissenschaft im Zuge ihres Forschungshandelns selbst generiert.

14.2 Forschung

Die durch die Digitalisierung entstehenden neuen Arbeitsprozesse und Kompetenzprofile können schon jetzt als ein Megatrend bezeichnet werden, der in den kommenden Jahren eine Reihe an wissenschaftlichen Fragestellungen neu aufwerfen wird. „Industrie 4.0" und „Arbeit 4.0" wecken ebenso viele Verheißungen wie Befürchtungen. Hoffnungen richten sich auf humanere Arbeitsbedingungen, beispielsweise durch den Einsatz von Soft-Robotics-Technologien, zur Entlastung von physisch belastenden oder gefährdenden Arbeiten. Neue Möglichkeiten der Vereinbarkeit von Beruf und Privatleben sowie Implikationen für das gesellschaftliche Zusammenleben werden zu untersuchen sein. Befürchtungen richten sich auf eine zunehmende Substituierung von Arbeitsplätzen durch immer intelligentere Technik und die Sorge um gläserne Mitarbeiter/-innen aufgrund digitaler (Leistungs-)Überwachungstechnologien. Bisherige Forschungsarbeiten zum Thema Digitalisierung sind Untersuchungen zu Anforderungen aus branchenspezifischer Perspektive, Trendaussagen von Experten, Studien zum volkswirtschaftlichen Nutzen von Industrie 4.0-Technologien sowie Szenarien, die zwischen Dequalifizierung und Upgrading pendeln.

Aus den Forschungs- und Entwicklungsprojekten der Fokusgruppen 6 und 7 lassen sich an dieser Stelle folgende zukünftige Fragestellungen ableiten:

- Sowohl zu den tatsächlichen Chancen der Digitalisierung und deren Realisierung als auch zu den möglichen Risiken fehlen bislang belastbare, empirische Erkenntnisse. Hinlänglich bekannt sind einzelne Beispiele und spezifische Erfolgsfaktoren von vernetzten Geschäftsmodellen im Business-to-Costumer-Bereich, z. B. Uber, air-bnb, Amazon, Whats-App etc. Wenige Erfolgsbeispiele und Wissen über ihre (Miss-)Erfolgsfaktoren gibt es dagegen aus dem ebenso wichtigen Business-to-Business-Geschäft. In welchem Kontext entstehen neue, digital-vernetzte Geschäftsmodelle, wie werden sie entwickelt und welche Kompetenzen brauchen die Unternehmen und die Beschäftigten dafür?

- Angesichts steigender Effizienzansprüche und Arbeitsverdichtung wird es immer bedeutsamer, betriebliche Kompetenzentwicklung nicht auf die Zielgröße einer individuellen Problemlösungsfähigkeit zu verengen, sondern die Stärkung der individuellen ganzheitlichen Handlungsbefähigung sowie der persönlichen Ressourcen als gesundheitliche Basis explizit mit zu adressieren. Gefährdungsbeurteilungen zur psychischen Belastung finden beispielsweise in Betrieben mit starker Orientierung auf Forschung und Entwicklung kaum statt.

- Engpasskompetenzen im Bereich der crossfunktionalen Zusammenarbeit: Gerade für Innovationsprozesse sind diese Kompetenzen zentral. Wie lassen sich Kontakte zwischen operativ Beschäftigten in Forschungs- und Entwicklungsabteilungen sowie Kunden organisieren und fördern? Auf welche betrieblichen Lernformen und teamorientierten Formate kann Kompetenzentwicklung zurückgreifen? Von Interesse ist auch, inwiefern die Einführung agiler Methoden geeignet sein kann, die fachübergreifende Zusammenarbeit zu fördern.

- Ethische, rechtliche und sozialwissenschaftliche Fragestellungen gewinnen angesichts der technologischen Entwicklungen nicht nur in der Sensorik an Brisanz. Sensortechnologien ermöglichen heute bereits eine präzise Wahrnehmung der Umgebung oder des kognitiven oder emotionalen Zustands von Nutzern/-innen. Die Auseinandersetzung mit ethischen, juristischen und nutzergerechten Fragestellungen kann daher nicht erst ex post in der Umsetzung solcher technologischen Lösungen erfolgen, sondern muss bereits bei der Entwicklung solcher Assistenzsysteme stattfinden.

— Angesichts des demografischen Wandels gewinnt eine alters- und alternssensible Unternehmens- und Lernkultur als Voraussetzung für eine kontinuierliche Kompetenzentwicklung über die gesamte Erwerbsbiografie an Bedeutung: Wichtige Voraussetzungen für ein funktionierendes alterssensibles Kompetenzmanagement sind nicht nur individuelle, gruppenbezogene und organisationale Lernprozesse in Unternehmen, sondern insbesondere eine Führungs- und Lernkultur, welche eine humane und lernförderliche Gestaltung der Arbeitsprozesse über die gesamte Erwerbsbiografie ermöglicht. Zukünftige Forschung wäre stärker als bislang auf die Analyse der Ursachen und Wirkmechanismen von Altersstereotypen in Unternehmen, insbesondere in deren Führungsebenen und den jeweiligen Führungsstilen, auszurichten.

— Viele Formen der in den Betrieben stattfindenden Kommunikation und Zusammenarbeit lassen sich bereits heute mithilfe digitaler Medien unterstützen oder sogar komplett abbilden. Vorteile sind u. a. eine Entkopplung von räumlichen oder zeitlichen Restriktionen sowie schnellere oder auch kostengünstigere Arbeitsprozesse (z. B. durch Online-Meetings). Dennoch halten viele Betriebe auch an traditionellen Face-to-Face-Angeboten fest. Was bedeutet dies für die Entwicklung neuer digitalisierter Kommunikations- und Kollaborationsformen? Wie sieht ein angemessenes Zusammenspiel von direkter Interaktion sowie persönlichem Gespräch und digital unterstützten Kommunikations- und Kollaborationsformen aus?

— Digitale Technologien „bewirken" nicht automatisch ein besseres Lernen oder eine erhöhte Lernmotivation. Sie machen nicht von vornherein das Lernen besser. Die Beziehungen zwischen Medien und Lernprozessen sind wesentlich komplexer. Es geht um die Frage, wie die Medien in den Lernprozess eingebettet und wie die Lehr- und Lernprozesse gestaltet werden. Ob die Potenziale für individuelles, flexibles und vernetztes Lernen genutzt werden können, hängt von der mediendidaktischen Umsetzung digitaler Technologien in Aus- und Weiterbildungskontexten ab. Zukünftiger Forschungsbedarf liegt in der (mediendidaktischen) Ausgestaltung von Kompetenzentwicklungsprozessen. Ob etwa die Potenziale für individuelle Selbstgestaltungsmöglichkeiten beim Lernen und die Potenziale für kollaboratives Lernen genutzt werden, ist weniger eine Frage immer ausgefeilterer Technologien als vielmehr eine methodische Frage. Die Entwicklung neuer Lernformate – Serious Games, Learning in the Cloud, Mikrolernen – kann hier wichtige Impulse für die betriebliche Kompetenzentwicklung liefern.

14.3   Praxis

In der unternehmerischen Praxis sind (psychometrische) Kompetenzmodellierungen vielfach nicht ohne Weiteres umzusetzen. Die Herausforderung liegt darin, zugrunde liegende Kompetenzmodelle zu verstehen und mit den betrieblichen Regeln, Routinen und Geschäfts- und Arbeitsprozessen in Verbindung zu bringen. Von diesem Verständnis hängt auch die Akzeptanz und somit die erfolgreiche Implementierung betrieblicher Kompetenzentwicklung ab. Zukünftige Forschungspraxis ist daher herausgefordert, ihre Methoden und Instrumente auf ihre betriebliche Einbettung zu reflektieren. Die vielfach produzierten One-Size-fits-all-Lösungen können hierbei nicht mehr als Standardlösung angeboten werden.

Die im Band vorgestellten empirischen Beispiele zeigen, dass vielfach nicht die individuelle Problemlösungsfähigkeit, sondern die produktive „Ensemblearbeit" einen Engpass betrieblicher Kompetenzentwicklung darstellt. Insbesondere in Settings der Forschung und Entwicklung sowie Innovationsprozessen besteht eine Herausforderung häufig darin, kompetente Individuen zu einem produktiven Ensemble zu formen. Mangelnde bereichsübergreifende Zusammenarbeit kann zum Engpass werden. Vor dem Hintergrund einer angestrebten Öffnung von Innovationsprozessen in vielen Unternehmen drohen sich diese Probleme weiter zu verschärfen. Wie kann Diversität als Lernanlass die Kompetenzentwicklung unterstützen? Wie lässt sich das „Onboarding" von neuen Mitarbeitern und Mitarbeiterinnen durch Kompetenzentwicklung fördern?

Das Versionssuffix 4.0 beschränkt sich nicht mehr nur auf die Arbeitswelt, sondern auch auf Lernprozesse. Mithilfe adaptiver Lernsysteme lassen sich heute bereits sogenannte „Algo-generated Lessons" entwickeln. Bei der Teilnahme an Online-Kursen werden mittels Eye- und Attention-Trackern und unter Hinzunahme großer Datenmengen nutzerspezifische Algorithmen gebildet, um die Wirksamkeit von Maßnahmen und Methoden im Voraus einschätzen zu können. Anspruch ist es, den Lernprozess besser zu verstehen sowie das Lernen und den Lernkontext zu optimieren. Ziel ist eine personalisierte Unterstützung des einzelnen Lernenden. Derartige Trainings stehen zwar erst am Anfang ihrer Entwicklung. Szenarien gehen in diesem Zusammenhang allerdings von einer fortschreitenden Individualisierung des Lernens mit dem Computer aus. „Learning Analytics", mittels derer mobiles Lernen so ausgewertet werden kann, dass individuelle Lernmuster sichtbar werden, sind eine Vision für die Zukunft. Abgesehen davon, dass hier erhebliche Schwellen hinsichtlich des Datenschutzes liegen und der Fokus bislang auf softwaretechnischen Fragen der Datenerfassung liegt, ist zu vermuten, dass sich in diesem Kontext neue Formen des individualisierten mediengestützten Lernens entwickeln werden.

14.4 Politik

Die anfängliche Konzentration auf wirtschaftspolitische Ziele und Ansprüche im Kontext von Arbeit 4.0 ist mittlerweile einer ganzheitlichen Sichtweise gewichen. Auf politischer Ebene lassen sich vor dem Hintergrund der hier vorgestellten Beiträge zwei Herausforderungen formulieren:

Erstens droht in arbeitsmarkt- und industriepolitischer Hinsicht auf Unternehmensebene die Gefahr einer neuen digitalen Kluft. Untersuchungen des Zentrums für Europäische Wirtschaftsforschung (ZEW) stellen ernüchternd fest, dass bislang lediglich eine Minderheit der KMU einen fortgeschrittenen Reifegrad bei der Digitalisierung ihrer betrieblichen Prozesse aufweisen. Kleinen und mittelständischen Unternehmen fehlen vielfach die Ressourcen für eine systematische, strategisch vorausschauende Kompetenzentwicklung. Dies sowie die Tatsache, dass sich Berufsbilder, Arbeitsaufgaben und Tätigkeitsprofile wandeln, erfordert die Gestaltung des (digitalen) Strukturwandels, um neue Segmentationslinien auf dem Arbeits- und Ausbildungsmarkt zu vermeiden. Derzeit ist noch völlig offen, wie sich die Digitalisierung auf die Berufsbilder und Tätigkeitsprofile auswirkt und welche Personengruppen in welchem Maße betroffen sind.

Zweitens besteht gegenwärtiger und zukünftiger Handlungsbedarf im Bereich der Weiterbildung: Nach wie vor besteht eine erhebliche Ungleichheit bei dem Zugang zu betrieblichen Weiterbildungsmöglichkeiten. Ältere Personen, Menschen mit Migrationshintergrund und gering Qualifizierte nehmen nach wie vor unterproportional an Weiterbildungsangeboten teil. Untersuchungen und Erfahrungen zeigen, dass ein enger Zusammenhang zwischen Weiterbildungsteilhabe und verlässlichen, regional verfügbaren Weiterbildungsinfrastrukturen besteht. Zudem gilt es, das Spannungsfeld zwischen den Flexibilitätserfordernissen der Arbeitgeber/-innen und den Bedürfnissen der Arbeitnehmerinnen und Arbeitnehmer nach einer Ausbalancierung beruflicher und außerberuflicher Interessen zugunsten innovativer Arbeitszeitmodelle zu steuern.

In bildungspolitischer Hinsicht stellen sich Fragen der Durchlässigkeit zwischen beruflicher und akademischer Ausbildung sowie der Integration digitaler Technologien in die berufliche und wissenschaftliche Weiterbildung. Angesichts sich wandelnder und steigender Anforderungen in der Arbeitswelt spielt die berufliche Weiterbildung eine entscheidende Rolle für die berufs- und erwerbsbiografische Gestaltung von Bildungs- und Karrierewegen sowie die Befähigung zur Mitgestaltung der Arbeitswelt. In diesem Zusammenhang sind auch die Sozialpartner/-innen gefordert, um einerseits die Verknüpfung von Arbeiten und Lernen tarifvertraglich zu regeln und andererseits im Zuge sich neu formierender Akteure/-innen wie Crowd- und Clickworker Antworten auf die Herausforderungen in der Mitbestimmung zu finden.

Fazit
Angesichts der thematischen Mannigfaltigkeit aktueller sowie zukünftiger Fragestellungen und Aufgaben ist es evident, dass sich der durch den Megatrend Digitalisierung initiierte und forcierte Strukturwandel längst nicht nur auf die Arbeitswelt beschränkt, sondern eine gesellschaftliche Reichweite hat. Dies unterstreicht die Notwendigkeit der Gestaltung. Der Gestaltungsanspruch adressiert nicht nur partizipative Prozesse, sondern signalisiert, dass vermeintliche Sachzwänge verhandelbar bleiben müssen, dass Handlungsspielräume und strukturelle Gegebenheiten in einem rekursiven Verhältnis stehen. Mit Blick auf den hier verfolgten Ansatz, betriebliche Kompetenzentwicklung als Gestaltungsmoment sozialer, organisatorischer und technologischer Innovationen zu begreifen, wird sie ihrer Verengung auf individuelle Fertigkeiten oder Anpassungsqualifizierung entbunden zugunsten der Auslotung neuer ganzheitlicher Konzepte betrieblicher Kompetenzentwicklung und systematischer Weiterbildung.

The manufacturer's authorised representative in the EU is Springer
Nature Customer Service Centre GmbH, Europaplatz 3, 69115 Heidelberg,
Germany. If you have any concerns regarding our products, please
contact ProductSafety@springernature.com

Printed and bound by CPI Group (UK) Ltd, Croydon, CR0 4YY
27/04/2026
02097656-0008